Jens Jacobsen, Matthias Gidda

Webseiten erstellen für Einsteiger

Schritt für Schritt zur eigenen Website

Liebe Leserin, lieber Leser,

Sie möchten Ihren Webauftritt von Grund auf selbst gestalten, besitzen jedoch keinerlei Vorkenntnisse? Kein Problem! Jens Jacobsen und Matthias Gidda zeigen Ihnen, wie Sie Schritt für Schritt Ihr eigenes Web-Projekt aufbauen, vom privaten Blog bis hin zur professionellen Website. Die notwendigen Kenntnisse von HTML, CSS und nützlichen JavaScript-Funktionen bekommen Sie genau hier.

Das Besondere an diesem Buch: Hier gilt Learning by Doing. Statt grauer Theorie geht es sofort los mit dem ersten Projekt. Sie erstellen eine einfache kleine Visitenkarte im Web. Nach dieser Fingerübung geht es weiter mit den ersten Schritten für Ihre Website. Dabei werden wichtige Fragen geklärt wie die nach dem Ziel und der Zielgruppe Ihres Webauftritts, damit Sie schon bei der Planung die Weichen richtig stellen. Nach und nach wird Ihre Website größer und mit vielen Funktionalitäten ausgestattet. Alles wird verständlich und gut bebildert erklärt. So können Sie schnell einen Webshop, Fotos, Videos, Karten, Kontaktformulare und soziale Netzwerke einbinden.

Damit Ihr Webauftritt ein Erfolg wird, erhalten Sie viele nützliche Tipps zur Suchmaschinenoptimierung, Benutzerfreundlichkeit, Barrierefreiheit sowie zum Marketing. Dabei erfahren Sie auch, wie Sie Ihre Site für die Darstellung auf dem Desktop und dem Smartphone optimieren. Schließlich haben Sie einen professionellen Webauftritt erstellt, der auch anspruchsvolle Nutzer vollauf zufrieden stellt.

Dieses Buch wurde mit großer Sorgfalt lektoriert und produziert. Sollten Sie dennoch Fehler finden oder inhaltliche Anregungen haben, scheuen Sie sich nicht, mit mir Kontakt aufzunehmen. Ihre Fragen und Änderungswünsche sind jederzeit willkommen.

Ich wünsche Ihnen viel Spaß und Erfolg bei Ihrem Webprojekt!

Ihr Stephan Mattescheck
Lektorat Rheinwerk Computing

stephan.mattescheck@rheinwerk-verlag.de
www.rheinwerk-verlag.de
Rheinwerk Verlag · Rheinwerkallee 4 · 53227 Bonn

Auf einen Blick

Wir hoffen, dass Sie Freude an diesem Buch haben und sich Ihre Erwartungen erfüllen. Ihre Anregungen und Kommentare sind uns jederzeit willkommen. Bitte bewerten Sie doch das Buch auf unserer Website unter **www.rheinwerk-verlag.de/feedback**.

An diesem Buch haben viele mitgewirkt, insbesondere:

Lektorat Stephan Mattescheck, Anne Scheibe
Korrektorat Sibylle Feldmann, Düsseldorf
Herstellung Kamelia Brendel
Typografie und Layout Vera Brauner
Einbandgestaltung Bastian Illerhaus
Satz SatzPro, Krefeld
Druck und Bindung Beltz Bad Langensalza GmbH, Bad Langensalza

Dieses Buch wurde gesetzt aus der TheAntiquaB (9,35/13,7 pt) in FrameMaker.
Gedruckt wurde es auf chlorfrei gebleichtem Offsetpapier (90 g/m²).
Hergestellt in Deutschland.

Bibliografische Information der Deutschen Nationalbibliothek:
Die Deutsche Nationalbibliothek verzeichnet diese Publikation in der Deutschen Nationalbibliografie; detaillierte bibliografische Daten sind im Internet über *http://dnb.d-nb.de* abrufbar.

ISBN 978-3-8362-7435-7

3. aktualisierte und erweiterte Auflage 2020

Informationen zu unserem Verlag und Kontaktmöglichkeiten finden Sie auf unserer Verlagswebsite **www.rheinwerk-verlag.de**. Dort können Sie sich auch umfassend über unser aktuelles Programm informieren und unsere Bücher und E-Books bestellen.

Inhalt

12 Mit der eigenen Website Geld verdienen 353

13 Starke Werkzeuge – so nutzen Sie Ihr neues Wissen für noch bessere Websites 365

Anhang

Für wen ist dieses Buch?

Eine eigene Website zu erstellen, ist kein Hexenwerk. Sogenannte Homepage-Baukästen machen es Ihnen leicht, in wenigen Stunden eine eigene Site online zu stellen. Aber so wie eine gute Kamera allein noch kein gutes Foto macht, so wird aus einer schnell zusammengeklickten Site noch kein erfolgreicher Internetauftritt.

Dieses Buch zeigt Ihnen, wie Sie praktisch ohne Vorwissen immer bessere Ergebnisse erreichen. Dazu brauchen Sie nur:

- einen Computer (Windows, Mac oder Linux),
- Grundwissen im Umgang mit Ihrem Betriebssystem,
- einen Internetzugang und
- Neugier darauf, wie gute Websites funktionieren.

Dieses Buch ist für Menschen geschrieben, die zwar mit Websites problemlos umgehen können, aber noch keinerlei Erfahrung mit dem Erstellen von Websites haben. Sie wollen beispielsweise für ein (frei-)berufliches oder privates Projekt einen Webauftritt erstellen, den Sie selbst frei gestalten können, ohne durch eine bestimmte Plattform (z. B. einen Bloganbieter) eingeschränkt zu sein.

Spezielle Vorkenntnisse setzen wir nicht voraus, vielmehr erklären wir Ihnen im **ersten Teil** an einem praktischen Beispiel, was sich aus technischer Sicht hinter den Begriffen *Browser*, *Website* & Co. verbirgt. Gemeinsam legen wir gleich einen simplen Webauftritt an – das dauert nur wenige Minuten. Sie sehen genau, was mit den kostenlosen Diensten möglich ist, mit denen Sie schnell eine eigene Site online bringen.

Im **zweiten Teil** des Buchs tauchen wir tief in HTML und CSS ein. Dort lernen Sie, wie Sie eine Website von Grund auf selbst programmieren. Das gibt Ihnen Freiheiten, die Sie mit Website-Baukästen nicht haben.

Im **dritten Teil** fügen wir weitere nützliche Funktionen und Inhalte hinzu – wie etwa Formulare, Videos oder Verknüpfungen zu Facebook.

Der **vierte Teil** zeigt Ihnen schließlich, wie Sie dank Ihrer neu gewonnenen HTML- und CSS-Kenntnisse viele weitere kostenlose Werkzeuge nutzen können, mit denen Sie noch mehr aus Ihren Websites machen.

Nach der Lektüre dieses Buchs haben Sie sich nicht nur neue technische und auch kreative Fertigkeiten angeeignet – durch den Blick hinter die Kulissen des Webs können Sie Ihre von Websites, sozialen Netzwerken, Apps usw. immer stärker beeinflusste Umgebung auch besser verstehen, hinterfragen und nutzen.

Wie ist das Buch aufgebaut?

In den ersten drei Kapiteln zeigen wir Ihnen, wie Sie so schnell wie möglich online kommen. Falls Sie gerade dabei sind, ein Geschäft zu eröffnen, oder falls Ihr Chef Druck macht und es schnell gehen muss, helfen diese Kapitel Ihnen bei den ersten Schritten zum ersten Webauftritt.

Sie erfahren, wie Sie Ihre Site am besten planen, um eine Struktur anzulegen, die Ihre Besucher verstehen. Denn letztlich kommt es vor allem darauf an, dass die Site bei Ihren Besuchern gut ankommt – nur dann ist sie erfolgreich.

Gleich mit HTML starten?

Wer direkt mit eigenem HTML-Code loslegen will, kann mit Kapitel 4, »Die ersten Schritte mit HTML und CSS«, beginnen. Dort lernen Sie die Grundlagen der HTML-Programmierung. Die Kapitel zur Planung können Sie dann lesen, nachdem Sie die anderen durchgearbeitet haben.

Ganz gleich, ob Sie einen Laden haben, eine Praxis, eine Kanzlei oder ob Sie eine Website für Ihren Verein oder Ihre Familie betreuen – die Beispiele und die vermittelten Kenntnisse in diesem Buch können Sie für alle erdenklichen Fälle anwenden.

Schritt für Schritt bauen wir zusammen mit Ihnen eine Site auf, die von Kapitel zu Kapitel professioneller wird. Sie lernen in Kapitel 4 bis Kapitel 6 die Grundsätze von HTML und CSS kennen und erfahren, wie Sie damit Seiten so gestalten, dass sie genau Ihren Vorstellungen entsprechen. Dabei sehen Sie auch, mit welchen einfachen Tricks Sie dafür sorgen, dass Ihre Site sowohl auf Smartphones als auch auf riesigen Desktopmonitoren eine gleichermaßen gute Figur macht – Sie lernen die Grundlagen des *Responsive Design*.

In Kapitel 7 bauen wir dann gemeinsam ein Formular zur Kontaktaufnahme ein. In Kapitel 8 sehen wir uns die Grundlagen von *JavaScript* an, mit dessen Hilfe Sie z. B. die Eingaben der Benutzer überprüfen können.

In Kapitel 9 geht es um Suchmaschinenoptimierung. Sie sehen, wie Sie dafür sorgen können, dass Ihre Site im Internet auch gefunden wird. Gleichzeitig erfahren Sie, wie Sie Ihre Site benutzerfreundlich und für möglichst viele Nutzer problemlos zugänglich machen. Mit wenig Aufwand erreichen Sie hier nämlich gleich mehrere Ziele auf einmal. In Kapitel 10 zeigen wir Ihnen dann, wie Sie Karten, Bilder, Videos und soziale Netzwerke in Ihre Seiten einbinden.

In Kapitel 11, das von Werbung handelt, geht es darum, wie Sie mit Marketing und mit Anzeigen auf Google, Bing oder Facebook Ihre Site einem noch breiteren Publikum bekannt machen.

Wie Sie einen einfachen Webshop erstellen und mit Ihrer Website verknüpfen und welche Möglichkeiten es noch zum Geldverdienen auf Ihrer Site gibt – das ist das Thema von Kapitel 12.

Damit haben Sie alles abgedeckt, was Sie selbstständig mit einer eigenen Website erreichen können. In Kapitel 13 zeigen wir Ihnen abschließend, wie Sie mithilfe der Werkzeuge, die andere für Sie online kostenlos bereitstellen, eine noch höhere Qualität Ihrer Sites erreichen. Dank des Grundwissens in HTML, CSS und JavaScript, das Sie in den vorangegangenen Kapiteln erworben haben, wissen Sie nun alles, was Sie für den Einsatz dieser Werkzeuge brauchen. Wir führen Sie in die Thematik ein und zeigen Ihnen einige der besten Hilfsmittel: von Websites für hübsche CSS-Formate bis hin zu kompletten Paketen, mit denen Sie in kürzester Zeit eine sehr professionelle und wartungsfreundliche Website bauen.

Sie können alle Kapitel in beliebiger Reihenfolge lesen. Lediglich die Kapitel 4 bis Kapitel 8 bauen stärker aufeinander auf, da sie Sie von den Grundlagen von HTML und CSS zu den Feinheiten der Webseitenprogrammierung führen.

Im Buch finden Sie Schritt-für-Schritt-Anleitungen. An einem Quadrat (■) erkennen Sie, dass die aktuelle Anleitung abgeschlossen ist.

In Anhang A finden Sie eine Übersicht der wichtigsten HTML- und CSS-Elemente, die bei der praktischen Arbeit sehr nützlich sind. Falls Sie die Erklärung eines bestimmten Begriffs nachschlagen wollen, hilft Ihnen das kleine Glossar in Anhang B.

Die Website zum Buch

Wir haben für Sie begleitend zum Buch eine Website eingerichtet:

https://webseiten.benutzerfreun.de

Dort finden Sie alle Beispiele aus dem Buch zum Herunterladen – den Code können Sie für alle Ihre Projekte gern benutzen. Falls ein im Buch vorgestellter Dienst nicht mehr verfügbar ist oder ein aufmerksamer Leser einen Fehler entdeckt hat, finden Sie im Bereich »Neuigkeiten« aktualisierte Informationen oder Korrekturen.

Ergänzend zu Kapitel 13 sammeln wir auf der Website weitere Internetdienste und Werkzeuge, die Ihnen auf Ihrem Weg zum erfahrenen Website-Ersteller helfen. Wir möchten aus der Flut von Angeboten die heraussuchen, die am nützlichsten sind.

Wenn Sie Anregungen haben, dann schreiben Sie den Autoren unter *webseiten@benutzerfreun.de*. Wir freuen uns, von Ihnen zu hören, und wünschen Ihnen viel Spaß und Erfolg mit der eigenen Website!

Jens Jacobsen und **Matthias Gidda**

Kapitel 1
Ein eigener Webauftritt in fünf Minuten

Wenn Sie so schnell wie möglich eine Website haben möchten, gibt es mehrere kostenlose Dienste, die Ihnen das ermöglichen. Und gut aussehen kann eine solche Site auch.

Sie haben ein Thema, das Sie im Web präsentieren wollen – sei es Ihr Geschäft, Ihre Dienstleistung, Ihr Verein oder Ihre eigene Person oder Familie. Wir wollen Sie nicht mit langatmigen Erklärungen aufhalten, sondern Sie ermuntern, gleich einmal etwas auszuprobieren. Wir zeigen Ihnen, wie man mit einem einfachen und kostenlosen Dienst schnell eine sogenannte Web-Visitenkarte erstellt. Brennt es Ihnen unter den Nägeln, bringen Sie so in fünf Minuten Ihre erste einfache Präsenz ins Internet.

Keine Platzhaltertexte

Verzichten Sie auf die typischen Platzhalter- oder Baustellenseiten, auf denen steht: »Hier entsteht der Internetauftritt von XY. Schauen Sie doch später wieder vorbei!« Das wirkt sehr unprofessionell – und warum sollte man irgendwann später wieder unter dieser Adresse im Internet »vorbeischauen«? Man weiß weder, wann die Website fertig sein soll, noch, was man dann dort finden wird.

Es macht nicht viel Arbeit, zumindest seine Kontaktdaten auf der Seite zu hinterlegen. Und dass sich Internetauftritte verändern, ist selbstverständlich, darauf brauchen Sie nicht extra hinzuweisen.

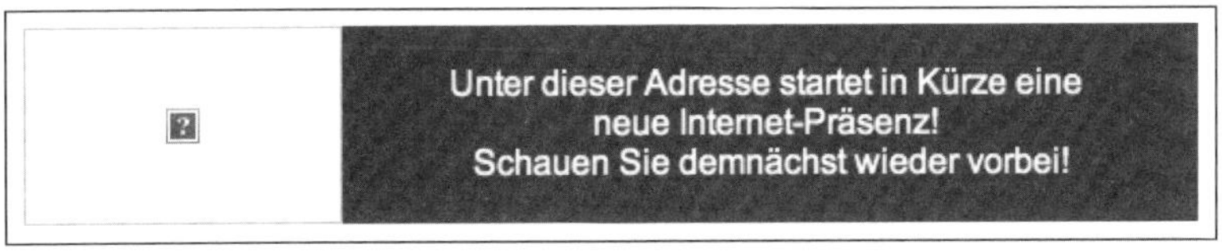

Abbildung 1.1 Solche nichtssagenden Seiten zeigen viele Internetprovider, wenn Sie dort eine Internetadresse registrieren, aber noch keine Inhalte eingestellt haben. So eine Seite sollten Sie so schnell wie möglich loswerden.

1.1 Die Visitenkarte des Zauberers

Im ersten Beispielprojekt dieses Buchs erstellen wir die Web-Visitenkarte eines Zauberkünstlers. Auf ihr sollen sein Name, seine Kontaktdaten und ein Foto aus einer seiner Shows zu sehen sein. Mit der Visitenkarte will der Zauberkünstler dafür sorgen, dass Interessenten, die von ihm gehört haben, ihn im Internet finden und kontaktieren können.

Ein-Seiten-Sites

Web-Visitenkarte nennt man ganz einfache Internetauftritte, die nur aus einer einzigen Seite bestehen. Der Begriff ist nicht klar definiert, und manche Anbieter nennen auch kleinere Websites mit weiteren Unterseiten so. Unser Beispiel besteht aber nur aus einer Seite.

Öfter liest man auch von *One-Pagern* – also »Einseitern«. Diese Bezeichnung ist nur ein modernerer Begriff für das Gleiche: ein Internetauftritt mit nur einer Seite. Bei One-Pagern ist diese eine Seite aber meist recht lang, oft fünf Mal so lang, wie ein normaler Bildschirm hoch ist, häufig sogar noch länger. Web-Visitenkarten dagegen sind, wie der Name erkennen lässt, sehr klein. Die Übergänge sind aber fließend.

1.1.1 Editor oder Baukasten?

Generell haben Sie zwei Wege, schnell und kostenlos eine Website online zu stellen:

1. Webseiten-Editoren
2. Website-Baukästen

Das funktioniert genauso wie auch bei anderen Anwendungen: Sie können entweder ein Programm auf Ihrem Rechner installieren wie etwa *Word* oder *Open Office* – oder Sie nutzen einen Onlinedienst wie *Google Docs* und arbeiten nur in Ihrem Browser.

Diese zwei Möglichkeiten haben Sie auch für einfache Websites: Sie installieren einen Editor, oder Sie nutzen einen Onlinedienst, Website-Baukasten genannt. Einfacher und schneller geht es mit einem Website-Baukasten. Daher lesen Sie im nächsten Abschnitt ein paar Tipps dafür. Aber wesentlich mehr Flexibilität haben Sie mit einem Editor. Und für uns ganz wichtig: Wenn Sie einen solchen Editor nutzen, lernen Sie viel mehr. Sie bekommen damit ein gutes Verständnis dafür, wie Webseiten aufgebaut sind, und dafür, wie das Internet funktioniert – eine hervorragende Grundlage für die weiteren Kapitel dieses Buchs.

Jetzt aber erst mal zu den Baukästen.

1.1.2 Einen Website-Baukasten auswählen

Es gibt etliche Onlinedienste, bei denen Sie kostenlos eine Web-Visitenkarte erstellen können. Meist wird dafür Werbung auf Ihren Seiten eingeblendet. Wenn Sie bei diesen Diensten ein kostenpflichtiges Angebot buchen, erhalten Sie keine Werbung und haben langfristig viel mehr Möglichkeiten. Aber zum ersten Testen reichen die kostenlosen Pakete auf jeden Fall aus.

Um Ihre Auswahl zu treffen, sehen Sie sich am besten ein paar Beispielsites an, die mit dem jeweiligen Dienst umgesetzt sind. Achten Sie vor allem auf die Werbung – bei manchen kostenlosen Diensten ist sie sehr aufdringlich.

Recht beliebt sind *www.jimdo.com/de/* und *https://de.wix.com*. Die Anbieter ändern aber häufig die Oberfläche und die Funktionen, daher finden Sie eine stets aktuelle Liste unserer persönlichen Favoriten unter *bnfr.de/ql102*.

Quicklinks »bnfr.de«

Im Verlauf dieses Buchs nennen wir Ihnen oft Internetadressen, etwa damit Sie den beschriebenen HTML-Code von unserer Website herunterladen und für Ihr Beispielprojekt verwenden können oder weil die Website eines Dritten nützliche Tipps bietet.

Damit Sie erstens nicht so lange Adressen abtippen müssen und zweitens auch dann zum Ziel gelangen, wenn sich die Adresse einer Website nach dem Druck dieses Buchs ändert, verwenden wir ein Quicklink-System. Das sieht im Buch zum Beispiel so aus:

»... unserer persönlichen Favoriten unter *bnfr.de/ql102*«

Sie müssen nur noch die Adresse *bnfr.de/ql102* in die Adresszeile oben in Ihrem Browser eingeben und werden dann automatisch auf die jeweils aktuelle Seite weitergeleitet.

1.1.3 Die Site im Website-Baukasten anlegen

Legen wir also los:

Schritt 1 | Gehen Sie auf die Startseite des Website-Baukastens Ihrer Wahl. Legen Sie dort ein Konto an – dazu müssen Sie normalerweise Ihre E-Mail-Adresse eintragen und ein Passwort vergeben. Die Adresse verifizieren Sie dann durch einen Klick auf einen Link in einer Bestätigungsmail.

Aber sicher – Passwortsicherheit

Vergeben Sie für jeden Dienst ein eigenes Passwort. Immer wieder kommt es vor, dass selbst renommierten Unternehmen Tausende, manchmal Millionen von Zugangsdaten gestohlen werden. Sind Ihre Zugangsdaten einmal darunter und haben Sie sich mit dem gleichen Passwort noch auf anderen Sites angemeldet, dann haben Sie ein Problem. Verbrecher probieren automatisiert solche Zugangsdaten bei bekannten Diensten wie Google oder Facebook aus, aber auch bei Bank-Websites. So bekommen sie leicht Zugang zu vielen Kundenzugängen.

Damit Sie sich nicht so viele Passwörter merken müssen, können Sie einen Passwortmanager nutzen, also ein Programm, das Ihre Passwörter speichert und mit einem einzigen Passwort sichert.

Alternativ überlegen Sie sich einen Standardsatz, den Sie sich leicht merken können, zum Beispiel *Mein Passwort ist wirklich sicher, vor allem im März*. Von diesem Satz nehmen Sie die Anfangsbuchstaben und das Satzzeichen: *MPiws,vaiM*. Dann hängen Sie mit einem Sonderzeichen noch einen Teil für den jeweiligen Webdienst an, für *Jimdo* also etwa *ji*. Jetzt haben Sie *MPiws,vaiM#ji*. Und schließlich fügen Sie noch zwei Zahlen an, die auch wieder immer gleich sein können: *MPiws,vaiM#ji66*.

Damit haben Sie zwar kein perfektes Passwort (näher dran wäre eine rein zufällige Zahlen-Buchstaben-Zeichen-Kette mit 18 Stellen), aber einen guten Kompromiss zwischen leichter Merkbarkeit und Sicherheit. Und Ihren Onlinebanking-Zugang können Sie ja immer noch mit einem besseren Passwort sichern.

Schritt 2 | Legen Sie Ihre erste Website an. Dazu klicken Sie sich durch die Fragen, mit denen jeder der Website-Baukästen beginnt. Dabei werden Sie vermutlich nicht immer so genau wissen, wie sich Ihre Antworten auswirken werden – das geht fast jedem so. Denn die Anbieter versuchen, Ihnen mit der Gestaltung Ihrer Site so viel Arbeit wie möglich abzunehmen. Dazu versuchen sie, über einige Fragen herauszubekommen, was Sie mit Ihrer Site anfangen möchten und was Ihnen gefällt. Sie können aber eigentlich irgendetwas antworten – denn die Einstellungen können Sie später immer noch ändern, wenn Sie mit dem Ergebnis nicht zufrieden sind.

Anmeldung und Bearbeitung sehen anders aus?

Anbieter von Webdiensten ändern das Aussehen ihrer Seiten häufig. Sollten die Schritte bei Ihnen anders aussehen als hier im Buch, arbeiten Sie einfach die Fragen bei der Anmeldung nach und nach ab. Diese sind normalerweise leicht verständlich und sollten wenige Probleme bereiten. Und wie gesagt: Ändern können Sie danach immer noch alles.

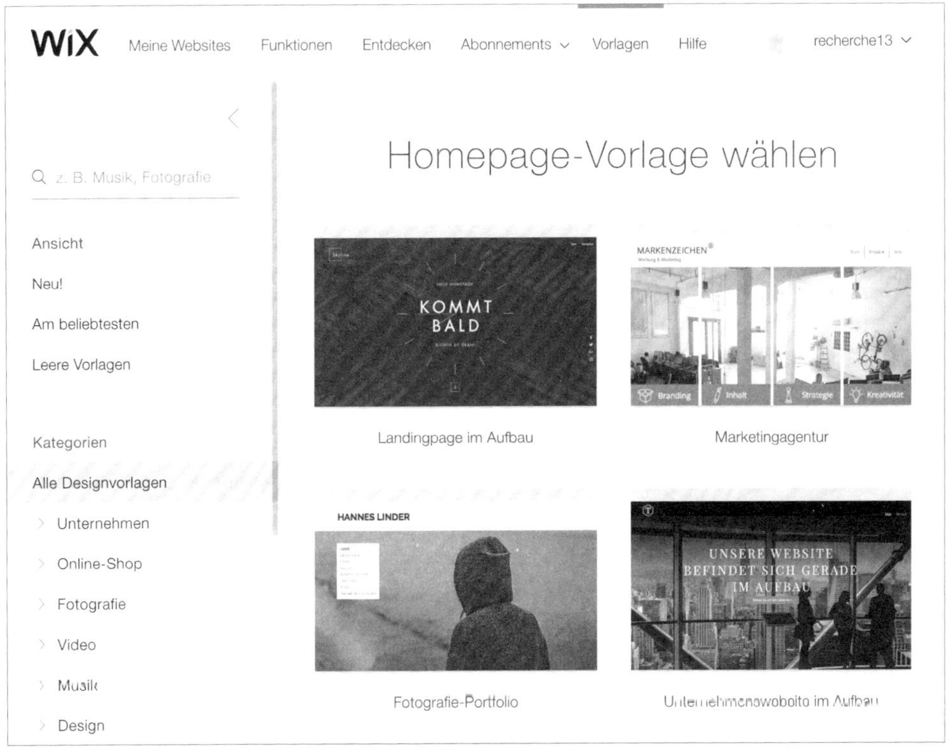

Abbildung 1.2 Solche Vorlagen wie diese bei Wix bieten praktisch alle Website-Baukästen. Sie ändern sich laufend – so entstehen immer wieder unterschiedliche Websites.

Schritt 3 | Wenn Sie an der Stelle angekommen sind, an der Sie Ihre neue Site bearbeiten können, bauen Sie dort ein paar Texte ein und wählen ein anderes Hintergrundbild aus. Hier können Sie ein paar Stunden verbringen, wenn Sie mit allen Möglichkeiten herumspielen. Oder Sie gehen nach ein paar ganz einfachen Änderungen direkt auf VERÖFFENTLICHEN und sehen sich Ihr Werk online an.

Das Muster unserer Zauberer-Visitenkarte aus Abbildung 1.4 lässt sich praktisch auf jeden anderen Fall übertragen. Lediglich Hintergrundfarbe und Bild sollten Sie natürlich passend aussuchen. Egal ob Sie ein Rechtsanwalt sind oder eine Ärztin, ob Sie einen Friseursalon haben oder ein Instrumentengeschäft, ein Restaurant oder eine Buchhandlung – mithilfe der Visitenkarte können interessierte Nutzer Kontakt mit Ihnen aufnehmen. Dazu genügt ein wenig Text.

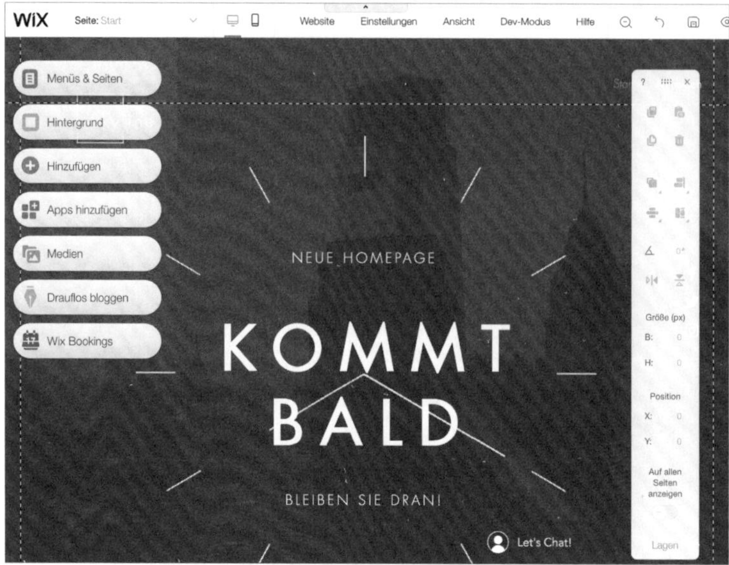

Abbildung 1.3 Bei Wix sehen die Bearbeitungsfunktionen so aus – und auch hier ändert sich oft die Gestaltung. Aber keine Sorge, probieren Sie einfach aus, wie es funktioniert, man kommt eigentlich immer ganz schnell dahinter.

Abbildung 1.4 So könnte Ihre erste eigene Website aussehen. In Wix ist diese in weniger als fünf Minuten entstanden.

Was Sie aber auch sehen: Bei der Gestaltung sind Sie auf das beschränkt, was der jeweilige Anbieter vorgibt. Wollen Sie mehr Kontrolle über Aufbau und Gestaltung Ihrer Seiten, lohnt es sich, selbst HTML und CSS zu lernen, was Sie in den nächsten Kapiteln tun werden. ■

1.1.4 Einen Webseiten-Editor auswählen

Sie haben nun nachvollzogen, wie Sie Ihre erste Website mithilfe eines Onlinedienst sterstellen. Nun sehen wir uns an, wie das mit einem Programm geht, das Sie auf Ihrem PC installieren.

Die meisten dieser Programme lassen Sie selbst HTML- und CSS-Code schreiben, was wir in den späteren Kapiteln dieses Buchs dann auch tun werden. Jetzt für den Einstieg sehen wir uns erst mal eine besondere Art von Programm an: die sogenannten *WYSIWYG-Editoren*. WYSIWYG steht für *What You See Is What You Get* – also »du bekommst, was du siehst«. Man spricht auch von *visuellen Editoren*. Bei diesen Programmen bearbeiten Sie eine Vorschau Ihrer fertigen Seite – vergleichbar mit dem Vorgehen, das Sie eben bei den Homepage-Baukästen gesehen haben.

Es gibt mehrere Anbieter für solche visuelle Editoren, etwa *Publii* oder *Mobirise*, beide sind für Windows wie für macOS erhältlich. Wir nutzen im Folgenden Mobirise, weil es etwas einfacher ist und es auch eine deutsche Version des Programms gibt. Unsere aktuellen Tipps für visuelle Editoren finden Sie auf *bnfr.de/ql103*.

Die Basisversion von Mobirise ist kostenlos, auch wenn Sie bei der Installation und bei der Nutzung immer wieder aufgefordert werden, Erweiterungspakete zu kaufen – diese brauchen Sie zum Ausprobieren nicht.

1.1.5 Mit dem visuellen Webseiten-Editor arbeiten

Nun geht es also los:

Schritt 1 | Gehen Sie auf *https://mobirise.com/de*. Geben Sie Ihre E-Mail-Adresse ein, um das Programm herunterzuladen.

Schritt 2 | Installieren Sie das Programm auf Ihrem PC und folgen Sie den Anweisungen.

Schritt 3 | Starten Sie Mobirise und geben Sie Ihre E-Mail-Adresse sowie das Passwort an. Wundern Sie sich nicht: Sie müssen sich bei dem Programm einloggen, auch wenn es lokal auf Ihrem Rechner läuft.

Schritt 4 | Stellen Sie die Sprache auf GERMAN.

Und damit landen Sie auch schon auf Ihrer ersten Seite. Die ist schon fix und fertig gestaltet mit Hintergrundbild und Platzhaltertexten. Alles, was Sie nun tun müssen, ist, diese Seite an Ihre Bedürfnisse anzupassen.

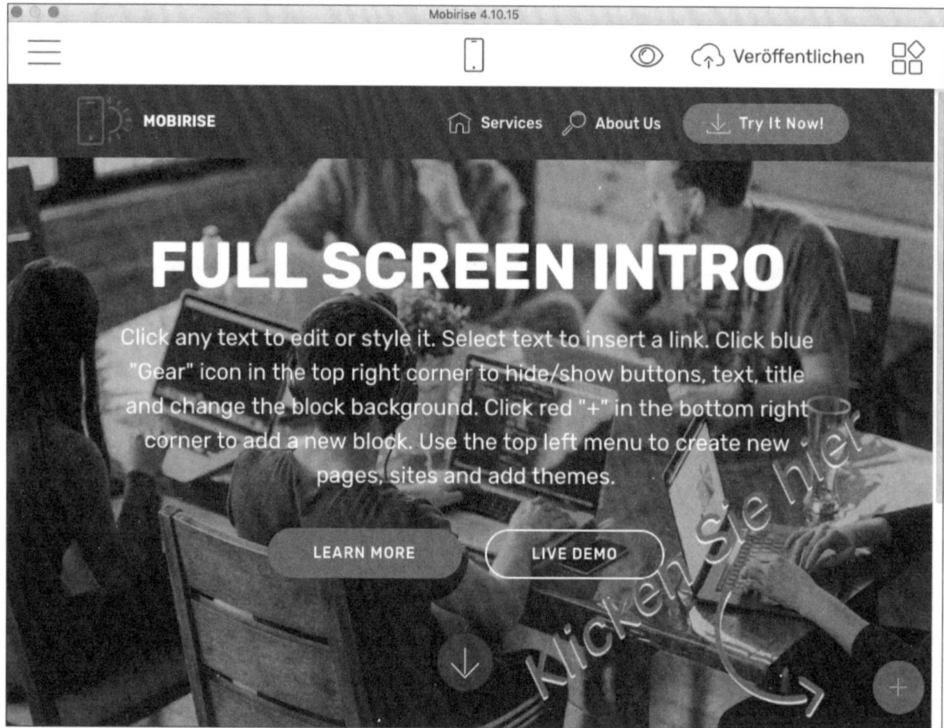

Abbildung 1.5 So kann die erste Seite aussehen, die Mobirise Ihnen anbietet. Wundern Sie sich nicht, wenn das Bild bei Ihnen ein anderes ist – auch die Hersteller von Editoren ändern gern ihre Vorlagen.

Schritt 5 | Passen Sie das Hintergrundbild an. Dazu klicken Sie in der Version von Mobirise, die wir benutzt haben, auf das Hintergrundfoto und dann auf das Zahnrad vor blauem Hintergrund oben rechts. Damit kommen Sie in den Bearbeitungsmodus für das Hintergrundbild. Das sehen Sie in klein in diesem Menü.

Schritt 6 | Doppelklicken Sie auf das kleine Vorschaubild des Hintergrundfotos. Wählen Sie im folgenden Dialog ein neues Bild aus.

Schritt 7 | Ist das Menü wieder geschlossen, klicken Sie noch mal auf das Zahnrad oben rechts. Stellen Sie den Schalter bei BUTTONS ANZEIGEN auf aus. Damit verschwinden die Buttons auf der Seite.

Abbildung 1.6 Mit wenigen Klicks sieht die Seite schon fast so aus, wie wir sie haben wollen. Hier sehen Sie, wie Sie die Buttons von der Seite verschwinden lassen.

Schritt 8 | Doppelklicken Sie auf die Überschrift und ändern Sie den Text. Verfahren Sie genauso mit dem Textabsatz darunter.

Schritt 9 | Für unsere Ein-Seiten-Website brauchen wir kein Menü, daher entfernen wir es: Bewegen Sie die Maus in die rechte obere Ecke des Fensters direkt unter die weiße Menüleiste oben. Achten Sie darauf, dass der Mauszeiger nicht über dem Hintergrundbild ist, sondern in dem Bereich oberhalb davon. Aus dem erscheinenden kleinen Menü wählen Sie den roten Papierkorb. Klicken Sie darauf, um die Menüleiste der Webseite zu löschen.

Wenn Sie einen Fehler gemacht haben: Oben im Fenster sehen Sie das Menü von Mobrise auf Weiß. Darin finden Sie ein Icon mit einem Pfeil nach links. Das ist der Rückgängig-Button, die bekannten Tastenkürzel funktionieren in dem Programm nicht.

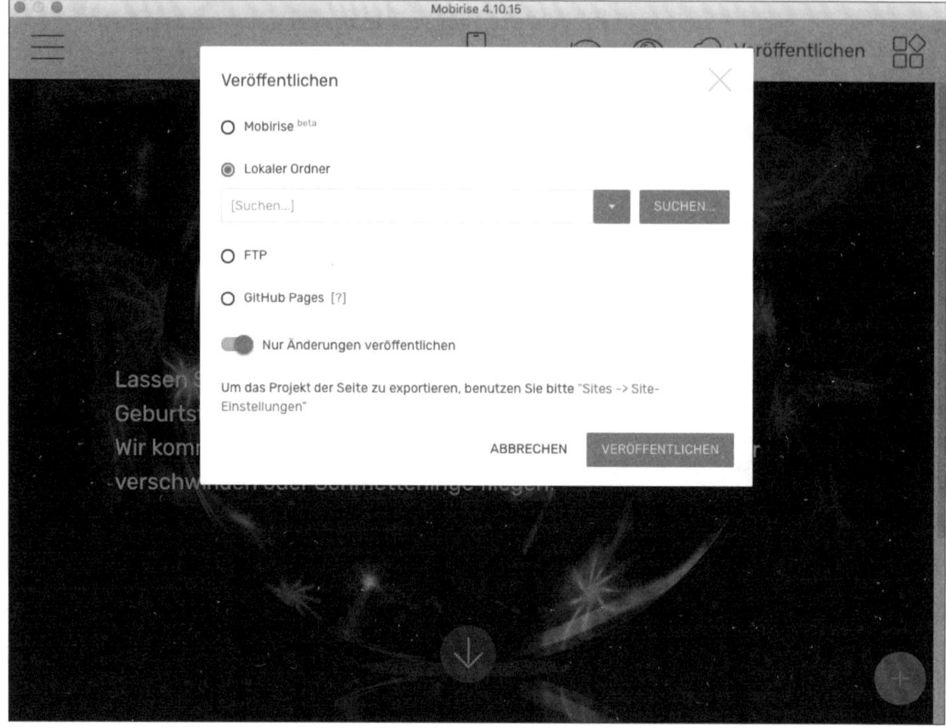

Abbildung 1.7 Die Einstellungen zur Veröffentlichung bei Mobirise

Damit haben wir alle Anpassungen vorgenommen und können die Seite veröffentlichen.

Schritt 10 | Klicken Sie oben im Menü auf VERÖFFENTLICHEN. Wählen Sie dort einen lokalen Ordner auf Ihrer Festplatte aus. Gehen Sie dann unten auf den Button VERÖFFENTLICHEN.

Wenn alles gut gegangen ist, speichert das Programm die Seite auf Ihrem PC und öffnet sie gleich in Ihrem Standardbrowser, in dem Sie Ihr Werk bewundern können. Damit ist unser kleines Einstiegsprojekt fertig. ■

1.2 Welche Technik lässt das Web ticken?

Sehen wir uns einmal an, was technisch genau passiert ist, als Sie Ihre Web-Visitenkarte erstellt haben.

Im ersten Beispiel, beim Onlinedienst wie Wix, haben Sie über Ihren Browser Daten eingegeben, die via Internet an *wix.com*, den sogenannten *(Web-)Hoster*, übertragen wurden. Diese Daten sind dort in einer Datenbank gelandet. Ihnen wurde eine *URL* zugewiesen, unter der die Daten nun abrufbar sind. URL steht für *Uniform Resource Locator* (das ist auf Deutsch nur mit dem Wortungetüm »einheitlicher Quellenanzeiger« zu übersetzen). Meist sagt man einfach *Internetadresse* zu einer URL. Wenn nun ein Nutzer diese URL in die Adresszeile seines Browsers eingibt, geht die Anfrage über das Internet an den *(Web-)Server* von *wix.com*. Der Webserver ruft aus der Datenbank das ab, was Sie beim Erstellen der Visitenkarte eingegeben haben, und setzt daraus eine HTML-Seite zusammen. Die HTML-Seite schickt er zurück an den Browser des Nutzers, der die Seite dann auf dem Bildschirm darstellt.

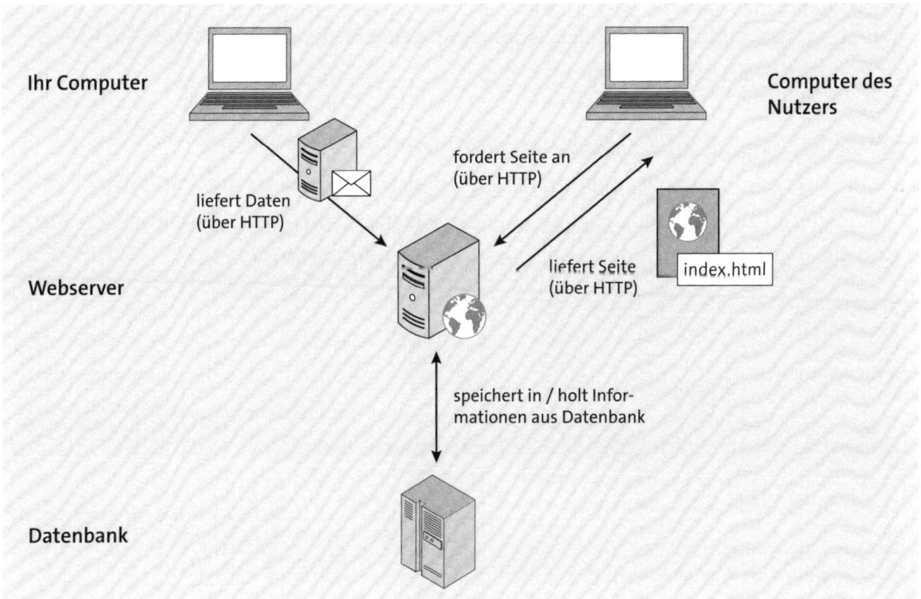

Abbildung 1.8 Bei einem Dienst wie Wix liegen die Informationen in einer Datenbank. Der Server stellt aus diesen Daten bei jeder Anfrage eine HTML-Seite zusammen, die er dann an den anfragenden Computer liefert.

Sie sind damit zum *Betreiber* einer Website geworden. Der *Webhoster* ist in unserem Beispiel Wix. Er ist also das Unternehmen, das Ihnen Speicherplatz auf seinem *Webserver* zur Verfügung stellt und die Daten an Ihre Nutzer liefert.

Im zweiten Beispiel haben Sie lediglich HTML-Seiten erstellt und auf Ihrem eigenen PC gespeichert. Über das Internet verfügbar sind sie damit noch nicht. Wie Sie diese Seiten online bekommen, erfahren Sie in Kapitel 6, »Die eigene Website im Internet«.

Protokolle im Internet

Immer wieder begegnet Ihnen das Kürzel *HTTP*. Es steht für *HyperText Transfer Protocol*, also »Protokoll zum Übertragen von Hyper-Text«. Ein *Protokoll* ist eine Vereinbarung darüber, in welcher Form die Geräte im Netzwerk Daten austauschen. *HTTPS* steht für *HTTP Secure*, also für sicheres HTTP. Dieses ist inzwischen üblicher als HTTP, weil hierbei die Daten verschlüsselt übertragen werden und daher weniger anfällig für Hacking sind.

Zu jeder URL gehört eigentlich das Protokoll, mit dem Sie auf sie zugreifen wollen. Korrekt ist also *https://www.ihresite.de*. Da man aber im Browser fast ausschließlich mit HTTPS arbeitet, kann man diese Angabe auch weglassen und einfach *www.ihresite.de* eingeben.

Ein weiteres wichtiges Protokoll ist *FTP*, das *File Transfer Protocol*. Wie der Name schon sagt, überträgt man damit Dateien (engl. *files*). FTP benutzen Sie später, wenn Sie Ihre fertigen HTML-Seiten zum Server schicken.

Wenn Sie ein sogenanntes *Content-Management-System* oder eine *Blogsoftware* verwenden, kommen Ihre Seiten ebenfalls aus einer Datenbank (siehe Abbildung 1.8). Bei fast allen kleineren Websites dagegen liegen die fertigen HTML-Dateien auf dem Server; sie sind als einzelne Dokumente abgespeichert (siehe Abbildung 1.9).

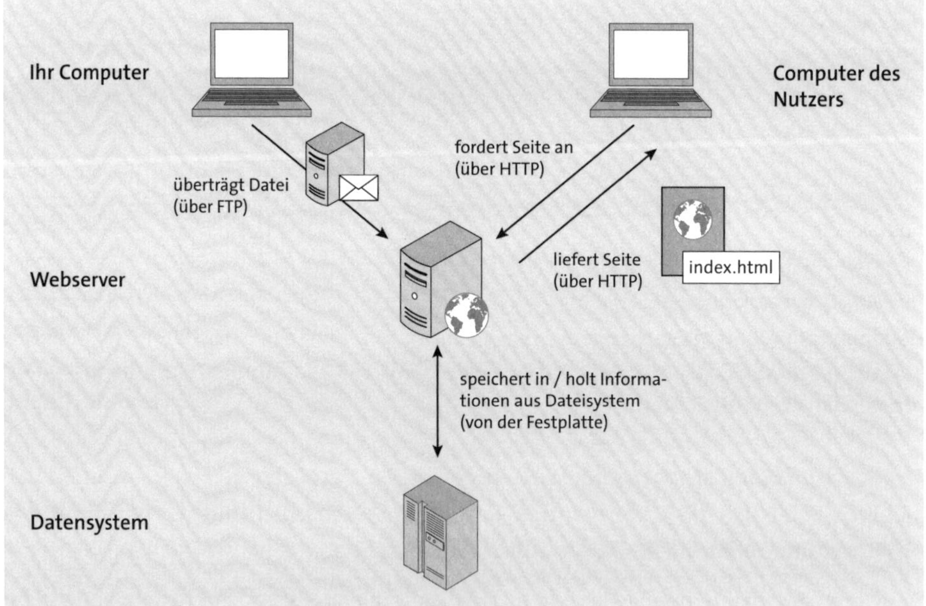

Abbildung 1.9 So sind die meisten kleinen und mittleren Websites angelegt: Die HTML-Dateien liegen auf der Festplatte des Webservers.

Ob der Server die HTML-Seiten aus dem Dateisystem holt oder aus einer Datenbank zusammensetzt, ist für die Besucher Ihrer Seiten vollkommen gleichgültig. Wir betonen diesen Unterschied hier nur deshalb, weil wir später in diesem Buch ja mit einzelnen HTML-Dateien arbeiten werden. Diese können auch auf Ihrem eigenen Computer liegen. Das tun sie normalerweise, solange Sie an Ihrer Website arbeiten. Sie testen sie also erst lokal auf Ihrem eigenen Computer, bevor Sie die Seiten auf den Server hochladen und so für alle Internetnutzer zugänglich machen.

1.2.1 Seite oder Site?

Oft gibt es Verwirrung darüber, ob es nun *Website* oder *Webseite* heißt. Die beiden Begriffe klingen fast gleich, bezeichnen aber unterschiedliche Dinge. Eine *(Web-)Seite* ist wie eine ausgedruckte Seite Papier ein einzelnes Dokument, auf dem Text, Bilder, Videos usw. stehen können. Jede Seite hat eine eigene URL (z. B. *www.ihresite.de/index.html*).

Eine *Website* dagegen ist die Gesamtheit aller Seiten eines Internetauftritts. Das englische Wort »site« klingt zwar ähnlich wie die deutsche »Seite«, bedeutet auf Deutsch aber »Ort«. Der Begriff Website bezeichnet also alle Seiten, die an einem Ort im Internet abgelegt sind. Eine Website hat üblicherweise eine eigene *Domain* wie *www.ihresite.de*.

Oft erkennen Sie also an der URL, ob eine Site oder eine Seite gemeint ist: Steht am Ende eine Dateiendung wie *.html*, ist es immer eine Seite.

Die Begriffe *Internetauftritt* und *Webauftritt* bedeuten das Gleiche wie *Website*. Der Begriff *Homepage* wird auch oft in diesem Sinne verwendet. Doch eigentlich ist die Homepage die *Startseite*, also nur die erste Seite einer Site. Bei unserer Web-Visitenkarte waren Homepage und Website identisch, weil wir ja nur eine einzige Seite erstellt haben.

Es ist etwas unpraktisch, dass für die Website ausschließlich der englische Begriff üblich ist, für die Webseite ausschließlich der deutsche. Klarer wäre es, von »Website« und »Webpage« zu sprechen oder von »Webort« und »Webseite«. Aber das macht kein Mensch. Daher bleiben wir auch in diesem Buch bei den etablierten Begriffen.

1.2.2 Domain

Domains (korrekter eigentlich *domain names*, auf Deutsch *Domänennamen*) nennt man die Teile des *DNS*, des *Domain Name Systems*. Vereinfacht gesagt, dienen Domains dazu, Webserver mit Namen auffindbar zu machen. Denn intern arbeiten Computer mit IP-Adressen, die als Zahlen codiert sind.

.de, *.com* und *.info* sind sogenannte *Top-Level-Domains*. Spricht man von der »Domain« einer Website, ist damit die *Second-Level-Domain* (wie *ihresite.de*) gemeint.

Eine solche eigene Domain besorgen Sie sich am einfachsten, indem Sie bei einem Webhoster Speicherplatz auf dessen Webserver buchen (siehe Kapitel 6, »Die eigene Website im Internet«). Fast immer bekommen Sie dann kostenlos eine oder sogar mehrere Domains dazu.

Sie können aber auch zu einem Anbieter gehen, der Ihnen nur eine Domain vermittelt. Diese Domain können Sie dann auf Ihre Web-Visitenkarte verweisen lassen, die bei einem anderen Anbieter liegt.

1.3 Fazit

Es ist ganz leicht, eine erste eigene Website zu erstellen. Wenn Sie mit den Einschränkungen der kostenlosen Anbieter zurechtkommen, haben Sie in wenigen Minuten die ersten Inhalte online. HTML und CSS brauchen Sie dafür noch gar nicht. Aber mit der Zeit werden Ihre Ansprüche wachsen, und dann sehen Sie sich sicher nach mächtigeren Werkzeugen um.

Kapitel 2

Wer braucht was – die eigene Website planen

Irgendeine Website ist schnell erstellt. Eine erfolgreiche Site setzt aber etwas Planung voraus.

Im vorigen Kapitel haben Sie gesehen, wie man schon in wenigen Minuten eine ganz simple Website anlegt. Für die Visitenkarte sind wir einfach online gegangen und haben das in die Eingabefelder des Browsers getippt, was uns gerade in den Sinn gekommen ist. Bei sehr kleinen Sites ist das auch in Ordnung so. Wenn Sie allerdings etwas mehr wollen als eine Online-Visitenkarte, sollten Sie Zeit für ein Konzept einplanen, bevor Sie loslegen.

Bei einer Reise kommen Sie zwar meist auch ans Ziel, wenn Sie einfach losfahren. Wesentlich effizienter wird Ihre Reise aber, wenn Sie zuvor einen Blick auf die Karte werfen oder gar ein Navigationsgerät verwenden. Genauso vermeiden Sie unnötige Umwege und erreichen Ihr Ziel effizienter, wenn Sie den Aufbau Ihrer Website planen.

2.1 Wie sieht eine gute Website aus?

Denken Sie einmal an die Websites, die Sie selbst besuchen. Welche von ihnen gefallen Ihnen, welche nicht? Und *warum* finden Sie manche gut und andere schlecht? In fast allen Fällen sind gute Sites so aufgebaut, dass sie Ihren Erwartungen als Benutzer entsprechen. Wenn Sie nach Schuhen suchen, dann erwarten Sie keine Informationen über Jacken. Und wenn Sie auf die Website eines Onlineladens kommen, auf der Sie vor lauter Sonderangeboten nicht den Weg zu den Schuhen finden, fühlen Sie sich nicht gut geführt.

Um bei dem Beispiel zu bleiben: Wenn Sie bei der Übersicht zu den Schuhen gelandet sind, ist Ihre nächste Wahl meist die zwischen Damen- und Herrenschuhen. Dann grenzen Sie weiter ein nach Stiefeln, Halbschuhen, Sportschuhen und Sandalen. Aus Ihrer Sicht als Benutzer ist das alles ganz einfach.

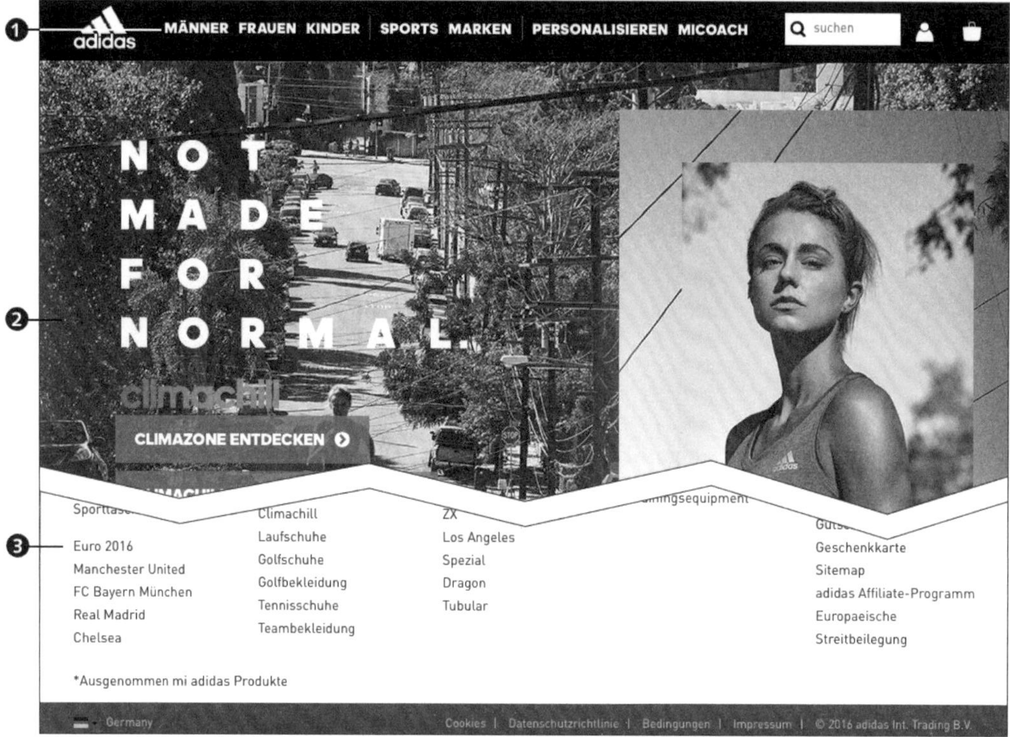

Abbildung 2.1 Der Anbieter dieses Onlineshops hat überlegt, was die Besucher wollen. Im waagerechten Menü ❶ finden sie die wichtigsten Produktgruppen. In der Mitte sind Sonderangebote und Neuigkeiten platziert ❷. Ganz unten geht es direkt zu häufig besuchten Kategorien ❸.

Nun sind Sie jetzt aber nicht mehr der Benutzer einer Website, sondern deren Betreiber. Sie müssen sich also Gedanken darüber machen, welche Dinge Ihre Besucher wohl suchen werden. Und nicht alles ist immer leicht vorherzusehen. Besucher eines Schuhshops interessiert sicher, wie hoch die Versandkosten sind und welche Rücknahmebedingungen es gibt, wenn ihnen die bestellten Biker-Boots nicht passen oder ihr Partner diese unakzeptabel findet. Diese Informationen sollten Sie also auch anbieten. Wenn Sie anfangen, darüber nachzudenken, was die Besucher so alles wollen, bekommen Sie schnell eine lange Liste. Auf dieser Liste müssen Sie die Punkte dann gewichten. Schließlich konzentrieren Sie sich am besten auf die Dinge, die ganz oben stehen. Denn je mehr Informationen Sie unterbringen, desto schwieriger wird es für die Nutzer, jede einzelne Information zu finden.

Eine Website, die nur aus einer einzigen Seite besteht, ist ganz leicht zu benutzen. Man muss keine Links zu anderen Seiten anklicken, sondern einfach nur den Inhalt dieser einen Seite aufnehmen. Irgendwann wird die eine Seite aber so lang, dass sie auch wieder unübersichtlich wird. Dann sind mehrere Seiten sicher die bessere, weil übersichtlichere Lösung. Sie sehen schon: Man muss in jedem Einzelfall entscheiden, wie man vorgeht.

2.2 Warum wollen Sie eine Website?

Neben den Erwartungen Ihrer Besucher ist auch diese Frage ganz wichtig: Was wollen *Sie selbst* mit Ihrer Website erreichen? Sie machen sich die ganze Mühe ja nicht nur zum Spaß – auch wenn das hoffentlich ein Teil Ihrer Motivation ist.

Ziele Ihrer Website können sein:

- Freunden und Verwandten Informationen zur Verfügung zu stellen,
- potenzielle Kunden/Auftraggeber über Ihre Angebote zu informieren,
- Kontaktdaten mitzuteilen,
- Produkte zu verkaufen bzw. Dienstleistungen buchen zu lassen und
- bestehende Kunden über Neuigkeiten zu informieren.

Das sind aber alles nur Beispiele für mögliche Ziele. Wichtig ist vor allem: Beginnen Sie *nicht* damit, aufzuschreiben, was alles auf Ihre Website soll. Denn dabei fallen Ihnen sicher einige Dinge ein, die eigentlich gar nicht nötig sind, um Ihre Ziele zu erreichen. Orientieren Sie sich von Anfang an streng an Ihren Zielen und arbeiten Sie nach dem Prinzip »Perfektion bedeutet nicht, dass man nichts mehr hinzufügen kann, sondern dass man nichts mehr wegnehmen kann«.

So sparen Sie sich die Arbeit, Unnötiges auf der Website unterzubringen. Und vor allem machen Sie die Site für die Benutzer übersichtlicher, weil sie nur zwischen den Informationen auswählen müssen, die für sie tatsächlich relevant sind.

Weniger ist mehr

Je weniger Sie auf Ihrer Website haben, desto weniger Mühe haben Sie mit der Erstellung und Pflege der Site. Und je weniger Sie den Benutzern anbieten, desto leichter finden diese sich auf Ihrer Website zurecht.

2.3 Was? Wen? Wie? Womit?

Egal ob Sie eine neue Website planen oder eine bestehende überarbeiten – beantworten Sie auf jeden Fall die »vier W«, bevor Sie einen einzigen Buchstaben Text tippen. Damit sparen Sie sich jede Menge Arbeit und haben am Ende eine Site, die erfolgreich ist, weil sie Ihre Ziele erreichen hilft und den Besuchern nutzt.

Die »vier W« (siehe Abbildung 2.2) sind: *Was*? *Wen*? *Wie*? *Womit*?

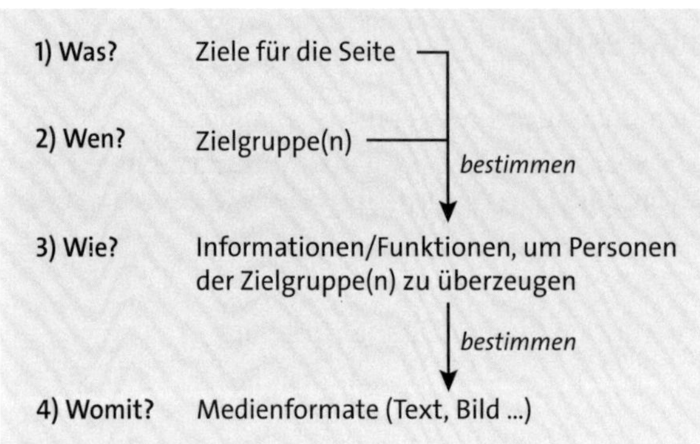

Abbildung 2.2 Die »vier W« der Website-Konzeption

Im Detail geht es bei den vier W um diese Fragen:

- Was wollen Sie erreichen?
- Wen wollen Sie ansprechen?
- Wie wollen Sie Ihr Ziel erreichen?
- Womit wollen Sie arbeiten?

Sehen wir uns diese Fragen einmal im Detail an.

2.3.1 Was wollen Sie erreichen?

Formulieren Sie Ihre Ziele. Wichtig ist, dass diese konkret sind. Notieren Sie also nicht nur etwas wie:

»Ich will eine schöne Website haben, die meinen Kunden gefällt.«

Sondern eher:

»Meine Website soll neue Kunden ansprechen und sie dazu bringen, XY zu kaufen.«

Ziele, die sich objektiv messen lassen, sind also besser als solche, die nur subjektiv bewertbar sind.

2.3.2 Wen wollen Sie ansprechen?

Überlegen Sie, welche Personen Sie ansprechen wollen. Man spricht von der *Zielgruppe* der Site. Neue Kunden müssen Sie dabei anders ansprechen als bestehende, ältere Menschen anders als jüngere und Menschen, die täglich im Web unterwegs sind, anders als Gelegenheitssurfer.

Manchmal haben Sie auch mehrere Zielgruppen – dann müssen Sie möglichst dafür sorgen, dass alle unterschiedlichen Bedürfnisse erfüllt werden.

2.3.3 Wie wollen Sie Ihr Ziel erreichen?

Wie bringen Sie die Besucher dazu, das zu tun, wofür Sie die Site erstellen? Wie überzeugen Sie die Besucher, die Site zu nutzen, Sie zu kontaktieren, etwas zu spenden oder bei Ihnen zu kaufen?

Machen Sie sich in diesem Schritt Gedanken über die Funktionen, die Ihre Site bieten muss. Meist ist das Wesentliche, dass die Site den Mitgliedern der Zielgruppe diejenigen Informationen bereitstellt, die sie suchen. Ein paar Beispiele:

- Bei einer Familien-Site müssen Sie Ihren Verwandten zum Beispiel erklären, warum diese ihre Fotos hochladen sollen und wie sie das tun.
- Sind Sie ein Arzt, müssen Sie den neuen Patienten erklären, was Ihr Fachgebiet ist, bei welchen Krankheiten Sie helfen können und wie Patienten einen Termin vereinbaren können.
- Bei einem gemeinnützigen Verein müssen die Besucher erfahren, wofür Sie sich engagieren, warum das wichtig ist und wie Sie arbeiten. Außerdem brauchen die Besucher Informationen darüber, wie sie spenden können.
- Haben Sie einen Internetshop, müssen Sie Ihre Produkte optimal darstellen, alle notwendigen Hintergrundinformationen zu diesen geben und zeigen, wie man sie kaufen kann.

2.3.4 Womit wollen Sie arbeiten?

Mit dieser Frage sind nicht die Programme gemeint, die Sie nutzen (um die geht es in den nächsten Kapiteln), sondern die Inhalte, mit denen Sie die notwendigen Informationen vermitteln. Bei kleinen Websites beschränken sich die Inhalte meist auf Texte und Fotos. Manchmal können auch Videos sinnvoll sein, oder es kommen Zeichnungen zum Einsatz (etwa schematische Darstellungen von Produkten, Lageskizzen oder Ähnliches).

Das Wichtigste zuerst

Beschränken Sie sich zunächst auf die Inhalte, die zwingend nötig sind, um Ihre Ziele zu erreichen. Nicht selten kommt es vor, dass eine Website monatelang nicht online geht, nur weil die geplanten Videos doch mehr Arbeit machen als gedacht.

Haben Sie einen mehrstufigen Plan, können Sie mit den ersten Inhalten schnell online gehen und dann Weiteres nachliefern, sobald es fertig ist.

2.3.5 Beispiel: Tangoschule »Aro Argentino«

In unserem nächsten Beispiel spielen wir die Planung einer Website für eine Tangoschule durch – *Aro Argentino*. Das Prinzip der Planung bleibt aber das gleiche, egal ob Sie eine Tanzschule, eine Anwaltskanzlei, einen Verein oder ein Restaurant ins Internet bringen wollen.

Was? – Ziele der Site

Die Ziele unserer Beispiel-Website sind:

- neue Tänzer gewinnen, die eine Probestunde vereinbaren sollen,
- Mitglieder informieren, diese sollen sich zu neuen Kursen anmelden,
- Mitarbeiter bei der Beantwortung von Standardanfragen entlasten (Termine, Kosten).

Wen? – Zielgruppe

Die Site soll alle ansprechen, die sich für Tango interessieren. Das sind vor allem Männer und Frauen zwischen Mitte 20 und Ende 50. Sie können meist zumindest ein paar Standardtänze wie Walzer, Foxtrott oder Jive. Sie kommen eher aus einer mittleren bis gehobenen gesellschaftlichen Schicht, und ebenso ist auch ihr Einkommen.

Die Interneterfahrung ist unterschiedlich, einige potenzielle Tänzer sind täglich im Netz, andere nur gelegentlich.

Die Site soll sowohl Paare ansprechen als auch Tänzer und Tänzerinnen, die keinen Partner mitbringen.

Auch Tänzer, die schon bei *Aro Argentino* waren, sollen auf der Website angeregt werden, weitere Kurse zu besuchen und an weiteren Veranstaltungen teilzunehmen.

Wie? – Informationen/Funktionen

Wer die Tanzschule noch nicht kennt, will zunächst wissen, mit wem er es zu tun hat. Die Site braucht also Folgendes:

- Vorstellung der Tanzschule
- Vorstellung der Tanzlehrer
- Präsentation der Räume

Um Interessenten dazu zu bringen, eine Probestunde auszumachen, und um weniger Standardfragen per Telefon oder Mail beantworten zu müssen, muss die Site vor allem die wichtigsten Infos zu den Kursen bieten:

- Titel und Themen der Kurse
- Termine der Kurse
- Kosten

Um vor allem bestehende Kunden zu informieren, aber auch, um zu zeigen, dass immer wieder besondere Veranstaltungen angeboten werden, sollen regelmäßig neue Nachrichten auf der Website erscheinen (rund einmal pro Woche).

Und schließlich wollen Interessenten noch wissen, wo die Tanzschule ist, wie sie dorthin kommen und wie sie Kontakt aufnehmen können:

- Lage/Anfahrt
- Kontakt

Zu Ihren Kontaktdaten zählt auch das Web-*Impressum*. Sie geben also an, wer die Website betreibt, wer der verantwortliche Ansprechpartner ist und wie man diesen per Mail und Telefon erreichen kann. Damit es keinen juristischen Ärger gibt, informieren Sie sich am besten zu den rechtlichen Details unter *bnfr.de/ql201*.

Impressumspflicht und Datenschutzgrundverordnung

Nach dem deutschen *Telemediengesetz* (TMG) muss jede »geschäftsmäßige« Website ein Impressum haben. Geschäftsmäßig ist jede Site eines Unternehmens oder eines Freiberuflers. Aber auch dann, wenn Sie etwa nur Fanartikel verkaufen oder Werbung auf Ihrer privaten Site schalten, gilt sie als geschäftsmäßig.

Für Österreich gilt im Wesentlichen das Gleiche (§ 5 Abs. 1 E-Commerce-Gesetz – ECG). In der Schweiz ist die Situation anders, die Vorschriften sind hier weniger streng. Angebote, die sich aber (auch) an Personen in Österreich oder Deutschland richten, müssen die Anforderungen dieser Länder erfüllen.

Um auf Nummer sicher zu gehen, sehen Sie also am besten immer ein Web-Impressum vor.

Die *Datenschutz-Grundverordnung* (DSGVO) ist eine EU-Verordnung, die den Datenschutz für alle Bürger verbessert. Sie als Betreiber einer Website sind verpflichtet, diese einzuhalten. Im Wesentlichen besagt die Verordnung, dass Sie die Nutzer darüber informieren müssen, was Sie mit deren Daten tun, und dass Sie sorgsam mit diesen umgehen müssen. Mehr dazu finden Sie unter *bnfr.de/ql203*.

Womit? – Medienformate

Die meisten Informationen lassen sich als Text vermitteln. Kursübersichten findet man auf manchen Websites als PDF-Dateien zum Herunterladen, allerdings ist das wenig komfortabel. Es kann nämlich sein, dass die notwendige Software zum Anzeigen von PDFs beim Benutzer nicht installiert ist, und man weiß nie so genau, ob das PDF in einem eigenen Fenster geöffnet oder gleich heruntergeladen wird. Außerdem sind PDF-Dateien auf mobilen Geräten meist schlecht zu lesen, weil sie für den Ausdruck oder zumindest für größere Screens angelegt wurden.

Dank CSS kann man heute auch HTML-Seiten so anzeigen, dass sie sich sehr gut ausdrucken lassen, wenn man das will (siehe Kapitel 6, »Die eigene Website im Internet«).

Die Räumlichkeiten und die Tanzlehrer zeigt man am besten als Foto.

Für die Anfahrt wäre eine Skizze denkbar, die auch als Bilddatei eingebunden wird.

Später könnte man noch Videos einbinden, die bei einer Veranstaltung gedreht wurden, um den Besuchern einen noch besseren Eindruck von der Atmosphäre zu geben.

2.4 Umsetzung planen

Haben Sie die vier W geklärt, können Sie die Umsetzung planen. Das wichtigste Hilfsmittel dabei ist die Sitemap.

2.4.1 Sitemap – Seitenübersicht

Die *Sitemap* oder *Seitenübersicht* ist die Darstellung aller Seiten einer Website als Diagramm (siehe Abbildung 2.3). Sie hilft dabei, die notwendigen Inhalte zu ordnen. Außerdem gibt sie bei größeren Projekten einen guten Überblick darüber, wie weit man mit der Arbeit schon ist.

Wenn Sie kein Feinkonzept erstellen, in dem alle Inhalte genau aufgeführt sind, sollten Sie zumindest die geplanten Funktionen und Inhalte den einzelnen Seiten zuordnen. So stellen Sie sicher, dass Sie nichts vergessen und alles seinen Platz hat.

Für unser Beispiel sieht das so aus:

- **Startseite – Über uns**
  - Vorstellung der Tanzschule
  - Vorstellung der Tanzlehrer
  - Präsentation der Räume

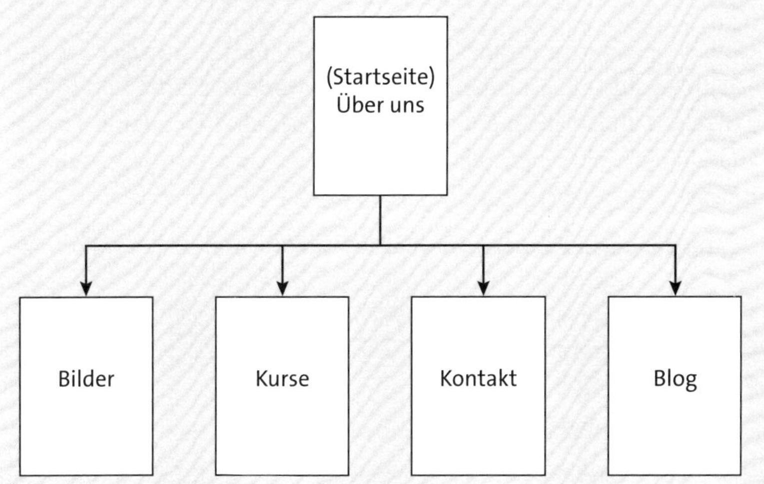

Abbildung 2.3 Die Sitemap der Tanzschule. Auf diesen fünf Seiten bringen wir alle Inhalte unter, nach denen die Benutzer suchen.

- **Bilder**
  - Eindrücke von den Räumlichkeiten und Veranstaltungen
- **Kurse**
  - Titel und Themen der Kurse
  - Termine der Kurse
  - Kosten
- **Kontakt**
  - Lage/Anfahrt
  - Kontaktmöglichkeiten per Post, Mail und Telefon bzw. Web-Impressum

- **Blog**
  Hier erscheinen Neuigkeiten aus der Tanzschule, und es werden Veranstaltungen und neue Kurse angekündigt. Auch Berichte von Partys oder gemeinsamen Reisen finden hier ihren Platz. Von Zeit zu Zeit kann auch über Themen geschrieben werden, die nur im weiteren Sinne mit der Tanzschule zu tun haben. Ein Beispiel wäre ein Essay über die Entwicklung der Tangoszene in den letzten Jahren. Mit solchen Inhalten soll die Tanzschule nahbarer werden, die Besucher sollen ein Gefühl für die Menschen bekommen, die hier lehren und tanzen.

2.4.2 Zeitplan

Nun wissen Sie recht genau, was Sie alles brauchen, um Ihre Site umzusetzen. Sie können also einen Zeitplan aufstellen, in dem Sie festlegen, wann was fertig sein soll. Das ist sogar dann sinnvoll, wenn Sie allein an der Website arbeiten. Denn damit können Sie sich leichter motivieren und sehen rechtzeitig, ob Sie den selbst gesetzten Termin schaffen (oder nicht).

Die wichtigsten Aufgaben bzw. Etappen, für die Sie einen Termin setzen sollten, sind:

- Inhaltskonzept
- Gestaltungskonzept
- Umsetzung in Grafik, HTML/CSS
- Veröffentlichung/Live-Gang
- Bekanntmachen und Werben

Inhalts- und Gestaltungskonzept

Das inhaltliche Konzept enthält die Sitemap, idealerweise auch die gesamten Texte sowie eine Liste mit allen Fotos, Videos und anderen Elementen, die die Website enthalten soll. Machen Sie sowieso alles allein, können Sie die Texte auch direkt in die HTML-Seiten schreiben, wenn Sie sie erstellen.

Wenn die Sitemap steht und Sie ungefähr wissen, was alles auf Ihre Site soll, können Sie ein Konzept für die Gestaltung entwerfen. Haben Sie ein Logo, ist das die Grundlage für das Design der Website. Verwenden Sie bestimmte Farben, sind diese ein nächster Fixpunkt. Haben Sie das alles noch nicht, wäre jetzt ein guter Zeitpunkt, um das einmal festzulegen.

Sie können aber natürlich auch einfach drauflosarbeiten und das Aussehen der Seiten erst beim Erstellen festlegen – am Ende ist das meist jedoch mehr Arbeit, weil man üblicherweise mehrere Ideen wieder verwirft, bis man die richtige gefunden hat. Hier Skizzen anzufertigen, ist einfach effizienter, als wenn man eine Idee schon in HTML umgesetzt hat und dann doch alles wieder löscht und von vorn beginnt.

Umsetzung in Grafik, HTML/CSS

Wie lange die Umsetzung dauert, können Sie schwer abschätzen, wenn Sie zuvor noch keine Erfahrungen mit HTML haben. Gehen Sie aber realistischerweise davon aus, dass Sie für die erste Seite einen knappen Tag brauchen. Die Folgeseiten schaffen Sie dann in jeweils etwa einer Stunde.

Diese Werte können extrem variieren, je nachdem, wie schnell Sie mit Ihrem Ergebnis zufrieden sind und wie aufwendig Ihre Site wird. Manchmal können auch mehrere Tage vergehen, bis einem die Startseite gefällt.

Bekanntmachen und Werben

Wenn Ihre Site fertig ist, müssen Sie der Welt noch verraten, dass es sie gibt. Das kann mit einer Rundmail an die Verwandtschaft oder Vereinsmitglieder getan sein. Wenn Sie möchten, können Sie auch Ihr Auto mit der URL Ihrer neuen Site verzieren, die URL auf Ihr Briefpapier und Ihre Visitenkarten drucken und Werbung in Zeitungen oder im Web schalten.

2.5 Fazit

Der Drang, einfach loszulegen, ist natürlich und zeigt, wie sehr Sie sich für Ihre neue Site begeistern. Sie sparen sich aber einiges an Arbeit und vermeiden so manchen Stolperstein, wenn Sie ein bisschen Zeit in die Planung investieren.

Falls Sie eine Site für eine Firma mit mehreren Mitarbeitern umsetzen wollen oder vorhaben, mit Ihrer Site Geld zu verdienen, sollten Sie sich noch mehr Mühe mit der Planung geben. Eine Hilfe dabei kann z. B. das Buch »Website-Konzeption« sein, das einer der Autoren dieses Buchs veröffentlicht hat (mehr unter *bnfr.de/ql202*).

Kapitel 3

Ein besserer Webauftritt in drei Stunden

Investieren Sie wenige Stunden, erstellen Sie bei einem Onlinedienst eine ordentliche und optisch ansprechende Website – noch ganz ohne Programmierung.

3

In Kapitel 1, »Ein eigener Webauftritt in fünf Minuten«, haben Sie bereits Ihre erste kleine Website in Form einer Visitenkarte erstellt. Sie haben auch gelernt, was genau es technisch bedeutet, eine Website zu erstellen: dass Sie Dateien auf einem Server ablegen, der ans Internet angeschlossen ist. Andere Menschen greifen mit ihren webfähigen Geräten auf diesen Server zu und sehen im Browser die von Ihnen gespeicherten Dateien.

Eine Website kann aber sehr viel mehr bieten als die Visitenkarte, und für die meisten Projekte ist zusätzliche Funktionalität notwendig – so auch für das Beispielkonzept, das wir in Kapitel 2, »Wer braucht was – die eigene Website planen«, erstellt haben. Anhand der »vier W« haben Sie dort gelernt, wie Sie eine umfangreichere Website planen: Welche Ziele will ich erreichen? Was ist meine Zielgruppe? Welche Inhalte will ich deshalb mit welchen Techniken erstellen?

Gleich durchstarten mit HTML?

Falls Sie direkt mit eigenem HTML-Code loslegen wollen, brauchen Sie die Beispielsite in diesem Kapitel nicht umzusetzen. Blättern Sie stattdessen direkt weiter zu Kapitel 4, »Die ersten Schritte mit HTML und CSS«.

Hier in Kapitel 3 bekommen Sie aber noch wertvolle Tipps dazu, wie Sie Ihr Website-Konzept in eine echte Site überführen, wie Sie den Seitenaufbau (das Layout) festlegen und wie Sie Bilder aussuchen, die nicht nur schön sind, sondern auch nützlich.

Im Folgenden nehmen wir das Konzept für die Website der Tanzschule *Aro Argentino* aus dem vorigen Kapitel und erstellen daraus in zwei bis drei Stunden eine Site, die unsere zuvor festgelegten Anforderungen erfüllt. Für die Technik wählen wir einen kostenlosen Homepage-Baukasten oder ein *Blog*, das sich mit wenigen Arbeitsschritten zu einer umfangreicheren Website mit Unterseiten usw. ausbauen lässt.

Was ist ein Blog?

Ein *Weblog* (kurz *Blog*) ist ein Webtagebuch. Ursprünglich waren Weblogs auch genau das: eine Liste meist kurzer Einträge, die nach Datum sortiert nacheinander auf einer Webseite standen – die neuesten Einträge oben.

Heute werden Weblogs für viele unterschiedliche Einsatzzwecke genutzt, geblieben ist lediglich die Sortierung der Blogeinträge nach Datum. Mit ein Grund dafür, dass Weblogs so beliebt sind, ist die Tatsache, dass sie sehr einfach einzurichten sind.

Das Beispielprojekt für die Tanzschule ist natürlich nur eine Anregung für Sie. Die in diesem Kapitel vermittelten Techniken und Tipps eignen sich genauso für eine große Bandbreite an möglichen Projekten, egal ob Sie eine Website für die eigene Familie, einen Verein oder ein kleines Unternehmen erstellen.

»Der Blog« oder »das Blog«?

Im deutschen Sprachgebrauch finden sich sowohl »der Blog« als auch »das Blog«. Der Duden ist der Meinung, beides sei korrekt. Wir haben uns für dieses Buch auf »das Blog« festgelegt.

3.1 Für den Dienst anmelden und die Site einrichten

Die unterschiedlichsten Anbieter stellen Dienste bereit, mit denen Sie ganz einfach eigene Websites erstellen können. Die Auswahl ist groß, aber nicht alle Anbieter sind zu empfehlen. Wir werden unser Beispielprojekt mit dem Baukastenanbieter *Wix* umsetzen, den wir schon in Kapitel 1, »Ein eigener Webauftritt in fünf Minuten«, genutzt haben. Genauso können Sie aber auch *Jimdo*, *Weebly*, *Wordpress.com* oder einen anderen Anbieter auswählen. Für die hier erwähnten Dienste brauchen Sie keinen eigenen Server. Wie bei der Web-Visitenkarte aus Kapitel 1 speichern Sie Ihre Site auf dem Server des Dienstleisters.

Was Sie brauchen:

- Browser
- E-Mail-Adresse

Wollen Sie mit dem visuellen Editor *Mobrise* weiterarbeiten, können Sie das genauso tun. Lesen Sie dann im Anschluss in Kapitel 6, »Die eigene Website im Internet«, wie Sie die Dateien von Ihrem PC ins Internet bringen.

Beginnen wir also mit dem neuen Beispielprojekt, einer Website für die fiktive Tanzschule *Aro Argentino*.

Nutzerkonto anlegen

Schritt 1 | Wenn Sie es noch nicht getan haben: Legen Sie sich ein Nutzerkonto unter *https://de.wix.com* an.

Schritt 2 | Registrieren Sie sich für den gewählten Dienst entsprechend den Anweisungen auf deren Site. ■

Die Seiten der Anbieter sehen anders aus?

Die Anbieter ändern das Aussehen ihrer Sites oft innerhalb weniger Wochen. Daher kann es sein, dass die Seiten anders aussehen als auf den Abbildungen im Buch, wenn Sie die Dienste nutzen. Lassen Sie sich davon nicht irritieren – folgen Sie einfach den Anweisungen der Anbieter. Diese sind meist leicht verständlich und selbsterklärend.

3.2 Den Seitenaufbau festlegen

Die Struktur Ihrer gesamten *Site* haben Sie bereits im vorigen Kapitel festgelegt. Nun geht es darum, die Struktur der einzelnen *Seiten* zu bestimmen – ihr Layout. Sie bestimmen also, welche Inhalte an welcher Stelle zu sehen sein sollen.

Was genau bedeutet Layout?

Das englische Wort *Layout* bedeutet so viel wie *Anordnung*, hier also die Anordnung der Seitenelemente.

Dazu können Sie eine einfache Liste der Inhaltselemente schreiben. Besser ist es aber, sich eine Skizze zu machen. Das geht am schnellsten und einfachsten mit Stift und Papier (siehe Abbildung 3.1).

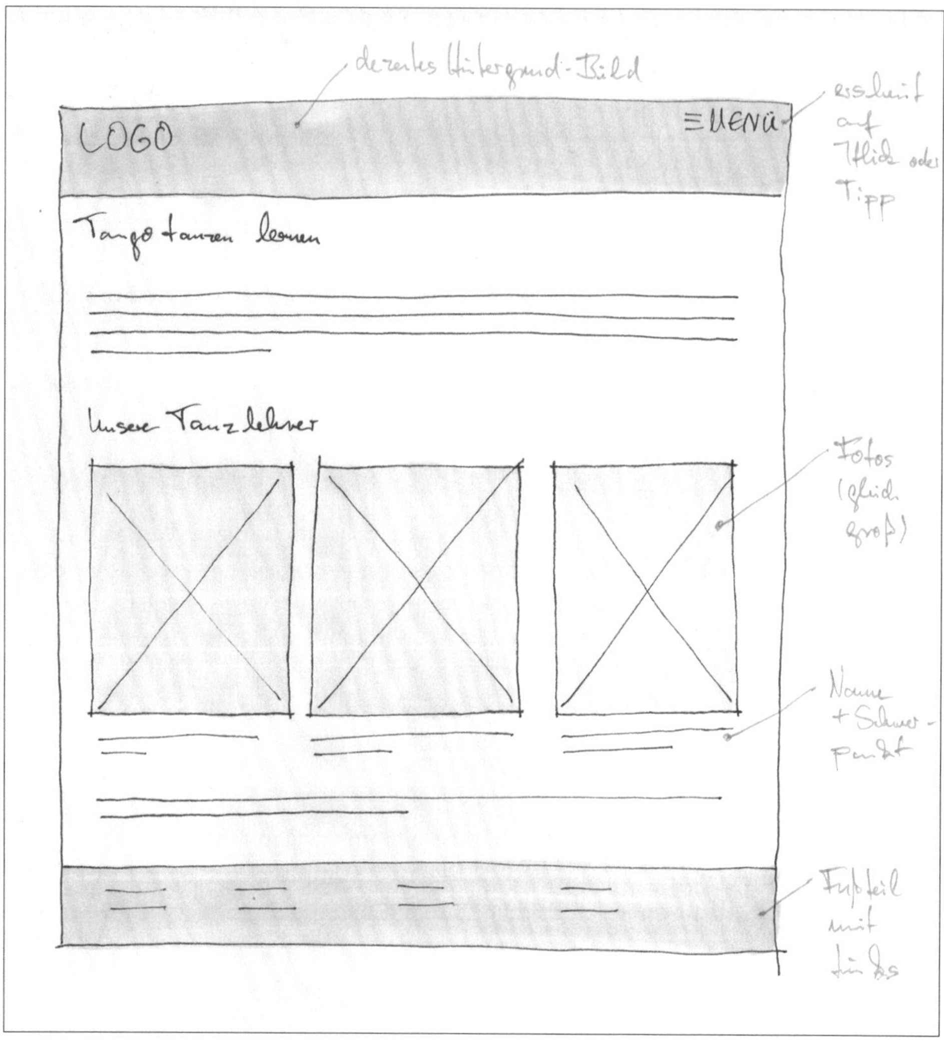

Abbildung 3.1 Mit wenigen Strichen erstellen Sie eine Struktur für die Seite. Das muss nicht schön aussehen und auch nicht detailliert sein. Die graue Schattierung mit Marker haben wir nur hineingemalt, damit die Scribbles für das Buch etwas hübscher aussehen.

Solch eine Seitenskizze nennt sich auch *Scribble* (engl. für *Gekritzel*). Dieses Scribble muss nicht besonders ausgefeilt sein oder schön aussehen. Die Skizze soll Ihnen nur helfen, eine gute Anordnung der Elemente zu finden. Wenn Sie diese gefunden haben, fällt es Ihnen viel leichter, als Nächstes Ihre einzelnen Seiten im Onlinedienst oder später auch per HTML und CSS aufzubauen.

Schritt 1 | Erstellen Sie ein Scribble für die Startseite.

Schritt 2 | Erstellen Sie weitere Scribbles für alle geplanten Unterseiten. ■

3.3 Die Bilder festlegen

Bevor Sie jetzt an die grafische Umsetzung gehen, sollten Sie darüber nachdenken, wie Sie die Seiten mit Illustrationen und Fotos aufwerten können.

Haben Sie schon Bilder, dann bestimmen diese, wie Sie Schrift, Hintergrundfarben und andere Gestaltungsmöglichkeiten einsetzen.

Was Sie brauchen:

- Einige ausdrucksstarke Bilder, die Sie selbst, Ihre Räume, Mitarbeiter und/oder Projekte zeigen.

Wollen Sie keine eigenen Bilder nutzen bzw. erstellen, verzichten Sie lieber ganz darauf. Nur im Notfall sollten Sie Fotos von Agenturen kaufen oder kostenlose Bilder verwenden, denn diese wirken meist wenig persönlich und sind unter Umständen auf Hunderten von anderen Sites zu sehen. Internetnutzer erkennen den typischen Stil solcher Agenturfotos sofort und sehen, dass hier jemand keine Idee für ein eigenes Foto hatte.

Achten Sie immer darauf, dass Sie auch die Rechte an den Bildern haben, die Sie verwenden. Wenn Sie ein Bild aus der Google-Bildersuche verwenden, ohne die Rechte daran erworben zu haben, rufen Sie Abmahnanwälte auf den Plan, und zwar schneller, als Sie vermutlich erwarten.

Ein gutes Bild muss nicht nur ästhetisch sein. Ein gutes Foto auf der Website ist:

- kontrastreich
- scharf
- auf ein zentrales Motiv konzentriert
- leicht zu erkennen
- hoch relevant für den Inhalt der Seite

3.4 Das Layout umsetzen

Jetzt können wir die Seiten erstellen.

Beispieltexte

Alle Texte aus diesem Beispielprojekt finden Sie unter *bnfr.de/ql306* auf der fertigen *Aro Argentino*-Website. Diese können Sie für Ihr eigenes Beispielprojekt verwenden.

Schritt 1 | Legen Sie die Startseite an und formatieren Sie sie entsprechend Ihrem Scribble.

Je nachdem, welchen Anbieter Sie gewählt haben, müssen Sie dabei mehr oder weniger Kompromisse eingehen. Wir finden, dass die Arbeit mit Wix am leichtesten geht, weil man hier durch Ziehen und Loslassen (Drag-and-drop) Elemente aus der linken Werkzeugleiste auf der eigenen Seite platzieren kann (siehe Abbildung 3.2).

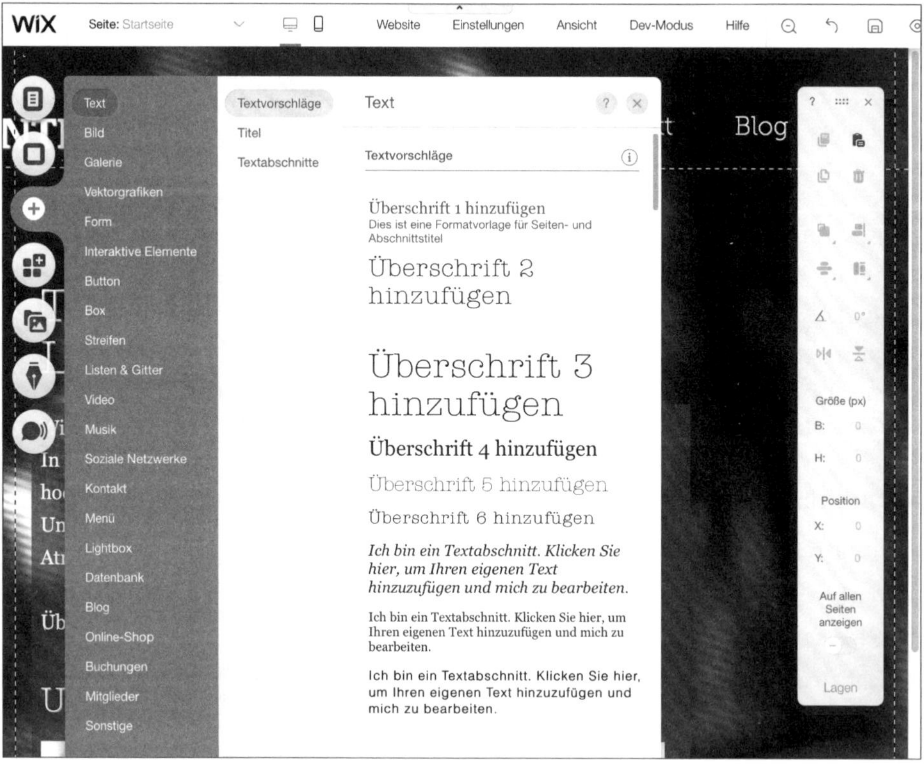

Abbildung 3.2 In Wix wählen Sie aus der linken Werkzeugleiste Elemente, die Sie dann per Doppelklick auf der Seite platzieren.

Diese Elemente kann man dann direkt auf der Seite bearbeiten, verschieben oder wieder löschen. So erstellt man schnell Seiten, die den eigenen Scribbles weitgehend entsprechen (siehe Abbildung 3.3).

Abbildung 3.3 So sieht die fertige Startseite unseres Beispielprojekts aus.

Eine sehr wichtige Seite für *Aro Argentino* ist die Kontaktseite. Die dafür nötigen Informationen und die *Impressumsangaben* bestehen für unser Beispielprojekt nur aus Text, sodass die Erstellung dieser Seite sehr einfach ist.

Bei Impressum und Datenschutzhinweis auf der sicheren Seite

In Abbildung 3.4 sehen Sie das Impressum einer fiktiven GmbH, die die Tanzschule betreibt. Damit Sie auf der sicheren Seite sind, sollten Sie in Ihrem Blog – egal ob Sie es nur für dieses Beispiel nutzen oder nicht – ein echtes Impressum verwenden. Denn das Blog ist bereits seit der Registrierung über die URL online verfügbar. Wie ein rechtlich einwandfreies Impressum aussieht, erfahren Sie auf der Website zum Buch unter *bnfr.de/ql304*.

Mehr zum Datenschutzhinweis, den Sie auch vorsehen sollten, gibt es unter *bnfr.de/ql203*.

Abbildung 3.4 Das Impressum unserer Beispielsite

Auf Kontaktseiten ist neben Textelementen auch eine Anfahrtsskizze sinnvoll. Bei manchen Diensten können Sie sogar direkt *Google Maps* einbinden. Das ist praktisch, weil Sie nicht einfach ein Bildschirmfoto von Google Maps machen und dieses einbinden dürfen – die voll funktionsfähige Karte dagegen schon.

Schritt 2 | Erstellen Sie die weiteren Seiten entsprechend Ihren Scribbles.

Schritt 3 | Veröffentlichen Sie Ihre Site. ■

Nachdem Sie alle Seiten fertig haben, sehen Sie sich die Site im Browser an.

Das fertige Beispielprojekt

Unter *bnfr.de/ql306* finden Sie die *Aro Argentino*-Website. Dort können Sie auch gern den Text des Blogeintrags und der Seiten kopieren, um sie für Ihr Beispielprojekt zu benutzen.

3.5 Fazit

Sie haben in diesem Kapitel anhand des Beispielprojekts *Aro Argentino* in wenigen Stunden eine funktionierende Website erstellt, die sich künftig komfortabel aktualisieren und erweitern lässt.

Wenn Sie jetzt für Ihr eigenes Projekt die Vorgehensweise wiederholen und bei *Wix*, *Weebly* oder einem anderen Anbieter (unsere aktuellen Empfehlungen finden Sie unter *bnfr.de/ql301*) eine Website einrichten, schaffen Sie sich damit den notwendigen Freiraum, um in den nächsten Kapiteln in Ruhe mit selbst geschriebenem HTML und CSS zu experimentieren. Sie müssen dann nicht sofort eine von Grund auf selbst geschriebene Website zum Laufen bringen, da Sie bereits die Website aus diesem Kapitel haben.

An dem Beispielprojekt *Aro Argentino* haben Sie auch das strukturierte Befüllen einer Site mit Inhalten gelernt. Das wird Ihnen bei zukünftigen Projekten die Arbeit erleichtern.

Kapitel 4
Die ersten Schritte mit HTML und CSS

4

HTML ist eine Sprache, und wie eine Sprache lernt man es: Man prägt sich die Bedeutung der Wörter ein und lernt den Aufbau aussagekräftiger Sätze, bis man damit auch komplexere Ideen ausdrücken kann.

Dank der kostenlosen Anbieter haben Sie eine funktionierende Website im Netz, mit der Sie Ihre festgelegten Ziele fürs Erste erreichen. Es gibt aber gute Gründe dafür, nicht die Hände in den Schoß zu legen, sondern jetzt erst so richtig anzufangen.

4.1 Die Vorteile einer eigenen Website

Die Dienste für Web-Visitenkarten und einfache Sites haben natürlich den Vorteil, dass sie unkompliziert zu benutzen sind. Für die Umsetzung der Beispielprojekte und damit Ihrer ersten beiden Webauftritte mussten Sie nicht viel mehr können als für die Arbeit mit einem Textverarbeitungsprogramm.

Diese Einfachheit hat aber ihren Preis: Während die Auswahl und das Aussehen der Vorlagen anfangs beeindruckend sind und man die Gestaltung noch wochenlang weiter verfeinern kann, werden Sie früher oder später doch an die Grenzen des Vorlagensystems stoßen: Sie wollen selbst wählen, welche Seite Ihre Startseite ist, oder Sie wollen die Anordnung der Seitenelemente frei bestimmen.

Zu diesen kreativen Grenzen kommen technische Einschränkungen hinzu. So gehören Ihnen »Ihre« Website und die Inhalte je nach Anbieter nur begrenzt, und auf die Erreichbarkeit der Site im Internet haben Sie keinen Einfluss – wenn die Server des Anbieters ausfallen, können Sie nur warten, bis sie wieder online sind. Sie haben keinen direkten Zugriff auf die Dateien und keine Garantie, dass Ihre Site in ein paar Monaten noch verfügbar sein wird.

Auch entwickelt sich das Internet ständig weiter. Dadurch werden neue Funktionen und Benutzerinteraktionen möglich. So wurde etwa das Einbinden von Videos und Karten oder die Verknüpfung mit sozialen Netzwerken erst im Laufe der Zeit zu einem festen Bestandteil vieler Websites. Ein Dienst schränkt Sie hier insofern ein, als dass Sie warten müssen, bis er eine neue Funktion in seine Vorlagen eingebaut hat, bevor Sie sie auf Ihrer Website einsetzen können.

All diese kreativen und technischen Einschränkungen können Sie umgehen, wenn Sie die Grundlagen von HTML und CSS kennen, Ihre Website selbst erstellen und auf einem Webserver veröffentlichen, auf den Sie direkten Zugriff haben.

Aber da ist noch mehr: Wenn Sie die grundlegenden Webtechniken gelernt haben, sind Sie nicht nur dazu in der Lage, eine mit einem Dienst erstellte Website mit eigenen Mitteln nachzubauen. Das Gelernte ermöglicht Ihnen darüber hinaus, Hunderte kostenloser Werkzeuge zu benutzen. Mit diesen werden Ihre Websites noch nützlicher, interaktiver und schöner – Sie können damit an einem Tag Funktionen einbauen, für die Sie ohne fremde Hilfe Wochen oder Monate brauchen würden. Indem Sie selbst HTML und CSS lernen, können Sie von der kreativen Energie der gesamten Netzgemeinde profitieren und nicht nur von der Arbeit der 50 oder 100 Angestellten eines Website-Diensts. Wie Sie einige der besten Werkzeuge für Ihre Websites nutzen, zeigen wir Ihnen im vierten Teil des Buchs.

4.2 Alle Webseiten bestehen aus HTML

Die Basis für die Entfaltung des ganzen Potenzials des Webs ist HTML, und zwar einfach deshalb, weil jede Webseite aus HTML besteht.

Website oder Webseite?

Die Web*site* ist der gesamte Internetauftritt, eine Web*seite* dagegen ist eine einzelne Seite des Auftritts (siehe Kapitel 1, »Ein eigener Webauftritt in fünf Minuten«).

Dass auch Ihre mit *Wix* oder einem anderen Dienst erstellten Seiten aus HTML bestehen, können Sie mithilfe Ihres Browsers leicht selbst nachprüfen.

Dafür benötigen Sie:

- Browser (*Firefox*, *Chrome*, *Safari*, *Internet Explorer* oder *Microsoft Edge*)

Schritt 1 | Öffnen Sie mit Ihrem Browser die Startseite Ihres Projekts aus Kapitel 3, »Ein besserer Webauftritt in drei Stunden«, oder die Startseite unseres Beispielprojekts (unter *bnfr.de/ql306*). Letztere sehen Sie in Abbildung 4.1.

Abbildung 4.1 Die Startseite unseres Beispielprojekts aus Kapitel 3, dargestellt im Browser Firefox.

Was Sie auf Ihrem Bildschirm sehen, ist nicht das HTML der aktuellen Webseite, sondern eine grafische Darstellung, die Ihr Browser für Sie aus dem HTML erstellt hat. Sie können in Ihrem Browser statt der grafischen Darstellung auch das HTML selbst anzeigen – den sogenannten *Quelltext* der Webseite.

Schritt 2 | Lassen Sie sich den Quelltext der aktuellen Webseite anzeigen. Bei den meisten Browsern finden Sie die entsprechende Funktion (SEITENQUELLTEXT ANZEIGEN o. Ä.) entweder nach einem Rechtsklick auf die dargestellte Seite oder nach Aufruf eines Menüeintrags (ENTWICKLERWERKZEUGE o. Ä.). Wenn Sie die Funktion nicht finden, geben Sie den Namen Ihres Browsers und »Quelltext anzeigen« in eine Suchmaschine ein. Damit finden Sie sicher, was Sie brauchen, auch wenn sich die Position oder der Name der Funktion bei Ihrem Browser wieder einmal geändert hat.

Daraufhin öffnet der Browser ein neues Fenster mit dem Quelltext. In Abbildung 4.3 sehen Sie das Fenster in Firefox.

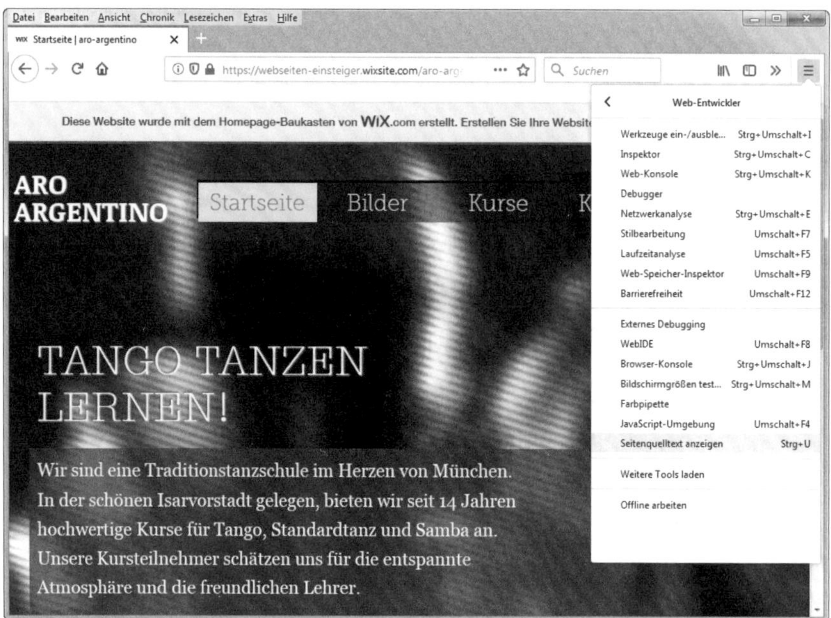

Abbildung 4.2 Neben der Anzeige des Quelltexts bieten moderne Browser eine Fülle von Werkzeugen zur Untersuchung einer Webseite.

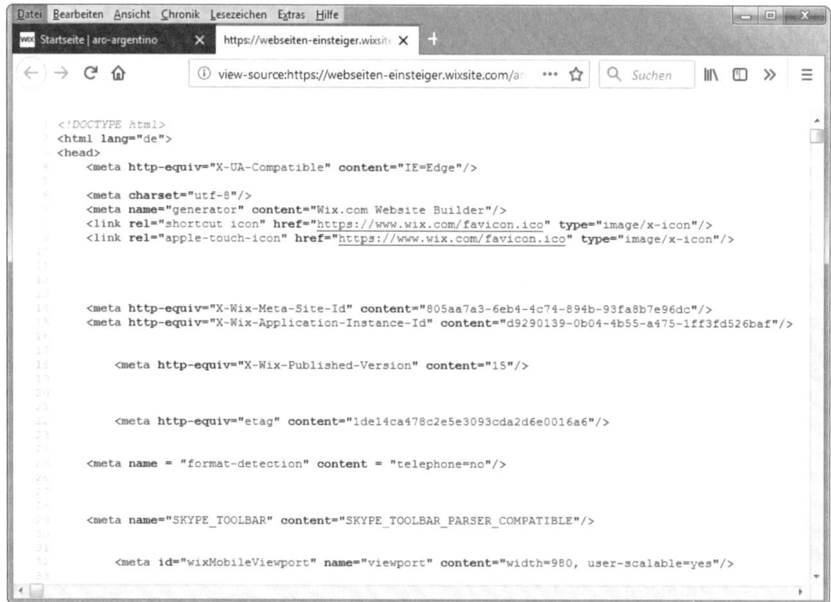

Abbildung 4.3 So sieht das HTML aus, das der Website-Dienst aus Kapitel 3 erzeugt.

Wenn Sie einen anderen Browser benutzen, sieht auch die Anzeige des Quelltexts etwas anders aus, aber das Prinzip ist dasselbe.

Der Quelltext – das HTML der angezeigten Webseite – besteht also tatsächlich nur aus *Text*. Bilder, Farben, alles, was die Gestaltung Ihrer Seiten ausmacht, suchen Sie vergebens. Erst Ihr Browser macht aus dem reinen Text eine grafische Darstellung, stellt Wörter in Fett- oder Schrägschrift dar, bindet verknüpfte Bilder ein, setzt anklickbare Hyperlinks und so weiter.

Was bedeutet die Abkürzung HTML?

HTML steht für *HyperText Markup Language*. Das bedeutet übersetzt »Sprache zur Auszeichnung von Hypertext«. Hypertext ist Text mit Querverweisen, also (Hyper-)Links. Mit »Auszeichnung« ist gemeint, dass Teile des Texts mit Anmerkungen versehen sind, die dem Browser sagen, wie er den Text darstellen soll.

Lassen Sie sich nicht davon verunsichern, dass der Quelltext Ihrer Seite aus einer Menge zunächst unverständlicher Zeichen besteht oder dass diese Zeichen auf den ersten Blick nicht gerade dazu geeignet scheinen, eine hübsche Seite mit Bildern und farbigem Hintergrund zu formen. Mit HTML kann man ziemlich viele – auch ziemlich komplexe – Dinge machen. Aber das Schöne daran ist, dass die Grundlagen ganz einfach sind

In Kapitel 1, »Ein eigener Webauftritt in fünf Minuten«, haben wir erklärt, woher das HTML bei Websites kommt, die mithilfe eines Diensts erstellt wurden: Der Dienst nimmt Ihre geschriebenen Texte, Ihre Formatierungsvorgaben und die gewählte Gestaltungsvorlage und übersetzt das alles in ein HTML-Dokument, das Sie wiederum jetzt gerade in Ihrem Browser sehen. ■

HTML: Dokument oder Seite?

Beim Thema HTML werden die Begriffe *Dokument* und *Seite* oft synonym benutzt. Wenn es um die Datei auf Ihrem Computer geht, die angelegt, bearbeitet oder gespeichert wird, spricht man am ehesten von einem *HTML-Dokument*. Wenn der Inhalt des Dokuments dann im Browserfenster grafisch dargestellt wird, spricht man eher von einer *HTML-Seite*.

4.3 Sie schreiben selbst HTML

Für Ihre selbst erstellten Webseiten können Sie nicht mehr auf den oben beschriebenen Übersetzungsdienst zurückgreifen. Deshalb erzeugen wir die fertige HTML-Datei, die an den Browser eines Besuchers übertragen wird, jetzt selbst: Wir schreiben also direkt den Quelltext.

Dafür benötigen Sie:

- einen kostenlosen Texteditor (z. B. *Editor* für Windows, *TextEdit* für Mac)
- einen Browser (Firefox, Chrome, Safari, Internet Explorer oder Microsoft Edge in der jeweils aktuellsten Version).

Die Versionsnummer Ihres Browsers erfahren Sie im entsprechenden Menüeintrag (meist heißt er ÜBER oder INFO). Neuere Versionen laden Sie kostenlos von der Website des Browserherstellers herunter.

Schritt 1 | Öffnen Sie den einfachsten Texteditor, den Sie auf Ihrem Rechner finden können.

Unter Windows ist das der *Editor*, auf dem Mac das Programm *TextEdit*. Beide Programme werden mit dem Betriebssystem mitgeliefert und sollten bereits installiert sein.

Schritt 2 | Nur bei TextEdit: Klicken Sie im Programmmenü auf TEXTEDIT und dann auf EINSTELLUNGEN. Wählen Sie im Register NEUES DOKUMENT unter FORMAT die Option REINER TEXT (siehe Abbildung 4.4).

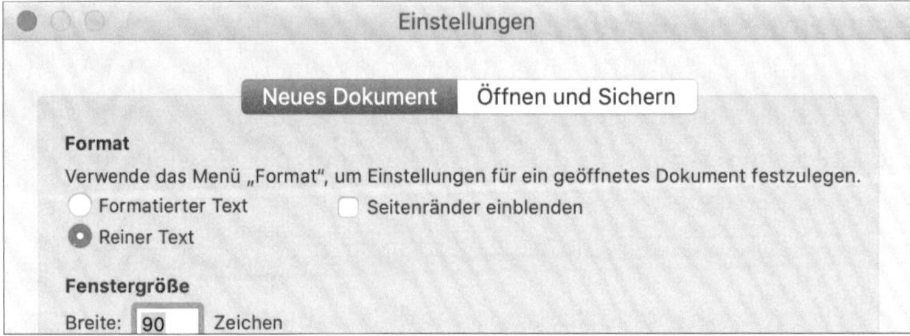

Abbildung 4.4 Selbst bei etwas so Einfachem wie einem simplen Textdokument gibt es unterschiedliche Formatierungsmöglichkeiten.

Schritt 3 | Nur bei TextEdit: Klicken Sie dann auf das Register ÖFFNEN UND SICHERN, und wählen Sie dort unter BEIM ÖFFNEN VON DATEIEN die Option HTML-DATEIEN ALS HTML-CODE ANSTELLE VON FORMATIERTEM TEXT ANZEIGEN. Entfernen Sie außerdem den Haken bei DAS SUFFIX ».TXT« AN NEUE TEXTDATEIEN ANHÄNGEN (siehe Abbildung 4.5).

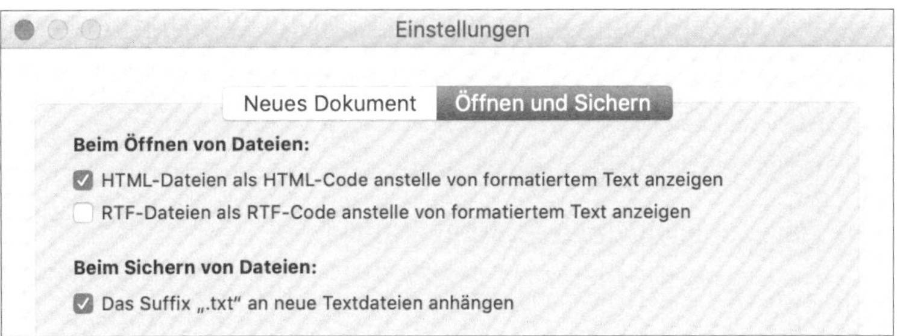

Abbildung 4.5 Wenn Sie unsere Anweisungen befolgen, wird Ihr Dokument korrekt als HTML formatiert.

Mit diesen Einstellungen stellen Sie sicher, dass TextEdit Ihr Dokument von Anfang an als Quelltext behandelt und später beim erneuten Öffnen nicht etwa versucht, mit einer grafischen Darstellung selbst den Browser zu spielen.

Die weiteren Arbeitsschritte gelten wieder für alle Texteditoren:

Schritt 4 | Erstellen Sie mit Ihrem Texteditor ein neues Dokument.

Schritt 5 | Tippen Sie folgenden Text ein. Am besten fügen Sie zur besseren Übersicht unter jeder Zeile eine Leerzeile ein:

```
<html>
<head>
```

Die richtige Taste

Die spitzen Klammern [<] und [>] finden Sie auf Standardtastaturen mit deutschem Tastenlayout links vom Buchstaben [Y].

An den spitzen Klammern erkennt später der Browser, dass es sich um HTML-Bausteine, also *Markup* bzw. *Auszeichnungen* handelt.

Schritt 6 | Der nächste Baustein beinhaltet den Titel der Seite – wir wählen »HTML«:

```
<title>HTML</title>
```

Sie können den Titel frei bestimmen, er sollte aber nicht zu lang sein. Drei bis vier Wörter sind genug.

Schritt 7 | Die nächsten beiden HTML-Bausteine, die Sie in das Dokument schreiben, sehen so aus:

```
</head>
<body>
```

Schritt 8 | Dann kommt der eigentliche Inhalt der Seite – eine Überschrift und ein kurzer Text:

```
<h1>Mein erstes HTML</h1>
<p>Das hier ist mein erstes selbst geschriebenes HTML.</p>
```

Schritt 9 | Zum Schluss folgen noch mal zwei HTML-Bausteine:

```
</body>
</html>
```

Wenn Sie nach jeder Zeile eine Leerzeile gelassen haben, sollte Ihr Dokument im Texteditor jetzt so ähnlich aussehen wie in Abbildung 4.6.

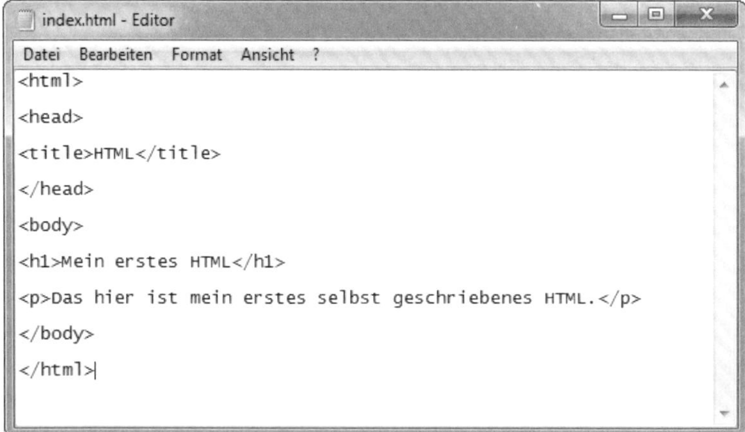

Abbildung 4.6 Wenn Sie TextEdit benutzen und Ihr Text anders aussieht, prüfen Sie bitte, ob Sie unsere Hinweise in den Schritten 2 und 3 befolgt haben, bevor Sie ein neues Dokument erstellt haben.

Schritt 10 | Speichern Sie das Dokument unter dem Namen *index.html*.

Schritt 11 | Nur beim Windows-Editor: Dazu müssen Sie im Speichern unter-Fenster bei Dateityp die Option Alle Dateien (*.*) wählen (siehe Abbildung 4.7).

Wenn Sie einen anderen Texteditor nutzen und dieser beim Speichern die Dateiendung *.html* nicht erlaubt, speichern Sie das Dokument stattdessen als *.txt*, schließen den Editor und benennen die Dateiendung im Explorer (Windows) oder im Finder (Mac) von Hand in *.html* um.

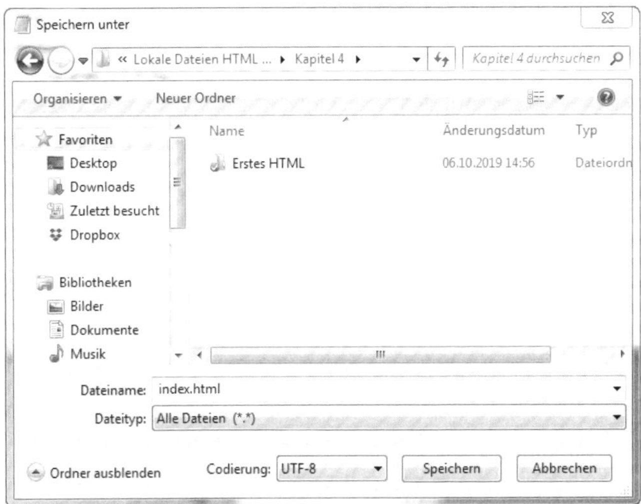

Abbildung 4.7 Auch beim »Editor« muss man ein paar Einstellungen vornehmen, damit das Dokument als HTML formatiert wird.

> **Warum »index.html«?**
>
> Wenn Ihre Website aus nur einer Seite besteht, nennen Sie diese immer *index.html*. Besteht die Site aus mehreren Seiten, nennen Sie immer die Startseite *index.html*. Der Grund dafür ist, dass die allermeisten Webserver einem Besucher standardmäßig diese Datei anzeigen, wenn er nur die Domain der Site (also etwa *www.facebook.com*) eingibt.

Schritt 12 | Öffnen Sie Ihre HTML-Datei mit Ihrem Browser, indem Sie im Explorer (Windows) oder Finder (Mac) auf sie doppelklicken.

Ein Browser kann also nicht nur auf Dateien im Internet zugreifen, sondern auch auf Dateien auf Ihrem Rechner. Das Ergebnis sehen Sie in Abbildung 4.8.

Abbildung 4.8 In der Adressleiste des Browsers ist immer der Speicherort einer Seite zu sehen – bei Ihrer ersten Seite liegt er eben auf der eigenen Festplatte.

Sie können sofort die im Texteditor angelegten Elemente wiedererkennen – den Titel, der in der Tableiste des Browserfensters ❶ angezeigt wird, die Überschrift ❷ und den kurzen Textabsatz ❸. ■

Und schon haben Sie Ihre erste selbst geschriebene HTML-Seite erstellt und im Browser betrachtet. Aber natürlich wollen Sie nicht nur eingeben, was wir Ihnen vorsagen, sondern Sie wollen verstehen, was genau Sie da eingegeben haben. Was waren das also für Bausteine, die Sie in das Dokument geschrieben haben? Wie ist HTML im Detail aufgebaut? Betrachten wir den im Editor eingegebenen Text nochmals (siehe Abbildung 4.9).

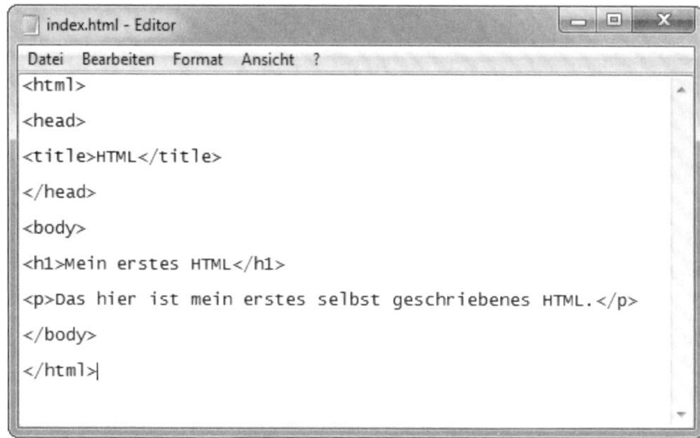

Abbildung 4.9 Die Leerzeilen haben keinen Einfluss auf die Darstellung im Browser, erhöhen aber die Übersichtlichkeit.

Die Anordnung des Inhalts in einem HTML-Dokument entspricht zunächst der Logik, die wir von anderen Texten in Büchern usw. auch kennen: Gelesen wird von oben nach unten und von links nach rechts.

Die Grundbausteine für jedes HTML-Dokument sind *Elemente*. Diese werden durch sogenannte *Tags* in das Dokument eingefügt. An den Anfang des Elements kommt dessen *öffnendes Tag* oder *Start-Tag*, ans Ende des Elements das *schließende Tag* oder *End-Tag*.

Den grundsätzlichen Aufbau eines Elements sehen Sie in Abbildung 4.10.

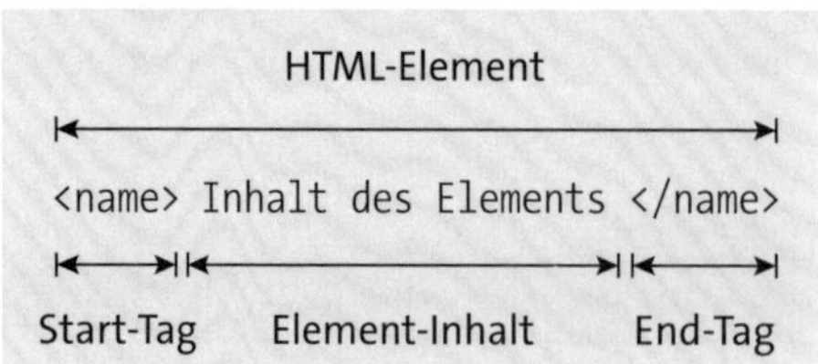

Abbildung 4.10 »Tag« ist hier Englisch und bedeutet »Markierung«.

Das Start-Tag besteht aus zwei spitzen Klammern und dem Namen des Elements. Das End-Tag sieht genauso aus, aber zusätzlich steht ein Schrägstrich zwischen der ersten Klammer und dem Elementnamen. Alles, was zwischen den Tags steht, ist der *Inhalt* des Elements.

Wenn Sie sich Ihr HTML-Dokument noch mal anschauen (siehe Abbildung 4.11), können Sie mehrere solcher Elemente mit Tags und Inhalt erkennen, etwa das `title`-, das `h1`- und das `p`-Element.

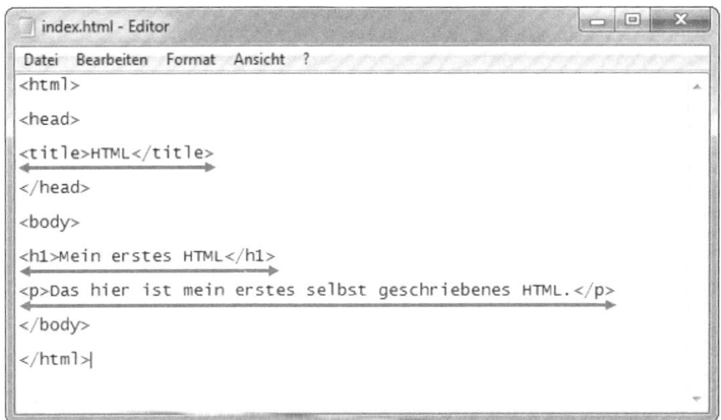

Abbildung 4.11 Die drei im Browser direkt sichtbaren Elemente

Diese drei Elemente bzw. deren Inhalt sehen Sie ja (wie in Abbildung 4.8) direkt im Browser: Der Inhalt des `title`-Elements ist der Titel der Seite, der in der Kopfleiste des Browsers angezeigt wird. Das `h1`-Element ist eine Überschrift, was im Browser an der besonderen Schriftgröße und der Fettschrift zu erkennen ist.

Was bedeutet das »h« in »h1«?

h steht für *heading*, das englische Wort für *Überschrift*. `h1` ist eine Überschrift ersten Rangs, also diejenige, die von allen Überschriften auf einer Seite am deutlichsten hervorgehoben wird. Von `h1` bis `h6` kann man auf seinen Webseiten sechs unterschiedlich wichtige Überschriften verwenden, so wie zum Beispiel dieses Buch ebenfalls Überschriften verschiedenen Rangs enthält.

Das `p`-Element schließlich zeigt Ihr Browser als einen Absatz mit Text (*p* steht für *paragraph*, im Deutschen *Absatz*). Im Vergleich mit der Überschrift hat der Absatz eine kleinere Schriftgröße und keine Fettschrift.

In Ihrem HTML-Dokument, das Sie mit dem Texteditor erstellt haben, finden sich nicht nur diese drei Elemente. Sie erkennen weitere Start- und End-Tags, die aber nicht nebeneinander, sondern untereinander platziert sind. Auch diese markieren Elemente – nur besteht ihr Inhalt nicht aus einem zwischen Start- und End-Tag geschriebenen Text wie beim `title`-, `h1`- oder `p`-Element, sondern aus anderen Elementen. Auch bei diesen Elementen ist also alles, was zwischen Start- und End-Tag steht, deren Inhalt. Das veranschaulicht Abbildung 4.12.

```
index.html - Editor
Datei  Bearbeiten  Format  Ansicht  ?
<html>
    <head>
        <title>HTML</title>
    </head>
    <body>
        <h1>Mein erstes HTML</h1>
        <p>Das hier ist mein erstes selbst geschriebenes HTML.</p>
    </body>
</html>
```

Abbildung 4.12 Wir haben die einzelnen HTML-Elemente hier unterschiedlich weit nach rechts eingerückt, um zu veranschaulichen, woraus ihr Inhalt besteht.

Von oben nach unten und von links nach rechts gelesen, besteht Ihr erstes HTML-Dokument also aus folgenden Elementen:

- dem `html`-Element, das das gesamte Dokument von der ersten bis zur letzten Zeile umfasst.
- dem `head`-Element, das Informationen für Ihren Browser enthält. Dazu gehört das `title`-Element mit dem Titel der Seite.
- dem `body`-Element, das den Großteil der Seitenelemente enthält, die der Nutzer sehen kann. Dazu gehören ein `h1`-Element (die Überschrift der Seite) sowie ein `p`-Element mit einem Absatz Text.

Wenn ein Element andere Elemente enthält, wie hier etwa das `html`-Element, das das `head`- und das `body`-Element umschließt, ist es ein *Elternelement*. Die darin enthaltenen Elemente werden als *Kindelemente* bezeichnet. Das `head`-Element zum Beispiel ist also ein Kindelement des `html`-Elements, während es gleichzeitig aber auch das Elternelement des `title`-Elements ist.

Element oder Bereich?

Im Zusammenhang mit HTML hören Sie auch oft den Begriff *Bereich*, der sich auf bestimmte Elemente bezieht. Der *Kopfbereich* einer Seite ist zum Beispiel nichts anderes als das head-Element inklusive Inhalt.

Nun, da Sie mit dem grundsätzlichen Aufbau eines HTML-Dokuments vertraut sind, betrachten Sie noch einmal den Quelltext der Startseite unseres Beispielprojekts, der in Abbildung 4.13 zu sehen ist.

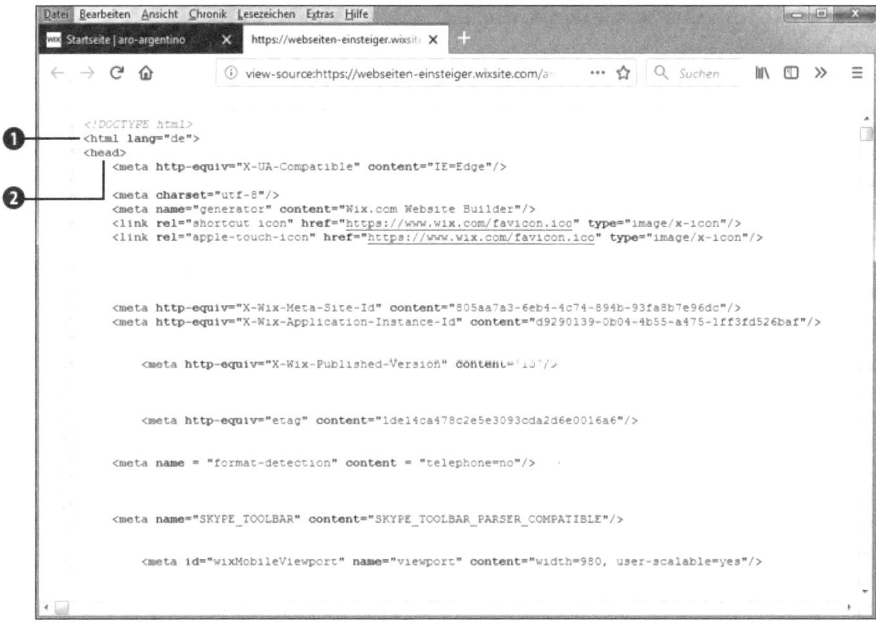

Abbildung 4.13 Im Quelltext der Beispielseite lassen sich jetzt bekannte HTML-Elemente ausmachen.

Der Quelltext kommt Ihnen wahrscheinlich immer noch unübersichtlich und etwas kryptisch vor. Aber mit Ihrem neuen Wissen erkennen Sie jetzt, dass es sich bei dem Quelltext um ein HTML-Dokument handelt: Es besteht aus Elementen mit Start-Tags, Elementinhalten und End-Tags. Bereits bekannt sind Ihnen ❶ das `html`-Element und ❷ das `head`-Element, deren Start-Tags Sie in Zeile 2 und 3 des Quelltexts sehen.

HTML dient also dazu, den Aufbau einer Webseite zu strukturieren: Indem Sie definierte Elemente in einer bestimmten Reihenfolge schreiben, teilen Sie dem Browser zum Beispiel mit, dass auf der Seite zuerst eine Überschrift und dann ein Textabsatz oder auch ein Bild angezeigt werden soll.

4.4 Woher kommt die Gestaltung?

Aber woher weiß der Browser, wie genau er diese Elemente grafisch darstellen soll? Woher weiß er, wie viel größer die Schriftgröße einer Überschrift ist oder welche Farbe der Text überhaupt haben soll?

Um Browsern solche Gestaltungsanweisungen zu geben, gibt es drei unterschiedliche Methoden:

- `style`-Attribute
- das `style`-Element
- externe CSS-Dateien

4.4.1 Das style-Attribut

HTML-Elemente können neben ihren Tags und ihrem Inhalt auch *Attribute* besitzen, die dem Browser weitere Informationen über das Element geben. Attribute bestehen aus einem *Namen* und einem *Wert*, wobei dazwischen ein Ist-gleich-Zeichen und um den Wert herum Anführungsstriche geschrieben werden müssen. Attribute werden immer hinter dem Elementnamen in dessen Start-Tag geschrieben. Sie sehen das Prinzip in Abbildung 4.14.

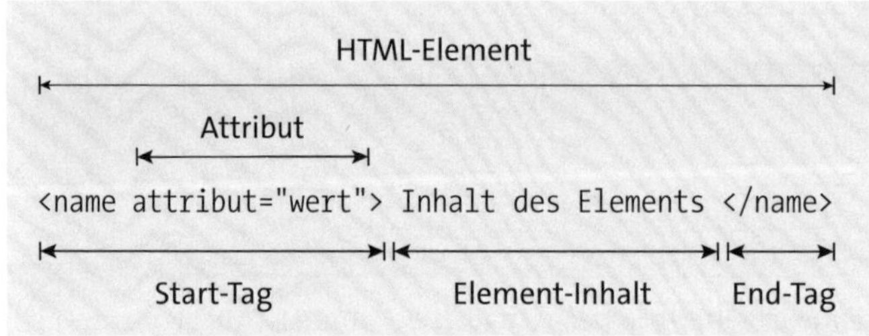

Abbildung 4.14 Der Aufbau eines HTML-Elements mit Attribut.

Es gibt viele verschiedene Elementattribute, die unterschiedliche Zwecke erfüllen. Um dem Browser Gestaltungsvorgaben für ein HTML-Element zu geben, verwendet man das *style-Attribut*. Damit legen wir jetzt neue Schriftgrößen für das `h1`- und das `p`-Element auf unserer Seite fest.

Schritt 1 | Fügen Sie Ihrem Überschriftenelement `h1` ein Attribut mit dem Namen `style` und dem Wert `font-size:64px;` hinzu.

Das Start-Tag des Überschriftenelements sieht jetzt so aus:

```
<h1 style="font-size:64px;">
```

Schritt 2 | Fügen Sie auch Ihrem Textabsatzelement `p` ein `style`-Attribut hinzu, allerdings mit dem Wert `font-size:32px;`:

```
<p style="font-size:32px;">
```

Ihr HTML-Dokument sollte im Texteditor jetzt so aussehen wie in Abbildung 4.15.

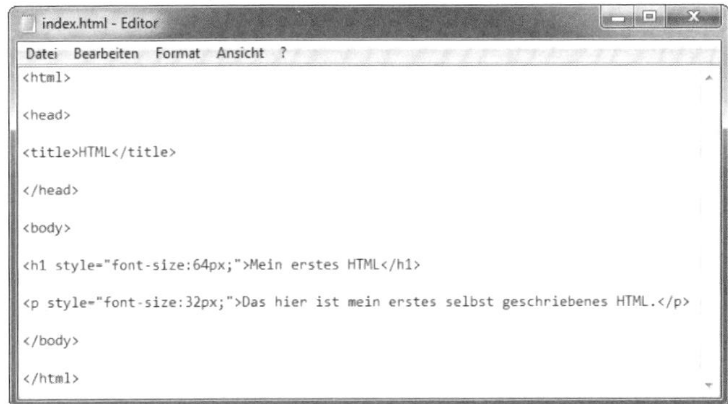

Abbildung 4.15 Mit den »style«-Attributen machen wir für das »h1«- und das »p«-Element eigene Gestaltungsvorgaben.

Damit haben Sie dem `h1` und dem `p`-Element in Ihrem Dokument eine `font-size` (engl. für *Schriftgröße*) von 64 bzw. 32 Pixeln zugewiesen, die der Browser von nun an bei der grafischen Darstellung berücksichtigt. Öffnen Sie Ihre Seite im Browser (oder laden Sie die Seite neu, wenn sie bereits geöffnet ist), um die Auswirkungen des Attributs zu sehen (siehe Abbildung 4.16).

Abbildung 4.16 Dank des »style«-Attributs werden Überschrift und Absatztext jetzt doppelt so groß angezeigt wie vorher.

Der Text wird doppelt so groß dargestellt wie beim ersten Betrachten Ihrer HTML-Seite, als Sie noch kein `style`-Attribut zur Formatierung der Elemente angegeben hatten.

Mithilfe von Attributen können Sie also die Gestaltung eines einzelnen Elements festlegen, die der Browser dann bei der grafischen Darstellung Ihrer Webseite umsetzt. ■

4.4.2 Das style-Element

Die meisten Webseiten enthalten aber nicht nur zwei sichtbare Elemente wie unser Beispieldokument. Oft enthalten sie so viel Text oder Bilder, dass der Besucher die Seite nach unten scrollen muss, um alles sehen zu können. Entsprechend lang ist bei einer solchen Seite auch das HTML-Dokument in Ihrem Texteditor, und entsprechend weit sind die vielen verschiedenen `style`-Attribute der Seitenelemente verstreut.

Das nervt spätestens dann, wenn man bei einer bereits öffentlich zugänglichen Seite nur noch ab und zu ein Detail der Gestaltung ändern will. Möchte man dann nicht wegen jeder Änderung einer Schriftgröße das ganze HTML-Dokument nach dem richtigen Attribut absuchen, kann man ein Element verwenden, das alle Gestaltungsanweisungen für den Browser übersichtlich im oberen Dokumentbereich sammelt: das `style`-Element, das wir jetzt ausprobieren.

Wenn man ein `style`-Element in seinem HTML-Dokument nutzt, muss es immer ein Kindelement des `head`-Elements sein.

Schritt 1 | Schreiben Sie also nach dem `title`-Element, das ja ebenfalls ein Kind des `head`-Elements ist:

```
<style type="text/css">
</style>
```

Weil es viele unterschiedliche Arten von Gestaltungsvorgaben gibt, spezifiziert man mit dem Attribut `type` für den Browser, um was für eine Art Gestaltungsvorgabe es sich bei diesem Element handelt.

Bislang haben wir aber nur das Start- und das End-Tag des `style`-Elements. Der Inhalt besteht aus sogenannten *Formaten*, die HTML-Elementen ihre Gestaltungsvorgaben zuweisen. Ein Format hat eine fest vorgegebene Syntax, also Schreibweise, die Sie in Abbildung 4.17 sehen können.

Format

```
selektor { eigenschaft: wert; }
```

Abbildung 4.17 Die Syntax eines Formats, das Gestaltungsanweisungen für HTML-Elemente enthält

Alternative Begriffe

Statt *Format* wird auch der Begriff *Regel* benutzt, statt *Eigenschaft* auch der Begriff *Befehl*.

Ein Format besteht also zuerst aus einem *Selektor*. Dieser gibt an, für welches HTML-Element das Format gilt. Denn wenn Gestaltungsvorgaben nicht mehr per Attribut in dem betreffenden HTML-Element selbst enthalten sind, muss der Browser ja irgendwoher wissen, welches Element Sie gestalten wollen.

Auf den Selektor folgen die Gestaltungsvorgaben in Form von Eigenschaft-Wert-Paaren, die von geschweiften Klammern umfasst werden. Innerhalb dieser Klammern können Sie so viele Eigenschaft-Wert-Paare notieren, wie Sie wollen. Wichtig ist hier nur, dass bei jedem Paar nach der Eigenschaft ein Doppelpunkt `:` und nach dem Wert ein Semikolon `;` folgt.

Versehen wir das neue `style`-Element in Ihrem Dokument also mit Formaten für die Überschrift und das Absatzelement:

Schritt 2 | Legen Sie dazu im `style`-Element ein Format mit dem Selektor `h1` an.

Schritt 3 | Diesem geben Sie die Eigenschaft `font-style` mit dem Wert `italic`.

Die richtige Taste

Auf Windows-Tastaturen geben Sie geschweifte Klammern ein, indem Sie `Alt` + `7` (öffnende Klammer) bzw. `Alt` + `0` (schließende Klammer) drücken. Auf Mac-Tastaturen drücken Sie `⌥` + `8` bzw. `⌥` + `9`.

Schritt 4 | Legen Sie ein zweites Format mit dem Selektor `p` an.

Schritt 5 | Dieses Format bekommt die Eigenschaft `font-weight` mit dem Wert `bold`.

Das `style`-Element in Ihrem HTML-Dokument sollte nun so aussehen wie in Abbildung 4.18.

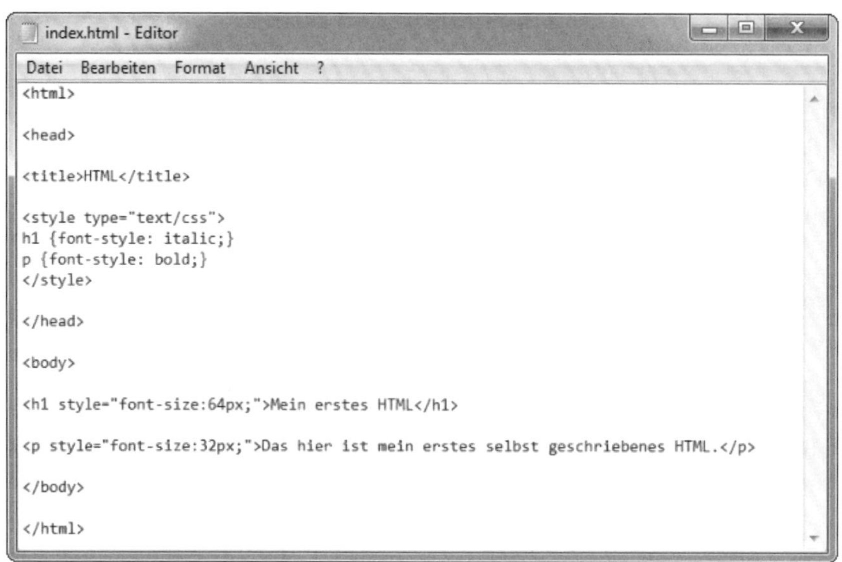

Abbildung 4.18 Ein HTML-Dokument mit einem »style«-Element, das zwei Formate enthält

Schritt 6 | Um das Ergebnis zu testen, speichern Sie Ihr Dokument und öffnen es ein weiteres Mal im Browser (siehe Abbildung 4.19).

Abbildung 4.19 Der Browser befolgt die Gestaltungsanweisungen aus dem »style«-Element.

Die Überschrift wird jetzt in Schrägschrift, der Textabsatz in Fettschrift angezeigt. Die Eigenschaften `font-style` und `font-weight` bestimmen also – wie das bereits bekannte `font-size` – die Gestaltung der Schrift bei Textelementen. ■

Anhand der Schriftgrößen von Überschrift und Absatztext erkennen Sie auch, dass die Gestaltungsanweisungen aus den Elementattributen immer noch umgesetzt werden. Ein Dokument kann also Anweisungen in Attributen und in einem `style`-Element enthalten, und der Browser berücksichtigt beide Arten gleichzeitig.

Das `style`-Element macht also besonders das Pflegen einer einzelnen HTML-Seite einfacher, wenn sie bereits veröffentlicht wurde und nur noch ab und zu Details an der Gestaltung geändert werden sollen.

Die meisten Websites bestehen aber aus mehreren Seiten. Wollte man sie alle per `style`-Element gestalten, müsste man in das `head`-Element jeder einzelnen Seite ein `style`-Element mit denselben Formaten einfügen. Bei Änderungen müssten Sie die Formate jeder Seite einzeln aktualisieren. Glücklicherweise gibt es auch hier eine Lösung, die Ihnen viel Arbeit erspart.

4.4.3 Die externe CSS-Datei

Sie können einfach die Formate für alle Ihre HTML-Seiten in eine neue Datei auslagern, anstatt sie in jedem Dokument in ein separates `style`-Element zu schreiben. Damit der Browser auch weiß, dass er in dieser Datei nach Gestaltungsvorgaben suchen soll, verweisen Sie einfach in jedem HTML-Dokument darauf.

Die externe Datei für die Formate nennt man *CSS-Datei*, weil Formate für HTML-Elemente in der Sprache CSS geschrieben werden.

Was bedeutet die Abkürzung CSS?

CSS steht für *Cascading Style Sheets*, übersetzt etwa *kaskadierende Formatvorlagen*. Formatvorlagen kennen Sie von Programmen wie Word; »kaskadieren« klingt für deutsche Ohren dagegen etwas befremdlich. »Cascading« bedeutet hier sinngemäß so viel wie »abstufend« oder »vererbend«, also »in eine bestimmte Reihenfolge bringend«.

Neben den möglichen Eigenschaften (wie etwa `font-size`), die man HTML-Elementen zuweisen kann, und der Syntax der Formate beinhaltet die Sprache CSS zwei wichtige Dinge, ohne die man Struktur und Gestaltung einer Seite nicht trennen kann: das Zuweisen von Formaten zu HTML-Elementen mithilfe von Selektoren sowie ein Regelwerk zur Bestimmung des richtigen Formats, wenn einem Element mehrere Formate zugewiesen werden. Damit in der CSS-Datei zusätzlich Platz gespart werden kann, bestimmen die CSS-Regeln außerdem das Vererben von Formaten vom Elternelement an das Kindelement.

Eine CSS-Datei lässt sich mit demselben einfachen Texteditor erstellen wie das HTML-Dokument und enthält nichts außer den bereits aus dem `style`-Element bekannten Formaten.

Schritt 1 | Löschen Sie zuerst das `style`-Element und die `style`-Attribute aus Ihrem HTML-Dokument.

Schritt 2 | Prüfen Sie durch Speichern und erneutes Öffnen im Browser, ob alle Gestaltungsvorgaben gelöscht sind, die Sie bisher gemacht haben. Es darf jetzt keine (gegenüber der Standarddarstellung des Browsers) veränderte Schriftgröße, keine Schräg- und Fettschrift mehr zu sehen sein.

Schritt 3 | Erstellen Sie mit Ihrem Texteditor eine neue Datei.

Schritt 4 | Fügen Sie ein Format mit dem Selektor `h1` ein, das zwei Eigenschaften enthält: `font-size` mit dem Wert `64px` sowie `font-style` mit dem Wert `italic`.

Bei mehreren Eigenschaften in einem Format empfiehlt sich die Schreibweise aus Abbildung 4.20.

Format

```
selektor {
    eigenschaft1: wert1;
    eigenschaft2: wert2;
    eigenschaft3: wert3;
}
```

Abbildung 4.20 Die Verwendung einer neuen Zeile je Eigenschaft-Wert-Paar sorgt für Übersicht.

Schritt 5 | Fügen Sie ein Format mit dem Selektor `p` ein, das ebenfalls zwei Eigenschaften enthält: `font-size` mit dem Wert `32px` sowie `font-weight` mit dem Wert `bold`.

Vergessen Sie die Semikola (Strichpunkte) am Ende jedes Eigenschaft-Wert-Paars nicht, sonst ignoriert der Browser Ihre Anweisungen. Das Dokument im Texteditor sollte jetzt so aussehen wie in Abbildung 4.21.

Schritt 6 | Speichern Sie die Datei unter dem Namen *stylesheet.css* ab.

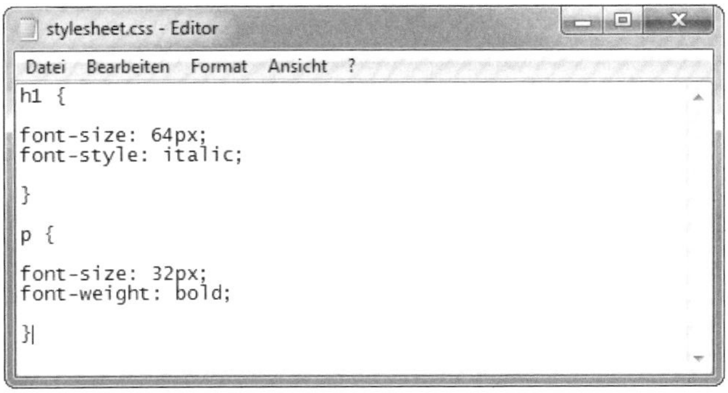

```
stylesheet.css - Editor
Datei Bearbeiten Format Ansicht ?
h1 {

font-size: 64px;
font-style: italic;

}

p {

font-size: 32px;
font-weight: bold;

}
```

Abbildung 4.21 Zur besseren Übersicht schreiben wir jedes Eigenschaft-Wert-Paar in eine neue Zeile.

Schritt 7 | Nur Editor: Wählen Sie im Speichern unter-Fenster bei Dateityp die Option Alle Dateien (*.*) und außerdem bei Codierung die Option UTF-8, bevor Sie den Dateinamen und die Dateiendung eingeben (mehr zur Zeichencodierung folgt in Abschnitt 4.6.4, »Das charset«).

Sie können einen anderen Namen wählen, müssen diesen dann aber auch verwenden, wenn Sie den Verweis in das HTML-Dokument einbinden (siehe Schritt 8). Als Speicherort wählen Sie dasselbe Verzeichnis, in dem auch Ihr HTML-Dokument liegt (wie in Abbildung 4.22 zu sehen).

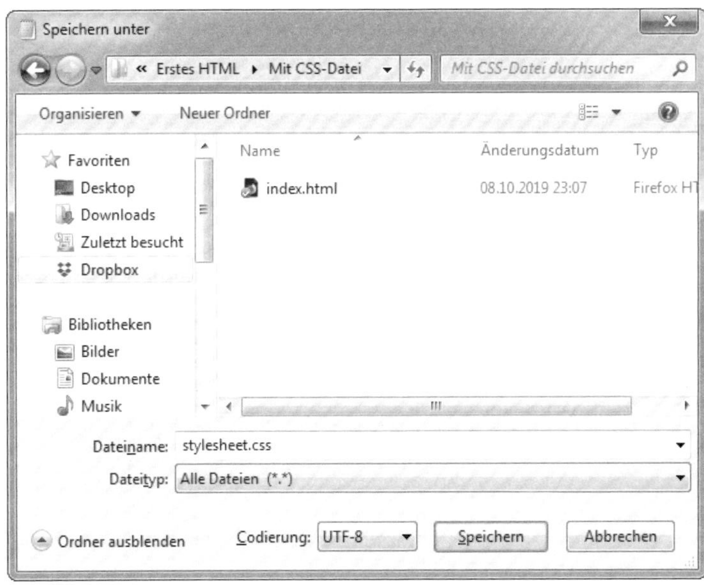

Abbildung 4.22 Speichern Sie die CSS-Datei im selben Verzeichnis wie Ihr HTML-Dokument.

Jetzt müssen Sie im HTML-Dokument noch auf die CSS-Datei verweisen, sonst weiß der Browser nicht, woher er die Formate für die Elemente nehmen soll.

Dazu benutzen wir ein neues Element im HTML-Dokument: das `link`-Element. Man verwendet es immer dann, wenn man dem Browser mitteilen möchte, dass er für die Verarbeitung dieses HTML-Dokuments Informationen aus anderen Dateien benötigt.

Ein typisches `link`-Element hat die Attribute `rel`, `type` und `href`. Die ersten beiden Attribute geben die Art der Informationen an, die in der anderen Datei enthalten sind, und das `href`-Attribut gibt den Speicherort der Datei an.

Schritt 8 | Um also auf die CSS-Datei hinzuweisen, fügen Sie Folgendes in das `head`-Element Ihrer HTML-Datei ein:

```
<link rel="stylesheet" type="text/css" href="stylesheet.css">
```

Wenn Sie im letzten Schritt die CSS-Datei unter einem anderen Namen gespeichert haben, verwenden Sie im Wert des `href`-Attributs jetzt natürlich den von Ihnen gewählten Dateinamen.

Hier stoßen wir auf etwas Neues: ein Element, das keine gesonderten Start- und End-Tags besitzt. Stattdessen besteht es aus einem einzigen Tag, das vorne mit einer spitzen Klammer geöffnet wird, den Elementnamen und einige Attribute enthält und dann hinten durch eine spitze Klammer geschlossen wird.

Wenn Sie Ihre HTML-Seite das nächste Mal im Browser betrachten, wird dieser die im `link`-Element angegebene CSS-Datei nach Formaten durchsuchen. In unserem Beispiel findet er darin Gestaltungsvorgaben für zwei Elemente: für das `h1`- und das `p`-Element. Also wird er diese Elemente entsprechend gestalten, und zwar genau so, als hätten Sie die beiden Elemente im HTML-Dokument mit einem `style`-Attribut versehen.

Schritt 9 | Um den Effekt der verknüpften CSS-Datei zu testen, speichern Sie das HTML-Dokument und öffnen es erneut im Browser.

Die Seite sollte jetzt wieder so aussehen wie in Abbildung 4.19, mit denselben Schriftgrößen und Schriftstilen. ■

> **Unsere Beispieldateien zum Download**
> Die in diesem Kapitel erstellten HTML- und CSS-Dateien finden Sie unter *bnfr.de/ql401* auf der Website zum Buch.

Dank der externen CSS-Datei haben Sie mehr Übersicht und weniger Arbeit, wenn Sie mit komplexeren Websites und mehreren Unterseiten arbeiten.

Es bleibt aber noch eine Frage: Als Sie Ihre HTML-Seite zum allerersten Mal im Browser betrachtet haben, hatten Sie davor weder ein `style`-Attribut noch ein `style`-Element noch eine CSS-Datei festgelegt. Warum hat der Browser das `h1`-Element trotzdem in einer größeren Schriftart dargestellt als das `p`-Element?

Die Antwort lautet: Der Hersteller des Browsers hat dem Programm Standard-CSS-Dateien mitgegeben, in denen Gestaltungsanweisungen für die meisten HTML-Elemente enthalten sind. Damit sorgt der Hersteller dafür, dass sein Browser jede Webseite zumindest gut lesbar darstellt, auch wenn der Autor der Webseite keine Gestaltungsvorgaben gemacht hat. Wenn Sie neugierig sind: Die browsereigenen CSS-Dateien finden Sie teilweise in dessen Programmverzeichnis.

Verwenden Sie immer eine externe CSS-Datei

Sie haben in diesem Abschnitt drei Möglichkeiten zur Formatierung von HTML kennengelernt: das `style`-Attribut, das `style`-Element und die externe CSS-Datei. Wir raten Ihnen, generell die dritte Möglichkeit zu nutzen. In einer externen Datei haben Sie immer alle Formate für Ihre Site auf einen Blick. Wenn Sie Änderungen an der Gestaltung vornehmen, müssen Sie dann nicht umständlich jede Unterseite einzeln anpassen.

Weil Sie aber auch die anderen beiden Methoden der Gestaltungsvorgabe kennengelernt haben, können Sie den Quelltext von Webseiten verstehen, die `style`-Attribute oder das `style`-Element verwenden.

Damit beherrschen Sie schon die Grundlagen von HTML und CSS und wissen, wie man eine Webseite selbst schreiben kann. Damit Ihnen das noch besser gelingt, zeigen wir Ihnen als Nächstes Programme für Einsteiger, die etwas mehr Komfort bieten als die Standard-Texteditoren Ihres Betriebssystems. In den weiteren Abschnitten des Kapitels geben wir Ihnen außerdem Tipps dazu, wie Sie Ihre Seiten so schreiben, dass sowohl der Browser als auch Sie selbst sie immer verstehen.

Mit diesem Wissen werden Sie dann gut gewappnet sein für das nächste Beispielprojekt in Kapitel 5, »Die eigene Website erstellen«, bei dem Sie eine vollständige Website aus HTML und CSS erstellen. Im Laufe des Beispielprojekts werden wir Sie Schritt für Schritt in die vielen HTML-Elemente und CSS-Eigenschaften einführen, die man für eine richtige Webseite braucht. Bis Ihre Websites genauso aufwendig gestaltet sind wie etwa die mit einem Website-System erstellte Beispielsite *Aro Argentino*, wird es zwar noch eine Weile dauern, aber in den nächsten Kapiteln eignen Sie sich nach und nach die dafür notwendigen Kenntnisse an.

4.5 Das richtige Werkzeug – der HTML-Editor

Sie könnten alle Seiten des nächsten Beispielprojekts mit dem simplen Texteditor schreiben, den Sie bis jetzt genutzt haben. Es gibt aber spezielle *HTML-Editoren*, die Ihnen die Arbeit erleichtern. Und weil schon kostenlose Programme Vorteile bieten, empfehlen wir Ihnen auch, einen HTML-Editor zu nutzen.

4.5.1 Was sollte ein HTML-Editor für Einsteiger können?

Um sich für einen geeigneten HTML-Editor entscheiden zu können, sollten Sie erst einmal wissen, welche Funktionen in der Praxis den Arbeitskomfort erhöhen. Dabei geht es nicht nur um Bequemlichkeit. Denn wenn der Editor Ihnen die Arbeit erleichtert, machen Sie weniger Fehler und müssen seltener nachbessern.

Eine wichtige Funktion, die das Bearbeiten von HTML-Dokumenten gerade für Anfänger sehr viel übersichtlicher macht, ist die farbige Markierung einzelner HTML-Bausteine, die Sie in Abbildung 4.23 am Beispiel des Editors *Atom* sehen.

```
<html>

<head>

<title>HTML</title>

<link rel="stylesheet" type="text/css" href="stylesheet.css">

</head>

<body>

<h1>Mein erstes HTML</h1>

<p>Das hier ist mein erstes selbst geschriebenes HTML.</p>

</body>

</html>
```

Abbildung 4.23 Ein guter Editor hebt HTML-Bausteine farblich hervor.

So werden im Editor zum Beispiel die Start- und End-Tags von HTML-Elementen, die Attributnamen, die Attributwerte und der Inhalt von Textelementen wie `h1` oder `p` in unterschiedlichen Farben angezeigt.

Diese farbige Hervorhebung hilft Ihnen besonders bei längeren Dokumenten, den Aufbau schnell zu erkennen und eventuelle Fehler schneller zu finden.

Eine zweite nützliche Eigenschaft eines HTML-Editors ist die sogenannte *Debugging*-Funktion. Debugging ist das Aufspüren und Entfernen von Fehlern aus Computersoftware aller Art. (Auf Deutsch hieße Debugging »Entwanzen«. Im Englischen werden Fehler im Softwarebereich *bugs* genannt, was auch *Käfer* oder *Wanze* bedeutet.)

Die häufigsten Fehler sind Syntaxfehler, also falsche Schreibweisen. So kann es durchaus vorkommen, dass man stundenlang einen Fehler in seiner Seite gesucht hat, nur weil irgendwo eine spitze Klammer oder ein Anführungszeichen fehlte! Die Debugging-Funktion des HTML-Editors markiert in Ihrem Dokument automatisch solche Fehler, in Abbildung 4.24 beispielsweise einen falsch geschriebenen Attributnamen.

Abbildung 4.24 Ein einfacher Tippfehler kann die gesamte Seite unbrauchbar machen. Die Debugging-Funktion eines HTML-Editors hilft, solche Fehler aufzuspüren.

Debugging auch ohne Editor

Die Debugging-Funktion ist etwas aufwendiger zu programmieren und findet sich deshalb nicht in allen kostenlosen Editoren. Wenn ein HTML-Editor keine Debugging-Funktion hat, können Sie Ihr HTML-Dokument aber problemlos mit dem W3C-Validator unter *bnfr.de/ql402* auf Fehler überprüfen (siehe dazu auch Abschnitt 4.6.7, »Validieren Sie Ihre Seiten«).

4.5.2 Empfehlenswerte HTML-Editoren

Es gibt zahllose HTML-Editoren auf dem Markt. Egal ob für Windows oder Mac, Sie haben die Wahl zwischen kostenlosen und kostenpflichtigen Programmen mit ganz unterschiedlichem Funktionsumfang. Für den Start empfehlen wir, ein möglichst einfaches Programm zu nutzen, das Sie nicht mit Dutzenden Zusatzfunktionen ablenkt. Wenn Sie dann mit Ihren ersten Webprojekten ein wenig Übung haben, können Sie umfangreichere und noch komfortablere Editoren ausprobieren. Aber nun geht es erst einmal darum, zu lernen, wie man alles von Grund auf anlegt. Wenn Sie das können, sollten Sie sich einen Teil der Routinearbeit abnehmen lassen.

Welches Programm Sie wählen, ist ganz Ihren persönlichen Vorlieben überlassen. Unsere Beispielprojekte sind mit jedem der hier vorgestellten HTML-Editoren durchführbar.

Unsere Empfehlung für Einsteiger: gedit

Wenn die englischsprachige Anbieter-Website und die (trotzdem simple) Installation für Sie keine Hürden sind, ist *gedit* der perfekte Editor für HTML-Einsteiger: Er hat nicht einen einzigen überflüssigen Button, der Sie vom Schreiben Ihrer ersten HTML- und CSS-Zeilen ablenken würde.

- Download unter: *bnfr.de/ql403*
- Betriebssystem: Windows, Mac, Linux
- Sprache: Deutsch (Benutzeroberfläche), Englisch (Download, Installation)
- Preis: für alle Projekte kostenlos
- Funktionen: farbige Markierung der HTML-Elemente

Abbildung 4.25 Nicht mehr, als man braucht: »gedit« für Windows, Mac und Linux

Der Editor unserer Wahl: Atom

Die Autoren dieses Buchs verwenden *Atom*. Uns gefällt die standardmäßig aufgeräumte Oberfläche, die bei Bedarf durch kostenlose Erweiterungen um weitere Funktionen ergänzt werden kann. Wenn Sie schon etwas Erfahrung mit HTML und CSS haben und Ihnen Englisch keine Probleme bereitet, probieren Sie den kostenlosen Editor einfach mal aus.

- Download unter: *bnfr.de/ql409*
- Betriebssystem: Windows, Mac, Linux
- Sprache: Englisch (Download, Installation, Benutzeroberfläche), Deutsch (Benutzeroberfläche) (nach Installation einer kostenlosen Erweiterung)
- Preis: für alle Projekte kostenlos
- Funktionen: farbige Markierung der HTML-Elemente, Debugging (nach Installation einer kostenlosen Erweiterung)

Abbildung 4.26 Aufgeräumte Oberfläche und beliebig erweiterbar: »Atom« für Windows, Mac und Linux

Weitere Editoren

Wenn Ihnen die oben genannten Editoren nicht zusagen oder diese in Zukunft überraschenderweise nicht mehr verfügbar sind, probieren Sie folgende aus:

Brackets

- *bnfr.de/ql410*, Windows, Mac, Linux; deutsche Benutzeroberfläche; kostenlos

Sofern Sie sich auf einer deutschsprachigen Hersteller-Website besser zurechtfinden, ist *Brackets* eine gute Option. Auch dieser Editor ist standardmäßig recht übersichtlich und bietet kostenlose Erweiterungen.

Notepad++

- *bnfr.de/ql404*, Windows; deutsche Benutzeroberfläche; kostenlos

Ein Multitalent für Dutzende Programmiersprachen, deshalb hat dieser Editor mehr Funktionen. Die allermeisten werden Sie nicht brauchen, und sie lenken anfangs leicht ab. Trotzdem eine brauchbare Alternative.

4.6 Besser lesbares HTML für Browser und Mensch

Es gehört mehr zu einem gut geschriebenen HTML-Dokument als fehlerfreie Syntax und übersichtliche Anordnung: Erstens braucht der Browser sogenannte Metainformationen, damit er Ihre Seite so darstellen kann, wie Sie sich das wünschen. Zweitens sollten Sie, wenn Sie das HTML-Dokument nach längerer Zeit wieder betrachten, möglichst schnell verstehen, was Sie da vor sich haben und wie die Seiten funktionieren.

Damit Sie ein besseres Verständnis für das Verhältnis zwischen Ihnen, HTML und dem Browser bekommen, klären wir erst einmal die Frage, woher HTML und CSS überhaupt kommen. Für Ihre ersten selbst geschriebenen Zeilen war das noch nicht wichtig, aber für die zukünftige Arbeit mit komplexeren Seiten hilft Ihnen etwas Hintergrundwissen.

4.6.1 Woher kommen HTML und CSS?

Schon vor der Erfindung von HTML gab es Sprachen zur Auszeichnung von Textdokumenten (und auch das Internet, also vernetzte Computer, gab es schon vorher). Aber 1989 machte ein am Forschungszentrum CERN angestellter Physiker, Tim Berners-Lee, den entscheidenden Schritt: Er schlug vor, zum besseren Austausch der Forschungsergebnisse ein System vernetzter Hypertext-Dokumente zu verwenden. Das CERN war noch nicht interessiert genug, um Berners-Lee mit der Entwicklung zu beauftragen, also begann er eigenständig mit der Umsetzung. Aus Diskussionen mit Gleichgesinnten entstanden 1991 der erste Vorschlag für die Sprache HTML und die ersten Elemente.

Die Sprache war für jedermann frei zugänglich, sodass schon bald viele Menschen daran mitarbeiteten. Um die Weiterentwicklung von HTML unter einem Dach koordinieren zu können, gründete Tim Berners-Lee 1994 mit anderen das *World Wide Web Consortium (W3C)*. Die Mitglieder entwarfen nicht nur neue Elemente und Attribute, sondern legten auch die korrekte Schreibweise für HTML fest – man spricht hier von *validem HTML*.

In dieser Hinsicht war das W3C ein bisschen wie die Redaktion des deutschen Dudens: Millionen Menschen benutzen täglich eine Sprache, und das W3C gibt regelmäßig Erklärungen dazu ab, wie man korrekt schreibt.

HTML wurde von immer mehr verschiedenen Personen und Organisationen eingesetzt, und diese hatten natürlich unterschiedliche Vorstellungen davon, wie eine Webseite gestaltet sein sollte – welche Schrift schöner ist, welche Farbe ein Link haben soll usw. Um einerseits diesen Menschen mehr Kontrolle über die Gestaltung Ihrer Seiten zu geben und andererseits HTML unabhängig von der Gestaltung weiterentwickeln zu können, wurde die Verwendung von *Stylesheets*, also externen Gestaltungsvorlagen vorgeschlagen. 1996 erklärte das W3C dann die Stylesheet-Sprache CSS zur Standardgestaltungssprache seiner HTML-Dokumente.

Seit 2019 wird der HTML-Standard formal von der *Web Hypertext Application Technology Working Group* (*WHATWG*) verwaltet, einem Zusammenschluss der großen Browserhersteller.

Bis heute sind sowohl HTML als auch CSS frei zugängliche und lizenzfreie Sprachen, deren Weiterentwicklung öffentlich einsehbar ist. Sie dürfen die Sprachen für alle Webprojekte benutzen, ohne dafür Lizenzgebühren zahlen oder Copyright-Vermerke anbringen zu müssen. Ohne die von Anfang an gewollte Offenheit hätte sich das Internet auf der Basis von HTML nie so schnell entwickeln können.

4.6.2 HTML5 – was bedeutet das?

Mit der Zeit kamen neue Seitenelemente, Attribute und CSS-Eigenschaften hinzu, und alte wurden gestrichen. Diese Entwicklung wurde vom W3C mit Versionsnummern festgehalten. HTML5 und CSS3 sind die aktuellsten Versionen, allerdings spricht die WHATWG als neuer Verwalter mittlerweile wieder von einem »lebenden Standard«, die Nummerierung rückt in den Hintergrund.

Aufgrund innovativer Neuerungen in HTML5 wurde dessen Versionsnummer zu einem relativ verbreiteten Schlagwort, aber man sollte das als Einsteiger nicht überbewerten: Eine Website »mit HTML5!« ist nicht automatisch gut, und eine Website ohne HTML5-Elemente ist nicht automatisch veraltet.

Im Kern ist nämlich jedes Dokument gleich, egal ob es mit HTML1 oder HTML5 geschrieben wurde: Es besteht aus einem `html`-Element, das die Kindelemente `head` und `body` enthält – alles ist so, wie Sie es schon aus Ihrem ersten selbst geschriebenen Dokument kennen. Auch bei den grundlegenden Inhaltselementen wie `p` oder `h1` hat sich seit HTML3 wenig getan. Neue Versionen der Sprache enthalten in erster Linie Elemente, die das Einbinden von Multimedia-Inhalten wie Videos erleichtern. HTML5 hat zwar wirklich auch an anderen Stellen die Arbeit von Webdesignern verändert, aber die Grundlagen, die Sie lernen müssen, bleiben die gleichen.

Hinzu kommt, dass die jeweils aktuelle Browsergeneration nicht immer die neuesten HTML-Elemente darstellen kann – es dauert meistens ein wenig, bis die Hersteller diese unterstützen. Auf der anderen Seite stellen auch die Browser von morgen noch eine Website korrekt dar, die vor 20 Jahren veröffentlicht wurde, solange sie sauber geschrieben ist. HTML ist also eine abwärtskompatible Sprache.

Für Ihre HTML-Projekte ist dieser kleine Geschichts- und Versionsexkurs nur deshalb wichtig, damit Sie folgende Dinge wissen:

- Es gibt jemanden, der Rechtschreibung und Grammatik von HTML und CSS festlegt: die Organisationen WHATWG und (zumindest früher) W3C.
- Weil die Browserhersteller sich an den Vorgaben dieser Organisationen orientieren, müssen Sie das ebenfalls tun, damit die Browser Ihre Seiten so darstellen, wie Sie sich das vorstellen.
- Es wurden unterschiedliche Versionen von HTML entwickelt.

Mit diesem Hintergrundwissen gerüstet, können wir uns genauer anschauen, welche Informationen über Ihr HTML-Dokument Sie den Browsern mitteilen müssen, damit diese Ihre Seiten so darstellen, wie Sie es möchten. Diese Informationen nennt man *Metainformationen*.

4.6.3 Der doctype

Die erste Metainformation ist der `doctype` (kurz für das englische *document type*, im Deutschen *Dokumenttyp*). Er teilt dem Browser mit, welche Art von Dokument der Browser sich gerade vom Server herunterlädt. Der `doctype` enthält nicht nur die HTML-Versionsnummer des W3C, nach deren Regeln der Browser sich beim Anzeigen der Seite richten soll, sondern auch das Dateiformat des Dokuments. Denn neben HTML gibt es noch weitere Textauszeichnungssprachen, mit denen ein Dokument auf einem Webserver formatiert sein könnte.

Der `doctype` unterscheidet sich von allem, was Sie bisher über den Aufbau eines HTML-Dokuments gelernt haben: Er wird nämlich in keines der in dem HTML-Dokument enthaltenen Elemente geschrieben, nicht einmal in das bisher alles andere umfassende `html`-Element. Stattdessen steht er in der allerersten Zeile des Dokuments:

```
<!DOCTYPE html>
```

Dieser `doctype` teilt dem Browser mit, dass es sich hier um ein HTML-Dokument handelt und dass der Browser sich beim Anzeigen nach den Bestimmungen von HTML5 richten soll.

Bei älteren HTML-Versionen ist der `doctype` etwas ausführlicher:

```
<!DOCTYPE HTML PUBLIC "-//W3C//DTD HTML 4.01 Transitional//EN"
"http://www.w3.org/TR/html4/loose.dtd">
```

Dieser `doctype` deklariert ebenfalls ein HTML-Dokument, allerdings soll der Browser sich bei der Anzeige nach den Bestimmungen der HTML-Versionsnummer 4.01 richten. In der zweiten Zeile ist eine URL angegeben, unter der eine detaillierte Spezifikation dieses `doctype` zu finden ist.

Alle Beispielseiten, die wir in diesem Buch erstellen, richten sich nach der HTML-Version 5 und verwenden den entsprechenden `doctype`. Das empfehlen wir Ihnen auch für Ihre eigenen Webseiten, denn den HTML5-`doctype` verstehen alle Browser, auch ältere. Nur falls Sie unbedingt später einmal HTML-Elemente verwenden müssen, die der HTML5-Standard nicht mehr erlaubt, brauchen Sie einen anderen `doctype`. Welche Elemente mit HTML5 weggefallen sind, erfahren Sie unter *bnfr.de/ql407*.

4.6.4 Das charset

Für andere Metainformationen werden `meta`-Elemente verwendet, die Kinder des `head`-Elements sein müssen und am besten vor allen anderen Kindern geschrieben werden. Unterschiedliche Attribute des `meta`-Elements stehen für unterschiedliche Arten von Informationen, und das wichtigste ist das Attribut `charset`:

```
<meta charset="UTF-8">
```

Dieses Attribut benutzen Sie, um dem Browser mitzuteilen, welche Schriftzeichen er für die Darstellung dieses Dokuments beherrschen muss. Da es weltweit ja sehr viel mehr Schriftzeichen gibt als die 26 lateinischen Buchstaben, ist diese Angabe sehr wichtig. Allein schon die deutschen Umlaute ä, ö und ü machen ohne Angabe der Zeichencodierung meist Probleme. Mit der Codierung `UTF-8` decken Sie alle gängigen Sonderzeichen von Sprachen mit lateinischer Schrift ab, inklusive der Sonderzeichen skandinavischer, osteuropäischer und romanischer Sprachen.

Wichtig: Einstellungen im HTML-Editor

Zum Thema Zeichencodierung gibt es nicht nur innerhalb des HTML-Dokuments, sondern auch bei den Einstellungen des HTML-Editors einiges zu beachten:

- Achten Sie hinsichtlich der Codierung darauf, dass Sie nicht einfach nur das `charset` in einem `meta`-Element spezifizieren. Das HTML-Dokument muss natürlich im Editor auch tatsächlich mit der entsprechenden Codierung gespeichert werden. Überprüfen Sie dazu die Einstellungen in Ihrem Text- oder HTML-Editor.
- Sollte der Browser ein vorhandenes Dokument auch dann noch nicht korrekt darstellen, wenn Sie im Editor das entsprechende Format gewählt und das Dokument er-

neut gespeichert haben, kopieren Sie den Inhalt des alten Dokuments in ein ganz neues Dokument und speichern dieses ab. Bei manchen Editoren wird dadurch das Problem gelöst.

- Und wenn am Anfang einer HTML-Seite die Zeichenfolge »ï»¿« erscheint, sollten Sie die Seite mit der Zeichencodierung »UTF-8 ohne BOM« speichern.
- Zur richtigen Formatierung gehört auch die richtige Einstellung für Zeilenumbrüche. Speichern Sie Dateien immer mit der Einstellung »Windows« oder »CR LF«, damit die Umbrüche auf allen Betriebssystemen angezeigt werden.

Wenn Sie von nun an ein neues HTML-Dokument erstellen, benutzen Sie also am besten immer folgendes Grundgerüst, bevor Sie weitere HTML-Elemente einfügen:

```
<!DOCTYPE html>
<html>
  <head>
    <meta charset="UTF-8">
    <title></title>
  </head>
  <body>
  </body>
</html>
```

Auf der Website zum Buch können Sie unter *bnfr.de/ql401* eine außer diesem Grundgerüst leere HTML-Datei herunterladen. Dadurch sparen Sie sich das Abtippen.

Durch die Angabe von Metadaten erleichtern Sie dem Browser das korrekte Lesen Ihres HTML-Dokuments und die grafische Darstellung. Mit den folgenden Tipps machen Sie es sich selbst leichter, Ihre HTML-Dokumente auch dann noch zu verstehen, wenn Sie schon lange nicht mehr daran gearbeitet haben.

4.6.5 Schaffen Sie Platz für mehr Übersicht

Wie Sie mittlerweile wissen, ist die Struktur eines HTML-Dokuments sehr verschachtelt. Das `body`-Element zum Beispiel enthält mehrere Kindelemente, die ihrerseits wiederum beliebig viele Kindelemente enthalten können. Um dabei nicht den Überblick zu verlieren, sollten Sie Ihr HTML im Editor übersichtlich anordnen, indem Sie die Zeilen mit Umbrüchen und Tabulatoren sinnvoll einrücken und Abstände zwischen den Zeilen lassen (siehe Abbildung 4.27).

```
index.html

<html>

<head>

    <title>HTML</title>

    <link rel="stylesheet" type="text/css" href="stylesheet.css">

</head>

<body>

    <h1>Mein erstes HTML</h1>

    <p>Das hier ist mein erstes selbst geschriebenes HTML.</p>

</body>

</html>

index.html*  19:8                                   CRLF  UTF-8  HTML
```

Abbildung 4.27 Den Browser stören die Umbrüche und Tabulatoren nicht, er ignoriert sie bei der Darstellung einfach.

So sehen Sie auf einen Blick, über wie viele Zeilen sich ein Element erstreckt und welche anderen Elemente es beinhaltet.

> **Wo ist meine Leerzeile hin?**
>
> Einige HTML-Editoren löschen Leerzeilen automatisch aus Ihrem HTML-Dokument. Bei manchen können Sie dieses Verhalten deaktivieren. Die Option dafür heißt meist ORIGINAL-FORMATIERUNG BEHALTEN.

4.6.6 Notizen für Sie selbst: Kommentare

Oft werden HTML- und CSS-Dokumente erst nach langer Pause wieder geöffnet – zum Beispiel weil Sie einen kleinen Fehler im Text korrigieren wollen, den Sie bislang übersehen haben, oder weil Sie ein Projekt an jemand anderen abgegeben haben, der mit Ihren Dokumenten weiterarbeiten soll. Dank Leerzeilen und Einrückung erkennt man zwar schnell, wie ein Dokument aufgebaut ist und welche Elemente es enthält – man versteht aber manchmal nicht mehr, warum man ein bestimmtes Element oder eine bestimmte CSS-Eigenschaft benutzt hat.

Um den Sinn des Geschriebenen festzuhalten, können Sie zwischen Ihrem HTML oder CSS *Kommentare* platzieren. Die Kommentare werden vom Browser bei der Darstellung ignoriert, wenn sie richtig formatiert sind. So schreiben Sie einen Kommentar in HTML-Dateien:

```
<!--Hier steht Ihr Kommentar-->
```


Versehen Sie Ihr HTML also so, wie in Abbildung 4.28 zu sehen ist, mit Kommentaren, um die Verständlichkeit weiter zu erhöhen.

```
index.html

<html>

<head>

    <title>HTML</title>

    <!-- Die externe CSS-Datei mit den Formaten für diese Seite -->
    <link rel="stylesheet" type="text/css" href="stylesheet.css">

</head>

<body>

    <!-- Eine Überschrift -->
    <h1>Mein erstes HTML</h1>

    <!-- Ein Textabsatz -->
    <p>Das hier ist mein erstes selbst geschriebenes HTML.</p>

</body>

</html>

index.html*  22:8                                CRLF  UTF-8  HTML
```

Abbildung 4.28 Kommentare in einem HTML-Dokument

Richtig sinnvoll werden die Kommentare natürlich erst bei komplexeren Dokumenten, etwa an Stellen, für die Sie erst etwas Neues lernen mussten. Gedanken wie »Das `charset` muss immer das erste Kindelement im `head`-Element sein« können Sie ruhig festhalten. So vergessen Sie das Gelernte nicht und verhindern, dass Sie eine eigentlich sinnvolle Seitenstruktur bei einer späteren Überarbeitung verändern, nur weil Sie in dem Moment nicht daran denken, warum Sie damals gerade diese Seitenstruktur gewählt hatten.

In CSS-Dateien haben Kommentare eine andere Syntax:

```
/*Das ist ein Kommentar innerhalb von CSS*/
```

Kommentare sind nicht völlig unsichtbar

Bedenken Sie aber, dass Kommentare im Quelltext Ihrer Seite stehen und von anderen Nutzern gesehen werden können, wenn diese sich den Quelltext anzeigen lassen. Schreiben Sie also nichts in die Kommentare, was Ihnen peinlich wäre, und schon gar keine sensiblen Daten wie Passwörter!

4.6.7 Validieren Sie Ihre Seiten

Auch ein HTML-Dokument, das für Sie übersichtlich strukturiert ist und das der Browser so anzeigt, wie Sie es geplant haben, ist nicht unbedingt vollständig korrekt. Nach den Vorgaben von W3C und WHATWG ist nicht alles, was offenbar funktioniert, auch erlaubt. Die Browser tolerieren viele Fehler – aber darauf können Sie sich nicht verlassen.

Wenn Sie etwa notwendige Attribute vergessen oder Elemente in eine Reihenfolge bringen, die das W3C so nicht vorgesehen hat, korrigiert Ihr Browser im besten Fall die Fehler und versucht, das Dokument trotzdem korrekt darzustellen. Im schlechtesten Fall stellt der Browser die Seite aber doch nicht richtig dar. Auch wenn Sie Ihr Dokument mit der Debugging-Funktion Ihres HTML-Editors kontrolliert haben, ist das leider nicht immer ausreichend, weil der Editor sich vielleicht noch nach älteren HTML-Versionen richtet.

Das W3C bietet unter *bnfr.de/ql408* einen komfortablen und kostenlosen *Validierungsdienst* an. Geben Sie einfach die URL Ihres HTML-Dokuments an oder laden Sie es hoch, und Sie bekommen recht detailliert (auf Englisch) Rückmeldung, ob und wo Sie in Ihrem HTML Standards verletzen.

Um noch einmal die Parallele zum deutschen Duden aufzugreifen: Sicher verstehen viele Mitmenschen Sie auch, wenn Sie auf korrekte Rechtschreibung und Grammatik verzichten, aber die größtmögliche Verständlichkeit erreichen Sie, wenn Sie sich an die Regeln halten.

4.7 Fazit

In diesem Kapitel haben Sie eine ganze Menge gelernt:

- Sie benutzen HTML zur Strukturierung von Webseiten.
- HTML besteht aus Elementen, die wiederum aus Start- und End-Tags sowie aus Inhalt bestehen.
- CSS benutzen Sie zur Gestaltung von HTML-Seiten, indem Sie den HTML-Elementen mithilfe von Selektoren, Eigenschaften und Werten Formate zuweisen.

Sie wissen jetzt, was HTML und CSS sind, wie man beides grundsätzlich benutzt und mit welchen Werkzeugen Sie arbeiten können. Nun sind Sie in der Lage, Ihre erste komplett selbst geschriebene Website zu erstellen – was wir im nächsten Kapitel mit einem neuen Beispielprojekt tun werden.

Beispieldateien zum Download

Die in diesem Kapitel erstellten HTML- und CSS-Dateien finden Sie auf der Website zum Buch unter *bnfr.de/ql401*.

Kapitel 5
Die eigene Website erstellen

Schritt für Schritt schreiben Sie eine komplette Website mit mehreren Seiten. Nebenbei lernen Sie viele weitere Elemente und Eigenschaften von HTML und CSS kennen.

Im vorigen Kapitel haben Sie alle wichtigen Grundlagen rund um HTML und CSS gelernt. Und Sie haben jetzt einen HTML-Editor. Mit diesen Grundkenntnissen und dem richtigen Werkzeug können Sie beginnen, Ihre erste vollständig selbst geschriebene Website zu erstellen.

Dazu legen wir in diesem Kapitel ein neues Beispielprojekt an. Die Umsetzung verbindet Ihre neuen HTML-Kenntnisse mit dem, was Sie bereits in Kapitel 3, »Ein besserer Webauftritt in drei Stunden«, geübt haben: eine Website durchdacht mit Inhalt zu befüllen.

Das Beispielprojekt heißt *Arztpraxis Dr. Udo Bloemkamp* und ist die Website einer kleinen, fiktiven Hausarztpraxis. Wie bei den anderen Beispielprojekten gilt auch hier, dass alles, was Sie in diesem Kapitel lernen, für die unterschiedlichsten Websites benutzt werden kann – etwa für die Website eines Anwalts oder für die Site der Handballmannschaft des örtlichen Sportvereins.

Dafür brauchen Sie:

- einen HTML-Editor
- ein Bild des Arztteams
- vier Bilder der Arztpraxis
- einen Browser (Firefox, Chrome, Safari, Internet Explorer oder Microsoft Edge in der jeweils aktuellsten Version)

Mit einem aktuellen Browser stellen Sie sicher, dass die in diesem Kapitel genutzten CSS-Eigenschaften richtig angezeigt werden. Die Versionsnummer Ihres Browsers erfahren Sie im entsprechenden Menüeintrag (meist heißt er ÜBER oder INFO). Neuere Versionen bekommen Sie kostenlos auf der Website des Browserherstellers.

Eines noch vorweg: Wir möchten grundsätzlich, dass Sie die Ergebnisse Ihrer Arbeit möglichst sofort sehen können. Bei den ersten beiden Beispielprojekten und bei Ihren ersten Schritten mit HTML und CSS im letzten Kapitel ging es immer schnell voran. Aber wir möchten Ihnen ja nicht nur Zeile für Zeile diktieren, was Sie in Ihrem HTML-Editor schreiben. Wir wollen Ihnen auch verständlich machen, was Sie da tun und warum es funktioniert. Sie wollen lernen, eine Sprache zu benutzen, und nicht nur Vokabeln auswendig lernen.

Deshalb werden wir im Verlauf dieses neuen Beispielprojekts die Grundprinzipien von HTML und CSS erklären, wenn das für das Verständnis des nächsten Schritts wichtig ist. Dadurch geht es bei diesem Beispielprojekt manchmal etwas langsamer voran. Aber je mehr dieser Prinzipien Sie kennen, umso schneller werden Ihnen später Ihre eigenen Projekte gelingen. Und Spaß macht es auch, die Hintergründe zu durchschauen und selbst zu verstehen, wie die Webseiten funktionieren, die wir alle täglich nutzen.

Wann immer es sinnvoll ist, geben wir Ihnen außerdem Tipps dazu, wie Sie für spätere Projekte etwas anders vorgehen können als bei dem Beispielprojekt – etwa indem Sie an bestimmten Stellen spezielle HTML5-Elemente einsetzen, wenn das für Ihr Projekt möglich ist, oder indem Sie eine andere Layoutstrategie umsetzen. So werden Sie Ihr Wissen für möglichst viele unterschiedliche Webprojekte einsetzen können.

5.1 Das Konzept

Für das neue Beispielprojekt erstellen wir auch ein eigenes Konzept, das zu den speziellen Anforderungen an die Website passt. Dazu halten wir uns an die Arbeitsweise, die wir in Kapitel 2, »Wer braucht was – die eigene Website planen«, festgelegt haben: Erst kommt die Konzeption des Inhalts, dann die Konzeption der Gestaltung und dann die Umsetzung mit HTML und CSS.

5.1.1 Die Ziele formulieren

Auch für die Website der Arztpraxis müssen wir die vier W »Was? Wen? Wie? Womit?« beantworten.

- **Was wollen wir mit der Website erreichen?** Patienten und potenzielle Mitarbeiter sollen sich über die Arztpraxis und die angebotenen medizinischen Leistungen informieren können.
- **Wen wollen wir erreichen?** In erster Linie Patienten, die eine Behandlung brauchen.

- **Wie wollen wir diese Ziele erreichen?** Bei einer solchen Website ist Seriosität wichtiger als attraktive Aufmachung. Die Seiten sollten sauber und aufgeräumt wirken. Informationen werden vor allem über Text transportiert, ein paar Fotos der Praxis sollen eine saubere, persönliche und freundliche Atmosphäre vermitteln.
- **Womit setzen wir unseren Entwurf um?** Als Technik kommt eine mit HTML und CSS selbst umgesetzte Website zum Einsatz.

5.1.2 Den Inhalt konzipieren

Die Sitemap für das neue Beispielprojekt, die den inhaltlichen Aufbau der Website skizziert, sehen Sie in Abbildung 5.1.

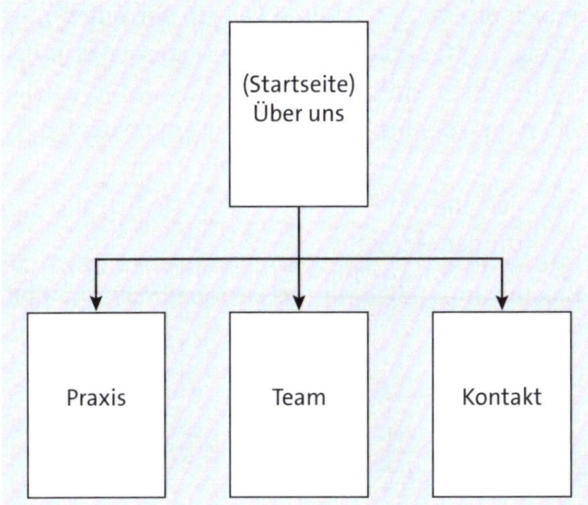

Abbildung 5.1 Die geplante Sitemap für das neue Beispielprojekt

Schon hier sehen Sie die Vorteile einer selbst angelegten Website: Wir können die Startseite selbst bestimmen, während manche Blogdienste aus Kapitel 3, »Ein besserer Webauftritt in drei Stunden«, die Startseite fest vorgeben.

5.1.3 Die Gestaltung konzipieren

Das inhaltliche Konzept steht in groben Zügen, also machen wir uns Gedanken über die Gestaltung der Website. Für eine Umsetzung mit HTML und CSS besteht die wichtigste Frage darin, welche Seitenelemente es gibt und wie diese angeordnet sein sollen – das ist das Layout einer Seite. Man zeigt es am besten mit einer groben Skizze (auch *Scribble* genannt, siehe Abschnitt 3.2, »Den Seitenaufbau festlegen«). Wenn verschiedene Seiten verschiedene Layouts haben sollen, fertigen Sie für jedes Layout eine eigene Skizze an.

Die Seiten der Arztpraxis sollen aber alle dasselbe Layout haben und nur wenige grundlegende Elemente enthalten:

- eine Kopfleiste mit dem Namen der Praxis,
- ein Navigationsmenü, über das zwischen den einzelnen Unterseiten gewechselt werden kann, sowie
- einen großen Inhaltsbereich, in dem die eigentlichen Informationen der Unterseiten dargestellt werden.

Die Anordnung der Elemente ergibt sich fast von selbst: Die Kopfleiste wird am oberen Rand positioniert, und der Inhaltsbereich nimmt den größten Platz in der Seitenmitte ein. Nur die Position des Navigationsmenüs ist variabler. Das Menü könnte zum Beispiel mittig zwischen Kopfleiste und Inhaltsbereich oder auch rechts des Inhaltsbereichs platziert werden. Wir entscheiden uns für eine Positionierung am linken Rand – das entspricht dem Lesefluss und auch der Gewohnheit vieler Nutzer. Denn die Nutzer kennen ein solches Layout schon von vielen anderen Websites, sodass sie sich auch auf den Seiten der Arztpraxis schnell zurechtfinden werden.

Das Layout für die Website von Dr. Bloemkamp stellen wir uns also so vor wie in Abbildung 5.2.

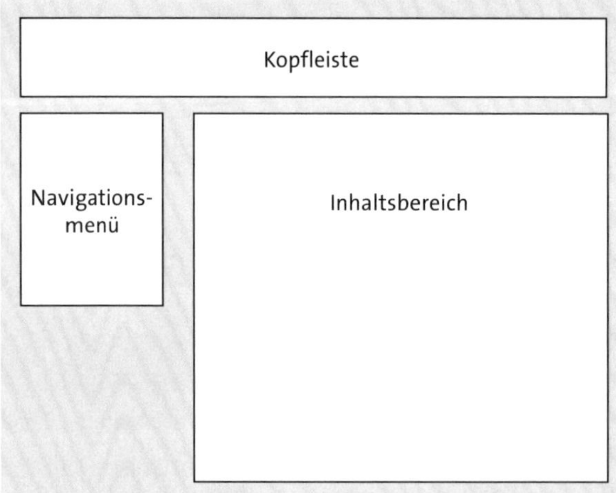

Abbildung 5.2 Ein einfach und übersichtlich gehaltenes Seitenlayout

Da wir für das Beispielprojekt keine besonderen Gestaltungselemente mehr brauchen, ist die Konzeption damit abgeschlossen. Bei einer echten Website müssen Sie als Webdesigner aber noch viele andere Aspekte der Gestaltung planen: Farben und Formen sollen sich oft nach bereits vorhandenen Designs richten; Firmen wollen ihre Logos im Layout integriert sehen.

5.2 Den Inhalt mit HTML anlegen

Zunächst erstellen wir die nötigen Ordner sowie HTML- und CSS-Dokumente:

Schritt 1 | Legen Sie auf Ihrem Computer einen neuen Ordner mit beliebigem Namen an.

Schritt 2 | Erstellen Sie in diesem Ordner vier HTML-Dokumente mit den Dateinamen *index.html* (die Startseite), *praxis.html*, *team.html* und *kontakt.html*.

Schritt 3 | Erstellen Sie im selben Ordner einen Unterordner mit dem Namen *bilder*. Darin legen Sie die fünf Bilder für dieses Beispielprojekt ab.

Der Ordner auf Ihrem Computer sollte jetzt so aussehen wie in Abbildung 5.3.

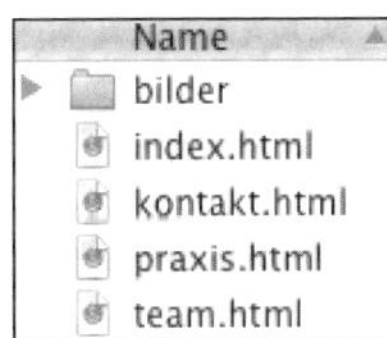

Abbildung 5.3 Achten Sie auf die richtige Verzeichnisstruktur für das Beispielprojekt: Alle HTML-Daten liegen im selben Ordner, und die Bilder befinden sich in einem Unterordner.

Als Nächstes befüllen wir die vier HTML-Dokumente mit dem HTML-Grundgerüst aus Kapitel 4, »Die ersten Schritte mit HTML und CSS«, das Sie unter *bnfr.de/ql401* herunterladen können.

Schritt 4 | Fügen Sie in jedes der vier HTML-Dokumente den `doctype` für HTML5 sowie folgende Elemente ein: `html`, `head`, `meta` (mit `charset`-Attribut), `title` und `body`:

```
<!DOCTYPE html>
<html>
  <head>
    <meta charset="UTF-8">
    <title></title>
  </head>
  <body>
  </body>
</html>
```

So weit, so bekannt. Jetzt kommt das erste neue Element.

Schritt 5 | Fügen Sie dem body-Element in allen vier HTML-Dokumenten jeweils drei div-Elemente hinzu.

```
<div>
</div>
<div>
</div>
<div>
</div>
```

Tipp

Wenn eine größere Seite viele div-Elemente enthält, stehen am Ende des HTML-Dokuments oft mehrere div-End-Tags hintereinander. Damit Sie nicht den Überblick über die Seitenstruktur verlieren, schreiben Sie in solchen Fällen hinter jedes End-Tag einen HTML-Kommentar, in dem Sie angeben, welches div hier geschlossen wird.

div steht für das englische Wort *divide*, und genau das macht ein solches Element: Es *unterteilt* HTML-Seiten in unterschiedliche Bereiche, die die restlichen Seitenelemente logisch gruppieren.

»div« und HTML5

Mit HTML5 wurden mehrere Elemente eingeführt (z. B. header, section, article – siehe Abschnitt A.1), die die Funktion eines Webseitenbereichs besser beschreiben können als das generische div. Damit Sie den Aufbau der vielen Websites verstehen, die weiterhin mit div-Elementen arbeiten, und damit das Beispielprojekt auch in alten Browsern ohne Zusatzaufwand problemlos dargestellt wird, bleiben wir für diese Einführung aber beim bewährten div. Wir zeigen Ihnen weiter unten, wie die HTML-Struktur aussieht, wenn Sie keine div-Elemente benutzen wollen.

Damit wir den einzelnen Seitenbereichen für die Gestaltung unterschiedliche CSS-Formate zuweisen können, müssen wir (und der Browser) sie voneinander unterscheiden können. Zur eindeutigen Bezeichnung eines Elements verwenden Sie ein neues Attribut, das id-Attribut. Dessen Wert ist ein eindeutiger Name für das Element, und kein anderes Element in diesem HTML-Dokument darf für sein id-Attribut denselben Wert haben.

Schritt 6 | Geben Sie den div-Elementen id-Attribute mit den Werten kopfleiste, menu und inhalt, natürlich in allen vier HTML-Dokumenten:

```
<div id="kopfleiste">
</div>
<div id="menu">
</div>
<div id="inhalt">
</div>
```

Neue Elemente statt »div«

Wenn Sie statt div neue HTML5-Elemente verwenden wollen, könnte die Struktur z. B. so aussehen:

```
<header id="kopfleiste">
</header>
<nav id="menu">
</nav>
<main id="inhalt">
</main>
```

div und die neuen Elemente schließen sich aber nicht gegenseitig aus. So kann es z. B. durchaus im Sinne der HTML5-Spezifikationen sein, innerhalb eines main- oder section-Elements zur weiteren Aufteilung div-Elemente zu benutzen.

Alle vier HTML-Dokumente sollten jetzt so aussehen:

```
<!DOCTYPE html>
<html>
   <head>
      <meta charset="UTF-8">
      <title></title>
   </head>
   <body>
      <div id="kopfleiste">
      </div>
      <div id="menu">
      </div>
      <div id="inhalt">
      </div>
   </body>
</html>
```

Nachdem das Grundgerüst in allen Seiten fertig ist, können wir das seitenspezifische HTML erstellen. Wir beginnen mit der Startseite. ■

5.2.1 Die Startseite

Jede Seite soll ihren eigenen Titel bekommen – so zeigt schon das Browserfenster bzw. der Browsertab, welche Seite geöffnet ist.

Schritt 1 | Im `title`-Element der Startseite tragen Sie als Inhalt den Namen der Arztpraxis ein:

```
<title>Arztpraxis Dr. Udo Bloemkamp</title>
```

Kopfleiste

Die Kopfleiste sieht auf allen vier Unterseiten gleich aus. Das entsprechende `div` beinhaltet ein `h1`-Element, also eine Überschrift ersten Rangs. Sie soll den Namen der Praxis enthalten.

Schritt 2 | Schreiben Sie Folgendes in das `kopfleiste-div` der Startseite:

```
<h1>Arztpraxis Dr. Bloemkamp</h1>
```

Navigationsmenü

Auch das Navigationsmenü sieht auf allen vier HTML-Seiten grundsätzlich gleich aus: Es besteht aus einer Liste von anklickbaren Links zur Navigation, die auf die anderen Seiten der Website verweisen.

Hier kommen gleich drei neue HTML-Elemente ins Spiel: Listen, Listeneinträge und Links. *Listen* eignen sich gut für Informationen, die logisch zusammengehören. HTML kennt dafür drei Varianten, die auch in den meisten Textverarbeitungsprogrammen benutzt werden:

- die **ungeordnete Liste** – das `ul`-Element. Listeneinträge haben hier keine bestimmte Reihenfolge, sondern werden alle mit dem gleichen Aufzählungszeichen dargestellt, standardmäßig einem dicken Punkt.
- die **geordnete Liste** – das `ol`-Element. Die Listeneinträge haben eine Reihenfolge, die durch Aufzählungszeichen ausgedrückt wird, die für jeden Eintrag unterschiedlich sind, etwa aufsteigende Nummern.
- die **Definitionsliste** – das `dl`-Element. Sie ist zum Beispiel für Wörterbücher gedacht.

Jeder *Listeneintrag* einer HTML-Liste besteht aus einem `li`-Element. Für unsere Navigationsleiste brauchen wir eine ungeordnete Liste mit vier Einträgen, also mit einem Eintrag für jede der vier Unterseiten.

Schritt 3 | Schreiben Sie daher folgenden Inhalt in das `menu-div`:

```
<ul>
   <li>ÜBER UNS</li>
   <li>PRAXIS &amp; SPRECHZEITEN</li>
   <li>TEAM</li>
   <li>KONTAKT &amp; IMPRESSUM</li>
</ul>
```

Großbuchstaben sind Geschmackssache. Wir wollen damit mehr Abwechslung in die Gestaltung der Textelemente auf den Seiten bringen und das Menü stärker vom Text im Inhaltsbereich abheben. Sie können die Wörter genauso gut auch normal schreiben, wenn Ihnen das besser gefällt. Kurze Texte sind in Großbuchstaben etwas besser lesbar, bei längeren Texten sind Kleinbuchstaben besser.

Sonderzeichen in HTML

Das `&` in der Navigationsleiste sagt Browsern, dass sie hier das Sonderzeichen »&« darstellen sollen. Mit der speziellen Codierung stellen Sie sicher, dass das Sonderzeichen richtig dargestellt wird. Eine Liste mit weiteren Codierungen finden Sie unter *bnfr.de/ql512*.

Jetzt haben wir ein Menü, das den Namen der Unterseiten anzeigt, aber die Namen sind noch nicht anklickbar. Dafür brauchen wir das dritte neue Element, das `a`-Element – einen *Link*.

Achtung, Verwechslungsgefahr!

Ein Element mit dem Namen `link` haben Sie bereits kennengelernt, als es um die Verknüpfung mit einer externen CSS-Datei ging. Das hat aber mit dem `a`-Element, das einen Hyperlink definiert, nichts zu tun.

Links, also Querverweise (auch *Hyperlinks* genannt), gehören zu den wichtigsten Elementen in einem HTML-Dokument. Denn erst sie machen aus einem Text einen *Hypertext*, der mit anderen Inhalten und Textdokumenten verknüpft ist. `a`-Elemente benötigen das Attribut `href`, das bestimmt, wohin der Link verweist. Die Syntax des Elements sieht so aus:

```
<a href="">Inhalt</a>
```

Der Inhalt des `a`-Elements besteht hier aus Text. Es ist der sichtbare Text, den man mit der Maus anklicken kann, um zum Ziel eines Links zu gelangen. Ein Link kann aber statt

Text zum Beispiel auch ein `img`-Element als Inhalt haben. Dann führt ein Klick auf das Bild zum Ziel des Links. Der Wert des Attributs `href` wiederum ist das Ziel, zu dem der Nutzer nach dem Klick geführt wird. Je nach Art des Ziels unterscheidet sich die Schreibweise:

- Auf ein bestimmtes HTML-Element verlinken Sie, indem Sie den Wert seines `id`-Attributs sowie ein vorangestelltes Doppelkreuz als Wert des `href`-Attributs benutzen:

  ```
  href="#kopfleiste"
  ```

- Wenn Sie auf ein ganzes HTML-Dokument verweisen wollen, ist der Wert des Attributs der Dateiname des Dokuments:

  ```
  href="dateiname.html"
  ```

Genauso verlinken Sie auf eine andere Datei, etwa ein Bild oder eine Audiodatei:

```
href="bildname.jpg"
href="musikstück.mp3"
```

Sie müssen darauf achten, wo genau der Speicherort des verlinkten Ziels liegt:

- Wenn das Ziel auf einem anderen Webserver liegt, geben Sie die komplette URL der Datei an:

  ```
  href="http://www.dieseite.de/verzeichnis/dateiname.html"
  ```

- Wenn Sie innerhalb dieser HTML-Datei auf ein bestimmtes Element verweisen wollen, machen Sie das so:

  ```
  href="http://www.dieseite.de/verzeichnis/dateiname.html#kopfleiste"
  ```

Der URL-Teil nach dem Doppelkreuz # ist der Wert des `id`-Attributs des Elements, auf das Sie verweisen wollen.

Liegt das Ziel des Links auf demselben Server wie das HTML-Dokument, gibt es drei Möglichkeiten:

- Das Ziel liegt im selben Verzeichnis wie das HTML-Dokument. Dann genügt die einfache Angabe des Dateinamens.
- Das Ziel liegt in einem Unterverzeichnis (wie etwa in Abbildung 5.4).

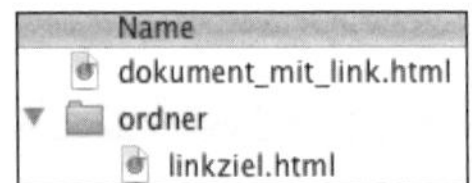

Abbildung 5.4 Hier liegt die Datei, die den Link enthält, eine Verzeichnisebene höher als das Ziel des Links.

Dann schreiben Sie zuerst den Namen des Unterverzeichnisses, gefolgt von einem Schrägstrich und dem Namen der Zieldatei:

```
href="verzeichnisname/dateiname.html"
```

Wenn zwischen dem Verzeichnis mit dem HTML-Dokument und dem Zielverzeichnis noch mehr Ebenen liegen, geht es logisch weiter:

```
href="verzeichnisname/unterordner/nocheinordner/dateiname.html"
```

- Oder das Ziel liegt in einem Verzeichnis auf demselben Server, aber oberhalb des Verzeichnisses mit dem HTML-Dokument (siehe Abbildung 5.5).

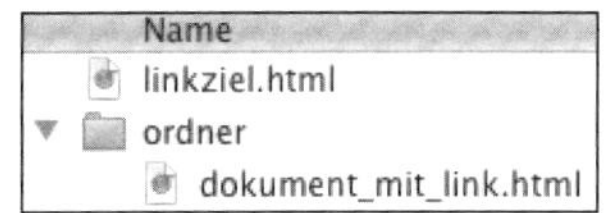

Abbildung 5.5 In diesem Fall liegt die Datei mit dem Link eine Verzeichnisebene unter dem Ziel des Links.

Dann schreiben Sie:

```
href="../dateiname.html"
```

Mit der Zeichenfolge ../ springen Sie in der Verzeichnishierarchie ein Verzeichnis nach oben. Sie können das auch kombinieren: ../../ springt zwei Verzeichnisse nach oben usw.

Ein wichtiges Attribut möchten wir noch vorstellen, bevor wir mit der Arbeit an der Seite von Dr. Bloemkamp fortfahren: Mit dem Attribut `target` sagen Sie dem Browser, wie er die verlinkte Datei öffnen soll. Mit dem Wert `_blank` bestimmen Sie, dass der Browser dazu ein neues Fenster oder einen neuen Tab öffnen soll. Wenn Sie das Attribut nicht angeben oder den Standardwert `_self` setzen, öffnet der Browser die verlinkte Datei dagegen im aktuellen Fenster – also im gleichen Fenster oder Tab, in dem auch die Seite mit dem angeklickten Link angezeigt wird.

Für Links auf Ihre eigenen Unterseiten ist die Standardeinstellung meistens sinnvoll. Aber wenn man auf andere Websites verlinkt, wird oft mit dem Wert `_blank` gearbeitet. So verschwindet die aktuelle Seite nicht einfach, und der Nutzer kann seinen Besuch später fortsetzen.

Jetzt aber zurück zu unserem Navigationsmenü: Die Links darin sollen auf HTML-Dokumente im selben Verzeichnis verweisen, und deren Dateinamen kennen wir auch schon. Der Inhalt der `a`-Elemente ist ebenfalls bereits vorhanden, nämlich die Namen der verlinkten Seiten. Es fehlen nur noch die Start- und End-Tags mit korrekten href-Attributwerten.

Schritt 4 | Ändern Sie den Inhalt des menu-div also wie folgt:

```
<ul>
   <li>ÜBER UNS</li>
   <li><a href="praxis.html">PRAXIS &amp; SPRECHZEITEN</a></li>
   <li><a href="team.html">TEAM</a></li>
   <li><a href="kontakt.html">KONTAKT &amp; IMPRESSUM</a></li>
</ul>
```

Beachten Sie, dass der Listeneintrag für die aktuelle Seite keinen Link enthält, weil man sich ja bereits auf dieser Seite befindet. Auch ergibt sich eine noch tiefere Verschachtelung: Jedes a-Element ist ein Kind eines li-Elements, und alle li-Elemente sind wiederum Kinder des ul-Elements.

Inhaltsbereich

Auf allen vier Unterseiten beginnt der Inhaltsbereich mit einem h2-Element als Überschrift, um visuelle Kontinuität herzustellen. Der weitere Inhalt unterscheidet sich dann von Seite zu Seite: Je nach Zweck werden Texte, Bilder und Tabellen verwendet.

Beginnen wir also für den Inhaltsbereich der Startseite mit der Überschrift.

Schritt 5 | Schreiben Sie in das inhalt-div ein h2-Element mit zur Startseite passendem Inhalt:

```
<h2>Über uns</h2>
```

Diese Überschrift ist weniger wichtig als die Überschrift in der Kopfleiste und soll dem Nutzer auch entsprechend dargestellt werden. Deshalb benutzen wir kein h1-Element, sondern eine Überschrift zweiten Rangs.

Nach der Überschrift wollen wir im Inhaltsbereich der Startseite ein paar Bilder zeigen. Sie werden so prominent platziert, also noch vor dem Text, damit Nutzer sie so schnell wie möglich wahrnehmen. Denn die Bilder transportieren wie schon bei der *Aro Argentino*-Website in hohem Maße das Gefühl, das mit dem präsentierten Objekt assoziiert werden soll: hier also Sauberkeit, Aufgeräumtheit, Professionalität.

Die Einbindung von Bildern mithilfe von selbst geschriebenen HTML-Elementen ist neu. Das dafür zuständige Element hat den Namen img und besitzt mindestens zwei Attribute: src für den Speicherort des Bilds sowie alt mit einem beschreibenden Text:

```
<img src="bilder/vogel.png" alt="Ein Vogel">
```

Wie Sie sehen, besteht das `img`-Element, wie das bereits bekannte `link`- Element, lediglich aus einem einzigen Tag. Dieses enthält nur den Elementnamen und die Attribute.

Der Wert des `src`-Attributs wird genauso geschrieben wie bei einem Link, also mit Eigenheiten je nach Speicherort der Bilddatei. Der beschreibende Text `alt` wird anstelle des Bilds angezeigt, wenn der Browser das Bild nicht finden kann – etwa weil es versehentlich gelöscht wurde. Auch lesen Screenreader den Inhalt von `alt` vor, damit sehbehinderte Menschen Webseiten nutzen können. Dank des Texts hat der Nutzer in diesen Fällen eine Idee davon, was Sie ihm an dieser Stelle der Seite zeigen möchten.

Wenn Sie nur die beiden Pflichtattribute `src` und `alt` angeben, wird das Bild automatisch in voller Größe auf der Seite dargestellt: Sie haben ein Bild mit den Abmessungen 300 × 300 Pixel, also wird es auf Ihrer Seite 300 × 300 Pixel einnehmen. Wenn Sie für die Darstellung lieber eine andere Größe bestimmen wollen, legen Sie die Breite (engl. *width*) und die Höhe (engl. *height*) mit Attributen fest:

```
<img src="bilder/vogel.png" alt="Ein Vogel" width="200" height="200">
```

Der Wert der Attribute ist die jeweilige Anzahl an Pixeln.

Geben Sie Breite und Höhe immer an

Die Attribute `width` und `height` sind nach dem HTML-Standard optional. Wir empfehlen Ihnen aber, sie immer mit anzugeben. Denn so weiß der Browser schon früher, wie viel Platz er für das zu ladende Bild reservieren muss. Dadurch wirkt der Seitenaufbau für den Benutzer flüssiger.

Mit diesen Informationen können wir jetzt weiter am Inhaltsbereich der Startseite arbeiten. Nach der Überschrift wollen wir wie gesagt vier Bilder einbauen.

Schritt 6 | Legen Sie nach dem `h2`-Element vier `img`-Elemente mit ihren Attributen an:

```
<img src="bilder/wartezimmer.png" alt="Wartezimmer" width="150"
height="150">
<img src="bilder/ueberweisung.png" alt="Überweisung" width="150"
height="150">
<img src="bilder/zimmer.png" alt="Zimmer Praxis" width="150"
height="150">
<img src="bilder/stethoskop.png" alt="Stethoskop" width="150"
height="150">
```

Achten Sie darauf, dass der angegebene Dateiname genau dem Dateinamen Ihrer vorbereiteten Bilder entspricht und dass alle Bilder im Ordner *bilder* liegen, den Sie zu Beginn des Kapitels angelegt haben. Die Größe der Bilder ist hier so bemessen, dass alle vier, wenn sie nebeneinander dargestellt werden, noch genügend Platz auf der Seite haben. Ihre eigenen Bilder müssen Sie eventuell erst zuschneiden.

Jetzt fehlt dem Inhaltsbereich der Startseite nur noch ein wenig Text, der dem Besucher einen Überblick darüber gibt, was für eine Website er aufgerufen hat.

Schritt 7 | Schreiben Sie nach den vier Bildern in das `inhalt-div`:

```
<p>Ob Sie eine hartnäckige Erkältung plagt oder Sie eine schwere Krankheit
haben - wir kümmern uns um Sie. Dr. Bloemkamp und sein Praxisteam sorgen da-
für, dass Sie so schnell wie möglich wieder genesen. Dabei steht das persönli-
che Gespräch im Vordergrund, nicht
das Verschreiben von Medikamenten oder die Nutzung von Geräten.</p>
<p>Bei uns bekommen Sie die medizinisch notwendige Behandlung, nichts Überflüs-
siges.<br>
Auch bei Impfungen und Vorsorgeuntersuchungen sind wir für Sie da.</p>
<p><a href="kontakt.html">Rufen Sie an</a> oder <a
href="kontakt.html">schreiben Sie uns eine Mail</a>.</p>
```

Der dritte Absatz enthält zwei Links, die den Nutzer direkt auf die Kontaktseite bringen, wenn er die Arztpraxis kontaktieren will. Im zweiten Absatz sehen Sie außerdem ein neues HTML-Element: `<br>`. Mit diesem Element erzeugen Sie einen Zeilenumbruch. Wie beispielsweise das `img`-Element besteht ein `<br>` nur aus einem einzigen Tag. Allerdings enthält es nicht einmal Attribute, sondern lediglich den Elementnamen.

Damit ist das HTML für die Startseite der Website von Dr. Bloemkamp fertig. Als Nächstes erstellen wir die Seite mit den Informationen zur Praxis. ■

Beispielprojekt im Web

Die in diesem Abschnitt erstellte Startseite finden Sie unter *bnfr.de/ql501* auf der Website zum Buch. Dort können Sie zum Beispiel überprüfen, ob Sie die Elemente in der richtigen Reihenfolge angelegt haben. Das HTML und die Texte können Sie gerne verwenden.

5.2.2 Die Praxisseite

Da alle Seiten einen ähnlichen Aufbau haben, sind Ihnen die ersten Schritte bei der Arbeit mit dem Dokument *praxis.html* bereits vertraut. Beginnen Sie auch auf dieser Seite mit einem individuellen Seitentitel.

Schritt 1 | Geben Sie dem `title`-Element einen Inhalt, der die Funktion dieser Seite in wenigen Worten beschreibt:

```
<title>Arztpraxis Dr. Udo Bloemkamp - Unsere Praxis</title>
```

Kopfleiste

Auch auf der Praxisseite besteht die Kopfleiste aus einer Überschrift.

Schritt 2 | Fügen Sie das bereits bekannte `h1`-Element in das `kopfleiste-div` der Praxisseite ein:

```
<h1>Arztpraxis Dr. Bloemkamp</h1>
```

Die Kopfleiste dient zwar hauptsächlich der Präsentation des Projekt- oder Firmennamens. Auf den meisten Websites hat sie aber noch eine weitere, nicht so offensichtliche Funktion: Ein Klick darauf führt die Besucher stets zur Startseite. Weil die Nutzer das so gewohnt sind, wollen wir ihnen ebenfalls diese Funktionalität bieten. Also geben wir dem `h1`-Element auf allen Seiten außer auf der Startseite einen entsprechenden Link als Kindelement.

Schritt 3 | Fügen Sie der Überschrift auf der Praxisseite die Start- und End-Tags eines `a`-Elements hinzu sowie das `href`-Attribut mit Verweis auf die Startseite:

```
<h1><a href="index.html">Arztpraxis Dr. Bloemkamp</a></h1>
```

> **Achtung**
>
> Wenn Sie stattdessen das `h1`-Element als Kind des `a`-Elements schreiben, ändert sich für den Nutzer zwar bei den meisten Browsern nichts – die Kopfleiste sieht gleich aus und der Link funktioniert genauso –, aber die Seite wäre dann nicht mehr valides HTML im Sinne von W3C und WHATWG. Die richtige Verschachtelung kann also wichtig sein.

Navigationsmenü

Das Navigationsmenü sieht auf allen Seiten gleich aus. Es ändert sich nur derjenige Menüeintrag, der keinen Link bekommt. Auf der Praxisseite ist das logischerweise der Menüeintrag PRAXIS & SPRECHZEITEN.

Schritt 4 | Schreiben Sie also folgenden Inhalt in das `menu-div` der Praxisseite:

```
<ul>
   <li><a href="index.html">ÜBER UNS</a></li>
   <li>PRAXIS &amp; SPRECHZEITEN</li>
```

```
    <li><a href="team.html">TEAM</a></li>
    <li><a href="kontakt.html">KONTAKT &amp; IMPRESSUM</a></li>
</ul>
```

Inhaltsbereich

Auf allen Seiten sollen die Inhaltsbereiche mit einem Überschriftenelement beginnen, so auch der Bereich auf der Praxisseite.

Schritt 5 | Geben Sie dem `inhalt-div` der Seite ein `h2`-Element mit einem Inhaltstext, der den Zweck dieser Seite zusammenfasst:

```
<h2>Praxis &amp; Sprechzeiten</h2>
```

Auf die Überschrift folgen zwei Textabsätze. Der erste stellt die Praxis vor, der zweite leitet den Besucher zum nächsten Element, den Sprechzeiten.

Schritt 6 | Schreiben Sie zwei `p`-Elemente mit folgendem Inhalt:

```
<p>Bei uns in der Praxis sollen Sie sich wohlfühlen, auch wenn Sie
sich einmal gerade nicht besonders wohlfühlen. Und unser Ziel ist, dass Sie die
angenehme Atmosphäre in unserem Wartezimmer nur kurz genießen können.</p>
<p>Sie helfen uns dabei, indem Sie einen Termin mit uns vereinbaren. Unsere
Sprechzeiten:</p>
```

Um die Sprechzeiten möglichst übersichtlich darzustellen, benutzen wir ein neues HTML-Element: die Tabelle.

Eine *Tabelle* besteht wie eine Liste aus mehreren Einzelelementen. Das Hauptelement ist das `table`-Element. Dieses umschließt je nach Größe der Tabelle mehrere Zeilen- und Zellenelemente: `tr` und `td`.

Eine simple Tabelle mit einer Zeile und zwei Spalten würde demnach so aussehen:

```
<table>
    <tr>
      <td>Inhalt der ersten Spalte</td>
      <td>Inhalt der zweiten Spalte</td>
    </tr>
</table>
```

Mit jedem `tr`-Start-Tag beginnt eine neue Zeile der Tabelle. In diese können Sie dann beliebig viele `td`-Elemente eintragen, bevor Sie die Zeile mit dem `tr`-End-Tag beenden.

Um die Tabelle und ihre Zellen besser erkennen zu können, kann man ähnlich wie bei Excel & Co. einen Rahmen um die Zellen zeichnen lassen. Für HTML-Tabellen kann dazu das Attribut `border` angegeben werden, das im Start-Tag des `table`-Elements stehen muss. Das machen wir aber nur kurz zur Veranschaulichung der Darstellung von Tabellen im Browser. Seit HTML5 wird empfohlen, Tabellen stattdessen über CSS-Formate zu gestalten.

Der Wert des Attributs gibt die Dicke des Rahmens in Pixeln an. Um die simple Tabelle mit zwei Zellen in einer Zeile jetzt mit einem 1 Pixel dicken Rahmen darzustellen, würden Sie also schreiben:

```
<table border="1">
   <tr>
     <td>Inhalt der ersten Spalte</td>
     <td>Inhalt der zweiten Spalte</td>
   </tr>
</table>
```

Diese Tabelle würde im Browser so aussehen wie in Abbildung 5.6.

Inhalt der ersten Spalte	Inhalt der zweiten Spalte

Abbildung 5.6 Eine kleine Tabelle im Browser mit Rahmen um die Zellen und um die Tabelle

Der Rahmen wird also standardmäßig sowohl um einzelne Zellen als auch um die gesamte Tabelle herum gezeichnet. Für die Arztseite wollen wir aber vorerst keine Rahmen anzeigen, deshalb lassen wir hier das `border`-Attribut weg.

Schritt 7 | Schreiben Sie in das `inhalt-div` der Praxisseite ein `table`-Element mit fünf Zeilen und jeweils drei Zellen pro Zeile. In jede Zeile kommt einer der fünf Wochentage, an denen die Praxis geöffnet hat. In die erste Zelle jeder Zeile kommt der Name des Tages, in die zweite Zelle die Öffnungszeiten vormittags und in die dritte Zelle die Öffnungszeiten am Nachmittag:

```
<table>
   <tr>
      <td>Montag</td>
      <td>8:30 Uhr - 12:30 Uhr</td>
      <td>14:00 Uhr - 18:00 Uhr</td>
   </tr>
   <tr>
      <td>Dienstag</td>
      <td>8:30 Uhr - 12:30 Uhr</td>
      <td>14:00 Uhr - 18:00 Uhr</td>
   </tr>
```

```
    <tr>
        <td>Mittwoch</td>
        <td>8:30 Uhr - 12:30 Uhr</td>
        <td>nachmittags geschlossen</td>
    </tr>
    <tr>
        <td>Donnerstag</td>
        <td>8:30 Uhr - 12:30 Uhr</td>
        <td>14:00 Uhr - 18:00 Uhr</td>
    </tr>
    <tr>
        <td>Freitag</td>
        <td>8:30 Uhr - 12:30 Uhr</td>
        <td>14:00 Uhr - 16:00 Uhr</td>
    </tr>
</table>
```

In HTML5 gibt es für komplexere Tabellen noch weitere Elemente, etwa spezielle Zellen für Spaltenüberschriften und Fußzeilen. Eine Übersicht über diese Elemente erhalten Sie (auf Englisch) unter *bnfr.de/ql502*.

Mit den Öffnungszeiten ist der Inhaltsbereich und damit das gesamte HTML der Praxisseite fertig. ■

Beispielprojekt im Web

Die in diesem Abschnitt erstellte Seite finden Sie unter *bnfr.de/ql503* auf der Website zum Buch. Das HTML und die Texte können Sie gerne kopieren.

5.2.3 Die Teamseite

So wie auf der Startseite die Praxisräume vorgestellt werden, sollen auf der Teamseite Dr. Bloemkamp und seine Kolleginnen vorgestellt werden.

Für das HTML der Seite brauchen wir keine neuen Elemente. Wie auf der Startseite werden im Inhaltsbereich Bilder und Text zur Informationsvermittlung verwendet. Aufpassen müssen Sie nur wie bei allen Seiten, dass Sie im `menu-div` den richtigen Listeneintrag ohne Link schreiben.

Als Erstes bekommt auch die Teamseite einen individuellen Seitentitel:

Schritt 1 | Geben Sie dem `title`-Element im Dokument *team.html* einen Inhalt:

```
<title>Arztpraxis Dr. Udo Bloemkamp - Unser Team</title>
```

Als Nächstes folgt die Kopfleiste inklusive Link zur Startseite.

Schritt 2 | Schreiben Sie in das `kopfleiste-div`:

```
<h1><a href="index.html">Arztpraxis Dr. Bloemkamp</a></h1>
```

Dann kommt die Navigationsleiste. Der Eintrag für die Teamseite bleibt ohne Link.

Schritt 3 | Schreiben Sie folgendes `ul`-Element in das `menu-div` der Teamseite:

```
<ul>
   <li><a href="index.html">ÜBER UNS</a></li>
   <li><a href="praxis.html">PRAXIS &amp; SPRECHZEITEN</a></li>
   <li>TEAM</li>
   <li><a href="kontakt.html">KONTAKT &amp; IMPRESSUM</a></li>
</ul>
```

Jetzt folgt der Inhaltsbereich.

Schritt 4 | Schreiben Sie ein `h2`-Element in das `inhalt-div` der Teamseite:

```
<h2>Unser Team</h2>
```

Als Nächstes kommt ein Bild, das das Team zeigt.

Schritt 5 | Schreiben Sie nach der Überschrift ein `img`-Element mit den bekannten Attributen für den Speicherort, den Alternativtext, die Breite und die Höhe:

```
<img src="bilder/team.png" alt="Team" width="340" height="350">
```

Nach dem Bild erscheint noch Text, der erklärt, wer die Personen sind, die man auf dem Bild sieht.

Schritt 6 | Schreiben Sie nach dem Bildelement ein `p`-Element mit folgendem Inhalt:

```
<p>Unser Team (von links nach rechts):<br>
Frau Anke Wilhelm, Medizinische Fachangestellte<br>
Dr. med. Udo Bloemkamp, Allgemeinmediziner und Inhaber der Praxis<br>
Frau Dr. med. Ursula Conradi, Allgemeinmedizinerin</p>
```

Die `br`-Elemente, die innerhalb von Textelementen Zeilenumbrüche erzeugen, kennen Sie bereits von der Startseite.

Damit ist das HTML für die Teamseite fertig. ■

HTML zum Download

Die in diesem Abschnitt erstellte Version der Teamseite finden Sie unter *bnfr.de/ql504* auf der Website zum Buch. Den Quelltext können Sie einfach kopieren und in Ihren HTML-Editor einsetzen.

5.2.4 Die Kontaktseite

Die Kontaktseite soll den Patienten alle Kontaktmöglichkeiten auflisten – von der Anschrift über die Telefonnummer bis zur E-Mail-Adresse. Außerdem muss hier der Betreiber der Website von Dr. Bloemkamp genannt werden, weil es sich um eine kommerzielle Website im Sinne des Telemediengesetzes handelt und somit Impressumspflicht gilt. Das Impressum unterscheidet sich von dem Impressum für die Tangoschule aus Kapitel 3, »Ein besserer Webauftritt in drei Stunden«. Das liegt daran, dass das deutsche Telemediengesetz von Arzt-Websites besondere Angaben verlangt, zum Beispiel Verweise auf die zuständige Ärztekammer.

Zur Umsetzung der Kontaktseite brauchen wir aber keine neuen HTML-Elemente. Die Kopfleiste entspricht den anderen Seiten (außer der Startseite), im Navigationsmenü hat jetzt der Eintrag KONTAKT & IMPRESSUM keinen Link. Der Inhaltsbereich besteht lediglich aus Textabsätzen und einigen Links zu anderen Websites, die für das Impressum relevant sind.

Beginnen wir wie bei jeder Seite mit einem individuellen Titel.

Schritt 1 | Geben Sie dem bislang leeren `title`-Element im Dokument *kontakt.html* einen Inhalt:

```
<title>Arztpraxis Dr. Udo Bloemkamp - Kontakt</title>
```

Als Nächstes kommt die Überschrift für die Kopfleiste mit einem Link zur Startseite.

Schritt 2 | Schreiben Sie in das `kopfleiste-div` ein `h1`- sowie ein `a`-Element inklusive Attribut für das Ziel des Links:

```
<h1><a href="index.html">Arztpraxis Dr. Bloemkamp</a></h1>
```

Jetzt ist die Menüleiste an der Reihe. Der Listeneintrag für die Kontaktseite braucht keinen Link.

Schritt 3 | Schreiben Sie in das `menu-div` folgendes `ul`-Element:

```
<ul>
   <li><a href="index.html">ÜBER UNS</a></li>
```

```
    <li><a href="praxis.html">PRAXIS &amp; SPRECHZEITEN</a></li>
    <li><a href="team.html">TEAM</a></li>
    <li>KONTAKT &amp; IMPRESSUM</li>
</ul>
```

Kommen wir nun zum Inhaltsbereich. Zuerst steht auch hier eine Überschrift.

Schritt 4 | Schreiben Sie in das `inhalt-div` ein `h2`-Element:

```
<h2>Kontakt &amp; Impressum</h2>
```

Zum Schluss folgt der Hauptteil auf dieser Seite: einige Textabsätze und Links, die Kontaktmöglichkeiten und das Impressum enthalten:

```
<p>Dr. med. Udo Bloemkamp<br>
Allgemeinmediziner (Deutschland)<br>
Felgerplatz 12<br>
D-80000 München</p>
<p>Telefon: +49 (0)89 / 000000-00<br>
Telefax: +49 (0)89 / 000000-00<br>
E-Mail: bloemkamp@beispielsite.de<br></p>
<p>Inhaltliche Verantwortung<br>
Dr. med. Udo Bloemkamp<br>
Kontaktdaten wie oben</p>
<p>Zuständige Ärztekammer<br>
Bayerische Landesärztekammer<br>
Internet: <a href="http://www.blaek.de" target="_blank">http://www.blaek.de
</a></p>
<p>Zuständige Aufsichtsbehörde<br>
Kassenärztliche Vereinigung Bayerns<br>
Internet: <a href="http://www.kvb.de" target="_blank">http://www.kvb.de</a></p>
<p>Berufsrechtliche Regelungen<br>
Berufsordnung für die Ärzte Bayerns und Heilberufe-Kammergesetz,<br>
verfügbar auf der <a href="http://www.blaek.de" target="_
blank">Website der Bayerischen Landesärztekammer</a></p>
```

Beachten Sie, dass die Links alle mit dem Attribut `target` und dem Wert `_blank` versehen sind, damit sie sich in einem neuen Fenster oder Tab öffnen. So ist die Seite der Praxis weiterhin im Browser sichtbar, wenn ein Nutzer etwa auf den Link zur Website des Krankenkassenverbands klickt.

Damit ist auch die Kontaktseite fertig. Alle Seiten der Website von Dr. Bloemkamp sind jetzt in HTML erstellt, und wir können mit der Gestaltung beginnen. ■

Beispielseite im Web

Die in diesem Abschnitt erstellte Version der Kontaktseite finden Sie unter *bnfr.de/ql505* auf der Website zum Buch. Das HTML und den Text können Sie gerne kopieren.

5.3 Die Gestaltung mit CSS

Schauen wir uns erst einmal an, wie die HTML-Dokumente im Browser dargestellt werden, wenn wir keine eigenen Gestaltungsanweisungen geben.

Öffnen Sie die Startseite (*index.html*) im Browser (siehe Abbildung 5.7).

Arztpraxis Dr. Bloemkamp

- ÜBER UNS
- PRAXIS & SPRECHZEITEN
- TEAM
- KONTAKT & IMPRESSUM

Über uns

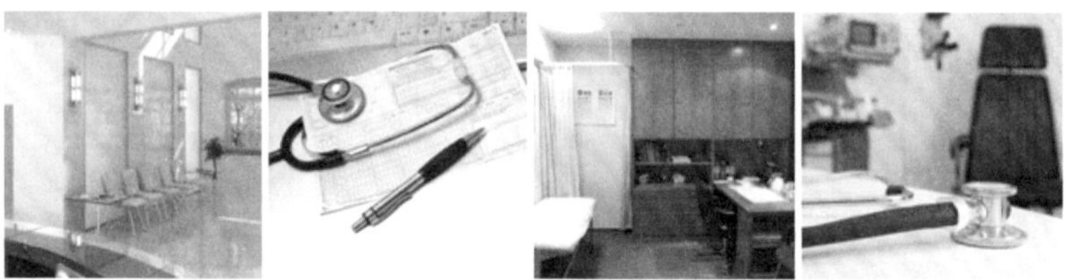

Ob Sie eine hartnäckige Erkältung plagt oder Sie eine schwere Krankheit haben – wir kümmern uns um Sie.
Dr. Bloemkamp und sein Praxisteam sorgen dafür, dass Sie so schnell wie möglich wieder genesen. Dabei steht das persönliche Gespräch im Vordergrund, nicht das Verschreiben von Medikamenten oder die Nutzung von Geräten.

Bei uns bekommen Sie die medizinisch notwendige Behandlung, nichts Überflüssiges.
Auch bei Impfungen und Vorsorgeuntersuchungen sind wir für Sie da.

Rufen Sie an oder schreiben Sie uns eine Mail.

Abbildung 5.7 Die Startseite, wie Firefox sie zeigt, wenn wir keine eigene Gestaltung festlegen

Unterschiede zwischen den Browsern

Wenn die Seite in Ihrem Browser etwas anders aussieht, besonders was die Schriftart und den Abstand zwischen dem Bildschirmrand und den Elementen angeht, keine Bange – wir behandeln diese Unterschiede detailliert im weiteren Verlauf des Kapitels sowie in Kapitel 6, »Die eigene Website im Internet«.

Die HTML-Elemente werden also standardmäßig einfach vertikal nacheinander positioniert, und der Text wird ganz simpel mit schwarzer Schrift auf weißem Grund dargestellt. Lediglich die Links haben je nach Browser eine spezielle Gestaltung mit blauer oder lila Schriftfarbe und unterstrichenem Text.

Es wird Zeit, dass wir den Seiten der Arztpraxis mit eigenem CSS eine sinnvollere und angenehmere Gestaltung geben.

5.3.1 Die Layoutelemente und ihre Darstellung im Browser

Als Erstes ordnen wir die drei Layoutelemente, also die Kopfleiste, das Navigationsmenü und den Inhaltsbereich, so an, wie wir sie während der Konzeption der Gestaltung skizziert hatten (siehe Abbildung 5.8).

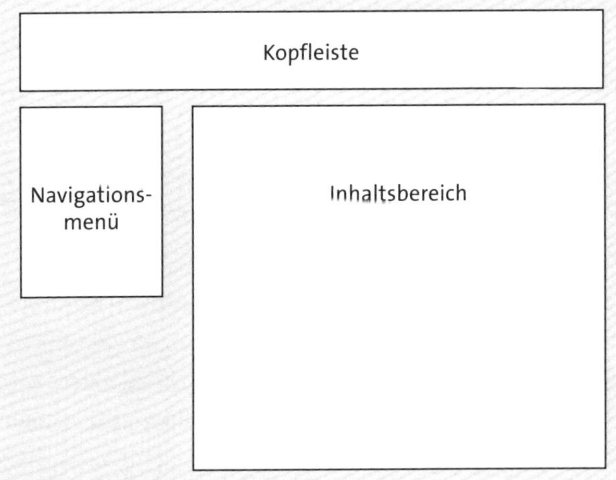

Abbildung 5.8 Das Seitenlayout, das wir für die Arztsite entworfen haben.

Um zu wissen, wie wir diese Anordnung erreichen können, müssen wir aber erst einmal in Erfahrung bringen, welche Bereiche der Darstellung überhaupt welchem HTML-Element entsprechen: Wie genau sind die drei `div`-Elemente mit `id` `kopfleiste`, `menu` und `inhalt` positioniert? Wie weit erstrecken sie sich nach oben und unten, nach links und nach rechts? Das lässt sich bislang nur abschätzen. Um das zu ändern, geben wir den drei Elementen jetzt erst einmal Hintergrundfarben.

Wie Sie in Kapitel 4, »Die ersten Schritte mit HTML und CSS«, gelernt haben, weisen Sie HTML-Elementen mithilfe von CSS-Formaten eine Gestaltung zu. Damit wir alle Formate für alle Seiten an zentraler Stelle verwalten können, benutzen wir eine externe CSS-Datei.

Schritt 1 | Erstellen Sie mit Ihrem HTML-Editor eine neue Datei und speichern Sie sie unter dem Namen *stylesheet.css* in demselben Verzeichnis, in dem auch die vier HTML-Dokumente dieses Projekts liegen.

Damit die in der CSS-Datei enthaltenen Formate bei der Darstellung auch berücksichtigt werden, erstellen wir in allen vier HTML-Dokumenten den nötigen Verweis:

Schritt 2 | Schreiben Sie in alle vier HTML-Dateien unterhalb des `title`-Elements ein `link`-Element mit den notwendigen Attributen:

```
<link rel="stylesheet" type="text/css" href="stylesheet.css">
```

Jetzt können wir die nötigen Formate für die Hintergrundfarbe der drei Layoutelemente schreiben.

Schritt 3 | Erstellen Sie in der CSS-Datei drei Formate: eines mit dem Selektor `#kopfleiste`, eines mit dem Selektor `#menu` und ein Format mit dem Selektor `#inhalt`:

```
#kopfleiste {
}
#menu {
}
#inhalt {
}
```

Die Syntax dieser Selektoren unterscheidet sich von jenen, die Sie bereits in Kapitel 4, »Die ersten Schritte mit HTML und CSS«, verwendet haben. Dort haben Sie Elementnamen als Selektor benutzt, und die Eigenschaften der Formate wurden für alle Elemente dieses Typs angewendet. Das Format mit dem Selektor `p` galt für alle `p`-Elemente in allen mit der CSS-Datei verknüpften HTML-Dokumenten.

Für die Gestaltung der Layoutelemente würde diese Art von Selektoren nichts nützen. Es sind ja `div`-Elemente, und wenn wir jetzt ein Format mit dem Selektor `div` erstellten, würden die darin enthaltenen Eigenschaften auf alle `div`-Elemente angewendet – alle Layoutelemente wären also genau gleich gestaltet. Sie sollen sich ja aber mindestens in Größe und Position unterscheiden, deshalb braucht jedes Layoutelement ein eigenes Format.

Die Selektoren der drei Formate, die wir im letzten Schritt erstellt haben, erfüllen genau diesen Zweck: Sie bestehen aus einem Doppelkreuz `#` und der `id` eines Elements und gelten damit nur für das Element auf jeder Seite, das diese `id` hat.

Nun legen wir die Hintergrundfarben für die drei Layoutelemente fest. Die CSS-Eigenschaft dafür heißt `background-color`. Ihr Wert wird über einen Code aus Nummern und Buchstaben angegeben, dem ein Doppelkreuz vorangestellt wird. Das ist ein sogenannter Hexcode, und wir werden gleich erklären, warum er benutzt wird und wie Sie den richtigen Code für eine bestimmte Farbe herausfinden.

Schritt 4 | Schreiben Sie in jedes der drei Formate:

```
background-color: #366BF4;
```

Merke: Nach der Eigenschaft kommt ein Doppelpunkt, nach dem Wert ein Semikolon. Ihre CSS-Datei sollte jetzt so aussehen:

```
#kopfleiste {
   background-color: #366BF4;
}
#menu {
   background-color: #366BF4;
}
#inhalt {
   background-color: #366BF4;
}
```

Schauen wir doch mal, wie diese Hintergrundfarben im Browser aussehen.

Schritt 5 | Speichern Sie die CSS-Datei und öffnen Sie die Startseite *index.html* in Ihrem Browser, oder laden Sie die Seite neu, wenn sie bereits geöffnet ist (siehe Abbildung 5.9).

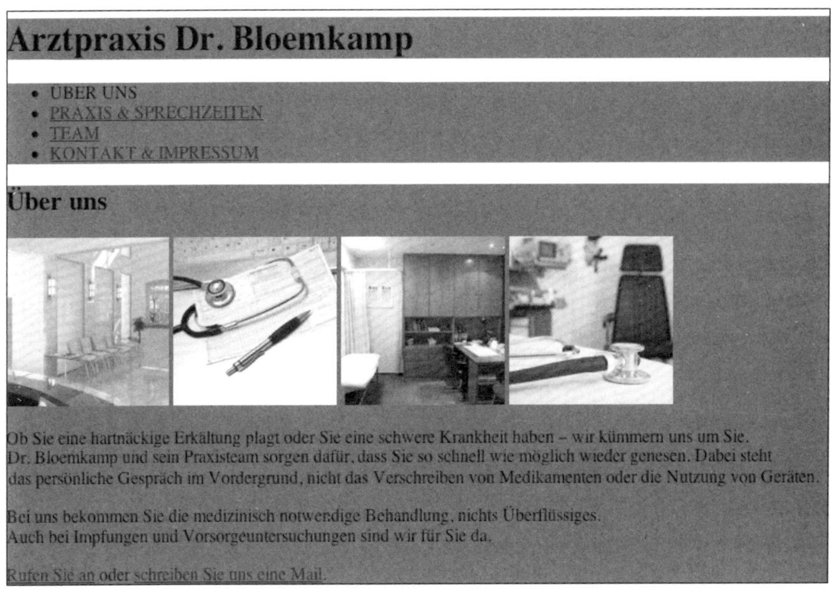

Abbildung 5.9 Um die verschiedenen sichtbaren Elemente und ihre Abmessungen eindeutig zu erkennen, haben wir ihnen zeitweise eine unübersehbare Hintergrundfarbe gegeben.

Erschrecken Sie nicht wegen des vielen Blaus. Wir ändern die Hintergrundfarben gleich in etwas Dezenteres, aber mit starken Farben erkennen Sie auf einen Blick, welchen Platz die drei `div`-Elemente auf dem Bildschirm wirklich einnehmen.

So sehen Sie jetzt, dass alle Elemente auch auf der rechten Seite fast bis ganz zum Bildschirmrand reichen – obwohl ja der Inhalt von Kopfleiste und Navigationsmenü gar nicht so viel Platz braucht.

Jetzt aber zur versprochenen Erklärung, wie aus der Angabe `#366BF4` die Farbe Blau wird: Da es Millionen von Farbtönen gibt, bei denen sich jeder nur minimal vom nächsten unterscheidet, ist es unmöglich, alle Farbtöne in Worten auszudrücken: »Grundsätzlich-blau-aber-nicht-so-blau-wie-das-andere-Blau-aber-schon-etwas-heller-als-ein-dunkleres-Blau« wäre eine nicht gerade praktikable Bezeichnung. Deshalb gibt es unterschiedliche Methoden zur Codierung von Farbtönen. Die im Webbereich am weitesten verbreitete Methode ist die Codierung mit sogenanntem *Hexadezimalcode* oder *Hexcode*.

Alternativen zu Farb-Hexcodes

CSS-Eigenschaften für Farben kennen neben dem Hexcode-System zwei weitere Arten von Werten: Namen wie `red` oder `black` und sogenannte RGB-Werte wie `rgb(255,0,0)`. Die Namen decken aber nur wenige Farbtöne ab und sind browserabhängig, sie sind also eigentlich nur für schnelle Tests sinnvoll.

RGB-Werte werden zwar von sehr alten Browsern nicht ganz so gut unterstützt wie Hexcodes, aber ansonsten spricht nichts dagegen, damit zu arbeiten.

Die sechsstellige Zeichenfolge, die im Wert für die Hintergrundfarbe nach dem Doppelkreuz # steht, ist so ein Hexcode und steht für das Blau, das Sie auf Ihrem Bildschirm sehen.

Zum Glück ist es sehr einfach, herauszufinden, welcher Code zu welcher Farbe gehört und andersherum: Im Internet finden Sie viele Websites, mit denen die Übersetzung ein Kinderspiel ist. Unser Tipp: die Seite *HTML Color Codes* unter *bnfr.de/ql506*, die Sie in Abbildung 5.10 sehen.

Im oberen Teil ❶ der Seite können Sie einige häufig benutzte Farbtöne anklicken, um deren Hexcode zu sehen ❷. Im unteren Teil können Sie eine präzisere Auswahl des Farbtons treffen ❸ und bekommen ebenfalls den Hexcode angezeigt ❹. Auch die Übersetzung in die andere Richtung ist möglich: Geben Sie einen Hexcode ein, und die Seite markiert im Farbspektrum den entsprechenden Ton.

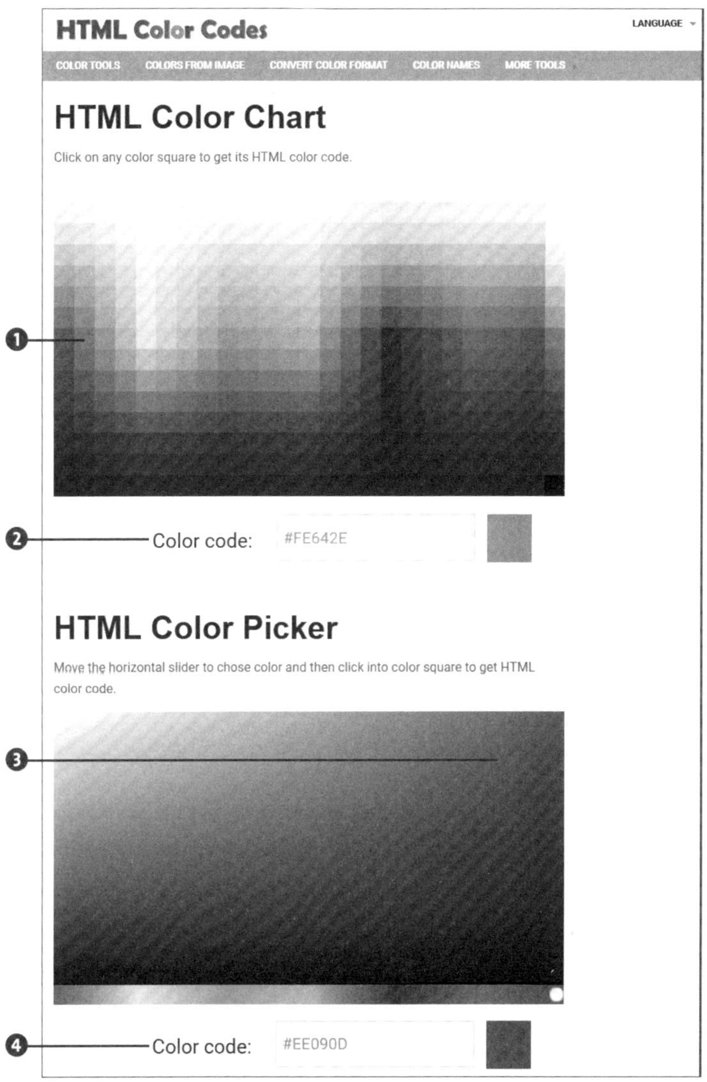

Abbildung 5.10 Dank hilfreicher Websites ist das Finden der richtigen Farbcodes einfach.

Sie sehen geringfügig andere Farben?

Ein und derselbe Farbcode kann je nach verwendetem Bildschirm und Betriebssystem leicht unterschiedlich angezeigt werden. Überprüfen Sie die Einstellungen für Helligkeit, Farbsättigung und Farbtemperatur Ihres Bildschirms. Wenn die von uns verwendeten Farben auf Ihrem System trotzdem für Ihren Geschmack zu hell oder zu dunkel ausgegeben werden, wählen Sie eine Farbe aus, die Ihnen besser gefällt.

Zurück zur Website von Dr. Bloemkamp. Die drei `div`-Elemente heben sich mit ihrem Blau deutlich von einem weißen Hintergrund ab. Da ja alle sichtbaren Bereiche im Browserfenster nur die grafische Darstellung eines HTML-Elements sind, stellt sich die Frage: Welches Element wird denn hier mit weißem Hintergrund dargestellt? Die Antwort: Es ist das `body`-Element, das Elternelement der drei `div`-Elemente. Es nimmt die gesamte Breite und Höhe des Browserfensters ein, natürlich abgesehen von Symbolleisten und Scrollbalken.

Dank des vielen Blaus wissen Sie jetzt drei Dinge:

- HTML-Elemente werden als Rechtecke dargestellt.
- Auch das `body`-Element, das bislang nur dazu da war, andere Elemente zu beinhalten, wird grafisch dargestellt.
- Das `body`-Element erstreckt sich standardmäßig über die gesamte Breite des Browserfensters, und die drei `div`-Elemente und ihr Inhalt erstrecken sich standardmäßig über die gesamte Breite des `body`-Elements.

Damit können wir jetzt etwas für Ihre Augen tun und dezentere Hintergrundfarben verwenden. Die blaue Kopfleiste lassen wir so, wie sie ist, aber die Navigationsleiste und der Inhaltsbereich bekommen einen hellgrauen Hintergrund.

Schritt 6 | Ersetzen Sie bei den Formaten mit den Selektoren `#menu` sowie `#inhalt` den Wert der Eigenschaft `background-color` wie folgt:

```
background-color: #FAF9F8;
```

Das helle Grau bietet genügend Kontrast zur schwarzen Schrift, sodass sie problemlos lesbar bleibt. Gleichzeitig empfinden manche Benutzer das Hellgrau für die Augen als weniger anstrengend als das Weiß, das die ursprüngliche Standardhintergrundfarbe für die beiden Elemente war.

Das `body`-Element ist mit seinem weißen Hintergrund aber immer noch sehr hell. Wir geben ihm ein mittleres Grau als Hintergrund, damit die Seite noch einmal ein Stück angenehmer erscheint. Dieses mittlere Grau muss aber gleichzeitig dunkel genug sein, damit sich das Navigationsmenü und der Inhaltsbereich von ihm abheben.

Schritt 7 | Schreiben Sie in die CSS-Datei ein neues Format mit dem Selektor `body`.

Da jedes HTML-Dokument nur ein `body`-Element hat, müssen wir hier keine individuellere Lösung (etwa über `id`-Attribute) finden. Wir benutzen also einfach wieder einen Selektor, der für alle entsprechenden Elemente gilt.

Schritt 8 | Geben Sie dem neuen Format die Eigenschaft für einen Hintergrund in mittelgrauer Farbe:

```
background-color: #f2f1f0;
```

Schritt 9 | Platzieren Sie das Format für das `body`-Element ganz oben in Ihrem CSS-Dokument, also noch vor den Formaten für die Elemente `kopfleiste`, `menu` und `inhalt`.

Der letzte Schritt hat keine Auswirkungen auf die Gestaltung Ihrer Seiten, aber er macht das CSS-Dokument für Sie etwas übersichtlicher: Sie wissen ja bereits, dass die anderen Elemente Kinder des `body`-Elements sind, also zu dessen Inhalt gehören. Diese Verschachtelung hat jetzt wichtige Auswirkungen auf die Gestaltung mit CSS. Denn viele CSS-Eigenschaften werden vom Elternelement an die Kindelemente vererbt.

Wenn Sie nun auf einer Seite herausfinden wollen, woher ein bestimmtes Element eine bestimmte CSS-Eigenschaft hat, und überprüfen wollen, ob die Eigenschaft vielleicht von einem Elternelement geerbt wurde, hilft Ihnen eine sinnvoll strukturierte CSS-Datei. In dem Fall bedeutet das: Die ersten Elemente in der Vererbungskette stehen oben. Deshalb haben wir das Format für das Elternelement `body` über den Formaten seiner Kindelemente platziert.

Genug der Theorie – sehen wir uns die neuen Hintergrundfarben an:

Schritt 10 | Speichern Sie die Datei *stylesheet.css*, und öffnen Sie die Startseite in Ihrem Browser (siehe Abbildung 5.11).

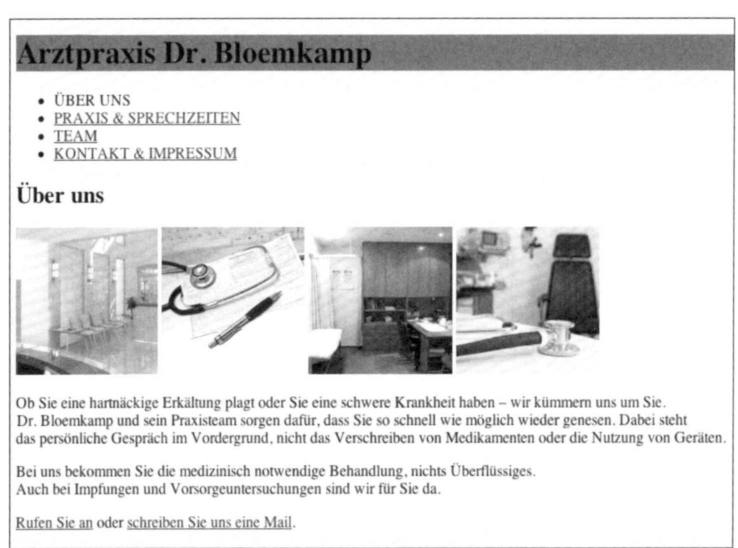

Abbildung 5.11 Wir geben den verschiedenen Seitenelementen angenehmere Hintergrundfarben.

Das sieht schon viel angenehmer aus. Das verbliebene Blau der Kopfleiste ist jetzt ein willkommener Farbakzent auf einer ansonsten zurückhaltend gestalteten Seite. Völlig weiße Flächen gibt es auch nicht mehr; der Hintergrund ist in Graustufen gehalten. Das Navigationsmenü und der Inhaltsbereich heben sich vom `body`-Element ab, und der Kontrast zwischen der Schrift und der jeweiligen Hintergrundfarbe ist hoch genug. ■

HTML und CSS zum Download

Auf der Website zum Buch finden Sie die in diesem Abschnitt erstellte Version des Beispielprojekts unter *bnfr.de/ql507* zum Download. Den Code können Sie gerne kopieren.

5.3.2 Feste oder flexible Abmessungen?

Dank der Hintergrundfarben konnten Sie mit eigenen Augen sehen, welche Größe die drei `div`-Elemente standardmäßig haben und wie sie standardmäßig positioniert werden. Der zweite Schritt zu unserem Ziel, die drei Layoutelemente so anzuordnen wie in unserem Gestaltungskonzept, ist die Festlegung ihrer Abmessungen. Denn solange sich das Navigationsmenü und der Inhaltsbereich über die gesamte Bildschirmbreite erstrecken, können wir sie schlecht nebeneinander platzieren.

Bei der Frage der Abmessungen der HTML-Elemente stoßen wir aber auf eine grundsätzliche Entscheidung, die sich bei der Gestaltung von Websites mithilfe von CSS irgendwann zwangsläufig ergibt: Sollen die Breite und die Höhe der Elemente fest vorgegeben werden, oder sollen sie flexibel sein?

Feste Abmessungen bedeuten, dass wir für die Darstellung jedes Elements genau bestimmen, wie viele Pixel es breit und wie viele Pixel es hoch ist. Flexible Abmessungen dagegen bedeuten, dass wir so weit es geht nur relative Angaben machen – ein Element soll sich am Elternelement oder am eigenen Inhalt orientieren. Beide Vorgehensweisen haben ihre Vor- und Nachteile (siehe Tabelle 5.1).

Feste Abmessungen	Flexible Abmessungen
+ Mehr Kontrolle über Details der Darstellung im Browser, auf den Pixel genau.	+ Feste Angaben nur für die nötigsten Elemente.
+ Elemente mit fester Größe (z. B. Bilder oder Videos) lassen sich leichter integrieren.	+ Nur größere Änderungen am Inhalt (Textlänge usw.) müssen Rücksicht auf das Layout nehmen.

Tabelle 5.1 Die Vor- und Nachteile fester bzw. flexibler Layoutangaben

Feste Abmessungen	Flexible Abmessungen
– Die Größe muss für viele Elemente fest angegeben werden, damit ein Layout umgesetzt werden kann.	+ Das Standard-Stylesheet des Browsers ist eher Ihr Freund, weil es Ihre Gestaltungsvorgaben oft sinnvoll ergänzt.
– Schon kleinere Änderungen am Inhalt (Textlänge usw.) müssen sich danach richten, wie viel Platz das feste Layout vorsieht.	– Sie haben weniger Kontrolle über Details der Darstellung. Elemente werden je nach Browser mal ein paar Pixel größer oder kleiner angezeigt.
– Das Standard-Stylesheet des Browsers ist eher Ihr Feind, weil es viele Angaben enthält, die Ihrem Layout widersprechen.	– Elemente mit fester Größe (z. B. Bilder oder Videos) erfordern manchmal mehr Arbeit bei der Integration.

Tabelle 5.1 Die Vor- und Nachteile fester bzw. flexibler Layoutangaben (Forts.)

Wir entscheiden uns bei der Website der Arztpraxis von Dr. Bloemkamp für möglichst flexible Angaben, um später nicht bei jeder kleinen Textänderung an das Layout denken zu müssen. Nur ein paar Werte werden wir pixelgenau angeben. Wir werden aber auch erklären, wie man Layouts mit festen Angaben grundsätzlich umsetzt, falls Sie zum Beispiel bei einer Website für einen Auftraggeber unbedingt feste Pixelangaben einhalten müssen.

5.3.3 Die Abmessungen der Layoutelemente

Die Abmessungen eines HTML-Elements werden mit zwei Werten angegeben, die Sie schon bei den `img`-Elementen kennengelernt haben: `width` für die Breite und `height` für die Höhe. Allerdings werden die Abmessungen bei Bildern mithilfe von HTML-Attributen angegeben, während sie bei allen anderen HTML-Elementen über CSS-Eigenschaften festgelegt werden.

Für ein festes Layout würden Sie die Breite und Höhe eines Elements mit einem absoluten Wert angeben, etwa `200px` für eine Breite oder Höhe von genau 200 Pixeln. Für ein flexibles Layout gibt es mehrere Optionen:

- Relative Größenangaben wie zum Beispiel `50%`. Das bezieht sich dann immer auf die Abmessungen des Elternelements. Hier wäre das Element also genau halb so breit oder hoch wie das Elternelement.

- Der Wert `inherit`, mit dem ein Element die Abmessungen seines Elternelements erbt.
- Der Wert `auto`. Er gibt an, dass der Browser je nach Art des Elements verschiedene Faktoren bei der Berechnung der Breite oder Höhe berücksichtigen soll. Wenn das Element zum Beispiel ein Bild oder Textelemente (wie `h1`, `p` oder `li`) enthält, ist die Breite oder Höhe des Bilds oder des Texts einer dieser Faktoren. Die Breite eines Elements richtet sich in diesem Fall also danach, welche Abmessungen der Inhalt des betreffenden Elements hat: Wenn etwa das `div`-Element X ein Bildelement mit 300 Pixeln Breite enthält und wir dem Element X eine CSS-Eigenschaft `width` mit dem Wert `auto` zuweisen, hat Element X, so wie das darin enthaltene Bild, eine Breite von 300 Pixeln.

CSS-Flexbox: Flexible Layouts für Fortgeschrittene

Moderne Browser beherrschen eine weitere Option für flexible Layouts: CSS-Gestaltungsanweisungen, die unter dem Namen *Flexbox* bekannt sind. Die Technik ist aber etwas komplizierter und eher etwas für Ihr zweites oder drittes Webprojekt.

Wir legen jetzt die Abmessungen aller drei `div`-Elemente fest, auch wenn die Kopfleiste bereits so positioniert ist wie in unserer Gestaltungskonzeption. Denn die aktuelle Positionierung ergibt sich derzeit aus den Standardgestaltungsvorgaben Ihres Browsers, und die könnten sich ändern.

Die Kopfleiste soll sich grundsätzlich über die gesamte Breite der Seite erstrecken. Da das `body`-Element dies bereits standardmäßig tut, können wir für das `kopfleiste-div` einfach angeben, dass es die Breite seines Elternelements erben soll – also des `body`-Elements.

Schritt 1 | Fügen Sie dem Format für das `kopfleiste-div` die Eigenschaft `width` mit dem Wert `inherit` hinzu, sodass es jetzt so aussieht:

```
#kopfleiste {
   width: inherit;
   background-color: #366BF4;
}
```

Übrigens ist für den Browser die Reihenfolge der Eigenschaft-Wert-Paare innerhalb eines Formats egal, solange keine Eigenschaft doppelt vorkommt – wir empfehlen aber, die grundlegenden Eigenschaften zuerst zu schreiben und dann die Eigenschaften für die gestalterischen Feinheiten.

Zurück zur Kopfleiste: Deren Höhe legen wir als eine der wenigen Layoutangaben mit einem absoluten Wert fest: 80 Pixel. Da die Leiste mit dem Namen der Praxis eine wichtige Information enthält, darf sie ruhig deutlich höher sein als die Schrift selbst.

Schritt 2 | Fügen Sie dem Format für die Kopfleiste die Eigenschaft `height` mit dem Wert `80px` hinzu:

```
height: 80px;
```

Damit haben wir die Abmessungen der Kopfleiste festgelegt. Als Nächstes ist das Navigationsmenü an der Reihe. Dieses bekommt `auto`-Werte für die Breite und die Höhe, sodass sich die Abmessungen des Elements nach seinem Inhalt richten – also nach der Liste mit anklickbaren Links.

Schritt 3 | Fügen Sie dem Format für das `menu-div` die Eigenschaften `width` und `height` mit dem Wert `auto` hinzu:

```
width: auto;
height: auto;
```

So müssen wir die Angaben nicht verändern, wenn wir später einen Eintrag so umbenennen wollen, dass der neue Text länger oder kürzer ist als der alte. Und wenn wir später eine neue Seite einbauen und im Menü verlinken wollen, müssen wir für das Menü keine neue Höhe angeben.

Jetzt fehlen noch die Abmessungen des Inhaltsbereichs. Auch hier wollen wir flexible Angaben verwenden. Der Bereich soll einfach die restliche Breite einnehmen, die die Navigationsleiste übrig lässt. Die Höhe des Bereichs soll sich nach seinem Inhalt richten.

Schritt 4 | Fügen Sie dem Format für das `inhalt-div` die Eigenschaften `width` und `height` mit dem Wert `auto` hinzu:

```
width: auto;
height: auto;
```

Schritt 5 | Speichern Sie die CSS-Datei ab, und öffnen Sie erneut die Startseite *index.html* in Ihrem Browser (siehe Abbildung 5.12).

Im Vergleich zum letzten Öffnen sehen Sie nur einen Unterschied: Die Kopfleiste ist jetzt höher als der darin enthaltene Text. Die Abmessungen von Navigationsleiste und Inhaltsbereich haben sich dagegen noch nicht geändert. Den beiden Elementen Eigenschaften für Breite und Höhe zu geben, war aber die Voraussetzung dafür, im nächsten Abschnitt die Positionierung festlegen zu können. ■

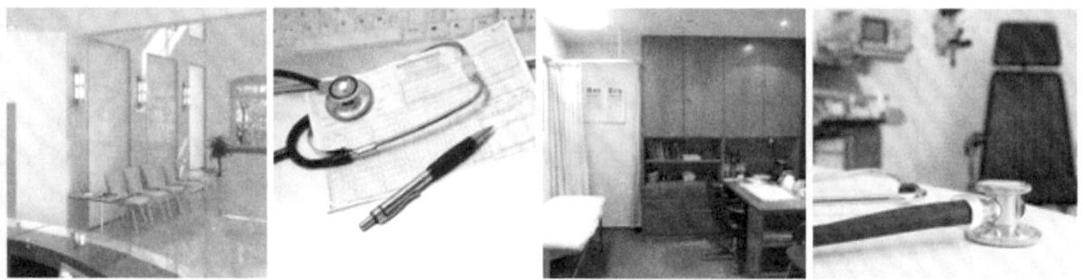

Abbildung 5.12 Wir haben die Kopfleiste höher gemacht, weil sie ein wichtiges Gestaltungselement ist.

Beispieldateien zum Download

Auf der Website zum Buch finden Sie die in diesem Abschnitt erstellte Version des Beispielprojekts unter *bnfr.de/ql508* zum Download. Die HTML- und CSS-Dateien können Sie gerne kopieren.

5.3.4 Die Position der Layoutelemente

Sie haben ja schon gesehen, dass HTML-Elemente standardmäßig vertikal untereinander dargestellt werden. Um zu verstehen, welches Prinzip dahintersteckt und wie man die Positionierung ändern kann, ist noch etwas Hintergrundwissen nötig.

Wie Sie ebenfalls bereits sehen konnten, verhalten sich nicht alle HTML-Elemente in der vertikalen Anordnung gleich: Es gibt Elemente wie `div` und `p`, die einfach innerhalb ihres

Elternelements nacheinander von oben nach unten dargestellt werden und die gesamte Breite des Elternelements einnehmen: Das nächste div oder p steht nicht neben dem vorigen, sondern darunter.

Und dann gibt es Elemente wie die img-Bildelemente, die standardmäßig nicht untereinander, sondern nebeneinander dargestellt werden. Das ist gut auf der Startseite der Arztpraxis zu sehen, auf der die vier Bilder nebeneinanderstehen, zumindest wenn sie nicht zu breit für den Bildschirm sind. Auch die a-Elemente gehören zu diesem Typ: Die Links stehen einfach innerhalb des Texts der p-Elemente, ohne eine neue Zeile zu beanspruchen.

display

Wie sich ein Element in dieser Frage verhält, bestimmt die CSS-Eigenschaft display. Wenn Sie einem Element hier den Wert block zuweisen, akzeptiert es wie div oder p innerhalb des Elternelements keine anderen Elemente neben sich – es beginnt unterhalb eines vorherigen Elements, nicht daneben.

Wenn Sie einem Element dagegen den Wert inline zuweisen, verhält es sich wie die Bilder auf unserer Startseite: Wenn das vorherige Element ebenfalls den Wert inline hat, beginnt das neue Element daneben. Sie müssen aber beachten, dass ein Element mit dem Wert inline nicht immer so individuell gestaltet werden kann wie ein Element mit dem Wert block – zum Beispiel funktioniert padding (siehe weiter unten) nach oben oder unten nicht immer.

Mit dem Wert inline-block verbinden Sie die Vorteile von inline- und block-Werten. Gegenüber anderen Elementen verhält sich ein Element mit dem Wert inline-block wie inline, sein Inhalt ist dagegen ein block-Element. Ein solches Element lässt sich neben anderen inline-Elementen platzieren und behält die volle Gestaltbarkeit eines block-Elements.

Vertikale Positionierung mit »vertical-align«

Elemente mit den Werten inline und inline-block werden standardmäßig so angeordnet, dass alle nebeneinander dargestellten Elemente am unteren Rand bündig sind. Um das zu beeinflussen, verwenden Sie die Eigenschaft vertical-align. Soll ein Element am oberen Rand bündig sein, geben Sie ihm den Wert top. Die weiteren Werte sind middle und bottom für eine Darstellung in der Mitte der Elementreihe oder am unteren Rand.

Ein manchmal ebenfalls nützlicher Wert für `display` ist `none`: Damit können Sie die Darstellung eines HTML-Elements ganz unterdrücken – es steht dann zwar im Quelltext, der Browser ignoriert es aber einfach bei der Darstellung.

Auf den ersten Blick scheint sich nun dank der Eigenschaft `display` eine Möglichkeit zu ergeben, die Navigationsleiste und den Inhaltsbereich nebeneinander zu positionieren: Man könnte beiden `div`-Elementen die Eigenschaft mit dem Wert `inline-block` geben, damit sie nebeneinander dargestellt werden und voll gestaltbar bleiben.

Wenn Sie das ausprobieren, werden Sie aber sehen, dass die Elemente zunächst weiterhin untereinander dargestellt werden. Der Grund dafür ist, dass das `div` für den Inhaltsbereich immer noch die gesamte Breite der Seite einnimmt, es also nicht neben das Navigationsmenü passt. Sie müssten dem `inhalt-div` eine Breite zuweisen, die höchstens so groß ist wie der Bereich, den das Navigationsmenü übrig lässt. Bei fest angegebenen Abmessungen der Elemente wäre das kein Problem, mit den von uns verwendeten relativen Angaben ist es aber unpraktisch. Wir können zwar zum Beispiel dem `menu-div` eine Breite von 30 % des Elternelements geben und dem `inhalt-div` eine Breite von 70 % – aber dann sind beide Elemente je nach Breite der gesamten Seite zu klein oder zu groß für ihren Inhalt.

Um zu erreichen, dass wir mit flexiblen Abmessungen arbeiten können und der Inhaltsbereich trotzdem immer genau so viel Platz einnimmt, wie das Navigationsmenü ihm lässt, müssen wir uns nach anderen Lösungen und CSS-Eigenschaften umschauen.

Mit der Eigenschaft `display` kann man also für einzelne Elemente bestimmen, wie sie im Verhältnis *zu ihrem Elternelement* positioniert werden sollen. Um festzulegen, wie ein HTML-Element im Verhältnis *zur gesamten Seite* positioniert wird, benutzt man die CSS-Eigenschaft `position`.

Deren Standardwert ist `static`. Wenn alle Elemente einer Seite diesen Wert haben, werden sie einfach nacheinander (mit `display: block`) oder nebeneinander (mit `display: inline`) dargestellt – so wie auch die Beispielseite aktuell dargestellt wird. Diese Reihenfolge der Darstellung nennt man auch den *Standard-Dokumentfluss* (siehe Abbildung 5.13).

Wenn ein Element von dieser linearen Anordnung abweichend dargestellt werden soll, gibt es mehrere Möglichkeiten.

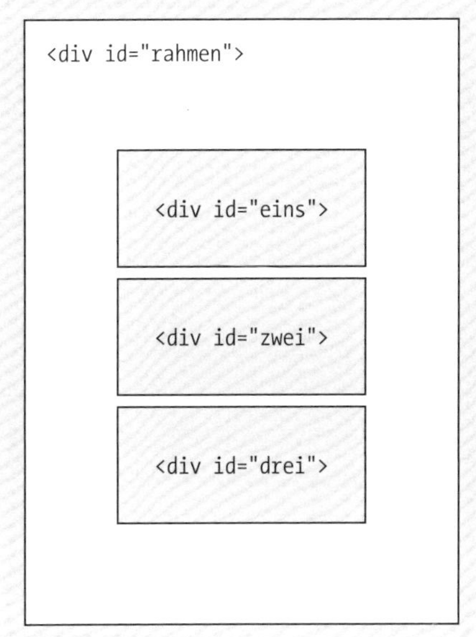

Abbildung 5.13 Der Standard-Dokumentfluss einer HTML-Seite, bei der alle Elemente mit »position: static« formatiert sind

Möglichkeit 1 – position: relative

Ein Element soll aus dem Dokumentfluss genommen werden, aber alle anderen Elemente sollen unverändert bleiben – sie sollen sich so verhalten, als wäre das Element nie anders positioniert worden. Um das zu erreichen, weist man dem Element die Eigenschaft `position` mit dem Wert `relative` zu:

```
position: relative;
```

Um dann zu bestimmen, in welche Richtungen das Element verschoben werden soll, benutzt man die CSS-Eigenschaften `top`, `bottom`, `left` und `right` für eine Verschiebung weg vom oberen, vom unteren, vom linken oder vom rechten Rand. Um also ein Element aus dem Dokumentfluss zu nehmen, ohne dass die restlichen Elemente verändert werden, und es 20 Pixel nach rechts zu verschieben, schreibt man im für das Element zuständigen Format:

```
position: relative;
left: 20px;
```

Zur Wiederholung, weil diese Syntax etwas unintuitiv ist: Mit dieser CSS-Anweisung wird das Element *vom linken Rand wegbewegt*, also *nach rechts*, und zwar um 20 Pixel (wie etwa das `div` mit der `id` `zwei` in Abbildung 5.14).

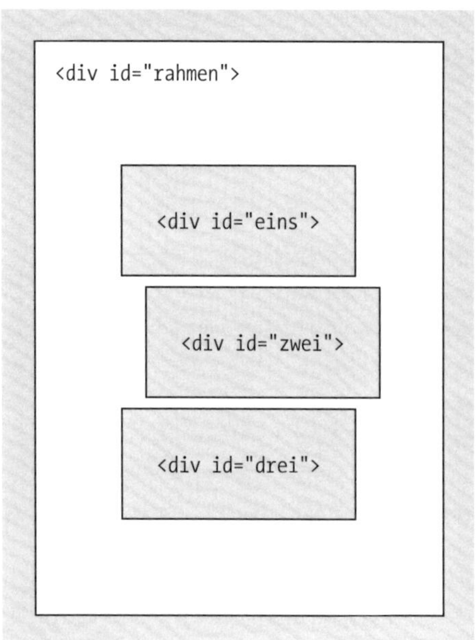

Abbildung 5.14 So verändert sich der Dokumentfluss, wenn das »div« mit der »id="zwei"« mit »position: relative« formatiert wurde.

Möglichkeit 2 – position: absolute

Ein Element soll aus dem Dokumentfluss genommen werden, aber die anderen Elemente sollen so angeordnet werden, als wäre das Element nie im Dokumentfluss gewesen – das nächste Element rückt also an seine Stelle. Dazu weist man dem Element die Eigenschaft `position` mit dem Wert `absolute` zu und gibt über die Eigenschaften `top`, `bottom`, `left` und `right` wieder die Position an:

```
position: absolute;
top: 0px;
right: 0px;
```

Die Richtungsangaben sind hier aber nicht relativ zum ursprünglichen Platz im Dokumentfluss zu sehen wie bei `position: relative`, sondern relativ zum ersten Elternelement in der Vorfahrenkette nach oben, das nicht mit `static` positioniert wurde. Wenn kein Element gesondert positioniert wurde, ist das das `body`-Element. Die Angaben sind dann also relativ zu den Rändern der gesamten Seite bzw. zum Browserfenster.

In Abbildung 5.15 zum Beispiel hat das `div` mit der `id` `rahmen` die Eigenschaft `position: relative`, und das `div` mit der `id` `zwei` hat die Eigenschaft `position: absolute`. An seine Stelle im Dokumentfluss rückt das `div` mit der `id` `drei`.

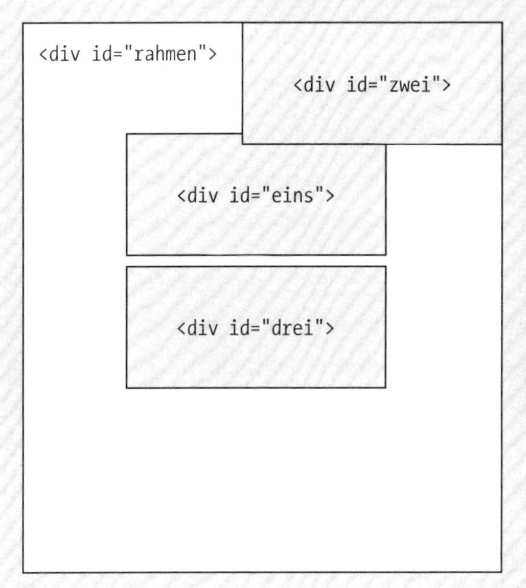

Abbildung 5.15 Der Dokumentfluss, wenn das »div« mit der »id="rahmen"« mit »position: relative« formatiert wurde und das »div« mit der »id="zwei"« mit »position: absolute«

Möglichkeit 3 – position: fixed

Ein Element soll aus dem Dokumentfluss genommen werden, und das nächste Element soll seinen Platz einnehmen. Jedoch soll sich das Element beim Scrollen der Seite nicht wie die anderen Elemente verhalten, sondern fest an der angegebenen Stelle stehen bleiben. Dazu weist man dem Element die Eigenschaft `position` mit dem Wert `fixed` zu und gibt über `top`, `bottom`, `left` und `right` die Positionierung in Relation zu den Seitenrändern an:

```
position: fixed;
top: 0px;
right: 0px;
```

Dieser Fall wird in Abbildung 5.16 dargestellt, in der das `div` mit der `id` `zwei` die Eigenschaft `position: fixed` hat. Es bleibt beim Herunterscrollen der Seite an seinem Platz auf dem Bildschirm stehen, während sich die anderen Elemente nach oben aus dem sichtbaren Seitenbereich hinausbewegen.

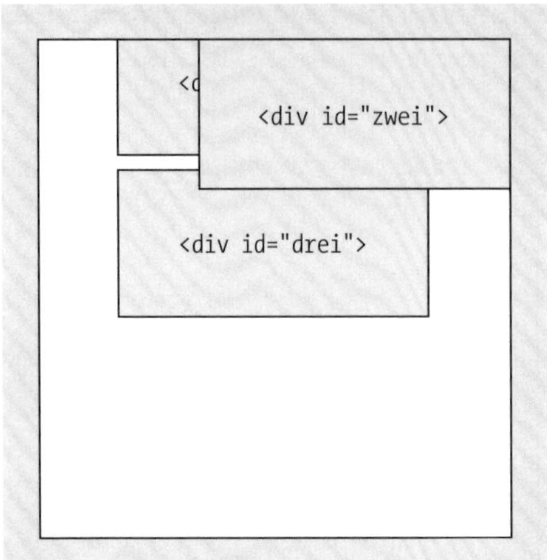

Abbildung 5.16 Jetzt wurde das »div« mit der »id="zwei"« mit »position: fixed« formatiert. Beim Scrollen behält es seine Position in Relation zum Browserfenster bei, während der Rest der Seite sich bewegt.

Jetzt sollte man eigentlich meinen, dass wir genügend Methoden zur Verfügung haben, um unser Seitenlayout umzusetzen und den Inhaltsbereich rechts vom Navigationsmenü zu positionieren. Zum Beispiel könnten wir ein neues `div`-Element erstellen, das nach der Kopfleiste kommt und unser Navigationsmenü sowie unseren Inhaltsbereich enthält. Die Breite des neuen `div` würden wir mit `auto` angeben, damit es sich einfach nach der Breite seines Inhalts richtet. Dann würden wir ihm die Eigenschaft `position` mit dem Wert `relative` geben und das Navigationsmenü und den Inhaltsbereich mit dem Wert `absolute` jeweils links oben bzw. rechts oben in den Ecken des neuen `div` positionieren.

Damit würde zwar tatsächlich das Navigationsmenü links oben und der Inhaltsbereich rechts oben platziert werden – aber der Inhaltsbereich würde sich bis ganz an den linken Rand erstrecken und damit das Navigationsmenü überdecken.

Das Problem ist hier also dasselbe wie bei dem Gedankenexperiment mit `display: inline-block`. Es funktioniert nur, wenn für die Elemente eine spezifische Breite angegeben wird, weil sie sonst die gesamte Breite des Elternelements einnehmen. Und auch hier würde eine Angabe von x % des Elternelements wieder dazu führen, dass sich die Breite von Navigationsmenü und Inhaltsbereich nicht mehr nach dem Inhalt richtet – je nach Breite der gesamten Seite würden sie zu schmal oder zu breit werden.

Für Layouts mit festen Abmessungen der Elemente ist die Eigenschaft `position` aber bestens geeignet.

float und overflow

Für unser flexibles Layout verwenden wir nun eine weitere Methode zur Positionierung, die eigentlich für andere Zwecke gedacht ist, aber mit einem kleinen Trick unsere Aufgabe optimal löst: die CSS-Eigenschaft `float`. Damit bestimmt man für ein Element zum einen, dass es aus dem Dokumentfluss genommen wird und innerhalb seines Elternelements so weit wie möglich links oder rechts platziert wird. Zum anderen sorgt man mit `float` dafür, dass der Platz des Elements im Dokumentfluss zwar von nachfolgenden Geschwisterelementen (also nur von Elementen, die Kindelemente desselben Elternelements sind) eingenommen wird – aber der Inhalt nachfolgender Geschwisterelemente um das Element herumfließt.

Sie kennen diese Art der Positionierung aus der Zeitung oder von Textverarbeitungsprogrammen: Ein Bild wird innerhalb eines Textbereichs am linken oder rechten Rand platziert, und die Wörter umfließen das Bild.

Als Wert der Eigenschaft `float` können Sie `left` oder `right` angeben, je nachdem, auf welcher Seite des Elternelements das *floatende* bzw. *schwebende* Element platziert werden soll. Für unser Layout soll das Navigationsmenü auf der linken Seite floaten bzw. schweben, und der Inhaltsbereich soll es rechts umfließen.

Schritt 1 | Fügen Sie dem Format für das `menu-div` dazu die Eigenschaft `float` mit dem Wert `left` hinzu.

```
float: left;
```

float-Verhalten beenden

Bei der Arbeit an einer anderen Website könnte es vorkommen, dass Sie nach dem gefloateten Element weitere Elemente haben, die das gefloatete Element nicht mehr umfließen sollen. Stattdessen sollen diese wieder die gesamte Breite ihres Elternelements für sich beanspruchen. Dazu geben Sie dem ersten Element, das wieder die gesamte Breite einnehmen soll, die CSS-Eigenschaft `clear` mit dem Wert `both`.

Schritt 2 | Speichern Sie die CSS-Datei, und öffnen Sie die Startseite im Browser (siehe Abbildung 5.17).

Wie zu erwarten, passiert genau das, was passieren würde, wenn Sie ein Bild in einem Textverarbeitungsprogramm links am Seitenrand platzierten: Je nach der Höhe des floatenden Elements wird der restliche Inhalt rechts davon platziert, und erst dann, wenn der untere Rand des floatenden Elements erreicht ist, beginnt der restliche Inhalt wieder am linken Rand. In unserem Fall werden die Überschrift und die Bilder rechts vom Navigationsmenü dargestellt, die Textabsätze beginnen dann wieder links. Das `inhalt-div` selbst ignoriert aber das floatende Navigationsmenü und beginnt ebenfalls ganz links am Seitenrand. Es wird nur vom Navigationsmenü überdeckt, deshalb ist das nicht so offensichtlich. Sie können als Test dem Navigationsmenü einmal eine andere Hintergrundfarbe geben als dem Inhaltsbereich, dann wird die Positionierung noch deutlicher.

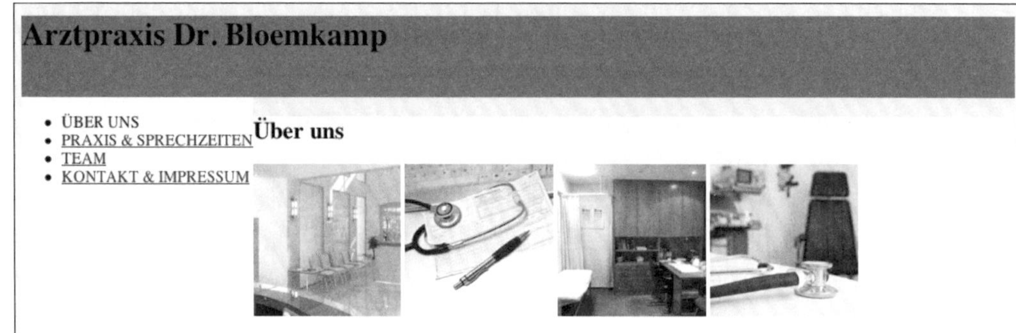

Abbildung 5.17 Damit wir weiterhin mit flexiblen Abmessungen arbeiten können, positionieren wir die Navigationsleiste mit »float: left«. Noch beginnt der Inhaltsbereich aber auch am linken Seitenrand. Das müssen wir ändern.

Weil `float` eher dafür gedacht ist, Text um Bilder herumfließen zu lassen, ist dieses Verhalten korrekt, aber für unsere Gestaltung passt es so noch nicht. Erst mit einem Trick sorgen wir dafür, dass nicht nur der Inhalt des `inhalt-div` Abstand zum Navigationsmenü hält, sondern das gesamte Element. Dabei bleibt die Breite beider Elemente völlig dynamisch, im Gegensatz zu Lösungen mit `display: inline-block` oder `position: absolute`.

Schritt 3 | Fügen Sie dem Format für das `inhalt-div` die Eigenschaft `overflow` mit dem Wert `hidden` hinzu und schreiben Sie dahinter in einen CSS-Kommentar, warum Sie die Eigenschaft hier verwendet haben:

```
overflow: hidden; /*Damit das Layout mit float funktioniert*/
```

Schritt 4 | Speichern Sie nochmals die CSS-Datei, und öffnen Sie die Startseite erneut im Browser (siehe Abbildung 5.18).

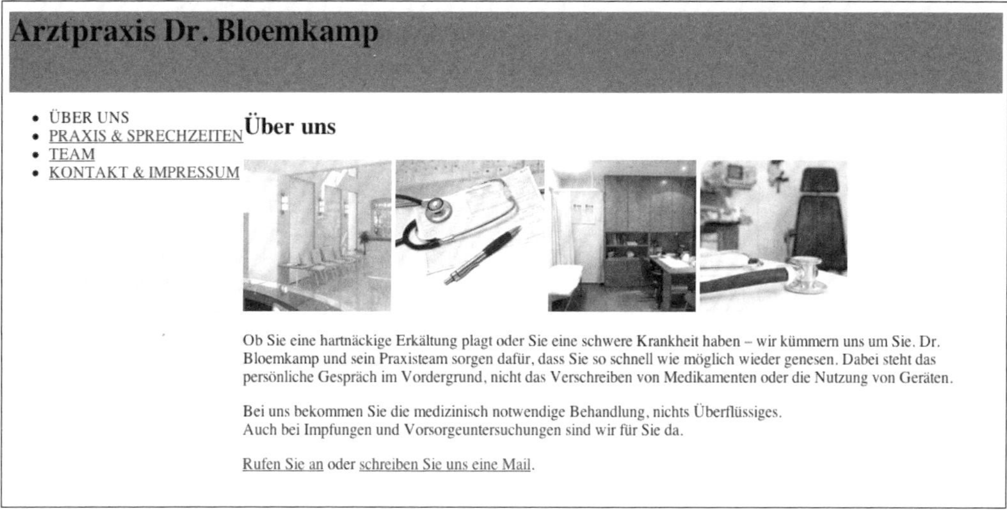

Abbildung 5.18 Der Inhaltsbereich wurde jetzt mit »overflow: hidden« formatiert, sodass der gesamte Bereich rechts vom Navigationsmenü beginnt.

Jetzt ist das Verhältnis zwischen Navigationsmenü und Inhaltsbereich endlich so, wie wir uns das grundsätzlich vorstellen: Das Menü steht links, und rechts davon sitzt der gesamte Inhaltsbereich. Der Grund für die Änderung ist, dass ein mit `overflow: hidden;` gestaltetes Element bei seiner Positionierung im Dokumentfluss ein anderes, gefloatetes Element so berücksichtigt, als sei das gefloatete Element noch Teil des Flusses.

Was macht man normalerweise mit »overflow«?

Die Berücksichtigung des floatenden Elements ist aber nur ein Nebeneffekt der Eigenschaft `overflow`. Eigentlich regelt man damit, was passiert, wenn der Inhalt eines Elements größer ist als das Element selbst. Das kann zum Beispiel passieren, wenn ein `div`-Element eine feste Breite und Höhe hat, aber so viele Textelemente enthält, dass sie (bei fester Schriftgröße) größer dargestellt werden als das Element. Mit dem Wert `hidden` wird überstehender Inhalt einfach nicht dargestellt. Mit dem Wert `visible` wird der Inhalt über die Grenzen des Elements hinaus dargestellt, und mit dem Wert `scroll` bekommt das Element einen eigenen Scrollbalken, mit dem der Inhalt innerhalb des Elements hin- und herbewegt werden kann.

Das Box-Modell

Die Layoutelemente sind jetzt im richtigen Verhältnis zueinander positioniert. Aber sie kleben zu sehr aneinander. Wir wollen lieber ein wenig Abstand zwischen ihnen haben. Um zu verstehen, wie Abstände zwischen Elementen erzeugt werden, steigen wir noch etwas tiefer in die Regeln hinter HTML ein: Es geht um das räumliche Modell, das HTML-Elementen zugrunde liegt. Es nennt sich *Box-Modell*, weil die Grundform aller HTML-Elemente aus mehreren *Kästen*, englisch *Boxes*, besteht (siehe Abbildung 5.19).

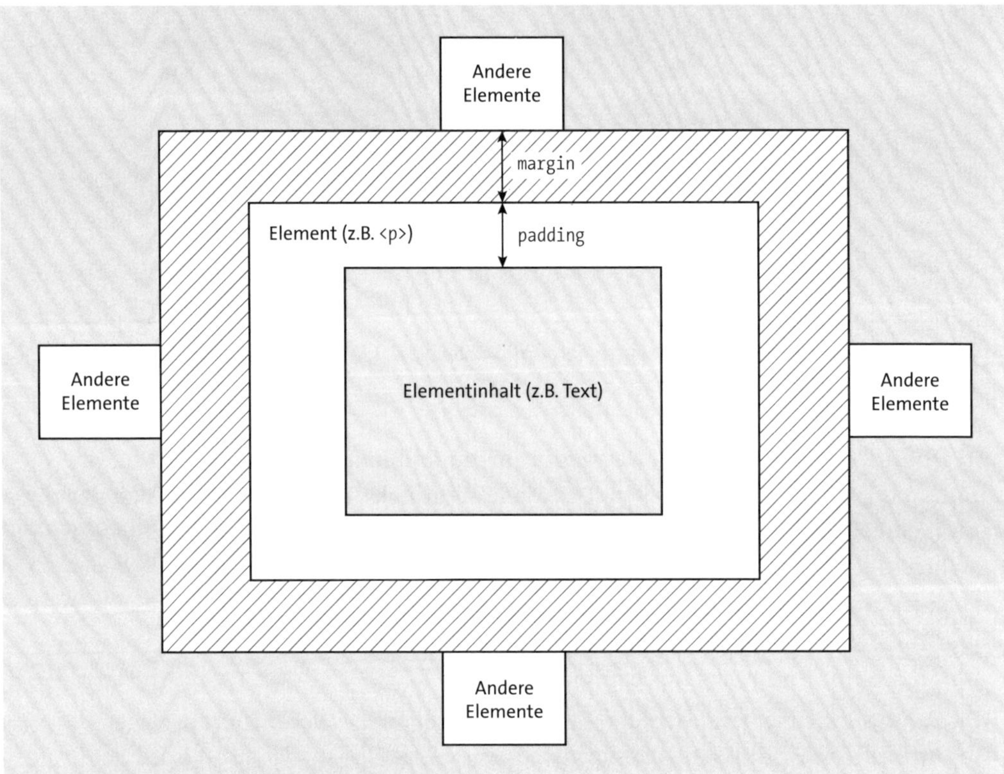

Abbildung 5.19 Das Box-Modell, das den räumlichen Aufbau aller HTML-Elemente skizziert. Elemente bestehen aus bis zu drei Rechtecken, deren Abstand zueinander über »margin« und »padding« festgelegt werden kann.

Ein Element, hier ein p-Element, besteht also räumlich gesehen aus bis zu drei Kästen oder Rechtecken: Der äußere Kasten markiert den Bereich um das Element herum (in der Abbildung schraffiert), den andere Elemente als Abstand einhalten müssen. Der mittlere Kasten markiert das eigentliche Element. Falls zwischen dem Element und seinem Inhalt (im Fall von p wären das die Buchstaben) noch mal Platz gelassen werden soll, kommt der dritte, innere Kasten zum Einsatz.

Ob zwischen diesen drei Kästen ein Abstand eingehalten werden soll und, wenn ja, wie viel Abstand, regeln die CSS-Eigenschaften `margin` und `padding`: `margin` beschreibt den Abstand zwischen dem Element und anderen Elementen (also zwischen dem äußeren und dem mittleren Kasten), `padding` beschreibt den Abstand zwischen dem Element und dem Elementinhalt (also zwischen dem mittleren und dem inneren Kasten).

Wir müssen den Elementen auf unserer Seite also nur die richtigen Werte für die Eigenschaft `margin` geben, damit zwischen ihnen ein wenig Abstand entsteht und das Layout etwas Luft bekommt. Und wenn wir schon dabei sind, bestimmen wir mit der Eigenschaft `padding` auch gleich, ob der Inhalt der Elemente zusätzlich etwas Abstand nach innen einhalten soll.

Wir beginnen mit dem `body`-Element. Dessen `margin` müssten wir eigentlich nicht beachten, weil es neben (oder über bzw. unter) dem `body`-Element ja keine anderen sichtbaren Elemente mehr geben kann, die sich an einen Abstand halten sollen. Wir wollen aber ausschließen, dass irgendwelche Browser in ihren Standard-Stylesheets trotzdem für das `body`-Element `margin` verwenden, und setzen sie deshalb vorsichtshalber explizit auf `0`.

Laut der Skizze zum Layout unserer Seite soll außen am Bildschirmrand auf jeder Seite etwas leerer Platz bleiben. Und das erreichen wir durch 8 Pixel `padding` in jede Richtung für das `body`-Element.

Es gibt drei Schreibweisen, um richtungsrelevante CSS-Eigenschaften wie `margin` und `padding` in einem Format anzugeben.

- Sie verwenden eine eigene Eigenschaft für jede Richtung:

  ```
  margin-top: 0px;
  margin-right: 0px;
  margin-bottom: 0px;
  margin-left: 0px;
  ```

- Sie verwenden nur eine einzige Eigenschaft, die aber vier Werte auf einmal bekommt:

  ```
  margin: 0px 0px 0px 0px;
  ```

  Bei dieser Schreibweise muss eine feste Reihenfolge der vier Richtungen beachtet werden, damit alle Browser sie verstehen: Zuerst erfolgt die Angabe für oben (`top`), dann für rechts (`right`), unten (`bottom`) und links (`left`). Leicht zu merken ist die Reihenfolge, wenn man die Anfangsbuchstaben der englischen Richtungen nimmt: TRBL spricht sich wie *trouble*, und *Probleme* bekommt man eben, wenn man sich nicht an diese Reihenfolge hält. Alternativ richtet man sich einfach nach dem Uhrzeigersinn und beginnt bei 12 Uhr.

- Die dritte Schreibweise können Sie nur verwenden, wenn die Werte für alle vier Richtungen gleich sind. Dann hat die Eigenschaft nur noch einen Wert:

  ```
  margin: 0px;
  ```

Die Abstände für das `body`-Element wollen wir ja in alle Richtungen gleich festlegen, also können wir die kürzeste Schreibweise nutzen.

Schritt 5 | Fügen Sie dem Format für das `body`-Element folgende Eigenschaften hinzu:

```
margin: 0px;
padding: 8px;
```

Je nach Browser ändert sich dadurch auf der Seite aber nichts oder nur wenig – einfach deshalb, weil viele Standard-Stylesheets für das `body`-Element ohnehin ein `padding` vorgeben. Lediglich die Größe des Abstands hat sich mit Ihrer Angabe vielleicht um ein paar Pixel verändert. Damit die Seiten in allen Browsern einheitlich dargestellt werden und auch in älteren Browsern der Abstand berücksichtigt wird, ist die manuelle Festlegung von `padding` für das `body`-Element trotzdem sinnvoll.

Der Abstand der Seitenelemente zum Rand des Browserfensters passt jetzt. Uns stören aber nach wie vor die nicht vorhandenen Abstände zwischen den einzelnen Elementen, und um die kümmern wir uns als Nächstes.

Zuerst ist die Kopfleiste dran. Die darauffolgenden Elemente, also das Navigationsmenü und der Inhaltsbereich, sollen etwas Abstand halten. Das erledigen wir mit `margin` nach unten. Aber auch der Inhalt der Kopfleiste selbst, die Überschrift, soll etwas Abstand zum linken Rand des Elements bekommen. Dafür brauchen wir `padding`.

Es könnte schon reichen, das mit `margin-bottom` und `padding-left` festzulegen. Aber dann kann es passieren, dass sich jeweils die Angaben für die anderen drei Richtungen nach dem Standard-Stylesheet eines Browsers richten. Deshalb geben wir alle vier Richtungen explizit an, auch wenn diese Werte `0` betragen.

Schritt 6 | Fügen Sie dem Format für das `kopfleiste-div` zwei Eigenschaften hinzu:

```
margin: 0px 0px 15px 0px;
padding: 0px 0px 0px 15px;
```

Die erste Eigenschaft gibt also an, dass der Abstand zwischen dem mittleren Kasten des Box-Modells zum äußeren Kasten nur nach unten 15 Pixel betragen soll, in die anderen Richtungen soll es keinen Abstand geben. Und die zweite Eigenschaft gibt an, dass der Abstand zwischen dem mittleren und dem inneren Kasten nur auf der linken Seite ebenfalls 15 Pixel betragen soll, auf den anderen Seiten 0 Pixel.

Das nächste Element, das wir angehen, ist das `h1`-Element, das innerhalb der Kopfleiste steht. Auch hier wollen wir `margin` und `padding` explizit angeben, damit die Darstellung in allen Browsern einheitlich ist.

Schritt 7 | Erstellen Sie in der CSS-Datei ein neues Format mit dem Selektor `h1`.

Schritt 8 | Fügen Sie dem Format diese Eigenschaften hinzu:

```
margin: 0px;
padding: 0px;
```

Als Nächstes kümmern wir uns um das Navigationsmenü. Zwischen diesem und dem rechts davon platzierten Inhaltsbereich soll ja ebenfalls ein kleiner Abstand sein. Wir geben wieder die Werte für alle vier Richtungen an, damit kein Browser seine eigene Standardgestaltung anwendet.

Schritt 9 | Ergänzen Sie beim Format für das `menu-div`:

```
margin: 0px 15px 0px 0px;
```

Damit der Inhalt des Elements, also die Liste mit den Links, nicht so eng am Rand klebt, bekommt auch das `menu-div` außerdem etwas `padding`.

Schritt 10 | Fügen Sie dem Format zusätzlich die Eigenschaft `padding` mit dem Wert `10px` hinzu, da der Abstand in alle vier Richtungen gleich sein soll:

```
padding: 10px;
```

Schließlich ist der Inhaltsbereich an der Reihe. Dessen Abstand zu den anderen Elementen stimmt mittlerweile, allerdings fehlt noch etwas `padding`, damit der darin enthaltene Text und das Bild nicht so am Rand des Elements kleben.

Schritt 11 | Definieren Sie die folgende Eigenschaft für das `inhalt-div`:

```
padding: 10px 15px 10px 15px;
```

Speichern Sie die CSS-Datei, und öffnen Sie die Startseite erneut im Browser (siehe Abbildung 5.20).

Abbildung 5.20 Dank »margin« und »padding« haben die Layoutelemente jetzt etwas Abstand zueinander, und auch ihr Inhalt klebt nicht mehr direkt am Elementrand.

Wie Sie sehen, haben die drei Hauptelemente der Seite jetzt jeweils einen Abstand zueinander, und ihre Inhalte kleben nicht mehr am Elementrand.

Mehrere linksbündige Elemente und float

Wenn Sie auf Ihrer Seite unterhalb des Navigationsmenüs weitere `<div>`-Elemente linksbündig positionieren möchten, umschließen Sie diese mit einem zusätzlichen `<div>` als Container. Statt des Navigationsmenüs bekommt dann dieser Container die Eigenschaften für `float`, `width`, `height` und `margin`. Ein Beispiel dafür finden Sie unter *bnfr.de/ql513*.

Damit haben wir ein Seitenlayout erreicht, das unserem Konzept entspricht: oben eine Kopfleiste, links ein Navigationsmenü und rechts davon ein Inhaltsbereich. Aber gerade auf breiten Bildschirmen wird es zum Problem, dass sich die Elemente über die gesamte Breite des Browserfensters erstrecken, egal wie groß der Bildschirm ist. Auf einem 24-Zoll-Monitor ist das unangenehm für Besucher, weil ihr Auge weit wandern muss, um alle Informationen aufzunehmen. Und auch die sehr langen Textzeilen sind schwer zu lesen: Das Auge verrutscht häufiger um eine Zeile.

Das Containerelement

Deshalb wollen wir bestimmen, dass die drei `div`-Elemente sich höchstens bis zu einem bestimmten Wert auf dem Bildschirm ausbreiten. Unter diesem Wert bleibt ihre Breite immer noch flexibel und passt sich dynamisch dem Inhalt an, aber eben nur bis zu einem bestimmten Maximalwert.

Um das umzusetzen, brauchen wir wegen unseres flexiblen Layouts aber ein neues HTML-Element. Denn aktuell richten sich die Breite der Kopfleiste sowie die Breite von Navigationsmenü plus Inhaltsbereich nach der Breite des Elternelements, und das ist im Moment das `body`-Element. Und das `body`-Element, von dem wir im Browser den grauen Hintergrund sehen, soll auch weiterhin über die gesamte Bildschirmbreite gehen. Wir brauchen also ein neues Element als Container für die drei Layoutelemente. Dessen einzige Aufgabe ist es, die Layoutelemente zu beinhalten und eine Maximalbreite zu haben, die dann auch für seinen Inhalt – die Kopfleiste sowie das Navigationsmenü plus Inhaltsbereich – gilt.

Schritt 12 | Fügen Sie allen vier HTML-Dokumenten ein weiteres `div`-Element hinzu, das die drei Layoutelemente als Kindelemente enthält und nun das einzige Kind des `body`-Elements ist.

Schritt 13 | Geben Sie dem neuen `div`-Element das Attribut `id` mit dem Wert `container`.

Vergessen Sie nicht das End-Tag unterhalb des letzten Kindelements, also unterhalb des `inhalt-div`!

Schritt 14 | Um in den HTML-Dokumenten jederzeit die Übersicht zu behalten, versehen Sie das neue End-Tag am besten mit einem Kommentar:

```
</div><!-- schließt #container-div -->
```

Die Breite des neuen Containerelements bestimmen wir jetzt in zwei Schritten. Zuerst legen wir fest, dass das Element grundsätzlich seine Breite vom Elternelement, also dem `body`-Element, erben soll.

Schritt 15 | Fügen Sie in Ihrer CSS-Datei ein neues Format mit dem Selektor `#container` hinzu, und geben Sie ihm folgende Eigenschaft:

```
width: inherit;
```

Denn grundsätzlich soll die Breite der Seite ja weiterhin die Breite des gesamten Bildschirms sein. Dass dies aber nur bis zu einem Maximalwert gilt, legen wir jetzt mit einer zweiten Eigenschaft fest.

Schritt 16 | Fügen Sie dem Format für das Containerelement folgende Eigenschaft hinzu:

```
max-width: 960px;
```

Mit dieser neuen CSS-Eigenschaft geben Sie an, dass der Browser für die Breite eines Elements nur so lange die Größe nehmen soll, die er aus dem Wert der Eigenschaft `width` errechnet hat, bis eine Obergrenze erreicht ist. Von da an soll der Browser das Element mit der Breite darstellen, die bei `max-width` festgelegt ist. Für die Höhe gibt es die Eigenschaft `max-height`, die dem mit `height` errechneten Wert eine Obergrenze setzt. Man kann auch eine Mindestgröße angeben, indem man die Eigenschaften `min-width` und `min-height` benutzt – unterschreitet die für `width` und `height` errechnete Größe den Mindestwert, wird stattdessen der Mindestwert genommen.

Jetzt werden die drei Layoutelemente zusammen nicht mehr breiter als 960 Pixel und füllen so auf breiten Monitoren nicht mehr das gesamte Browserfenster. Dadurch haben wir die Lesbarkeit deutlich erhöht.

Allerdings beginnt das Containerelement aktuell noch am linken Seitenrand. Besser wäre es, wenn es immer in der Mitte des Browserfensters dargestellt werden würde, dann müssen die Augen nicht so weit von der Bildmitte wegwandern. Außerdem sähe es viel harmonischer aus. Das erreichen wir, wenn wir dem Containerelement eine `margin` nach links und nach rechts geben, die sich automatisch an die Breite des `body`-Elements anpasst, also an die Breite der gesamten Seite im Browserfenster:

Schritt 17 | Fügen Sie dem Format für das neue `div` folgende Eigenschaft hinzu:

```
margin: 0 auto 0 auto;
```

Schritt 18 | Speichern Sie die CSS-Datei und alle HTML-Dokumente, und öffnen Sie die Startseite im Browser (siehe Abbildung 5.21).

Wie Sie sehen, wird der Inhalt der Seite jetzt nicht breiter als 960 Pixel, und unabhängig von der Fenstergröße ist er immer in der Mitte des Bildschirms positioniert.

Damit steht unser Layout. Indem wir für jedes der Seitenelemente die wichtigen Faktoren Abmessungen, Position und Abstände festgelegt haben, ist unser geplantes Seitenlayout vollständig umgesetzt. Die möglichst flexiblen Abmessungen, die nur einige wenige feste Angaben in Pixeln enthalten, machen die Pflege der Seiten sehr einfach: Wir können zum Beispiel die Einträge im Navigationsmenü bedenkenlos umformulieren. Auch wenn sie dadurch breiter oder schmaler werden, beginnt das Navigationsmenü immer am linken Rand des Inhaltscontainers und reicht dann so weit nach rechts, wie die Menüeinträge eben Platz benötigen. Und der Inhaltsbereich wird unabhängig von der Breite des Navigationsmenüs immer zwölf Pixel Abstand halten, um sich dann bis zum rechten Rand des Inhaltscontainers zu erstrecken.

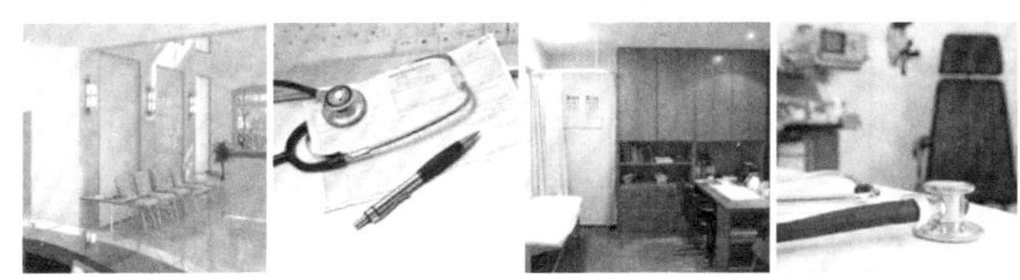

Abbildung 5.21 Damit der Inhalt auf breiten Bildschirmen nicht zu breit wird, umgeben wir ihn mit einem horizontal zentrierten »container-div«, für das wir eine maximale Breite bestimmen.

Dank des Inhaltscontainers passt sich die Breite der Seiteninhalte bis zu einer Maximalbreite von 960 Pixeln dynamisch der Bildschirmbreite an. Breiter wird der Inhalt nicht, damit besonders die Textzeilen auf großen Monitoren nicht zu lang werden.

Und wenn Sie für eine andere Website die Abmessungen lieber fest bestimmen wollen, wissen Sie jetzt, wie Sie das mithilfe von `(max-)width` und `(min-)width` bzw. `(max-)height` und `(min-)height` sowie mit den Positionierungsmöglichkeiten `position: relative`, `position: absolute` und `position: fixed` grundsätzlich umsetzen können.

Mit dem Layout der drei Seitenelemente können wir jetzt zwar zufrieden sein, die Gestaltung der Seiten ist damit aber noch nicht abgeschlossen. Denn innerhalb der Elemente gibt es noch viel zu verbessern. ■

HTML und CSS zum Download

Die in diesem Abschnitt erstellte Version der Arzt-Site finden Sie unter *bnfr.de/ql509* auf der Website zum Buch. Die HTML- und CSS-Dateien können Sie gerne kopieren.

5.3.5 Die Gestaltung verfeinern

Beim Betrachten der Seiten fällt einiges ins Auge, was noch schöner sein könnte – etwa der Text oder die Abstände zwischen den einzelnen Elementen.

Der Text

Bislang wird der Text mit der Standardschriftart des Browsers dargestellt. Damit alle Browser dieselbe Schrift verwenden und dieses zentrale Gestaltungselement für alle Nutzer gleich aussieht, definieren wir selbst eine Schriftart.

Diese soll für alle Elemente gelten, also legen wir sie im Format für das `body`-Element fest. `font-family` ist nämlich eine der CSS-Eigenschaften, deren Wert standardmäßig an alle Kindelemente vererbt wird, und in den Browser-Stylesheets finden sich keine präzisen Formate für einzelne Elemente wie `p` oder `h1`, in denen die Schriftart individuell festgelegt wäre.

Schritt 1 | Fügen Sie dem Format für das `body`-Element die Eigenschaft `font-family` hinzu:

```
font-family: "Helvetica Neue", "Helvetica", "Arial", "sans serif";
```

Als Wert enthält diese neue CSS-Eigenschaft eine Reihe von Namen, die durch Kommas getrennt sein müssen. Wenn ein Schriftname aus mehr als einem Wort besteht, muss er von geraden Anführungszeichen oben umgeben sein. Der Browser wird die erste der angegebenen Schriftarten zur Darstellung benutzen, wenn sie auf dem Computer des Nutzers installiert ist. Ist sie nicht installiert, versucht der Browser es mit der nächsten Schriftart usw. Kann er keine der drei Schriftarten darstellen, bestimmt der vierte Name eine Familie von Schriftarten, aus denen der Browser eine wählen kann. Die Familie `sans serif` beinhaltet Schriftarten, die keine Serifen haben – das sind die kleinen waagerechten und senkrechten Striche an den Buchstaben, die gut an den Buchstaben F oder S bei entsprechender Schriftart zu erkennen sind, wie zum Beispiel in der Times New Roman.

Schritt 2 | Speichern Sie die CSS-Datei, und öffnen Sie die Startseite erneut im Browser (siehe Abbildung 5.22).

Individuelle Schriftarten verwenden

Mit `font-family` können Sie nur Schriftarten verwenden, die auf dem Gerät des Besuchers installiert sind. Um eigene Schriftarten auf der Website zu nutzen, müssen Sie diese auf einem Webserver bereithalten und in der CSS-Datei mit dem `@font-face`-Befehl einbinden. Mehr dazu erfahren Sie in Kapitel 13, »Starke Werkzeuge – so nutzen Sie Ihr neues Wissen für noch bessere Websites«.

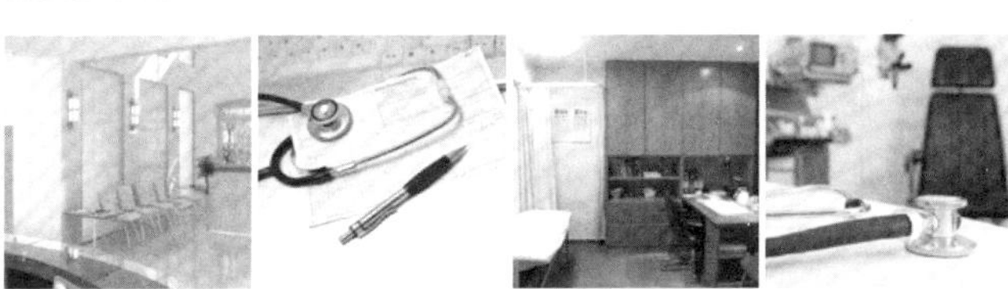

Abbildung 5.22 Mit einer serifenlosen Schrift wirkt die Seite gleich ganz anders.

Um die Darstellung der Texte auf den Seiten weiter zu verfeinern, passen wir die Schriftgröße, die Positionierung und den Zeilenabstand der verschiedenen Textelemente an.

Als Erstes wollen wir für die Überschrift in der Kopfleiste eine Schriftgröße bestimmen. Mittlerweile kennen Sie drei Methoden mit jeweils unterschiedlichen Arten von Selektoren, mit denen wir das `h1`-Element gestalten könnten. Die ersten beiden Methoden sind mit jeder CSS-Eigenschaft möglich:

- Wir legen `font-size` für alle `h1`-Elemente auf der Seite fest:

  ```
  h1 {font-size: 36px;}
  ```

- Wir legen `font-size` für ein ganz bestimmtes Element fest:

  ```
  #ein_element {font-size: 36px;}
  ```

Die dritte Methode ist nur bei CSS-Eigenschaften möglich, die an Kindelemente vererbt werden – was bei `font-size`, genauso wie beispielsweise bei `font-family`, der Fall ist:

- Wir legen `font-size` für das Elternelement `#kopfleiste` (oder für ein anderes Element in der Vererbungskette nach oben) fest, von wo aus der Wert an das Kindelement `h1` vererbt werden würde:

  ```
  #kopfleiste {font-size: 36px;}
  ```

Methode 2, das Format für ein mit dem `id`-Attribut versehenes Element, wäre zwar grundsätzlich sinnvoll, aber dann müssten wir noch mal auf jeder Seite das HTML ändern, denn bis jetzt hat das `h1`-Element gar kein `id`-Attribut.

Und die Methoden 1 und 3 würden zwar mit der aktuellen Struktur unserer HTML-Seiten funktionieren, aber wenn wir die Struktur später verändern würden, könnte es zu Problemen kommen: Bei Methode 1 würde die Schriftgröße für alle `h1`-Elemente auf einer Seite gelten. Aktuell haben wir nur eine solche Überschrift, aber was ist, wenn wir später das Konzept ändern wollen und mehrere `h1`-Elemente auf der Seite haben? Dann werden die auch alle so gestaltet wie die Überschrift in der Kopfleiste, und vielleicht wollen wir das dann gar nicht.

Ähnlich verhält es sich bei Methode 3: Die Vererbung vom Elternelement gilt für alle Kindelemente. Aktuell hat das `kopfleiste-div` zwar nur ein Kindelement, also die Überschrift, aber vielleicht wollen wir auch das irgendwann mal ändern. Hinzu kommt bei Methode 3, dass Gestaltung durch Vererbung nicht sehr präzise ist: Wenn ein Browser-Stylesheet ein Format mit dem präziseren Selektor `h1` hat, dann gilt dessen Gestaltung mehr als das, was wir durch Vererbung bestimmen wollten.

In solchen Fällen empfiehlt sich bei der Gestaltung mit CSS, die Selektoren so präzise wie möglich zu wählen – indem man den Elementtyp explizit angibt und gleichzeitig den Geltungsbereich auf der Seite einschränkt. Das geht mit einer vierten Methode, die die Selektoren der ersten beiden Methoden zu einem neuen Selektor kombiniert:

```
#kopfleiste h1 {font-size: 36px}
```

Ein solches Format gilt für alle `h1`-Elemente, die innerhalb des Elements mit der `id` `kopfleiste` stehen. Sie müssen keine direkten Kinder sein, sie müssen nur irgendwo innerhalb des mit der `id` spezifizierten Elements vorkommen. Wenn wir die Schriftgröße für unsere Überschrift so angeben, schlagen wir zwei Fliegen mit einer Klappe: Kein Browser-Stylesheet kann sie überschreiben, und keine anderen `h1`-Elemente auf der Seite sind betroffen, solange sie sich außerhalb des `kopfleiste-div` befinden.

Wir hatten in der CSS-Datei ja schon ein Format für `h1`-Elemente angelegt, als es noch um die Abstände mit `margin` und `padding` ging. Das wandeln wir jetzt in ein Format mit präziserem Selektor um und fügen ihm die Angabe der Schriftgröße hinzu.

Schritt 3 | Ändern Sie den Selektor des bereits erstellten Formats für die Überschrift von `h1` in `#kopfleiste h1`, und geben Sie ihm eine dritte Eigenschaft:

```
font-size: 36px;
```

Damit ist die Schriftgröße der Überschrift nicht mehr von den Standardeinstellungen des Browsers abhängig. Als Nächstes wollen wir die Position der Überschrift ändern, denn sie klebt aktuell am oberen Rand der Kopfleiste. Schöner ist es, wenn der Text mittig steht.

Schritt 4 | Dazu fügen Sie dem Format für die Überschrift die Eigenschaft `line-height` mit dem Wert 80 Pixel hinzu:

```
line-height: 80px;
```

Diese CSS-Eigenschaft ist neu. Mit ihr regelt man bei Textelementen den Abstand zur vorigen und zur nächsten Textzeile. Dabei ist der Abstand nach oben und nach unten immer gleich hoch. Wenn Text – wie unsere Überschrift – nur eine Zeile einnimmt, gilt der Abstand zu den oberen und unteren Rändern des Elternelements. Das kann man sich zunutze machen, um einzeilige Textelemente vertikal mittig zum Elternelement zu positionieren: Dazu braucht nur der Wert für den Zeilenabstand genau der Höhe des Elternelements zu entsprechen. Wenn man wie in unserem Fall die Höhe des Elternelements bereits in Pixeln angegeben hat, ist das also ganz einfach.

Wir haben jetzt einem Textelement (`h1`), dessen Inhalt auf unseren Seiten in eine Zeile passt, mit 80 Pixeln einen Zeilenabstand gegeben, der genau der Höhe des Elternelements (`#kopfleiste`) entspricht. Deshalb ist die Überschrift nun vertikal mittig in der Kopfleiste positioniert und nicht mehr am oberen Rand, was uns viel besser gefällt.

Weiter geht es mit dem Text des Navigationsmenüs. Er besteht hier ja aus `li`-Elementen. Wir benutzen wieder einen präzisen, einschränkenden Selektor, damit kein Browser-Stylesheet unsere Angaben überschreibt und wir in Zukunft in anderen Bereichen der Seite `li`-Elemente einfügen können, die nicht genauso gestaltet sind wie die Elemente im Navigationsmenü.

Schritt 5 | Ergänzen Sie die CSS-Datei um ein neues Format für `li`-Elemente, die sich im `menu-div` befinden:

```
#menu li {}
```

Schritt 6 | Geben Sie dem neuen Format folgende Eigenschaft:

```
font-size: 16px;
```

Damit hätten wir die Schriftgröße der Einträge im Navigationsmenü selbst bestimmt. Der Abstand zwischen den einzelnen Einträgen gefällt uns noch nicht, aber da diese ja kein Element mit mehreren Textzeilen sind, sondern separate `li`-Elemente mit jeweils einer Textzeile, ist `line-height` hier nicht zielführend. Wir werden uns später um den Abstand zwischen den Links kümmern.

Stattdessen geht es jetzt mit dem Inhaltsbereich weiter. Hier wollen wir Schriftgröße und Zeilenabstand des darin enthaltenen Texts bestimmen. Wir müssen aber beachten, dass es zwei unterschiedliche Textelemente gibt, die auch unterschiedlich gestaltet werden sollten – die Textabsätze `p` sowie die Überschrift `h2`.

Damit wir die Elemente wie die Überschrift in der Kopfleiste und die Listeneinträge in der Navigationsleiste präzise ansprechen, wählen wir entsprechende Selektoren.

Schritt 7 | Erstellen Sie ein neues Format in Ihrer CSS-Datei mit dem Selektor `#inhalt h2` und den folgenden Eigenschaften:

```
font-size: 16px;
line-height: 1.4;
```

Der Zeilenabstand kann also auch mit einer einfachen Zahl statt eines Pixelwerts angegeben werden. Der Browser multipliziert in dem Fall die Zahl mit der Schriftgröße des Elements, um den Zeilenabstand zu errechnen. Dieser beträgt hier also 16 × 1,4 Pixel. Beachten Sie aber, dass (wie überall in CSS) als Dezimaltrennzeichen der angelsächsische Punkt statt eines deutschen Kommas verwendet wird.

Schritt 8 | Erstellen Sie ein weiteres neues Format mit dem Selektor `#inhalt p` und den folgenden Eigenschaften:

```
font-size: 15px;
line-height: 1.3;
```

Schauen wir uns an, was unsere Änderungen an der Gestaltung der Textelemente bewirkt haben.

Schritt 9 | Speichern Sie die CSS-Datei, und öffnen Sie die Startseite im Browser (siehe Abbildung 5.23).

Je nach Standard-Stylesheet Ihres Browsers führt nicht jede angegebene Eigenschaft auch zu einer anderen Darstellung. In Firefox zumindest ist die Überschrift im Inhaltsbereich etwas größer geworden. Und der Text im Inhaltsbereich hat einen größeren Zeilenabstand; so finden wir das Lesen angenehmer.

Was den Textelementen auf unseren Seiten jetzt noch fehlt, ist Feintuning an der Schriftfarbe. Als Erstes wollen wir die Schrift im Inhaltsbereich und im Navigationsmenü ändern. Sie wird bislang vom Browser ganz schwarz angezeigt, aber so viel Kontrast muss nicht sein. Wir wählen lieber ein dunkles Grau.

Da dieses Farbdesign, also dunkelgrauer Text auf hellgrauem Grund, der Standard für unsere Seiten sein soll und da die dafür verantwortliche Eigenschaft auch standardmäßig vererbt wird, können wir sie in das Format für das `body`-Element schreiben. Elemente, die davon abweichen, also die Kopfleiste, bekommen dann ihre eigenen Anweisungen.

Abbildung 5.23 In Firefox ist die Überschrift jetzt etwas größer, der Zeilenabstand im Inhaltsbereich ebenfalls. So sind die langen Zeilen etwas angenehmer zu lesen.

Schritt 10 | Definieren Sie die Textfarbe für das `body`-Element, und zwar mit der neuen CSS-Eigenschaft `color`:

```
color: #555555;
```

Der Wert dieser Eigenschaft besteht aus einem Doppelkreuz und dem Hexcode für den Farbton. Das kennen Sie schon von der Hintergrundfarbe.

Jetzt geht es weiter zur Kopfleiste. Diese unterscheidet sich wie gesagt vom Standard-Farbdesign unserer Layoutelemente. Ihr blauer Hintergrund bietet weniger Kontrast zur dunklen Schriftfarbe. Deshalb wählen wir für die Kopfleiste eine helle Schriftfarbe, damit die Überschrift besser lesbar ist.

Schritt 11 | Fügen Sie dem Format, das für das `h1`-Element in der Kopfleiste gilt, die Eigenschaft `color` hinzu:

```
color: #FAF9F8;
```

Als Wert wählen wir dasselbe Hellgrau, das das Navigationsmenü und der Inhaltsbereich als Hintergrund haben. Tendenziell sieht es immer professioneller aus, wenn auf einer Seite möglichst wenig unterschiedliche Farbtöne benutzt werden. Sie können je nach Geschmack natürlich dennoch auch einen helleren oder dunkleren Ton wählen.

Schritt 12 | Speichern Sie die CSS-Datei ab, und öffnen Sie die Startseite im Browser (siehe Abbildung 5.24).

Damit haben wir die Textelemente der Seiten grundsätzlich formatiert. Zwei Details wollen wir aber noch ändern, mit denen Sie weitere wichtige Formatierungsmöglichkeiten für Schrift auf Webseiten lernen: das Hervorheben einzelner Textelemente und das Ausrichten von Text innerhalb einer Zeile.

Abbildung 5.24 Die neuen Schriftfarben bieten genügend Kontrast zum Hintergrund und vermeiden totales Schwarz, das manche Benutzer genauso wie reines Weiß als zu hart empfinden.

Auf der Startseite kommt im Inhaltsbereich auch der Name der Praxis bzw. des Arztes vor, »Dr. Bloemkamp«. Den würden wir gern hervorheben, denn Besucher sollen auch an dieser Stelle schnell erkennen können, auf wessen Website sie gelandet sind.

Im Quelltext ist der Name allerdings nur ein Teil des Inhalts eines p-Elements. Wenn wir jetzt das gesamte p-Element anders gestalten würden, wäre der Name nicht hervorgehoben.

Es gibt mit HTML und CSS mehrere Möglichkeiten, nur einen Teil eines Textelements zu gestalten. Dazu müssen wir den gewünschten Textbereich erst einmal in ein eigenes Element packen. HTML5 sieht dafür mehrere Elemente vor:

- em markiert Text, den man »betonen« will.
- strong markiert Text, den man für »wichtig« erachtet – tendenziell für noch wichtiger als den »betonten« Text.
- span verwendet man, wenn mit der besonderen Gestaltung keine Aussage in Relation zum restlichen Text verbunden ist.

Außerdem gibt es noch zwei ältere HTML-Elemente, die in diesem Zusammenhang häufig benutzt werden. Sie waren mit HTML5 eigentlich veraltet, aber die WHATWG führt sie in ihrem aktuellen Standard wieder auf:

- i markiert Text, der »mit einer anderen Stimme oder Stimmung« gelesen werden soll. Dieser wird für gewöhnlich in Schrägschrift dargestellt.
- b markiert Text, »auf den die Aufmerksamkeit gelenkt werden soll«, er wird üblicherweise in Fettschrift dargestellt.

Welche dieser vielen nicht klar voneinander getrennten Optionen ist die beste? Wir empfehlen die Elemente em und strong, weil diese zumindest nach HTML5 am ehesten eine strukturierende (oder auch *semantische*) Aussage haben und deshalb am besten dazu geeignet sind, Struktur und Gestaltung einer Seite zu trennen. Falls Ihnen i und b besser gefallen, spricht aber in der Praxis auch nichts dagegen. In jedem Fall sollten Sie die Gestaltung der Elemente in Ihrer CSS-Datei festlegen, damit Sie nicht vom Browserstandard abhängig sind.

Das span-Element

Für die Gestaltung von einzelnen Textabschnitten ist das span-Element nur dann empfehlenswert, wenn Sie keine inhaltliche Aussage in Relation zum restlichen Text treffen wollen. Aber für Zwecke, die mit der Gestaltung nichts zu tun haben, ist das span-Element erste Wahl: Wenn Sie etwa einem Textabschnitt eine eigene id geben wollen, umgeben Sie ihn mit dem span-Element, das das entsprechende Attribut bekommt.

Schritt 13 | Umgeben Sie also den gewünschten Teil des Texts im Inhaltsbereich der Startseite *index.html* mit einem strong-Element:

```
<p>Ob Sie eine hartnäckige Erkältung plagt oder Sie eine schwere Krankheit
haben - wir kümmern uns um Sie. <strong>Dr. Bloemkamp</strong> und sein Praxis-
team sorgen dafür, dass Sie so schnell wie möglich wieder genesen. Dabei steht
das persönliche Gespräch im Vordergrund, nicht das Verschreiben von Medikamen-
ten oder die Nutzung von Geräten.</p>
```

Um sicherzustellen, dass der Name auch von Browsern in Fettschrift dargestellt wird, deren Standardformat für strong-Elemente etwas anderes bestimmt, fügen wir unserem Stylesheet entsprechende Anweisungen hinzu.

Schritt 14 | Erweitern Sie die CSS-Datei um ein Format mit dem Selektor strong, und geben Sie ihm folgende neue CSS-Eigenschaft:

```
font-weight: bold;
```

Mit der Eigenschaft font-weight bestimmen Sie also die Dicke von Text. Der Wert bold steht für Fettschrift, und mit dem Wert normal definieren Sie normale Dicke. Moderne Browser verstehen auch Zahlenangaben von 100 bis 900 als Wert, wobei laut Standard 400 wie normal und 700 wie bold dargestellt werden soll.

Als zweite Detailänderung am Text wollen wir noch die h2-Überschrift im Inhaltsbereich jeder Seite horizontal mittig positionieren, damit nicht alle Inhalte am linken Rand hängen und die Gestaltung so etwas aufgelockert wird.

Für die horizontale Ausrichtung von Textelementen relativ zum Elternelement ist die CSS-Eigenschaft text-align verantwortlich. Sie kann die Werte left und right für eine links- bzw. rechtsbündige Ausrichtung erhalten, den Wert center für eine zentrierte Ausrichtung und justify für Blocksatz. Außerdem gibt es natürlich den CSS-Standardwert inherit, mit dem die Formatierung des Elternelements übernommen wird.

Schritt 15 | Fügen Sie in der CSS-Datei dem Format mit dem Selektor #inhalt h2 eine weitere Eigenschaft hinzu:

```
text-align: center;
```

inline-Elemente vertikal ausrichten

Text und andere inline-Elemente lassen sich auch vertikal ausrichten, aber nur relativ zueinander. Die dafür verantwortliche CSS-Eigenschaft ist vertical-align. Die wichtigsten Werte sind top, middle und bottom, die ein solches Element jeweils an der oberen Kante, mittig oder an der unteren Kante des vorigen inline-Elements positionieren. Die vertikale Ausrichtung an einem block-Element wie div funktioniert damit aber nicht. Deshalb haben wir die Überschrift auch mit line-height ausgerichtet, was jedoch nur bei einzeiligem Text funktioniert.

Bei mehrzeiligem Text müssen Sie für eine vertikale Ausrichtung am Elternelement mit position und/oder padding arbeiten, wobei die Werte sich dann nach der Höhe des Elternelements und der Höhe des mehrzeiligen Texts richten.

Wenn Ihre restliche HTML-Struktur nicht dagegenspricht, können Sie auch mehrzeiligen Text in `block`-Elementen wie `div` vertikal mittig ausrichten: Umgeben Sie die `block`-Elemente mit einem zusätzlichen `div`, das mit `display: table` formatiert wird, und formatieren Sie die `block`-Elemente mit `display: table-cell` und `vertical-align: middle`.

Schritt 16 | Speichern Sie die CSS-Datei, und öffnen Sie die Startseite erneut im Browser (siehe Abbildung 5.25).

Abbildung 5.25 Dank des »strong«-Elements haben wir zwei Wörter anders formatiert als den Rest des Texts, und die Überschrift im Inhaltsbereich ist jetzt zentriert.

Im Inhaltsbereich sehen Sie nun den in Fettschrift dargestellten Namen des Arztes sowie die horizontal zentrierte Überschrift. ■

Beispielprojekt zum Download

Auf der Website zum Buch finden Sie unter *bnfr.de/ql510* diese Version der Beispielsite. Den Code können Sie gerne kopieren.

Die Links

Auf unseren Seiten enthalten alle Links Text, und auch dessen Gestaltung wollen wir individualisieren. Weil bei der Gestaltung von Links aber einiges zu beachten ist, widmen wir ihnen einen eigenen Abschnitt.

Auf allen unseren Seiten sind Linkelemente im Navigationsmenü zu sehen, auf der Startseite und der Kontaktseite auch im Inhaltsbereich. In den meisten Browsern wird der Text in blauer Schriftfarbe und unterstrichen dargestellt, was uns so nicht gefällt. Auf allen Seiten außer der Startseite ist außerdem auch die Überschrift in der Kopfleiste ein Link. Hier stört uns die standardmäßige Gestaltung noch mehr: Die Kopfleiste soll auch die visuelle Identität der Praxis transportieren, und die soll sich nicht dermaßen stark ändern, nur weil die Überschrift anklickbar ist.

Fangen wir mit der Farbe des Linktexts an. Das Blau hat einen etwas anderen Farbton als der Hintergrund unserer Kopfleiste, wir hätten also zumindest denselben Farbton verwendet. Aber wir möchten für die Website von Dr. Bloemkamp lieber, dass die Links keine eigene Schriftfarbe haben. Zwar erkennen viele Nutzer blau unterstrichenen Text sofort als Link, was die Benutzbarkeit der Seite erhöht. Aber wir denken, dass unsere Navigationsleiste auch ohne farbige Links schnell als klickbar erkannt wird, und für die Links im Inhaltsbereich reicht die Unterstreichung aus. Also ändern wir erst einmal die Gestaltung für alle Links:

Schritt 1 | Erweitern Sie Ihr CSS-Dokument um ein Format mit dem Selektor `a`.

Schritt 2 | Fügen Sie diesem Format folgende Eigenschaften und Werte hinzu:

```
color: inherit;
font-family: inherit;
text-decoration: none;
```

Die Eigenschaften `color` und `font-family` kennen Sie bereits. Der Wert `inherit` sorgt dafür, dass diese Eigenschaften einfach vom Elternelement geerbt werden, sodass kein Browser die Links hier separat gestaltet, sondern so wie den restlichen Text ihrer Elternelemente.

Die Eigenschaft `text-decoration` ist dagegen neu. Standardmäßig lautet ihr Wert für Hyperlinks `underline`, was die Unterstreichung erzeugt. Indem wir in unserer CSS-Datei den Wert `none` angeben, überschreiben wir die Voreinstellung und sorgen dafür, dass der Linktext ganz normal dargestellt wird. Weitere Werte für `text-decoration` sind übrigens `line-through` für durchgestrichenen Text und `overline` für einen Strich über dem Text.

Allerdings haben wir mit diesem Format und dem Selektor a nur den Normalzustand der Links auf unseren Seiten geändert. Links können aber mehrere Zustände haben:

- **Standard**
- **Besucht** – Das Linkziel wurde schon einmal vom Benutzer aufgerufen.
- **Berührt** – Der Mauszeiger befindet sich in diesem Moment über dem Link.
- **Aktiviert** – Der Link wurde in diesem Moment angeklickt.

So ändern beispielsweise die meisten Browser die Schriftfarbe von Blau zu Lila, wenn ein Link bereits besucht wurde.

Das im letzten Schritt erstellte Format mit dem Selektor a deckt nur den ersten Zustand (Standard) ab. Für die anderen Zustände müssen wir weitere Formate anlegen, wenn wir verhindern wollen, dass das Standard-Stylesheet des Browsers greift.

Schritt 3 | Ergänzen Sie das CSS-Dokument um neue Formate mit den Selektoren `a:link`, `a:visited`, `a:hover` und `a:active`.

Schritt 4 | Geben Sie diesen vier Formaten dieselben Eigenschaften wie dem Format mit dem Selektor a.

Schritt 5 | Speichern Sie die CSS-Datei, und öffnen Sie die Startseite erneut im Browser (siehe Abbildung 5.26).

Abbildung 5.26 So sind die Links überhaupt nicht mehr vom restlichen Text zu unterscheiden.

Die Links unterscheiden sich jetzt nicht mehr von den anderen Textelementen – auch dann nicht, wenn ein Browser für einen der drei anderen Zustände eine abweichende Gestaltung bestimmt.

An zwei Stellen hätten wir aber schon gerne eine Hervorhebung der Links, nur eben selbst gestaltet. Zum einen wollen wir die Links im Inhaltsbereich unterstreichen. Denn während der Nutzer sich auch ohne Hervorhebung denken kann, dass die Einträge des Seitenmenüs Links zu weiteren Seiten der Site sind, ist das im Inhaltsbereich nicht immer der Fall. Also erstellen wir ein eigenes Format, das nur für die Links gilt, die Kindelemente des `inhalt-div` sind.

Schritt 6 | Fügen Sie Ihrer CSS-Datei ein Format mit dem Selektor `#inhalt a` hinzu.

Wie Sie mittlerweile wissen, gilt dieses Format für alle `a`-Elemente innerhalb des Elements mit der `id inhalt`. Schreiben Sie es am besten unter die anderen Formate für die Links. Wir empfehlen, nach dem Motto »je präziser der Selektor, umso weiter unten steht er in der CSS-Datei« vorzugehen.

Schritt 7 | Ergänzen Sie beim neuen Format folgende Eigenschaften:

```
color: inherit;
font-family: inherit;
text-decoration: underline;
```

Jetzt sind die Links im Inhaltsbereich unterstrichen und unterscheiden sich damit dezent vom Rest des Texts.

Die zweite Hervorhebung, die wir auf unserer Website selbst gestalten wollen, zeigt sich, wenn man die Links in der Navigationsleiste mit dem Mauszeiger berührt. Ein dezenter visueller Indikator ist hier gut, damit die Nutzer wissen, dass das Element, über das sie gerade mit dem Mauszeiger fahren, auch interaktiv ist. Um das umzusetzen, erstellen wir ein neues Format, das nur für Links innerhalb des Navigationsmenüs gilt, die mit der Maus berührt werden.

Schritt 8 | Erstellen Sie in Ihrer CSS-Datei ein Format mit dem passenden Selektor:

```
#menu a:hover
```

Schritt 9 | Fügen Sie dem Format folgende Eigenschaft hinzu:

```
background-color: #f2f1f0;
```

Schritt 10 | Speichern Sie die CSS-Datei, und öffnen Sie die Startseite im Browser (siehe Abbildung 5.27).

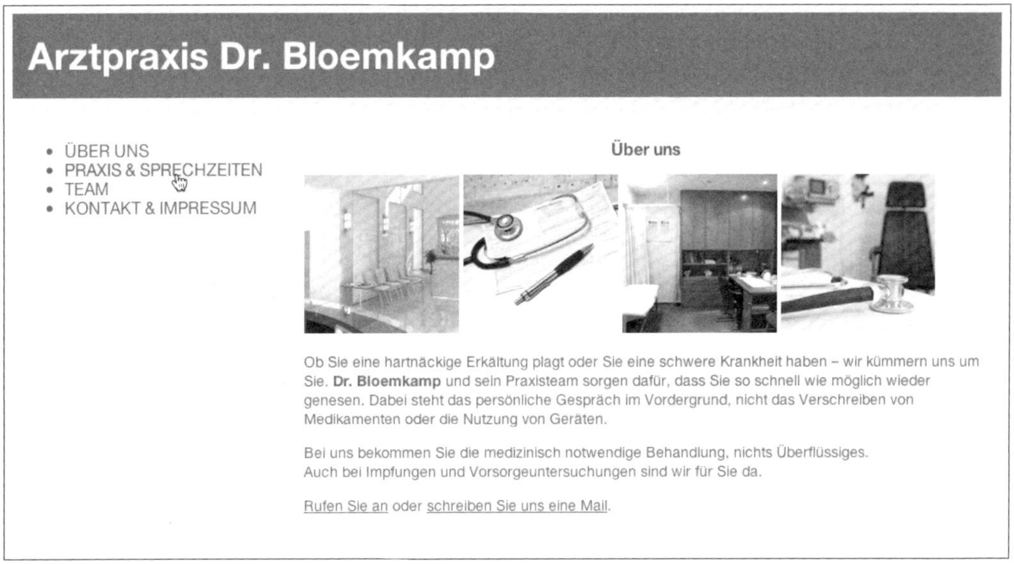

Abbildung 5.27 Jetzt erhalten die Links im Navigationsmenü beim Berühren mit der Maus einen leicht hervorgehobenen Hintergrund, und die Links im Inhaltsbereich sind unterstrichen.

Den ersten Unterschied erkennen Sie sofort an den beiden Links in der letzten Zeile des Inhaltsbereichs: Diese haben nun eine Unterstreichung, während die Links im Navigationsmenü nach wie vor nicht hervorgehoben sind. Den zweiten Unterschied sehen Sie, wenn Sie mit der Maus über einen der Links im Navigationsmenü fahren. Sein Hintergrund hat jetzt das gleiche Mittelgrau wie das body-Element – der Nutzer sieht sofort, dass dieses Element auf seine Eingaben reagiert. ■

Mit den Linktexten haben wir jetzt die Gestaltung aller Textelemente auf unseren Seiten individualisiert. Als Nächstes wollen wir die Gestaltung des Navigationsmenüs verfeinern.

Das Navigationsmenü

Für die Struktur der Navigation verwenden wir ja ein Listenelement, das die Links zu den anderen Seiten enthält. Listen werden vom Browser standardmäßig mit *Aufzählungszeichen* links neben den Einträgen dargestellt. Wir verwenden eine ungeordnete Liste, deshalb hat sie Punkte als Aufzählungszeichen (auf Englisch heißen sie *bullet points*). Bei Listen innerhalb von Text und mit längeren Einträgen sind Aufzählungszeichen wichtig für die Übersicht. Aber in so einer Navigationsleiste mit kurzen Einträgen stören sie eher. Deshalb entfernen wir sie.

Schritt 1 | Fügen Sie der CSS-Datei ein neues Format mit dem Selektor `#menu ul` hinzu.

Der Selektor gilt also für alle `ul`-Elemente innerhalb des Elements mit der `id` `menu`.

Schritt 2 | Geben Sie dem Format die neue CSS-Eigenschaft `list-style-type` mit dem Wert `none`:

```
list-style-type: none;
```

Andere gültige Werte für diese Eigenschaft sind zum Beispiel `circle` für den standardmäßigen Punkt oder `square` für ein kleines Quadrat als Aufzählungszeichen.

Damit sind wir die Aufzählungszeichen im Navigationsmenü los. Durch den präzisen Selektor sind weitere Listen, die wir vielleicht in Zukunft in anderen Seitenbereichen platzieren möchten, von diesem Format nicht betroffen.

Viele Browser lassen auf der linken Seite der Listeneinträge auch dann etwas zusätzlichen Platz, wenn gar keine Aufzählungszeichen mehr angezeigt werden. Um das zu ändern, legen wir das `padding` des `ul`-Elements für alle vier Seiten manuell auf 0 Pixel fest.

Schritt 3 | Schreiben Sie im neu angelegten Format für die `ul`-Liste:

```
padding: 0px;
```

Damit rückt die gesamte Liste so weit nach links, wie sie nach dem Entfernen der Aufzählungszeichen platziert sein sollte.

Die Zeichen waren zwar störend, aber ein bisschen mehr voneinander abgegrenzt könnten die Listeneinträge schon sein. Dazu geben wir ihnen etwas `margin` und `padding`.

Schritt 4 | Fügen Sie dem bereits existierenden Format mit dem Selektor `#menu li` folgende Eigenschaften hinzu:

```
margin: 0px 0px 15px 0px;
padding: 0px 10px 0px 10px;
```

Wie gehabt, geben wir auch Werte für Richtungen an, die wir gar nicht ändern wollen, damit kein Browser-Stylesheet etwas anderes bestimmen kann. Hier sehen Sie auch, dass bei dieser Art von kombiniertem Selektor die mit dem zweiten Selektor bestimmten Elemente keine direkten Kinder des mit dem ersten Selektor bestimmten Elements sein müssen – denn hier ist das Elternelement der `li`-Elemente ja nicht das `div`-Element, sondern das `ul`-Element.

Schritt 5 | Speichern Sie die CSS-Datei, und öffnen Sie die Startseite erneut im Browser (siehe Abbildung 5.28).

Abbildung 5.28 Ohne Aufzählungszeichen und mit mehr Abstand zwischen den Links gefällt uns das Navigationsmenü besser.

Die Aufzählungszeichen sind verschwunden, und die einzelnen Listeneinträge sind jetzt nach oben und unten erkennbar voneinander getrennt.

Wenn Sie ein wenig mit dem Navigationsmenü herumspielen und durch die einzelnen Unterseiten navigieren, wird Ihnen aber Folgendes auffallen: Der Nutzer sieht dem Menü nicht an, dass sein Browser auf einen Klick reagiert hat. Natürlich erscheint im Inhaltsbereich ein neuer Inhalt, wenn Sie zum Beispiel von der Startseite auf die Teamseite wechseln. Aber die Nutzer sind es von den meisten Seiten gewohnt, dass sich beim Seitenwechsel auch das Navigationsmenü visuell ändert. Der aktuell ausgewählte Menüpunkt sollte hervorgehoben sein.

Das erreichen wir am einfachsten, wenn wir immer dem Menüeintrag, der die aktuell angezeigte Seite repräsentiert, eine abweichende Hintergrundfarbe geben. Um dem Eintrag ein besonderes Format zuweisen zu können, müssen wir ihn aber im HTML erst einmal von den anderen Einträgen unterscheiden.

Das machen wir mit einem neuen Attribut, das Sie für Ihre Webprojekte häufig benutzen werden: `class`. Indem Sie mehreren Elementen auf einer Seite – oder mehreren Elementen auf den verschiedenen Unterseiten einer Website – denselben Wert für das Attribut `class` geben, fassen Sie sie zu einer Gruppe zusammen. Für die Elemente dieser Gruppe können Sie dann eigene CSS-Formate bestimmen.

Übrigens können Sie einem Element auch mehrere Klassen geben. In diesem Fall trennen Sie sie mit einem Leerzeichen: `class="klasse1 klasse2"`. Für die Links, die wir gesondert formatieren wollen, reicht aber eine Klasse.

Schritt 6 | Fügen Sie auf allen vier Seiten dem `li`-Element, das keinen Link enthält, das Attribut `class` mit dem Wert `current` hinzu (hier nur am Beispiel der Startseite gezeigt):

```
<li class="current">Über uns</li>
```

Um mit einem CSS-Format nur Elemente einer bestimmten Klasse anzusprechen, benutzen Sie im Selektor einen Punkt vor dem Klassennamen:

```
.current
```

Dieser Selektor gilt also für alle Elemente in den mit der CSS-Datei verknüpften HTML-Dokumenten, die das Attribut `class` mit dem Wert `current` besitzen.

Mit einer weiteren neuen Art von Selektor schränken Sie die Gültigkeit des Formats weiter ein, um im Hinblick auf zukünftige Änderungen am HTML auf der sicheren Seite zu sein:

```
li.current
```

Dieser Selektor gilt nur für `li`-Elemente mit der Klasse `current`, nicht für andere Elemente mit dieser Klasse.

Der Selektor lässt sich natürlich auch wie in den letzten Abschnitten mit anderen Selektoren kombinieren, und genau das brauchen wir für unseren hervorgehobenen Listeneintrag:

Schritt 7 | Ergänzen Sie Ihre CSS-Datei um ein neues Format mit dem Selektor `#menu li.current`.

Ein solches Format gilt also für alle `li`-Elemente, die a) Kindelemente des Elements mit der `id` `menu` sind *und* b) der `class` mit dem Namen `current` angehören.

Schritt 8 | Schreiben Sie die Eigenschaft für eine Hintergrundfarbe in das neue Format:

```
background-color: #366BF4;
```

Damit hat der Eintrag im Navigationsmenü, der der aktuell angewählten Seite entspricht, dieselbe blaue Hintergrundfarbe wie die Kopfleiste und ist somit schnell zu erkennen.

Der Text des Listeneintrags ist aber immer noch dunkelgrau. Von dem jetzt blauen Hintergrund hebt er sich nicht mehr so gut ab. Wie bei der Überschrift in der Kopfleiste geben wir ihm deshalb die hellgraue Schriftfarbe.

Schritt 9 | Ergänzen Sie das neue Format für den `current`-Listeneintrag um die entsprechende Eigenschaft:

```
color: #FAF9F8;
```

Schritt 10 | Speichern Sie die vier HTML-Seiten und die CSS-Datei, und öffnen Sie die Startseite erneut im Browser (siehe Abbildung 5.29).

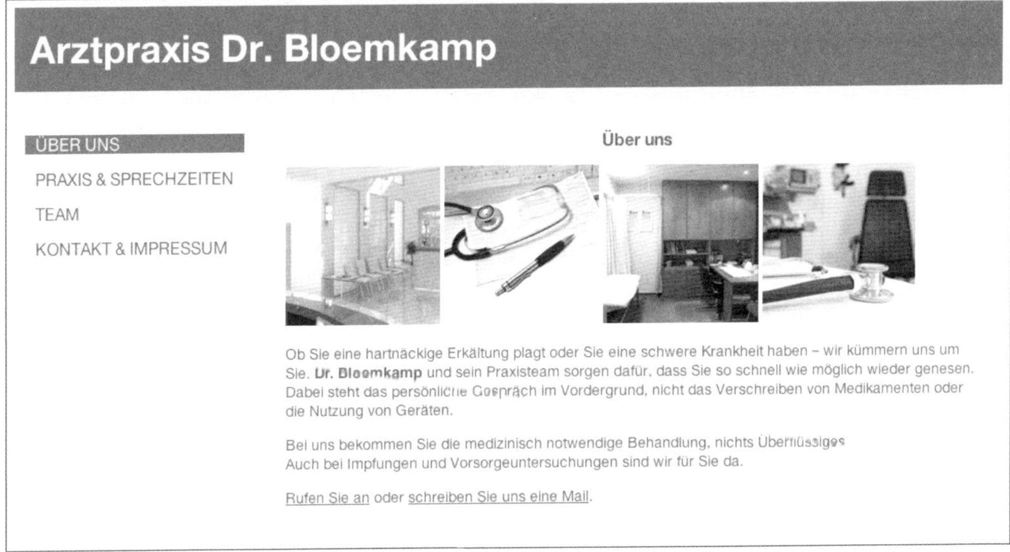

Abbildung 5.29 Der aktuell ausgewählte Eintrag im Navigationsmenü wird jetzt hervorgehoben.

Wenn Sie nun durch die Unterseiten navigieren, ist die aktuelle Seite im Navigationsmenü stets blau hinterlegt. Man erkennt sofort, welchem Teilbereich der Site der Inhalt entspricht, den man aktuell im Inhaltsbereich sieht. ■

Hintergrund: Viele CSS-Werte, aber welcher wird berücksichtigt?

Da Sie nun mit dem Ansprechen der Klasse alle Arten von Selektoren kennen, die Sie für Ihre ersten Websites brauchen, wollen wir uns noch einmal tiefergehend mit einer Frage beschäftigen, die für die Arbeit mit CSS sehr wichtig ist: Welcher Wert wird vom Browser berücksichtigt, wenn auf ein Element mehrere Formate mit derselben Eigenschaft zutreffen, deren Werte sich widersprechen?

Wir hatten die Antwort an einigen Stellen schon angedeutet, wollen die Regeln aber noch einmal grundsätzlich festhalten: Je *präziser* der Selektor und je *individueller* die

Herkunft eines Formats ist, umso eher gilt der Wert einer darin enthaltenen Eigenschaft.

Ein Selektor ist umso präziser, je exklusiver die Bedingungen sind, die ein Element erfüllen muss, um davon betroffen zu sein: Der Selektor `#inhalt` zum Beispiel ist präziser als der Selektor `div`, weil die `id` eine exklusivere Bedingung ist als der Elementtyp. Bei gleicher Exklusivität gilt die Anzahl an Bedingungen: Der Selektor `#inhalt ul li` ist präziser als der Selektor `#inhalt li`, weil er zwar gleich exklusive Bedingungen enthält, aber mehr davon.

Wenn Ihr HTML ähnlich ist wie beispielsweise folgende Zeilen, müssen Sie hier aufpassen:

```
<div id="inhalt">
   <p id="absatz">Text</p>
</div>
```

Vielleicht würden Sie zur Formatierung des Textabsatzes nämlich ein Format mit einem Selektor benutzen wollen, der sich auf die `id` des Absatzelements bezieht: `#absatz`. Dann würden Sie sich jedoch darüber wundern, dass die Werte des Formats nicht berücksichtigt werden, weil es noch ein Format mit dem Selektor `#inhalt p` gibt.

Das wirkt erst mal unlogisch, weil man die `id` des eigentlichen Elements, das man gestalten will, intuitiv für wichtiger hält als die `id` eines Elternelements. Aber nach den CSS-Regeln gilt jede `id` als Bedingung gleich viel, egal ob sie zum Element gehört, das man gestalten will, oder zu einem seiner Elternelemente. Und weil der zweite Selektor bei gleicher Exklusivität noch eine zusätzliche Bedingung enthält, wird er bevorzugt.

Von den Ihnen bislang bekannten Selektoren ist der für die `id` am exklusivsten. Der Selektor für die Klasse ist schon weniger exklusiv, und der Selektor für den Elementtyp ist am wenigsten exklusiv.

Bei Formaten mit gleich präzisen Selektoren entscheidet die Individualität ihrer Herkunft: Kommt das Format aus Ihrem eigenen Stylesheet, gilt es mehr als ein Format aus dem Standard-Stylesheet des Browsers.

Und wenn schließlich sowohl Präzision als auch Individualität gleich sind – wenn Sie also zum Beispiel in Ihrer CSS-Datei drei verschiedene Formate mit gleich präzisem Selektor haben, in denen die `font-size` mit unterschiedlichen Werten angegeben wird –, dann wird derjenige Wert benutzt, der innerhalb der Datei am weitesten unten steht.

Wenn ein bestimmtes Element nicht so dargestellt wird, wie Sie das erwartet hatten, liegt das also an einem der folgenden Gründe:

- Auf das Element trifft ein weiteres Format aus Ihrem Stylesheet zu, dessen Selektor präziser ist.
- Auf das Element trifft ein Format aus dem Standard-Stylesheet des Browsers zu, dessen Selektor präziser ist.
- Auf das Element trifft ein gleichwertiges Format zu, das in der entsprechenden CSS-Datei weiter unten steht.

Die Tabelle

Da wir uns bislang immer die Startseite angeschaut haben, um Änderungen an der Gestaltung nachzuverfolgen, haben wir ein Element noch gar nicht bedacht, das aber definitiv noch eine bessere Gestaltung braucht: die Tabelle auf der Praxisseite *praxis.html* (siehe Abbildung 5.30).

Abbildung 5.30 Die Tabelle kann noch lesefreundlicher gestaltet werden.

Als Erstes brauchen die einzelnen Zellen der Tabelle mehr Luft, denn sie kleben zu sehr aneinander. Das lösen wir mit `padding` für die Zellenelemente. Falls wir in Zukunft auf einer Seite weitere Tabellen einbauen sollten, sehen wir momentan keinen Grund, warum diese nicht genauso gestaltet sein sollten wie die Tabelle mit den Öffnungszeiten. Deshalb benutzen wir hier keine präzisen Selektoren.

Schritt 1 | Fügen Sie der CSS-Datei ein Format für `td`-Elemente hinzu, und geben Sie ihm ein `padding` von 15 Pixeln in jede Richtung:

```
padding: 15px;
```

Schritt 2 | Speichern Sie die CSS-Datei und öffnen Sie die Praxisseite *praxis.html* im Browser.

Jetzt hat der Text deutlich mehr Luft, und man findet schneller die richtigen Öffnungszeiten. Damit die Tabelle noch einfacher zu lesen ist, sollen die Zeilen eine wechselnde Hintergrundfarbe bekommen – so rutscht das Auge nicht so leicht aus der Zeile.

Dazu müssen wir, wie bei dem `current`-Link im Navigationsmenü, erst einmal das HTML so ändern, dass wir die abwechselnden Zeilen getrennt ansprechen können.

Schritt 3 | Geben Sie jedem zweiten `tr`-Element (also den Zeilen für Dienstag und Donnerstag) die Klasse `zweitezeile`:

```
<tr class="zweitezeile">
```

Schritt 4 | Fügen Sie Ihrer CSS-Datei ein entsprechendes Format mit dem Selektor `tr.zweitezeile` hinzu.

Dieses gilt nur für `tr`-Elemente, die die Klasse `zweitezeile` haben, also nicht für die anderen Zeilen.

Geben Sie dem Format die Eigenschaft für einen mittelgrauen Hintergrund:

```
background-color: #f2f1f0;
```

Wenn Sie das HTML-Dokument und das Stylesheet speichern und die Praxisseite erneut im Browser öffnen, werden Sie sehen, dass der graue Hintergrund noch von schmalen Strichen unterbrochen wird – das ist der Rahmen der Zellen, der wegen der hellen Hintergrundfarbe vorher nicht sichtbar war.

Schritt 5 | Um die Rahmen zu deaktivieren, fügen Sie der CSS-Datei ein weiteres Format mit dem Selektor `table` und folgender Eigenschaft hinzu:

```
border-collapse: collapse;
```

Schritt 6 | Speichern Sie die Praxisseite und das Stylesheet, und öffnen Sie die Praxisseite erneut im Browser (siehe Abbildung 5.31).

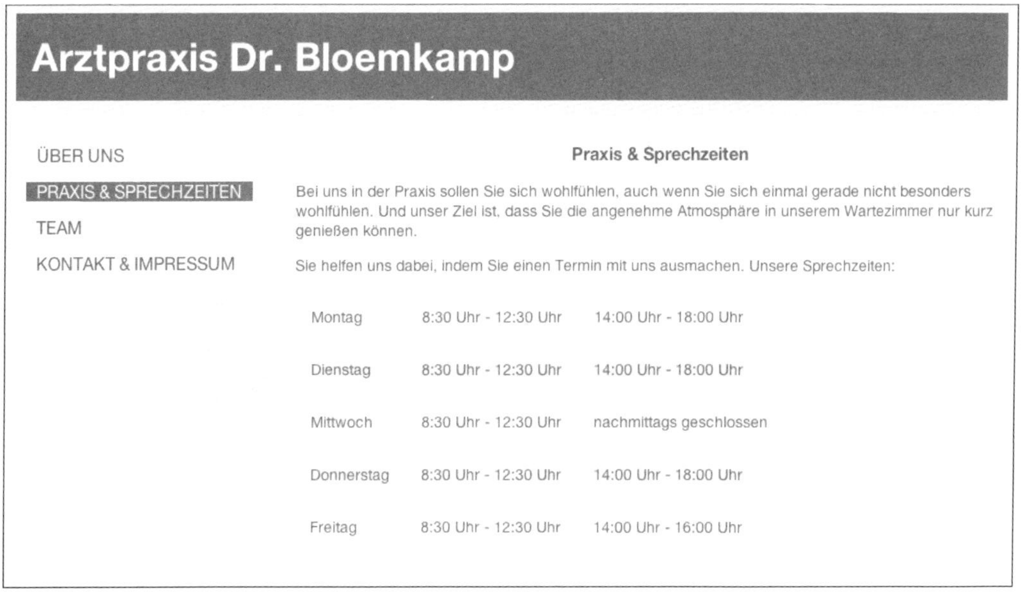

Arztpraxis Dr. Bloemkamp

ÜBER UNS
PRAXIS & SPRECHZEITEN
TEAM
KONTAKT & IMPRESSUM

Praxis & Sprechzeiten

Bei uns in der Praxis sollen Sie sich wohlfühlen, auch wenn Sie sich einmal gerade nicht besonders wohlfühlen. Und unser Ziel ist, dass Sie die angenehme Atmosphäre in unserem Wartezimmer nur kurz genießen können.

Sie helfen uns dabei, indem Sie einen Termin mit uns ausmachen. Unsere Sprechzeiten:

Montag	8:30 Uhr - 12:30 Uhr	14:00 Uhr - 18:00 Uhr
Dienstag	8:30 Uhr - 12:30 Uhr	14:00 Uhr - 18:00 Uhr
Mittwoch	8:30 Uhr - 12:30 Uhr	nachmittags geschlossen
Donnerstag	8:30 Uhr - 12:30 Uhr	14:00 Uhr - 18:00 Uhr
Freitag	8:30 Uhr - 12:30 Uhr	14:00 Uhr - 16:00 Uhr

Abbildung 5.31 Dank des großzügigen Abstands zwischen den Zellen und des alternierenden Zeilenhintergrunds ist die Tabelle sehr viel angenehmer fürs Auge und ihr Inhalt schneller zu erfassen.

Jetzt sehen Sie eine gut gestaltete Tabelle: Es gibt genügend Platz zwischen den Zellen, und ein wechselnder Zeilenhintergrund macht es einfach, den Inhalt zu erfassen. ■

Grafische Effekte – Schatten für die Layoutelemente

Die Seiten des Beispielprojekts sind mittlerweile so gestaltet, dass nichts mehr störend ins Auge springt. Alles sieht sauber und stimmig aus, und wahrscheinlich wird sich kein Nutzer über die Gestaltung beschweren. Persönliche Präferenzen wie andere Farbtöne oder ein Pixel mehr oder weniger bei `margin` oder `padding` können dank der CSS-Datei schnell umgesetzt werden.

Moderne Browser und die Eigenschaften des CSS3-Standards können aber nicht nur eine saubere Darstellung, sondern auch richtig schöne grafische Effekte erzeugen. Früher mussten Webdesigner dafür komplizierte Lösungen finden und etwa grafische Effekte zuerst mit einer Bildbearbeitungssoftware erstellen, um sie dann als Hintergrundbilder in die Seite einzubauen. Dank CSS3 geht vieles davon so einfach wie die Änderung der Schriftgröße: Sie definieren einfach Eigenschaften samt Werten, und der Browser macht den Rest.

Das probieren wir jetzt mit der CSS-Eigenschaft `box-shadow` aus. Wenn Sie einem HTML-Element wie `div` diese Eigenschaft zuweisen, zeichnet der Browser einen Schlagschatten um den rechteckigen Rand des Elements. Wir wollen unsere drei Layoutelemente mit einem solchen Schlagschatten ausstatten, damit sie sich etwas deutlicher vom Hintergrund abheben.

Schritt 1 | Erweitern Sie in Ihrer CSS-Datei die Formate für das `kopfleiste-div`, das `menu-div` und das `inhalt-div` um folgende Anweisung:

```
box-shadow: 2px 2px 2px 0px #515151;
```

Diese verkürzte Schreibweise mehrerer Werte für eine Eigenschaft kennen Sie bereits von `margin` und `padding`. Bei `box-shadow` definiert der letzte Wert die Farbe des Schattens, die vorigen Werte bestimmen die Position des Schattens in Relation zum HTML-Element.

Sie können einfach ein wenig mit den Zahlen herumspielen, um selbst zu sehen, wie sie den Schatten der Elemente beeinflussen. Dahinter verbirgt sich folgendes Prinzip: Der Schatten eines Elements ist genauso groß wie das Element selbst, hat also die gleiche Breite und Höhe. Er befindet sich aber zunächst direkt unter dem Element, das ihn erzeugt, sodass er nicht sichtbar ist. Mit dem ersten der vier Werte verschieben Sie den Schatten dann nach rechts (positiver Wert) oder nach links (negativer Wert), sodass er unter dem Element hervorschaut und sichtbar wird. Mit dem zweiten Wert verschieben Sie den Schatten nach unten (positiver Wert) bzw. nach oben (negativer Wert).

Der dritte Wert gibt an, wie stark der Schatten verwischt werden soll – also ob er eine harte Kante haben oder nach außen hin unscharf werden soll. Wenn Sie hier zum Beispiel 4 Pixel angeben, bekommen Sie einen zusätzlichen unscharfen Bereich, der sich vom Rand des eigentlichen Schattens 2 Pixel nach innen und 2 Pixel nach außen erstreckt. Der Schatten läuft dann nach außen langsam aus und wird irgendwann unsichtbar. Mit dem vierten Wert schließlich können Sie den Schatten größer machen als das Element, das ihn verursacht.

Der Browser kann übrigens auch einen Schlagschatten zeichnen, der nicht außerhalb des Elements liegt, sondern innerhalb. Dazu geben Sie der Eigenschaft `box-shadow` als ersten Wert `inset`.

Schritt 2 | Speichern Sie die CSS-Datei, öffnen Sie die Startseite erneut im Browser, und betrachten Sie Ihr Werk (siehe Abbildung 5.32).

Die drei Layoutelemente haben jetzt einen Schlagschatten, der sie stärker vom Hintergrund abhebt.

Abbildung 5.32 Kopfleiste, Navigationsmenü und Inhaltsbereich heben sich dank eines Schlagschattens noch besser vom Hintergrund des »body«-Elements ab.

Damit haben wir unser Konzept vollständig umgesetzt. Wir haben eine Website für die Arztpraxis von Dr. Bloemkamp mit mehreren Unterseiten erstellt, die über Öffnungszeiten und Personal informiert und alle Kontaktmöglichkeiten auflistet – und das alles mit selbst geschriebenem HTML und CSS. Eine ähnliche Seite können Sie mit den in diesem Kapitel gezeigten HTML-Elementen und CSS-Eigenschaften für die unterschiedlichsten Zwecke erstellen, zum Beispiel für einen Sportverein oder eine kleine Firma. ■

Beispielseiten zum Download

Die in diesem Abschnitt erstellte Version der Beispiel-Website finden Sie unter *bnfr.de/ql511* auf der Website zum Buch. Das HTML und das CSS können Sie gerne kopieren.

5.4 Fazit

In diesem Kapitel haben Sie gelernt, eine ganze Website selbst von Grund auf anzulegen, die Seiten mit HTML zu strukturieren und mit CSS zu gestalten. Sie haben viele neue HTML-Elemente kennengelernt, darunter Listen, Links, Bilder und Tabellen. Sie haben auch gelernt, wie Sie eine HTML-Seite mithilfe von `div`-Elementen in abgetrennte

Bereiche unterteilen und wie Sie Elemente mit `id`- sowie `class`-Attributen kennzeichnen und so für CSS-Formate mit präziseren Selektoren ansprechbar machen.

Sie haben außerdem den Unterschied zwischen festen und flexiblen Abmessungen kennengelernt sowie eine sinnvolle Vorgehensweise bei der Umsetzung eines geplanten Layouts: Man bestimmt die Größe der Seitenelemente, ihre Position und die Abstände nach außen und nach innen. Das Verfeinern der Schrift, der Farben und anderer Aspekte haben das Kapitel abgerundet.

Noch ist die gesamte Website aber auf Ihrem Computer gespeichert, und nur Sie können sie im Browser betrachten. Es wird Zeit, Ihre erste eigene Website ins Internet zu bringen und für andere Menschen verfügbar zu machen. Im nächsten Kapitel werden wir genau damit beginnen.

Tabellen mit Elementen, CSS-Eigenschaften und -Selektoren zum Nachschlagen

In Anhang A finden Sie Tabellen mit den wichtigsten HTML-Elementen, CSS-Eigenschaften und CSS-Selektoren. Lassen Sie bei der Gestaltung Ihrer eigenen Websites Ihrer Kreativität freien Lauf, und probieren Sie neue Elemente und Eigenschaften aus!

Kapitel 6
Die eigene Website im Internet

Jetzt geht Ihre erste eigene Website endlich online, die Besucher stellen Sie aber auch vor neue Aufgaben. Wir zeigen Ihnen Lösungen und erklären, warum Neugier der Weg zu immer besseren Websites ist.

Im letzten Kapitel haben Sie Ihre erste vollständige Website mit HTML und CSS selbst erstellt, und die Dateien liegen jetzt alle auf Ihrem Rechner. Damit andere Menschen Ihre Site auch online sehen können, müssen Sie die Dateien aber auf einen Webserver kopieren. Wie Sie das machen, zeigen wir im ersten Teil dieses Kapitels.

Wenn Sie die Website anderen Nutzern verfügbar machen, stehen Sie vor einer neuen Herausforderung: Bislang haben nur Sie die Website betrachtet, und zwar in einem Browser, den wir Ihnen empfohlen haben, weil damit alle verwendeten CSS-Eigenschaften richtig angezeigt werden. Ihre Besucher benutzen aber vielleicht ganz andere Browserversionen und Geräte, auf denen Ihre Website anders aussehen könnte als bei Ihnen.

Wie Sie diese Darstellungsunterschiede minimieren und wie Ihre Seiten immer eine gute Figur machen, egal ob auf dem Smartphone, auf einem Desktopmonitor oder beim Ausdrucken, das erklären wir in den weiteren Teilen des Kapitels.

Am Ende zeigen wir Ihnen, wie Sie mit der Komplexität und den laufenden Änderungen des Webs umgehen und wie Sie immer mehr dazulernen, sodass Ihre Websites immer besser werden.

6.1 Die Website ins Internet bringen

In diesem Abschnitt zeigen wir Ihnen, wie Sie aus der *lokalen Site* auf Ihrem Computer auch wirklich eine im Internet verfügbare *Website* machen.

6.1.1 Speicherplatz auf einem Webserver

Der erste Schritt auf dem Weg ins Internet besteht darin, Webspace auf dem Server eines Webhosters zu bekommen. *Webspace* ist mal wieder ein englischer Ausdruck und bezeichnet den (*Speicher-)Platz* für Internetangebote, der auf einem Webserver liegt – also auf einem Computer, der an das Internet angeschlossen ist und Dateien zur Verfügung stellt. Der *Webhoster* ist einfach das Unternehmen, dem der Webserver gehört.

Onlinespeicherplatz ist nicht teuer. Es gibt sogar komplett kostenlose Angebote, von denen manche auch genügend Leistung bieten, um kleinere Websites betreiben zu können. Und auch dann, wenn für Sie eher kostenpflichtige Angebote infrage kommen, brauchen Sie für Ihre ersten Projekte nicht mehr als 5 Euro im Monat einzuplanen. Teurer wird es erst für Websites mit Tausenden Besuchern täglich.

Wie funktioniert kostenloser Webspace?

Die kostenlosen Anbieter finanzieren sich meistens über Werbung, die auf Ihren Seiten eingeblendet wird. Manche hoffen auch darauf, dass Sie nach einer Weile auf ein kostenpflichtiges Angebot umsteigen.

Wenn Sie es trotz der günstigen Angebote erst einmal mit einem kostenlosen Dienst versuchen wollen, dann achten Sie darauf, dass Ihre Seiten flott laden und die Werbung Ihre Nutzer nicht stört. Für die machen Sie die Site schließlich.

Wir empfehlen bei der Entscheidung für oder gegen kostenpflichtigen Speicherplatz folgenden Grundsatz: Spätestens sobald Sie planen, mit einer Website (für Sie selbst oder einen Auftraggeber) Geld zu verdienen, sollten Sie einen kostenpflichtigen Anbieter wählen, dessen Server in Deutschland stehen. So ist Ihre Website für Nutzer aus Deutschland möglichst schnell und durchgehend erreichbar, und Sie haben einen eindeutigen Ansprechpartner für Fragen oder wenn es doch mal zu Problemen kommen sollte.

Es würde leider wenig Sinn ergeben, Ihnen jetzt einen Überblick über die verschiedenen Angebote zu geben. Kostenpflichtige Dienste wechseln sehr häufig ihre Preise und Konditionen, kostenlose Anbieter stellen den Betrieb ein. Sie finden die neuesten Angebote aber schnell selbst, wenn Sie in einer Suchmaschine »Webspace Deutschland« eingeben.

Wenn wir auf empfehlenswerte Angebote stoßen, finden Sie diese auf der Website zum Buch (siehe *bnfr.de/ql602*), wo wir besser auf wechselnde Konditionen reagieren können.

Aber wie viel Geld müssen Sie bei einem bestimmten Projekt für den Webspace konkret einplanen? Grundsätzlich richten sich die Kosten nach zwei Dingen: nach der Menge an *Speicherplatz*, der Ihnen für HTML-Dokumente und Multimedia-Dateien auf dem Server zur Verfügung steht, sowie nach dem *Traffic*. Das ist die übertragene Datenmenge, die jeder Besucher der Website verursacht – alle aufgerufenen Dateien werden ja vom Server auf das Gerät des Besuchers kopiert.

Vor allem die großen Webspace-Dienstleister überbieten sich ständig mit immer absurderen Speicher- und Traffic-Mengen, die in ihren Tarifen inbegriffen sind. Aber in der Praxis ist der benötigte Speicherplatz und Traffic der meisten Websites recht überschaubar, solange auf der Site nicht viele Musik- oder gar Videodateien zum Herunterladen bereitstehen. Wenn Ihre Nutzer eine große Zahl solcher Dateien herunterladen sollen, schnellen die Anforderungen an den Webspace in die Höhe und sind schwierig zu kalkulieren.

Besser einschätzbar sind die Anforderungen bei Websites, die dem Nutzer lediglich Bild- und Textinformationen liefern – wie bei einer Site für eine Firma oder einen Verein. Für den benötigten Speicherplatz können Sie sich in diesem Fall an folgender großzügig kalkulierter Rechnung orientieren:

Dateityp	Anzahl	Größe	Speicherplatz
HTML	10	20 Kilobyte	200 Kilobyte
CSS	2	75 Kilobyte	150 Kilobyte
JPEG	20	150 Kilobyte	3,0 Megabyte
Gesamt	–	–	**3,35 Megabyte**

Tabelle 6.1 Wie viel Webspace brauchen Sie?

Die HTML- und CSS-Dateien einer Site sind zusammen selten größer als ein halbes Megabyte. Bilder brauchen sehr viel mehr Platz, aber selbst mit 20 Fotos im JPEG-Format – unser letztes Beispielprojekt hatte nur 5 – braucht eine einfache Website insgesamt nicht einmal 3,5 Megabyte Speicherplatz auf dem Server.

Um realistisch zu sein, planen wir noch ein wenig Platz für JavaScript-Dateien ein, die auf den meisten Websites zum Einsatz kommen – mehr dazu folgt in Kapitel 8, »Mehr Interaktivität mit JavaScript«. Aber die brauchen ähnlich wenig Platz wie HTML- und CSS-Dateien, sodass wir noch genügend Luft für weitere Bilder haben, wenn wir den Speicherplatzbedarf Ihrer ersten Websites mit jeweils maximal 5 Megabyte beziffern.

Beim Traffic müssen Sie schätzen, wie viele Besucher die Website pro Tag haben wird. Wir haben vier Annahmen durchgerechnet, die eine große Bandbreite von Szenarien abdecken:

Speicherplatz	Nutzer/Tag	Traffic/Monat
5 Megabyte	10	1,5 Gigabyte
5 Megabyte	75	11,25 Gigabyte
5 Megabyte	250	37,5 Gigabyte
5 Megabyte	5.000	750 Gigabyte

Tabelle 6.2 Wie viel Traffic verursacht Ihre Website?

Wenn täglich 10 Menschen Ihre Site besuchen, von denen wirklich jeder Einzelne alle Unterseiten anklickt, verursacht das einen Traffic von täglich 50 Megabyte. Im Monat sind das ca. 1,5 Gigabyte. So viel Traffic ist praktisch bei jedem Anbieter schon im günstigsten Angebot enthalten.

Für eine private Site, die hauptsächlich von Freunden und Familie angesehen wird, ist das auch völlig ausreichend. Für eine Firmen-Website zum Beispiel müssen Sie etwas mehr einplanen, aber selbst wenn man mal für ein Projekt von astronomischen 10 Gigabyte Speicherplatz und 1.000 Gigabyte Traffic pro Monat ausgeht, sind diese Mengen bei den meisten Webspace-Anbietern mittlerweile für nicht einmal 5 Euro pro Monat zu haben.

Kurz gesagt: Wenn Sie nicht gerade das nächste Facebook, Twitter oder YouTube mit vielen Millionen Nutzern pro Tag planen, können Sie mit den günstigsten Tarifen einsteigen und sie dann immer noch erweitern, wenn Speicherplatz und Traffic tatsächlich nicht ausreichen sollten.

6.1.2 Das SSL-Zertifikat für sichere Verbindungen

Bei der Auswahl des Webhosters sollten Sie darauf achten, dass ein sogenanntes SSL-Zertifikat dabei ist. Nur mit einem solchen Zertifikat kann der Server die Verbindung zu den Geräten Ihrer Benutzer über das *HTTPS-Protokoll* aufbauen, das höhere Sicherheitsstandards hat als das Vorgängerprotokoll HTTP.

Die zusätzliche Sicherheit brauchen zwar vor allem Websites, auf denen Benutzer persönliche oder gar Kreditkartendaten angeben können, also etwa Webshops. Aber die meisten aktuellen Browser zeigen bei jeder Website einen prominenten Hinweis neben der Adressleiste an, der die aktuelle Verbindung entweder als »sicher« (bei HTTPS) oder als »nicht sicher« bei HTTP) einstuft (siehe Abbildung 6.1).

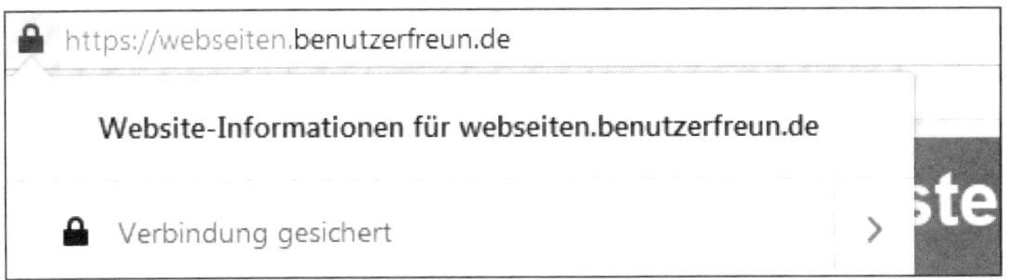

Abbildung 6.1 Mit SSL-Zertifikat und Verbindung über HTTPS wird Ihre Website von aktuellen Browsern als sicher eingestuft.

Sie sollten also allein schon deshalb immer mit HTTPS arbeiten, damit Ihre Benutzer nicht vom Hinweis ihres Browsers verunsichert werden. Bei Ihrem Webhoster erfahren Sie, wie Sie HTTPS aktivieren können, wenn es nicht bereits als Standard eingerichtet ist.

6.1.3 FTP – Dateien auf den Webserver kopieren

Wenn Sie dann Zugriff auf Ihren eigenen Webspace haben, kommt der zweite Schritt auf dem Weg ins Internet: Die Dateien für Ihre Website, also HTML-, CSS- und eingebundene Mediendateien, müssen auf den Server kopiert werden.

Die Kommunikation zwischen Ihrem Computer und dem Webserver läuft über FTP. Das steht für *File Transfer Protocol* und ist ein Protokoll, das den Datenaustausch regelt. Um Dateien über FTP hin- und herschicken zu können, brauchen Sie ein Programm mit FTP-Funktionalität. In manchen HTML-Editoren ist diese Funktionalität schon eingebaut, sodass Sie direkt in der Editoroberfläche weiterarbeiten können. Wenn Ihr Editor FTP nicht unterstützt, nutzen Sie eines der sehr guten kostenlosen FTP-Programme: *FileZilla* für Windows, Mac und Linux (*bnfr.de/ql603*) oder *Cyberduck* für Windows und Mac (*bnfr.de/ql604*).

Egal welches Programm Sie einsetzen, die Vorgehensweise ist immer gleich. Zuerst brauchen Sie die FTP-Zugangsdaten zu Ihrem Webspace. Von manchen Anbietern bekommen Sie die Daten nach der Registrierung Ihres Speicherplatzes per E-Mail zugeschickt. Wenn nicht, müssen Sie sich auf der Website des Anbieters anmelden und die Zugangsdaten in der Nutzeroberfläche suchen. Meistens gibt es einen entsprechend benannten Menüeintrag.

Wenn Sie die Zugangsdaten haben, richten Sie mit dem FTP-fähigen Programm die Verbindung zu Ihrem Webserver ein. Entweder fragt das Programm direkt nach dem Start nach den Zugangsdaten, oder Sie finden die Funktion unter NEUE VERBINDUNG, SERVER VERWALTEN o. Ä.

Um eine Verbindung einzurichten, geben Sie dann die Zugangsdaten ein – mindestens die URL Ihres Webspace, den Benutzernamen und das Passwort (siehe Abbildung 6.2). Manchmal müssen Sie noch die Nummer eines *Ports* eintragen. Diese erfahren Sie gegebenenfalls auch bei Ihrem Webspace-Anbieter. Die URL ist meistens recht lang, zum Beispiel *http://nutzer72.server3.anbieter.de*.

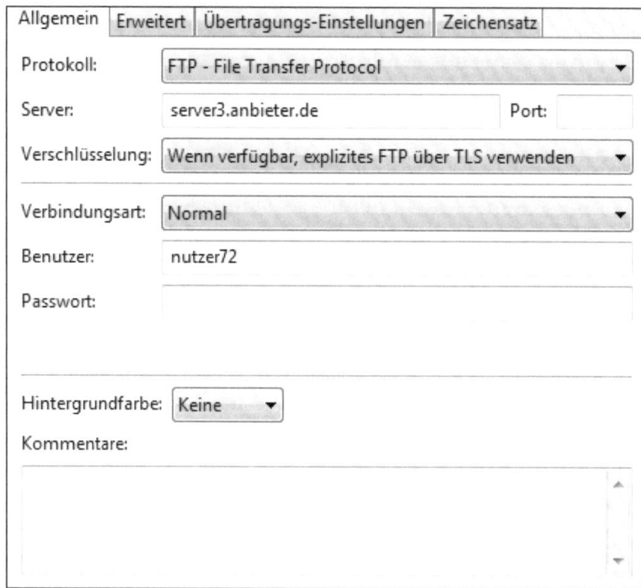

Abbildung 6.2 Im FTP-Programm richten Sie die Verbindung zum Webserver ein.

Wenn Sie bei der Verbindungseinrichtung auch die Zeichencodierung für übertragene Dateien einstellen können, wählen Sie genau wie bei den Codierungseinstellungen im HTML-Editor die Option UTF-8.

Sobald die Verbindung eingerichtet ist, können Sie von nun an immer eine Verbindung zum Server herstellen, ohne die Zugangsdaten erneut eingeben zu müssen. Und wenn die Verbindung mit dem Server hergestellt ist, sehen Sie endlich, wie Ihr Webspace genau aussieht (siehe Abbildung 6.3).

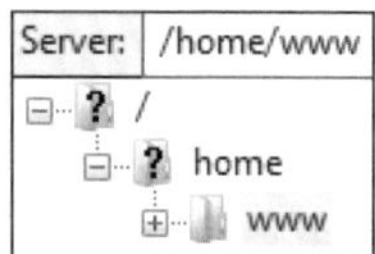

Abbildung 6.3 Der Webspace besteht aus Ordnern und Dateien, genau wie die Verzeichnisse auf Ihrem Computer. Der richtige Ordner für Ihre Website-Dateien heißt meistens »htdocs« oder »www«.

Ihr Onlinespeicherplatz ist also einfach ein Verzeichnis auf dem Webserver, das mehrere Ordner enthalten kann, die wiederum Dateien enthalten können. Das funktioniert alles genauso wie der Speicherplatz auf Ihrem lokalen Computer – Sie können Dateien kopieren, ausschneiden und einfügen, umbenennen oder neue Ordner erstellen.

Meistens hat Ihr Webspace einige vordefinierte Ordner: einen für Ihre Webdateien, meistens mit dem Namen *htdocs* oder (wie in unserer Abbildung) *www*. Wenn Sie die URL zu Ihrem Webspace in einen Browser eingeben, also zum Beispiel *http://nutzer72.server3.anbieter.de*, werden Sie gleich in diesen Ordner weitergeleitet, anstatt das Hauptverzeichnis zu sehen. Liegt in dem *htdocs*- oder *www*-Ordner eine Datei namens *index.html*, zeigt der Browser sie auch an.

In diesem Ordner erstellen Sie für jede Website einen Unterordner mit dem Namen der Site. Um sie im Browser aufzurufen, hängt man dann einfach den Ordnernamen an die URL zu Ihrem Webspace an:

http://nutzer72.server3.anbieter.de/praxisbloemkamp/

Da im URL-Aufruf keine einzelne Datei angegeben wurde, wird der Webserver in diesem Fall im Ordner *praxisbloemkamp* nach der Datei *index.html* suchen und diese anzeigen.

Die anderen vordefinierten Ordner in Ihrem Verzeichnis beinhalten zum Beispiel Serverprotokolle. Diese halten fest, wann welcher Computer sich mit Ihrem Webspace verbunden hat und welche Adresse aufgerufen wurde. Diese anderen Ordner ignorieren Sie zunächst. Es ist sinnlos, hier Website-Dateien abzulegen, weil kein Besucher darauf zugreifen kann.

6.1.4 Berechtigungen und die .htaccess-Datei – so konfigurieren Sie, was Besucher sehen können

Jetzt haben Sie also die Dateien für Ihre Website in einen eigenen Ordner auf dem Webspace kopiert. Damit Ihre Benutzer die Dateien im Browser auch wirklich sehen können, müssen Sie noch sicherstellen, dass die Zugriffsberechtigungen stimmen – das ist der vorletzte Schritt auf dem Weg ins Internet.

Berechtigungen (engl. *permissions*) geben an, wer eine Datei verwenden darf. Wenn nur Sie das dürfen, können andere Internetnutzer Ihre Seiten gar nicht sehen. Eine Datei hat drei Arten von Berechtigungen, die unterschiedliche Zugriffe regeln:

- Wer darf die Datei lesen?
- Wer darf die Datei bearbeiten/überschreiben/löschen?
- Wer darf die Datei ausführen? (Das ist jedoch nur für Programme relevant, nicht für HTML-Dateien.)

Die Berechtigungen verändern Sie meistens, indem Sie in Ihrem FTP-Programm oder im FTP-fähigen HTML-Editor mit der rechten Maustaste auf die Datei klicken und den entsprechenden Eintrag aus dem Kontextmenü wählen. Dann öffnet sich ein neues Fenster, und darin legen Sie die Berechtigungen fest (siehe Abbildung 6.4 am Beispiel von FileZilla).

Die drei Zugriffsarten lassen sich wiederum für drei Personenkreise getrennt festlegen. Für Sie selbst (BESITZER-BERECHTIGUNGEN), für eine Gruppe von Mitnutzern (GRUPPEN-BERECHTIGUNGEN) und für alle anderen Personen (ÖFFENTLICHE BERECHTIGUNGEN). Die Gruppe von Mitnutzern gibt es normalerweise auf einem Webserver nicht, wenn man sie nicht selbst erstellt. Aber um auf Nummer sicher zu gehen, behandeln Sie die Einstellungen für eine Gruppe genauso wie die für die öffentlichen Berechtigungen.

Wir setzen jetzt die Berechtigungen so, dass zwei Dinge sichergestellt sind: Zum einen soll jeder Leseberechtigungen haben, damit er die Website-Dateien in seinen Browser laden kann. Aber Schreib- oder gar Ausführberechtigungen sollen nur Sie allein haben, damit niemand Ihre Dateien manipulieren kann.

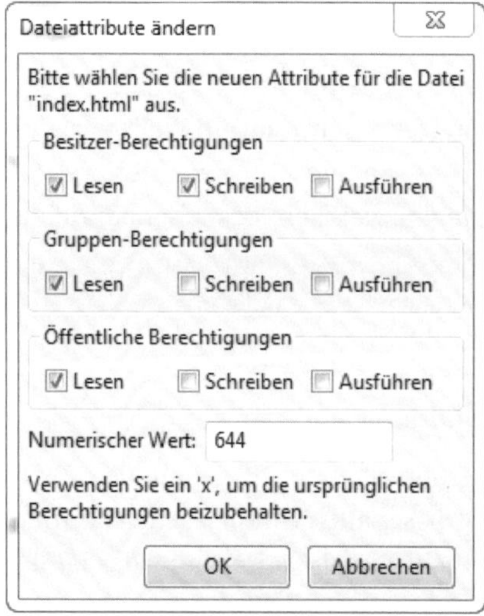

Abbildung 6.4 So sollten die Berechtigungen Ihrer Website-Dateien eingestellt sein: Alle dürfen lesen, nur Sie (Besitzer) dürfen schreiben, und niemand darf Dateien ausführen.

Jetzt haben wir unsere Dateien so eingerichtet, dass die Besucher der Website sie auch sehen können.

Damit Sie die Funktionsweise eines Webservers und die verschiedenen Dateien auf Ihrem neuen Webspace besser verstehen, erklären wir Ihnen noch schnell, was die

.htaccess-Datei ist: eine optionale Datei, mit der Sie den Webserver konfigurieren können. Sie hat keinen Dateinamen, sondern nur die Endung *.htaccess*. Sie gilt immer für den Ordner, in dem sie liegt, und für alle Unterordner. In Abbildung 6.5 sehen Sie die Datei auf unserem Webserver.

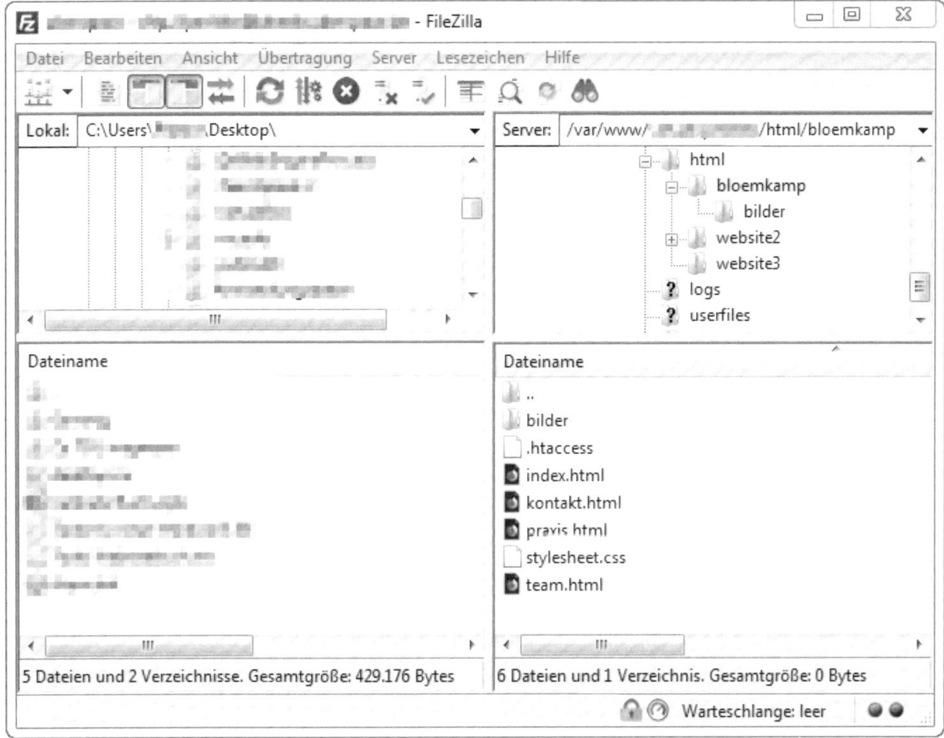

Abbildung 6.5 Die erste Datei in der Liste ist die ».htaccess«-Datei, mit der Sie den Webserver konfigurieren können.

Die *.htaccess*-Datei ist eine simple Textdatei, die pro Zeile eine Anweisung an den Webserver enthält. Diese Anweisung berücksichtigt der Server, bevor er andere Dateien an den Besucher überträgt – so ähnlich wie ein Browser die Gestaltungsanweisungen in einer CSS-Datei beachtet, bevor er das HTML-Dokument grafisch darstellt. Wenn Ihr Webspace keine solche Datei enthält oder Sie für weitere Verzeichnisse eigene *.htaccess*-Dateien einsetzen wollen, können Sie diese in Ihrem FTP-Programm erstellen.

In den späteren Kapiteln werden wir mit der Datei arbeiten, um Ihre Websites besser benutzbar zu machen und die Auffindbarkeit durch Suchmaschinen zu erhöhen. An dieser Stelle wollen wir nur auf etwas hinweisen, das für Sie schon früher wichtig ist, sofern es auftritt.

Ihr Webserver ist eventuell so eingestellt, dass er Browsern für Ihre Website-Dateien eine andere Zeichencodierung mitteilt, als Sie beim Anlegen der Dateien angegeben haben. Das kann bei Ihren Benutzern zu Darstellungsproblemen führen. Falls Ihnen das passiert, schreiben Sie in die *.htaccess*-Datei in eine neue Zeile eine Anweisung, nach der der Server für alle Website-Dateien dieselbe Codierung angeben soll, die Sie beim Anlegen der Dateien und in den Optionen des FTP-Programms festgelegt haben – also UTF-8:

```
AddCharset UTF-8 .html .css .js
```

.js ist die Dateiendung von JavaScript-Dateien. Mehr dazu lesen Sie in Kapitel 8, »Mehr Interaktivität mit JavaScript«.

Vorsicht in der .htaccess

Verändern Sie keine Zeile der *.htaccess*, von der Sie nicht genau wissen, was sie tut! Die Konfiguration eines Webservers ist eine komplexe Sache, bei der es auch um die Sicherheit Ihrer Daten und um den Schutz des gesamten Servers geht, den Sie sich oft mit anderen Kunden des Hosters teilen. (Natürlich teilen Sie sich in diesem Fall nur den Computer im Gebäude des Hosters; jeder Kunde hat seinen eigenen darauf gespeicherten Webspace, auf den nur er Zugriff hat.)

6.1.5 Eine eigene Domain – Ihre Adresse im Web

Jetzt haben Sie Ihre Dateien auf einem über das Internet erreichbaren Speicherort, und Sie haben sichergestellt, dass Ihre Besucher die Dateien sehen können. Aber wie erreichen die Nutzer Ihre Website? Zum jetzigen Zeitpunkt führt der einzige Weg über die Domain des Webspace-Anbieters, und die ist meistens sehr umständlich (z. B. *http://nutzer72.server3.anbieter.de*).

Damit Ihre Website leicht zu finden ist und Besucher die Adresse schnell an andere Menschen weitergeben können, brauchen Sie noch eine eigene *Internetadresse*. Diese Adresse (etwa *ihre-site.de*) wird auch *Domain* genannt. (Das im Browser meistens vorangestellte *www* gehört nicht zur Domain.) Eine solche Domain ist bei den meisten Speicherplatzangeboten bereits im Preis enthalten. Weitere *.de*-Adressen kosten Sie etwa 5 bis 10 Euro pro Jahr, andere Adressen wie *.org* oder *.cloud* können teurer sein. Sie können Domains entweder beim Anbieter Ihres Speicherplatzes oder bei speziellen Dienstleistern mieten. Geben Sie einfach »Domain Deutschland« in eine Suchmaschine ein. Auch hierzu können wir Empfehlungen nur auf der Website zum Buch unter *bnfr.de/ql602* geben, da wir dort auf Veränderungen der Angebote besser reagieren können.

Bei der Wahl einer Domain gilt dasselbe wie bei der Wahl des Nutzernamens bei einem E-Mail-Dienst oder sozialen Netzwerk: Der Name darf nicht schon vergeben sein, *google.de* etwa können Sie natürlich nicht mehr mieten. Der Name sollte auch möglichst kurz sein, damit man ihn leicht in den Browser eintippen oder weiterleiten kann.

Wenn Sie die Domain nicht beim selben Anbieter buchen wie den Webspace, müssen Sie beim Domainanbieter noch eine Weiterleitung auf den Speicherort der Site anlegen. Eine Anleitung dazu gibt es auf der Website Ihres Speicherplatzanbieters. Prinzipiell müssen Sie beim Domainanbieter die (umständliche) URL zu Ihrem Webspace eintragen, damit er weiß, wohin die gemietete Domain führen soll.

Sie sehen also: Eigener Webspace und eine eigene Adresse sind schon lange nicht mehr nur für Firmen mit dicker Brieftasche erschwinglich. Für rund 70 Euro pro Jahr bekommen Sie schon einen Webspace, der ausreichend Platz und Traffic für mehrere kleine bis mittlere Websites bietet, sowie ein paar Domains, mit denen Sie sich im Internet einen Namen machen können.

6.1.6 Das Favicon

Mit einer eigenen Domain haben Sie auch einen Teil der Identität Ihres Webauftritts festgelegt. Die Benutzeroberfläche eines Browsers bietet Ihnen eine weitere Möglichkeit, die Identität zu gestalten: das *Favicon*, die kleine Grafik, die Browser im entsprechenden Tab anzeigen. In Abbildung 6.6 sehen Sie das Favicon von Twitter – ein Beispiel dafür, dass ein gutes Icon im besten Fall genauso starke Assoziationen weckt wie eine Domain.

Abbildung 6.6 Wer den kleinen, blauen Vogel im Browsertab sieht, denkt sofort an Twitter – so aussagekräftig kann ein Favicon sein.

Es ist ganz einfach, für eine Website ein Favicon bereitzustellen, das die Browser Ihrer Besucher dann verwenden – übrigens nicht nur zur Anzeige neben der URL-Leiste, sondern auch für Lesezeichen oder in Tabs.

Schritt 1 | Erstellen Sie in einem einfachen kostenlosen Grafikprogramm (z. B. *Paint* unter Windows oder *Seashore* auf dem Mac) eine neue Datei mit 32 Pixeln Breite und 32 Pixeln Höhe.

Schritt 2 | Malen Sie Pixel für Pixel eine einfache Grafik, die Ihre Website symbolisiert.

Schauen Sie sich zur Inspiration die Favicons Ihrer Lieblingssites an. Meistens sind es entweder Buchstaben oder Symbole, die etwas mit dem Zweck der Website zu tun haben. Wenn Ihnen gar nichts einfällt, malen Sie zumindest eine Fläche in der Hauptfarbe Ihres Seitendesigns.

Schritt 3 | Speichern Sie die Datei unter dem Namen *favicon.ico*.

Wenn Ihr Grafikprogramm die Dateiendung *.ico* nicht zulässt, speichern Sie das Bild als *.eps*-Datei und ändern die Endung im Explorer bzw. im Finder von Hand in *.ico*.

Schritt 4 | Kopieren Sie die Datei in den Ordner auf Ihrem Webspace, in dem die HTML-Dateien der Website liegen – also nicht in einen Unterordner mit anderen Bildern, sondern in dieselbe Ebene, auf der auch die *index.html* liegt.

Da die Browser standardmäßig an diesem Speicherort nach einer Datei mit dem Namen *favicon.ico* suchen, wird Ihr neues Icon jetzt schon im Browser dargestellt.

Der HTML-Standard sieht aber eigentlich ein eigenes Element vor, in dem Sie den Speicherort des Favicons angeben. Das Element erstellen wir jetzt noch schnell, damit Ihre Site zukunftssicher ist und auch mögliche Browserversionen Ihr Icon anzeigen, die nicht eigenständig danach suchen.

Schritt 5 | Schreiben Sie folgendes Element in das `head`-Element aller HTML-Seiten des Beispielprojekts, am besten zu den anderen `link`-Elementen:

```
<link rel="icon" type="image/x-icon" href="favicon.ico">
```

Schritt 6 | Speichern Sie die HTML-Dateien, und öffnen Sie eine davon im Browser (siehe Abbildung 6.7).

Abbildung 6.7 Mit wenigen Mausklicks haben wir ein eigenes Favicon erstellt, das links oben im Browsertab angezeigt wird.

Der Browser benutzt Ihr neues Favicon jetzt in der Statusleiste sowie für Lesezeichen – zumindest wenn Sie die Site auf einem Server gespeichert haben. Bei Sites auf Ihrem lokalen Rechner verwenden manche Browser das Icon nicht. ■

Mit Webspace, FTP-Zugang, den Berechtigungen und einer Domain plus Favicon haben Sie jetzt eine richtige Website eingerichtet, die sozusagen für das Publikum geöffnet hat. Wie der Betreiber eines Ladengeschäfts stehen Sie damit aber auch vor der Herausforderung, dass Ihre Gäste sehr unterschiedlich sind. Sie müssen Ihr Geschäft so einrichten, dass sich möglichst alle darin wohlfühlen.

Dass Ihre Besucher sich zum Beispiel hinsichtlich Interessen, Bildung und Webgewohnheiten unterscheiden, haben wir ja schon in Kapitel 2, »Wer braucht was – die eigene Website planen«, thematisiert. Und im Konzept einer Website werden diese Unterschiede berücksichtigt.

In den nächsten Abschnitten dieses Kapitels geht es aber um die unterschiedlichen Techniken, die Ihre Besucher beim Aufruf Ihrer Website verwenden. Der erste Unterschied besteht in dem Browser, der Ihre Seiten darstellt.

6.2 Browser ist nicht gleich Browser

Die unterschiedlichen Browser erfordern eine Vorgehensweise, die bislang in den Beispielprojekten nicht nötig war: Wir haben HTML-Elemente und CSS-Eigenschaften bedenkenlos benutzt, weil nur Sie die Beispielseiten im Browser sehen. Und Ihr Browser kommt mit allen verwendeten Elementen und Eigenschaften einwandfrei zurecht, sofern Sie die neueste Version einsetzen.

Jetzt, da Ihre Website im Internet ist, müssen Sie aber an die Unterschiede zwischen den Browsern denken, wenn Sie ein HTML-Element oder eine CSS-Eigenschaft einsetzen wollen. Ihre Nutzer verwenden vielleicht einen ganz anderen Browser als Sie oder auch nur eine ältere Version Ihres Browsers, die vielleicht anders funktioniert als die aktuelle Version. In jedem Fall müssen Sie sich von jetzt an stärker damit auseinandersetzen, welche Unterschiede bei der Darstellung Ihrer Webseiten in den verschiedenen Browsern bzw. Browserversionen bestehen, und die Darstellung gegebenenfalls vereinheitlichen.

6.2.1 Die Unterschiede in der Darstellung herausfinden

Dafür müssen Sie zuerst einmal wissen, wo genau die Unterschiede in der Darstellung liegen. Dazu installieren Sie zum einen mehrere Browser auf Ihrem System und nutzen deren Analysefunktionen, und zum anderen informieren Sie sich auf anderen Websites, die die Unterschiede in der Darstellung dokumentieren.

Viele Browser installieren

Alle relevanten Browser sind kostenlos, und fast alle lassen sich parallel auf einem Computer betreiben. Deshalb brauchen Sie hier keine Hemmungen zu haben. Wir empfehlen Ihnen, auf Ihrem Windows-Rechner immer mindestens *Firefox*, *Chrome*, *Microsoft Edge* und *Internet Explorer* installiert zu haben. Auf Macs kommt der Apple-eigene Browser *Safari* hinzu, dafür gibt es dort keinen Internet Explorer.

Wenn Sie Ihre Websites von da an immer in vier Browsern gleichzeitig testen, bekommen Sie schon ein besseres Bild von der unterschiedlichen Darstellung. Allerdings gibt es von den großen Browsern jeweils wiederum Dutzende unterschiedlicher Versionen, und nicht alle Nutzer haben die jeweils neueste Version im Einsatz. Deshalb kann es sinnvoll sein, gelegentlich Ihre installierte Version zu löschen und eine ältere Version herunterzuladen, um ausprobieren, wie Ihre Website darin aussieht.

Ein wichtiges Hilfsmittel: der Inspektor

Moderne Browser sind nicht mehr nur für das Betrachten von Websites gut, sondern sie sind auch ein wichtiges Werkzeug beim Erstellen von Websites. Sie verfügen nämlich über ein umfangreiches Analysetool: den *Inspektor*, der wichtige Informationen zur aktuell angezeigten Webseite liefert.

In Ihrem Browser finden Sie die entsprechende Funktion (INSPEKTOR o. Ä.) nach Aufruf eines Menüeintrags (ENTWICKLERWERKZEUGE, WEB-ENTWICKLER o. Ä.). Wenn Sie die Funktion nicht auf Anhieb finden, geben Sie den Namen Ihres Browsers und »inspektor« in eine Suchmaschine ein.

In Abbildung 6.8 sehen Sie den Inspektor in Firefox. In den anderen Browsern sind Aufbau und Funktionsweise des Werkzeugs sehr ähnlich.

Der Inspektor ist in mehrere Bereiche unterteilt, von denen jeder eine bestimmte Art von Information über die aktuelle Seite enthält. Für Sie ist am Anfang der Bereich mit den Informationen zum HTML und CSS der Seite am interessantesten. Für jedes Element auf der Seite ❶ sehen Sie, wo es im Quelltext steht ❷. Anhand von horizontalen und vertikalen Strichen ❸ sehen Sie, welche Auswirkungen `margin` und `padding` auf die Darstellung haben.

Im CSS-Teil des Inspektors ❹ können Sie die »Kaskade« der Cascading Style Sheets hervorragend nachvollziehen: Sie sehen, woher die jeweiligen Eigenschaften stammen – ob von einem `style`-Attribut, aus einer CSS-Datei, ob direkt für das Element spezifiziert oder von anderen Elementen geerbt. Wenn hier ein Eigenschaft-Wert-Paar durchgestrichen ist, bedeutet das, dass es dieselbe Eigenschaft in einem präziseren und/oder individuelleren Format gibt und dass dessen Wert verwendet wird.

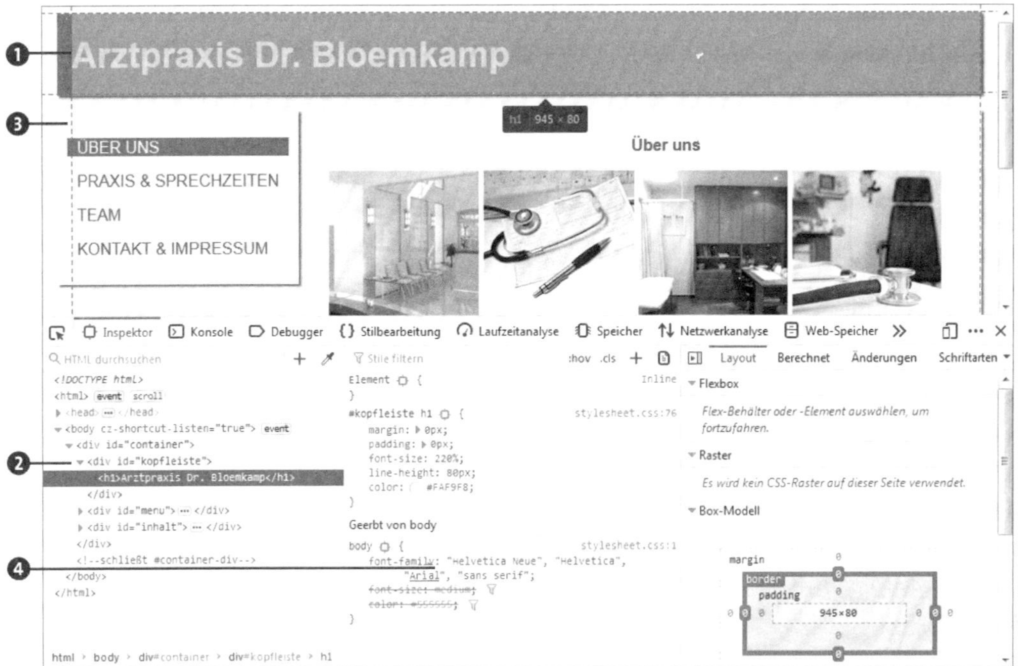

Abbildung 6.8 Der Inspektor in Firefox. Er zeigt ausführliche Informationen über die aktuelle Webseite an.

Der Inspektor zeigt Ihnen also, welche Teile des Quelltexts ein bestimmter Browser überhaupt versteht und wie er ein Element oder eine bestimmte Eigenschaft für die Darstellung interpretiert. So erkennen Sie nicht nur, dass es Darstellungsunterschiede gibt, sondern auch, mit welchem Element oder mit welcher Eigenschaft genau der Browser Probleme hat. Mit dem Inspektor finden Sie zum Beispiel schneller heraus, welches von zwei Elementen der Grund für zu wenig Abstand zwischen ihnen ist.

Websites, die Darstellungsunterschiede dokumentieren

Da Sie unmöglich alle Versionen aller Browser auf Ihrem Computer installiert haben können, müssen Sie Ihre Erfahrungen durch das Wissen anderer Menschen ergänzen. Grundsätzlich finden Sie auch schon einiges heraus, wenn Sie in eine Suchmaschine das Element oder die Eigenschaft und einen Browsernamen eingeben.

Gerade für HTML5-Elemente und CSS3-Eigenschaften gibt es aber gute Websites, mit denen Sie schneller die nötigen Informationen bekommen. Eine der besten Websites dafür ist *Can I use...* (siehe *bnfr.de/ql605*).

Hier geben Sie in das Suchfeld den Namen eines Elements oder einer Eigenschaft ein: zum Beispiel box-shadow, das wir für den Schlagschatten in Kapitel 5, »Die eigene Website erstellen«, benutzt haben. Dann zeigt Ihnen die Seite (siehe Abbildung 6.9), welche Browserversionen diese Eigenschaft darstellen können und welche nicht.

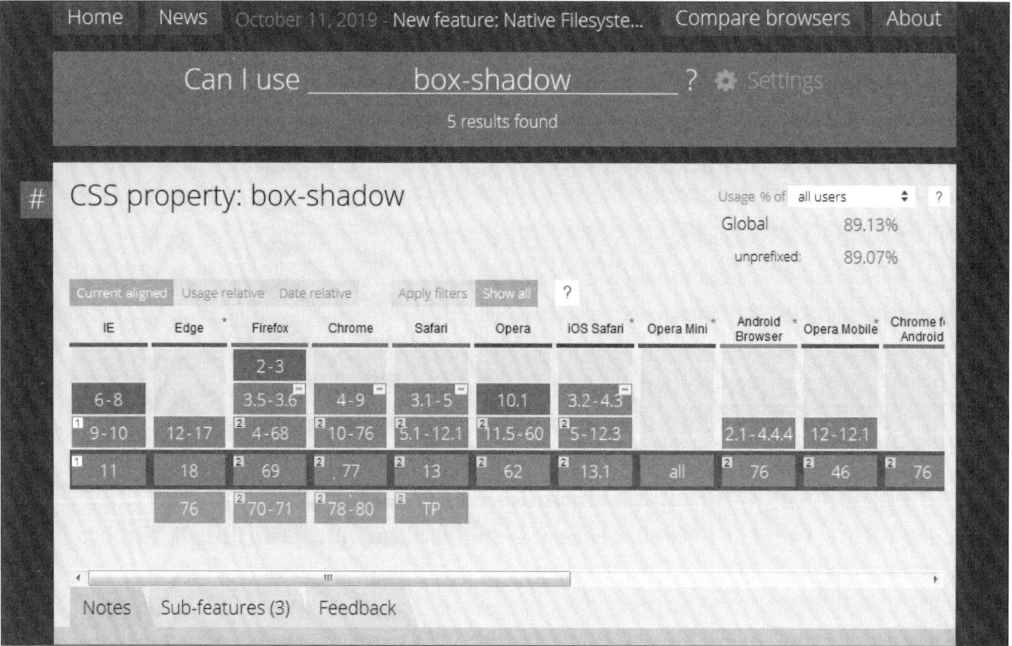

Abbildung 6.9 Die Website »Can I use…« zeigt uns, welche Browser ein HTML-Element oder eine CSS-Eigenschaft unterstützen und welche nicht.

Demnach wird die Eigenschaft von Internet Explorer, Microsoft Edge, Firefox, Chrome und Safari in der jeweils aktuellen Version (dunkel hinterlegte Zeile) unterstützt. Nur sehr alte Versionen wie Internet Explorer 6 bis 8 oder Firefox 2 und 3 unterstützen die Eigenschaft gar nicht. Bei einigen anderen ebenfalls sehr alten Browserversionen ist die Darstellung eingeschränkt, etwa bei Firefox 3.5 oder Chrome 4 bis 9.

Wir haben mit box-shadow bewusst eine Eigenschaft eingesetzt, die von praktisch allen relevanten Browsern unterstützt wird. Wenn Sie auf Ihren Seiten neuere CSS-Eigenschaften verwenden, wird es auch bei neueren Browserversionen Unterschiede geben. In jedem Fall halten wir fest, dass sich die Unterstützung für jedes HTML-Element und für jede CSS-Eigenschaft in drei Kategorien einteilen lässt:

- Browserversionen, die das Element oder die Eigenschaft problemlos darstellen können

- Browserversionen, die das Element oder die Eigenschaft teilweise, mit etwas zusätzlicher Arbeit vielleicht auch vollständig, darstellen können
- Browserversionen, die das Element oder die Eigenschaft überhaupt nicht darstellen können

Übrigens gibt es viele Websites und Dienste wie *Browsershots* (kostenlos, *bnfr.de/ql606*), *Cross Browser Testing* (kostenpflichtig, *bnfr.de/ql607*) oder *BrowserStack* (kostenpflichtig, *bnfr.de/ql619*), die Ihnen zeigen wollen, wie Ihre Seiten in den unterschiedlichsten Browsern aussehen. Sichergehen können Sie aber nur, wenn Sie Ihr HTML und CSS selbst mit den entsprechenden Browsern testen.

6.2.2 Die Unterschiede in der Darstellung ausgleichen

Dank mehrerer installierter Browser und den Informationen von anderen Websites kennen Sie jetzt viele Darstellungsunterschiede zwischen den einzelnen Browserversionen. Nun können Sie Ihre Websites optimieren, um diese Unterschiede auszugleichen.

Den ersten Schritt haben Sie schon getan, nämlich damit, dass Sie ein eigenes CSS-Stylesheet angelegt haben. Die darin enthaltenen einheitlichen Gestaltungsanweisungen überschreiben ja die Standarddarstellung der verschiedenen Browser. Je mehr Unterschiede Sie ausgleichen wollen, umso mehr zusätzliche Arbeit haben Sie aber.

Browserspezifisches Präfix

Eine Möglichkeit, mit der man einige Browserversionen mit wenig zusätzlicher Arbeit zur korrekten Darstellung von CSS-Eigenschaften bringen kann, ist ein browserspezifisches *CSS-Präfix*. Dieses Präfix besteht aus einem kurzen Wort, das von Bindestrichen umgeben ist, zum Beispiel `-webkit-`.

Bevor wir das in der Praxis ausprobieren, zeigen wir hier noch schnell, welche Browser welches Präfix benutzen:

- Firefox: `-moz-`
- Chrome und Safari: `-webkit-`
- Internet Explorer und Microsoft Edge: `-ms-`

Das Präfix für Chrome und Safari ist nach der Render-Engine *WebKit* benannt. Die Render-Engine, zu Deutsch etwa der Darstellungsmotor, ist genau das: der Teil des Browsers, der aus dem Quelltext einer Seite die grafische Darstellung macht. Safari rendert mit WebKit, Chrome und Microsoft Edge nutzen die eng verwandte Engine *Blink*, Firefox rendert mit *Gecko*, und die Engine des Internet Explorers heißt *Trident*.

So viel zur Theorie – jetzt können wir dafür sorgen, dass auch Nutzer mit einigen älteren Browserversionen (in dem Fall z. B. Firefox 3.5, Chrome 9 oder Safari 5) einen Schlagschatten sehen.

Schritt 1 | Öffnen Sie die CSS-Datei der Beispiel-Website aus dem letzten Kapitel.

Schritt 2 | Erweitern Sie die drei Formate mit dem `box-shadow` jeweils um folgende Eigenschaften:

```
-moz-box-shadow: 2px 2px 2px 0px #515151;
-webkit-box-shadow: 2px 2px 2px 0px #515151;
```

Schreiben Sie die neuen Eigenschaften immer oberhalb der alten Eigenschaft ohne Präfix. So benutzen nur die Browser das Präfix, die es auch brauchen.

Zur Erinnerung – Browser gehen beim Durchsuchen einer CSS-Datei grundsätzlich so vor: Sie finden ein Format, das zum Element passt, das aktuell dargestellt werden soll, und gehen die Eigenschaften von oben nach unten durch. Wenn sie eine Eigenschaft finden, die dasselbe macht wie eine frühere Eigenschaft, wird der Wert der Eigenschaft benutzt, die als letzte vorkommt. Wenn Sie also in einem Format aus irgendeinem Grund dreimal `font-size` festlegen, nur mit unterschiedlichen Werten, nimmt der Browser immer den untersten der drei Werte.

Für `box-shadow` wollen wir, dass Browser, die sowohl die Eigenschaft mit Präfix als auch die Eigenschaft ohne Präfix verstehen, letztendlich die Eigenschaft ohne Präfix verwenden, weil diese dem CSS-Standard entspricht. Deshalb steht sie weiter unten. Außer mit der Reihenfolge der Eigenschaften innerhalb der Formate kann man aber bei browserspezifischen CSS-Präfixen nichts falsch machen. Die Browser, die sie nicht verstehen, stören sich nicht an ihnen. ■

Warum gibt es Präfixe überhaupt?

Es dauert manchmal, bis eine bestimmte Eigenschaft offiziell zum Teil des CSS-Standards erklärt wird. Die Browserhersteller wollen aber schon vorher die modernsten Features unterstützen. Deshalb bauen sie die Funktion für die entsprechende Gestaltung bereits ein, bevor eine Eigenschaft offiziell zum Standard gehört, und ermöglichen die Nutzung der Funktion über CSS-Präfixe.

Mittlerweile versuchen die Browserhersteller aber, von Präfixen abzukommen. Stattdessen können erfahrene Nutzer in neuen Browserversionen selbst konfigurieren, ob experimentelle Funktionen ausgeführt werden dürfen oder nicht. Es ist aber in jedem Fall nützlich, zu verstehen, wie CSS-Präfixe funktionieren, solange sie von Webdesignern eingesetzt werden.

Mit nur wenigen zusätzlichen Zeilen CSS haben wir jetzt dafür gesorgt, dass einige Browserversionen Ihre CSS-Anweisungen bei der Darstellung des Schlagschattens umsetzen können – allerdings nur die Versionen, die etwas mit den Präfixeigenschaften anfangen können. Leider gibt es auch Browser und Versionen, die etwa `box-shadow` weder mit noch ohne Präfix verstehen.

Dazu gehören der Internet Explorer 8 und ältere Versionen. Deshalb hätte es für den Schatten nichts genutzt, ihn zusätzlich mit dem `-ms`-Präfix anzugeben. Zwar verwenden nur noch sehr wenige Besucher Ihrer Website derart alte Internet-Explorer-Versionen, aber manchmal bestehen zum Beispiel Auftraggeber darauf, dass Sie Ihnen eine Website bauen, die selbst auf diesen alten Browsern eine bestimmte Gestaltung hat. Deshalb wollen wir Ihnen zumindest eine Möglichkeit zeigen, wie Sie mit vertretbarem Aufwand dafür sorgen, dass diese Browser – und nur diese Browser – eigene Gestaltungsanweisungen bekommen.

Ein eigenes Stylesheet für Internet Explorer

Wir haben den drei Layoutelementen ja deshalb einen Schlagschatten gegeben, um sie etwas stärker vom Hintergrund der Seite abzuheben. Dieses Ziel ließe sich auch mit etwas Einfacherem als einem Schatten erreichen, etwa mit einem simplen Rahmen um die Elemente.

Einen Rahmen zeichnet der Browser, wenn Sie einem Element die CSS-Eigenschaft `border` zuweisen:

```
border: 1px solid #515151;
```

Ähnlich wie die Eigenschaft `box-shadow` enthält der Wert der Eigenschaft gleich mehrere Informationen: An erster Stelle steht die Dicke des Rahmens in Pixeln, dann kommt die Art des Rahmens (`solid` steht für eine normale, durchgezogene Linie) und schließlich die Farbe des Rahmens als Hexcode.

Allerdings verstehen alte Browser die Anweisung nicht, wenn Sie alle Informationen in einem Wert zusammenfassen. Und da wir den Rahmen ja gerade für alte Browser erstellen, nehmen wir darauf Rücksicht. Also benutzen wir eben für jede Information eine eigene CSS-Eigenschaft:

```
border-width: 1px;
border-style: solid;
border-color: #515151;
```

Ein auf diese Weise definierter Rahmen wird vom Internet Explorer 8 so dargestellt wie in Abbildung 6.10.

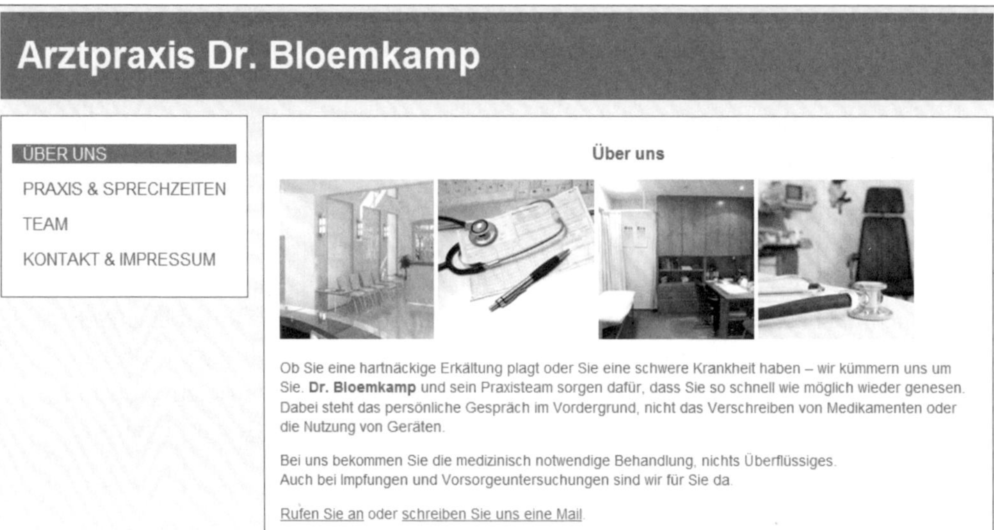

Abbildung 6.10 Dank eines eigenen Stylesheets bekommen ältere Internet Explorer alternative CSS-Anweisungen, die sie auch verstehen.

Das ist nicht so hübsch wie der Schatten, erfüllt aber zumindest den Zweck, die Layoutelemente vom Hintergrund abzuheben.

Wenn wir die Eigenschaften jetzt aber einfach in unsere CSS-Datei schreiben, wird der Rahmen auch in solchen Browsern dargestellt, die den Schatten beherrschen – sie stellen dann also Rahmen und Schatten gleichzeitig dar.

Um das zu vermeiden, schreiben wir die Eigenschaften für den Rahmen in eine eigene CSS-Datei und verknüpfen diese so mit den HTML-Dateien, dass nur die Internet Explorer 5 bis 8 sie beachten. Alle anderen Browser werden sie ignorieren.

Schritt 1 | Erstellen Sie dazu erst einmal eine neue CSS-Datei und speichern Sie sie unter dem Namen *ie-alt.css*.

Schritt 2 | Erstellen Sie in der neuen CSS-Datei drei Formate mit den Selektoren `#kopfleiste`, `#menu` und `#inhalt`.

Schritt 3 | Schreiben Sie in jedes Format die Eigenschaften für einen Rahmen:

```
border-width: 1px;
border-style: solid;
border-color: #515151;
```

Schritt 4 | Speichern und schließen Sie die CSS-Datei.

Jetzt verknüpfen Sie das neue Stylesheet so mit den HTML-Dokumenten, dass es nur von alten Internet Explorern beachtet wird.

Schritt 5 | Öffnen Sie dazu alle HTML-Dateien des Beispielprojekts.

Schritt 6 | Fügen Sie folgendes HTML in das `head`-Element jeder Datei ein, und zwar *unter* dem bereits vorhandenen `link`-Element, das unser normales Stylesheet einbindet:

```
<!--[if lt IE 9]>
<link rel="stylesheet" type="text/css" href="ie-alt.css">
<![endif]-->
```

Die Reihenfolge der eingebundenen CSS-Dateien ist wichtig, weil der Browser auch hier von oben nach unten vorgeht: Wenn in der zuerst eingebundenen Datei für ein Element eine Eigenschaft bestimmt ist, dann wird diese nicht berücksichtigt, wenn in einer weiter unten eingebundenen Datei dieselbe Eigenschaft für dasselbe Element mit einem anderen Wert festgelegt wird.

Damit alte Internet Explorer auch dann noch den gerade eben festgelegten Rahmen benutzen, wenn wir in Zukunft im normalen Stylesheet für modernere Browser einen anderen Rahmen bestimmen, muss die Datei *ie-alt.css* deshalb nach der Datei *stylesheet.css* eingebunden werden. ■

Kommen wir jetzt aber zur Erklärung, was genau Sie da in das `head`-Element der HTML-Dateien geschrieben haben. Das war ein *bedingter Kommentar* (engl. *conditional comment*), der auch *Browserweiche* genannt wird. Grundsätzlich haben diese speziellen Kommentare folgende Syntax:

```
<!--[if IE]>Kommentar<![endif]-->
```

Der Inhalt des Kommentars ist nur für Browser sichtbar, die die am Anfang festgelegte Bedingung erfüllen. Und wenn man wie wir statt eines Texts ein `link`-Element als Inhalt des Kommentars benutzt, ist eben das `link`-Element nur für Browser sichtbar, die die Bedingung erfüllen. Andere Browser binden die darin angegebene CSS-Datei deshalb gar nicht erst ein.

Die Bedingung kann unterschiedlich präzise festgelegt werden: `[if IE]` zeigt den Inhalt allen Versionen des Internet Explorers. `[if IE 8]` zeigt den Inhalt nur Internet Explorern in der Version 8. Das von uns benutzte `[if lt IE 9]` zeigt den Inhalt nur Internet Explorern, die eine kleinere Versionsnummer als 9 haben – also 8 und abwärts. Man kann auch `[if gt IE 9]` schreiben, dann sind nur Internet Explorer mit einer größeren Versionsnummer als 9 betroffen.

Für unser Beispiel wäre es jetzt nicht tragisch gewesen, wenn die anderen Browser den Rahmen ebenfalls dargestellt hätten. Aber wenn Sie mal alten Internet Explorern stark abweichendes `margin` und `padding` geben oder eine ganz andere Schriftart, wird die Trennung in zwei Stylesheets und das Einbinden mit bedingten Kommentaren wichtig.

Natürlich lassen sich nicht nur spezielle Stylesheets für Internet Explorer auf diese Weise einbauen. Wenn Sie andere HTML-Elemente mit bedingten Kommentaren umschließen, können Sie theoretisch auch ganze `div`-Elemente nur für Internet Explorer entwerfen, wenn das zur Lösung eines Problems beiträgt.

Es wäre schön, wenn man mit bedingten Kommentaren auch andere Browser wie Firefox oder Chrome der Version nach unterscheiden könnte. Dann könnten wir ja zum Beispiel für Firefox 3 genauso vorgehen und als Ersatz für den Schatten einen Rahmen zeichnen lassen. Aber leider funktionieren bedingte Kommentare nur mit dem Internet Explorer. Wer die Darstellung einer Website also auch für alte Versionen der anderen Browser einheitlicher machen will, müsste zusätzliche Lösungen finden.

Bilder statt CSS-Eigenschaften

So könnten Sie zum Beispiel Bilder statt CSS-Eigenschaften verwenden, um Ihre Elemente grafisch aufwendig darzustellen. Die entsprechenden Seitenbereiche werden dann von allen Browsern gleich dargestellt, weil selbst die ältesten Browser ein Bild korrekt wiedergeben.

Für die Website von Dr. Bloemkamp könnten wir zum Beispiel drei Bilddateien erstellen, die als Hintergrund der drei Layoutelemente angezeigt werden – anstatt die Hintergrundfarbe und den Schatten mit `background-color` und `box-shadow` per CSS zeichnen zu lassen. So eine Bilddatei müssten Sie mit einem Bildbearbeitungsprogramm erzeugen. Darin malen Sie eine Fläche mit den entsprechenden Abmessungen des Elements und der gewünschten Farbe. Dann fügen Sie je nach Funktionsumfang des Programms grafische Effekte wie Schatten hinzu.

Beim Stichwort »Abmessungen des Elements« haben Sie aber schon erkannt, warum Hintergrundbilder viel zusätzliche Arbeit für Sie bedeuten: Bei einem Layout mit flexibler Breite oder Höhe klappt es mit so einem Bild nicht, weil es je nach Inhalt vorkommen kann, dass das Element plötzlich größer oder kleiner als das Hintergrundbild ist.

Einzelne Hintergrundbilder funktionieren also erst mal nur bei Elementen, die feste Breiten und Höhen haben. Wenn Sie damit arbeiten möchten, müssen Sie also Ihr Layout mit festen Abmessungen entwerfen. Die Vor- und Nachteile der unterschiedlichen Vorgehensweisen beim Layout beschreiben wir in Abschnitt 5.3.2, »Feste oder flexible Abmessungen?«.

Es gibt aber auch die Möglichkeit, Elemente mit speziellem Hintergrund in mehrere Teile aufzuteilen und dann jedem Teil ein separates Hintergrundbild zu geben. Damit kann zumindest entweder die Breite oder die Höhe dynamisch bleiben.

Aber fangen wir bei den Grundlagen an. Mit folgender CSS-Eigenschaft bestimmen Sie ein einfaches Hintergrundbild für ein Element:

```
background-image: url(bilder/hintergrund.png);
```


Der Wert besteht also aus dem Wort `url`, in Klammern kommt dann der Speicherort der Bilddatei *bezogen auf die CSS-Datei* – nicht bezogen auf das HTML-Dokument, in dem das Element vorkommt! Wenn die Bilddatei in einem anderen Ordner liegt als das Stylesheet, müssen Sie den Weg zum Dateinamen genauso angeben wie den Weg zum verlinkten Objekt bei Links.

Für spezifische Zwecke benutzen Sie ergänzende CSS-Eigenschaften. Zum Beispiel reicht es bei manchen Hintergrundbildern, wenn nur ein kleiner Teil davon unendlich oft wiederholt wird. Natürlich ist das zum einen bei gleichmäßigen farbigen Flächen der Fall, aber die kann man ja genauso gut mit `background-color` erzeugen. Sinnvoller ist eine solche Wiederholung bei einer sogenannten Textur.

Eine Textur besteht zwar nicht aus einer gleichmäßig farbigen Fläche, aber trotzdem im Prinzip aus immer dem gleichen kleinen Stück, das über die gesamte Seite wiederholt wird. Im Einsatz sehen Sie das bei einer Website in Abbildung 6.11.

Abbildung 6.11 Die Textur im Hintergrund erzeugt auf dieser Webseite einen visuellen Eindruck von altem, geheimnisvollem Papier.

Wenn Sie eine solche Textur für den Seitenhintergrund oder für den Hintergrund eines einzelnen Elements benutzen, sparen Sie viel Speicherplatz, weil das kleine Stück ja nicht so viel Platz auf dem Server braucht wie ein großes Hintergrundbild mit 1.000 × 1.000 Pixeln. Außerdem ermöglichen Sie damit ein flexibleres Layout: Die Breite eines Elements kann dynamisch sein, und die Hintergrundtextur wird einfach oft genug wiederholt, um das Element in seiner ganzen Breite zu untermalen.

Um das umzusetzen, kombinieren Sie die Eigenschaft `background-image` mit der Eigenschaft `background-repeat`:

```
background-image: url(/bilder/beispiel.png);
background-repeat: repeat-x;
```

Die zweite Eigenschaft bewirkt mit diesem Wert, dass das Hintergrundbild horizontal so lange wiederholt wird, bis das Seitenende des Elements erreicht ist. Um ein Bild vertikal so oft wie möglich zu wiederholen, benutzen Sie den Wert `repeat-y`. Um in beide Richtungen zu wiederholen, verwenden Sie den Wert `repeat`, und um die Wiederholung zu unterdrücken, den Wert `norepeat`.

Was mit dieser Methode nicht gelöst wird, sind Hintergrundbilder für Elemente mit besonderem Rand, also Bilder, die nicht wie eine Fläche oder eine Textur überall gleich aussehen, sondern am Rand einen Rahmen, Schatten oder Ähnliches haben.

Eine Lösung für dieses Problem kombiniert feste Hintergrundbilder für den Randbereich mit einem sich wiederholenden kleinen Bild für den dynamischen Mittelteil des Elements. Dazu wird das HTML-Element erst einmal in drei einzelne Elemente aufgeteilt. Je nachdem, ob das Element vertikal oder horizontal länger ist, geht man anders vor: `#element_oben`, `#element_mitte` und `#element_unten` bzw. `#element_links`, `#element_mitte` und `#element_rechts`. Die oberen und unteren bzw. linken und rechten Elemente bekommen mit `background-image` Hintergrundbilder mit speziellem Rand. Der Mittelteil bekommt ein nur wenige Pixel schmales Bild, das lediglich an den beiden kurzen Seiten den speziellen Rand zeigt und mit `background-repeat` wiederholt wird. Im Browser zusammengesetzt, entsteht aus den drei Teilen ein visuelles Element, das einen in Höhe oder Breite dynamischen Hintergrund mit speziellem Rand besitzt, wie die Skizze in Abbildung 6.12 zeigt.

Runde Ecken mit CSS

Wenn Sie wie in unserer Skizze ein Element mit abgerundeten Ecken darstellen wollen, können aktuelle Browser (welche genau es sind, sehen Sie bei *Can I use...* unter *bnfr.de/ql608*) das auch ohne Bilder erreichen, nur mit CSS:

```
border-radius: 10px;
```

Ein so formatiertes Element wird mit abgerundeten Ecken dargestellt. Mit diesem Wert hat der gedachte Kreis, der in die Rundung hineinpassen würde, einen Radius von 10 Pixeln. Auf das Element lassen sich dann zusätzliche Effekte wie `box-shadow` oder `border` anwenden, und der Schatten bzw. Rahmen berücksichtigt die Rundung an den Ecken.

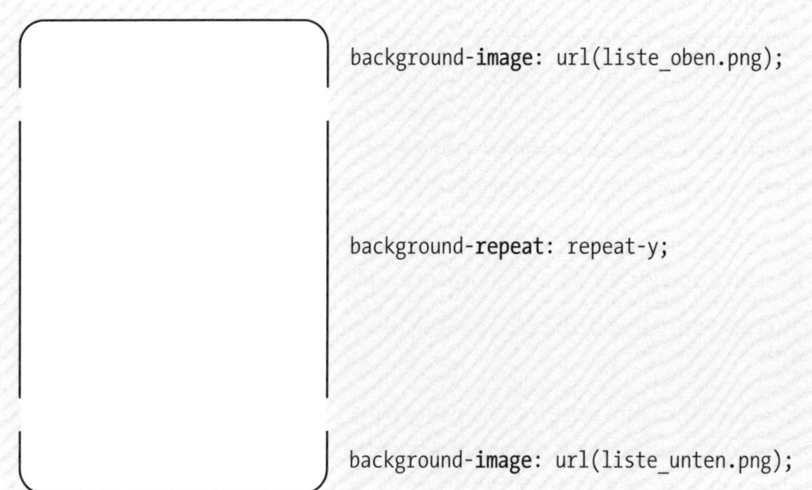

Abbildung 6.12 Dank dreier separater Elemente und Hintergrundbilder kann zumindest der mittlere Bereich dynamische Abmessungen mit »auto«-Werten bekommen.

Mit browserspezifischen Präfixen, Internet-Explorer-spezifischen Browserweichen und der Verwendung von Bildern statt CSS haben wir jetzt einige Methoden vorgestellt, mit denen Sie die Darstellung einer Website über Browser und Browserversionen hinweg möglichst umfassend vereinheitlichen können. Glücklicherweise sinkt der Anteil alter Browserversionen aber immer weiter, sodass Sie bei Ihren ersten Websites relativ entspannt sein können. Und mit dem Inspektor und Webseiten wie *Can I use...* kennen Sie jetzt Werkzeuge, die auch dann wertvoll sind, wenn alle Ihre Besucher die neuesten Browser verwenden.

Nun ist der eingesetzte Browser zwar ein sehr wichtiger Faktor bezüglich der technischen Ausstattung Ihrer Besucher, aber nicht der einzige. Die nächste Herausforderung besteht in dem Umstand, dass Ihre Besucher ganz verschieden große Bildschirme benutzen.

6.3 Bildschirm ist nicht gleich Bildschirm

Solange nur Sie selbst Ihre Website angesehen haben, waren unterschiedliche Bildschirmgrößen kein Thema. Ihr Monitor hat eine bestimmte Größe, und auf ihr wurde die Seite eben auf eine bestimmte Weise dargestellt. Aber Ihre Besucher haben vielleicht einen größeren Bildschirm oder einen kleineren.

Zum Glück müssen Sie keinen zusätzlichen Monitor kaufen, um herauszufinden, wie Ihre Website mit anderen Bildschirmgrößen dargestellt wird. Denn zumindest kleinere Bildschirme können Sie simulieren, indem Sie Ihr Browserfenster einfach kleiner machen. Und da wir Ihnen für die meisten Websites ohnehin empfehlen, wie bei unserem Beispielprojekt ein `container-div` mit einer Maximalbreite für den Inhalt zu benutzen, ist die Frage nach der Darstellung auf noch größeren Monitoren eher zweitrangig.

6.3.1 Was passiert bei veränderter Fenstergröße?

Schauen wir uns also an, wie sich die Darstellung Ihrer Seite bei kleinerem Browserfenster verändert.

Schritt 1 | Öffnen Sie eine Seite unseres Beispielprojekts im Browser. Wechseln Sie gegebenenfalls bei der Anzeige des Browserfensters von der Vollbild- zur Fensterdarstellung. Machen Sie dann das Browserfenster schrittweise schmaler, indem Sie den rechten Rand mit der Maus anfassen und nach links schieben.

Funktion des Inspektors nutzen

Als Teil der Entwicklerwerkzeuge können Sie bei einigen Browsern bequem die Größe der anzuzeigenden Webseite verändern, ohne in die Fensterdarstellung wechseln zu müssen. Auch können Sie in Pixeln angeben, wie breit und hoch das angezeigte Dokument sein soll, und direkt Screenshots erstellen. Teilweise müssen Sie Seiten neu laden, nachdem Sie eine andere Größe ausgewählt haben, damit die Gestaltung angepasst wird.

So können Sie das Layout mit den flexiblen Werten in Aktion beobachten: Der rechte Rand der Kopfleiste und des Inhaltsbereichs wandert beim Verkleinern zusammen mit dem rechten Fensterrand nach links. Die Textabsätze werden immer schmaler, dafür nach unten länger. Wenn die Bilder nebeneinander keinen Platz mehr haben, werden sie untereinander dargestellt.

Möchten Sie nicht nur die Breite verkleinern, sondern auch die Höhe des Browserfensters, ist die Flexibilität dagegen nicht so groß. Probieren Sie es aus – der untere Rand der Elemente wandert bei den meisten Browsern nicht automatisch mit, wenn Sie den unteren Rand des Fensters nach oben schieben. Stattdessen wird die Seite nach unten scrollbar.

Das ist durchaus so gewollt. Denn Internetnutzer sind es eher gewohnt, Webseiten oder auch Textdokumente vertikal nach unten oder oben zu scrollen, während horizontales Scrollen nach rechts oder links eher als lästig empfunden wird.

Das Seitenlayout unserer Beispielseiten funktioniert also bislang prinzipiell auch auf kleineren Bildschirmen, die Website bleibt gut benutzbar. Nur ein Detail stört schon jetzt:

Schritt 2 | Schieben Sie das Browserfenster so eng zusammen, wie es in Abbildung 6.13 zu sehen ist.

Abbildung 6.13 Wenn das Browserfenster für die Überschrift nicht breit genug ist, wird sie auf zwei Zeilen umbrochen und überdeckt nachfolgende Elemente.

Weil der Text im `h1`-Element der Kopfleiste eine große Schriftgröße hat, wird er auf einem engen Bildschirm umbrochen und auf zwei Zeilen verteilt. Und weil die Kopfleiste eine mit 80 Pixeln festgelegte Höhe hat, wird sie nicht wie zum Beispiel die Textabsätze nach unten hin vergrößert, um die geringere Breite auszugleichen. Um diesen Darstellungsfehler zu beheben, müssen wir mit der bereits bekannten Eigenschaft `overflow` arbeiten. Sie regelt, was passiert, wenn der Inhalt eines Elements größer wird als das Element selbst.

Schritt 3 | Öffnen Sie das Standard-Stylesheet des Beispielprojekts (also nicht das Stylesheet für die alten Internet Explorer), und geben Sie dem Format für die Kopfleiste – nicht für die Überschrift! – folgende Eigenschaft:

```
overflow: hidden;
```

Schritt 4 | Speichern Sie die CSS-Datei, und laden Sie die Seite im kleinen Fenster neu, um das Ergebnis zu sehen (siehe Abbildung 6.14).

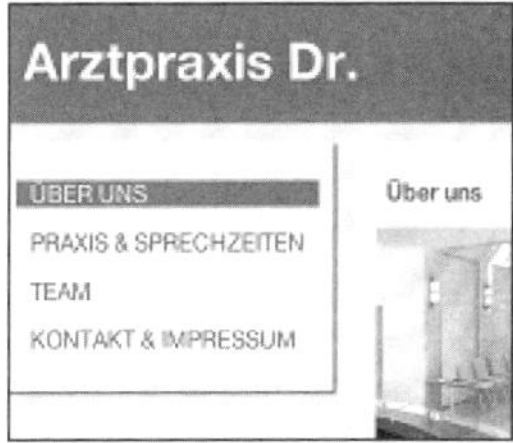

Abbildung 6.14 Fürs Erste verstecken wir den Teil der Überschrift, der über die Kopfleiste hinausragt. Im weiteren Verlauf des Kapitels finden wir aber eine bessere Lösung.

Jetzt wird der Text, der über die Größe des Kopfleistenelements hinausgeht, einfach nicht mehr angezeigt. Das ist zwar keine perfekte Lösung, aber für den Moment belassen wir es dabei. Eine Alternative wäre, das Element dynamisch nach unten zu vergrößern, was schlecht ist: Niemand will auf einem kleinen Bildschirm nach unten scrollen, nur weil schon der Name der Website die oberen 200 Pixel einnimmt. ■

6.3.2 Relative Angaben statt pixelgenauer Werte

Zwei Dinge haben sich bei all dem Herumgeziehe am Browserfenster nie geändert: die Schriftgröße sowie die Abstände zwischen den einzelnen Elementen – einfach deshalb, weil wir sowohl `font-size` und `line-height` als auch `margin` und `padding` mit festen Pixelwerten angegeben haben.

Von pixelgenauen Angaben erhofft man sich ja eine präzise Kontrolle darüber, wie groß ein Element dargestellt wird. Doch leider hängen Pixelangaben immer von der Pixeldichte eines Bildschirms ab – wie viele Pixel auf jedem Zentimeter Fläche Platz haben, kann nämlich von Modell zu Modell variieren. Das heißt, ein 14 Pixel hoher Buchstabe erstreckt sich auf dem einen Bildschirm zum Beispiel über 5 Millimeter, aber auf einem anderen Bildschirm über 7 oder 3 Millimeter. Für den Besucher vor seinem Bildschirm zählen für die Lesbarkeit aber die Millimeter und nicht die Pixel, sodass Pixelwerte genau genommen keine absoluten Größenangaben sind.

Alternativ zu einer Angabe der Schriftgröße in Pixeln kennt die Eigenschaft `font-size` als Werte auch relative Schlüsselwörter, Prozentangaben sowie Werte in der Einheit `em`. Das bedeutet jeweils:

- Schlüsselwörter geben die Schriftgröße relativ zur Standardgröße des Browsers an. `medium` als Wert entspricht dem Browserstandard. `large`, `x-large` und `xx-large` sind jeweils eine Stufe größer, `small`, `x-small` und `xx-small` jeweils eine Stufe kleiner als `medium`.
- Die Schlüsselwörter `larger` und `smaller` geben die Schriftgröße relativ zur Schriftgröße des Elternelements an.
- Auch Prozentangaben geben die Schriftgröße relativ zum Elternelement an; `100%` entsprechen der Schriftgröße des Elternelements.
- `em` gibt die Schriftgröße ebenfalls relativ zur Schriftgröße des Elternelements an; `1em` entspricht der gleichen Schriftgröße, `1.1` zum Beispiel ist größer, `0.9` wäre niedriger.

Auch andere CSS-Eigenschaften wie `margin` und `padding` kann man in `em` oder Prozent angeben, allerdings nicht mit Schlüsselwörtern wie `medium`. Aber wie Sie schon sehen, haben auch die relativen und damit eigentlich flexiblen Angaben Tücken: Sie basieren alle auf einem bestimmten Grundwert. Sie müssen also trotzdem für mindestens ein Element eine bestimmte Schriftgröße als Bezugspunkt angeben, damit darauffolgende Angaben wie `1.2em` oder `120%` überhaupt eine Aussage haben können. Und die Standardwerte sind vom eingesetzten Browser abhängig – verschiedene Browser können die Angabe `medium` jeweils unterschiedlich interpretieren.

Das bedeutet für Sie: Entweder Sie bestimmen zum Beispiel für das `body`-Element doch einen festen Pixelwert als Ausgangsbasis, von dem aus Sie dann für die einzelnen Elemente relative Abweichungen definieren – je nach Pixeldichte eines Bildschirms haben dann trotzdem nicht alle Besucher gleich große und damit gleich gut lesbare Buchstaben vor sich. Oder Sie nehmen einen relativen Wert als Ausgangsbasis, dessen Größe dann von Browser zu Browser variieren kann.

Leider ergibt sich aus all dem, dass wir zumindest mit einfachem HTML und CSS keinen Weg finden, um die Größe unserer Textelemente dynamisch an die Größe des Bildschirms bzw. Browserfensters anzupassen. Wir können also nicht so vorgehen wie zum Beispiel bei Breite und Höhe der `div`-Elemente, die wir mit den Werten `inherit` bzw. `100%` dynamisch an der Fenstergröße ausrichten können. Was wir aber erreichen können, ist eine sinnvollere Darstellung bei unterschiedlichen Pixeldichten.

Denn wir gehen davon aus, dass die Browserhersteller ständig daran arbeiten, ihre Standardwerte für Schriftgrößen zu optimieren. Und wir gehen davon aus, dass zum Beispiel die Hersteller von Smartphones, deren Bildschirme sich hinsichtlich der Pixeldichte am stärksten von einem Desktopmonitor unterscheiden, dafür sorgen, dass die Pixeldichte bei der Darstellung auf ihren Geräten berücksichtigt wird.

Deshalb ersetzen wir die Pixelwerte für unsere Textelemente jetzt durch ein Schlüsselwort als Ausgangsbasis, an dem sich dann abweichende Elemente durch Prozentangaben orientieren sollen.

Schritt 1 | Fügen Sie im normalen Stylesheet dem Format für das `body`-Element folgende Eigenschaft hinzu:

```
font-size: medium;
```

Alle weiteren Angaben richten sich danach, was der jeweilige Browser aus der Angabe `medium` macht. Je besser die Browser- und Gerätehersteller Schrift mit dem Wert `medium` sinnvoll darstellen, umso mehr profitiert unsere Website davon.

Die Überschrift in der Kopfleiste soll einen deutlich größeren Text als die anderen Elemente haben, also geben wir ihr einen recht hohen Wert.

Schritt 2 | Ändern Sie die Eigenschaft im Format für das `h1`-Element:

```
font-size: 220%;
```

Der Wert kommt den vorher angegebenen 36 Pixeln in den meisten Browsern nahe. Wenn Sie den Text lieber etwas größer oder kleiner haben, wählen Sie einfach einen anderen Wert.

Der Text im Navigationsmenü soll der Standardschriftgröße entsprechen.

Schritt 3 | Deshalb ändern Sie die Eigenschaft im Format für die `li`-Elemente im Navigationsmenü folgendermaßen:

```
font-size: 100%;
```

Im Inhaltsbereich schließlich soll die `h2`-Überschrift so groß wie die Menüeinträge sein, und der Text in den Absatzelementen etwas kleiner.

Schritt 4 | Ändern Sie im Format mit dem Selektor `#inhalt h2` die Eigenschaft für die Schriftgröße:

```
font-size: 100%;
```

Schritt 5 | Im Format mit dem Selektor `#inhalt p` ändern Sie die Eigenschaft ebenfalls:

```
font-size: 90%;
```

Der Zeilenabstand der Textelemente (`line-height`) wird ja nur mit einer Zahl angegeben, die der Browser dann mit der Schriftgröße multipliziert. Diese Werte müssen wir für eine flexiblere Darstellung also nicht ändern.

Schritt 6 | Speichern Sie das Stylesheet, und betrachten Sie die Startseite erneut im Browser (siehe Abbildung 6.15).

Abbildung 6.15 Nach der Umstellung auf relative statt absolute Schriftgrößen sieht die Seite fast so aus wie vorher, ist aber jetzt kompatibler mit unterschiedlichen Bildschirmen und Pixeldichten.

Auf unseren Monitoren und mit unseren Browsern ist die Schriftgröße der Textelemente im Vergleich zu den Pixelangaben davor ähnlich geblieben. Alle unterschiedlichen Pixeldichten können wir unmöglich testen, aber dank dem Browserstandard `medium` als Ausgangsbasis können wir jetzt davon ausgehen, dass unsere Texte von den meisten Besuchern angenehm gelesen werden können. Übrigens haben wir durch den Verzicht auf einen Pixelwert als Ausgangsbasis dafür gesorgt, dass auch alte Browser die Schriftgröße verändern können, wenn ein Benutzer das wünscht. Gerade für Menschen mit Sehschwäche ist diese Browserfunktion sehr wichtig.

Was für die Textgröße gilt, gilt auch für `margin` und `padding`, die wir ja ebenfalls mit festen Pixelwerten angegeben hatten: Mit einfachem HTML und CSS können wir diese Eigenschaften nicht an die Größe des Bildschirms anpassen. Wir könnten zwar ebenfalls mit Prozentwerten arbeiten, um zumindest in Relation zu einem Basiswert flexiblere Angaben zu haben. Da wir aber für die Abstände im Gegensatz zur Schriftgröße nicht auf browserspezifische Schlüsselwörter wie `medium` zugreifen können, müssten wir auch den Ausgangswert in Pixel angeben. Dafür, dass dieser Wert ja dann doch von der Pixeldichte des Bildschirms abhängt, lohnt sich der Aufwand relativer Angaben für `margin` und `padding` auf unseren Beispielseiten nicht. Wenn Sie eine Seite bauen, die zum Beispiel sehr große `margin`-Werte benutzt, wissen Sie jetzt aber, welche Möglichkeiten es für relative Angaben gibt.

Für unsere Seite würde bei den Abständen eine Anpassung der Pixelgrößen ausreichen. Aber wenn wir nicht mit CSS-Werten wie `inherit` auf die Fenstergröße Bezug nehmen können, wie dann? Die Antwort gibt es in Abschnitt 6.3.4, »Ein separates Stylesheet für schmale Bildschirme«. ■

Bereits jetzt erkennen Sie, dass unterschiedliche Bildschirmgrößen für unsere Beispielseiten allgemein kein großes Problem sind, weil wir von Anfang an auf ein Layout mit möglichst vielen relativen Abmessungen gesetzt haben und weil die für die Anordnung der Layoutelemente zentrale Eigenschaft `float`, die die Positionierung unseres Navigationsmenüs und des Inhaltsbereichs regelt, völlig unabhängig von der Bildschirmgröße ist.

Ganz anders sieht es bei Websites aus, deren Seiten ein Layout mit vielen festen Größenangaben und pixelgenau positionierten Elementen einsetzen. Hier bewegen sich die Elementränder nicht mit, wenn man das Browserfenster verkleinert, sondern der Seiteninhalt wird scrollbar, sobald das Fenster kleiner als der Seiteninhalt wird – unschön für die Nutzer.

Für solche Seiten muss man weitaus mehr Aufwand betreiben, um mit verschiedenen Bildschirmgrößen eine sinnvolle Darstellung zu gewährleisten. Wie man dieses Problem löst, klären wir im folgenden Abschnitt. Zu Beginn führt uns die hohe Bandbreite an unterschiedlichen Bildschirmgrößen – von 4 Zoll schmalen Smartphones bis hin zu 27 Zoll großen Desktopmonitoren – zunächst noch einmal zurück zur Frage der generellen Layoutphilosophie, von der das weitere Vorgehen abhängt.

Beispieldateien zum Download

Auf der Website zum Buch finden Sie unter *bnfr.de/ql609* die in diesem Abschnitt erstellte Version des Beispielprojekts. Das HTML und CSS können Sie gerne kopieren.

6.3.3 Mehrere Layouts mit festen Werten oder ein Layout mit flexiblen Werten?

Wenn man gleichzeitig alle möglichen Bildschirmgrößen abdecken will, ist klar, dass es mit einer variablen Schriftgröße oder 100 Pixel weniger Breite für ein `div`-Element nicht mehr getan ist. Und auch mit dynamischen Abmessungen allein kommt man irgendwann nicht mehr weiter: Denn selbst wenn Sie die Abmessungen aller Seitenelemente zu jeder Zeit von der vorhandenen Bildschirmgröße abhängig machen könnten, wäre auf einem Smartphone nichts mehr zu erkennen, wenn es dieselben Layoutelemente darstellen soll wie ein Breitbildschirm.

Eine Lösung dafür lautet: Unterschiedlich große Bildschirme bekommen unterschiedliche Seitenlayouts. Wie so etwas grundsätzlich aussehen kann, können Sie dank des flexiblen Layouts bereits jetzt an den Seiten unseres Beispielprojekts von Dr. Bloemkamp beobachten.

Schritt 1 | Öffnen Sie die Startseite des Beispielprojekts.

Schritt 2 | Machen Sie das Browserfenster so schmal wie möglich.

In Firefox sieht die Seite mit der geringstmöglichen Fensterbreite so aus wie in Abbildung 6.16.

Folgendes ist passiert: Irgendwann war beim Verkleinern der Fenstergröße neben dem Navigationsmenü, das mit `float: left` positioniert ist, einfach kein Platz mehr für den Inhaltsbereich. Also hat der Browser den Inhaltsbereich nicht mehr neben dem Navigationsmenü beginnen lassen, sondern darunter. Das entspricht nicht mehr dem von uns konzipierten Layout für die Seite, aber es ist für schmale Smartphone-Bildschirme sehr sinnvoll: Besucher mit diesen Geräten sehen oben die Kopfleiste mit dem Namen der Praxis, dann das Navigationsmenü, mit dem sie die unterschiedlichen Bereiche der Website erreichen können, und darunter den Inhaltsbereich mit den jeweiligen Informationen. Diese Besucher können Ihre Website also dank des vom Browser automatisch geänderten Seitenlayouts relativ sinnvoll benutzen.

Abbildung 6.16 Wenn neben dem Navigationsmenü wirklich kein Platz mehr ist, zeigen die aktuellen Browser den Inhaltsbereich einfach darunter an. Für schmale Smartphone-Bildschirme ist das ein sinnvolles Layout.

Man kann sich aber nicht darauf verlassen, dass auch andere Browser das Layout einer Website so zweckmäßig verändern. Und für Seiten mit einem Layout, das viel mehr feste Abmessungen und Positionierungen verwendet, bringt dieses automatische Browserverhalten bei `float` sowieso nichts.

Deshalb müssen Sie sich grundsätzlich Gedanken über Ihr Seitenlayout auf allen denkbaren Bildschirmgrößen machen. Es muss zumindest so funktionieren, dass alle Besucher Ihrer Website sich wohlfühlen und Sie damit Ihre Ziele – Umsatz, Aufmerksamkeit, Informationsvermittlung – bestmöglich erreichen. Ein gutes Layout macht die Seite aber nicht einfach nur funktional, sondern nutzt die unterschiedlichen Bildschirmgrößen optimal.

All diese designphilosophischen Gedanken drücken sich nun in der Praxis in zwei gegensätzlichen Vorgehensweisen aus:

- Entweder Sie entwerfen viele Layouts mit festen Werten und versuchen, bei möglichst jedem Gerät und Bildschirm das jeweils passende Layout anzeigen zu lassen.
- Oder Sie entwerfen ein einziges Layout, dessen Elemente aber so flexibel sind, dass es auf jedem denkbaren Bildschirm und Gerät gut aussieht und sinnvoll benutzbar ist.

In Tabelle 6.3 sehen Sie die Vor- und Nachteile der beiden Vorgehensweisen im Überblick. Sie ist eine erweiterte Version der Tabelle aus Kapitel 5, »Die eigene Website erstellen«:

Mehrere feste Layouts	Ein flexibles Layout
+ Die Anzahl und Art der Seitenelemente kann besser an Bildschirm und Bedienung angepasst werden.	+ Bildschirmgröße und Bedienung müssen nicht ermittelt werden, daher lauert hier keine Fehlerquelle.
+ Mehr Kontrolle über Details der Darstellung im Browser, auf den Pixel genau.	+ Feste Angaben sind nur für die nötigsten Elemente erforderlich.
+ Elemente mit fester Größe (z. B. Bilder oder Videos) lassen sich leichter integrieren.	+ Nur größere Änderungen am Inhalt (Textlänge usw.) müssen Rücksicht auf das Layout nehmen.
– Bildschirmgröße und Bedienung müssen ermittelt werden, was nie zu 100 % korrekt gelingt.	+ Das Standard-Stylesheet des Browsers ist eher Ihr Freund, weil es Ihre Gestaltungsvorgaben oft sinnvoll ergänzt.
– Die Größe muss für viele Elemente fest angegeben werden, damit ein Layout umgesetzt werden kann.	– Auf jedem Bildschirm und Gerät gibt es dieselbe Anzahl und Art von Elementen.
– Schon kleinere Änderungen am Inhalt (Textlänge usw.) müssen sich danach richten, wie viel Platz das feste Layout vorsieht.	– Sie haben weniger Kontrolle über Details der Darstellung. Elemente werden je nach Browser mal ein paar Pixel größer oder kleiner angezeigt.
– Das Standard-Stylesheet des Browsers ist eher Ihr Feind, weil es viele Angaben enthält, die Ihrem Layout widersprechen.	– Elemente mit fester Größe (z. B. Bilder oder Videos) erfordern manchmal mehr Arbeit bei der Integration.

Tabelle 6.3 Mehrere feste Layouts oder ein flexibles?

In diesem Zusammenhang spricht man von *Adaptive Design* und *Liquid Design*, also etwa *anpassungsfähigem Design* und *flüssigem Design*. Eine Website mit vielen festen Layouts wird an unterschiedliche Geräte *angepasst*, indem die Seiten je nach Gerät mit einem anderen festen Layout dargestellt werden. Eine Website mit einem einzigen flexiblen Layout ist dagegen *flüssig* wie Wasser – egal welche Form ein Glas hat, das Wasser füllt den Boden eben aus, und egal welches Gerät die Seite anzeigt, die Inhalte passen eben auf den Bildschirm.

Beide Extreme sind nur sehr schwer umzusetzen: Auch wegen der Darstellungsunterschiede der Browser ist es fast unmöglich, ein festes, auf jedem Gerät und Bildschirm auf den Pixel genau definiertes Aussehen der Seiten zu erreichen. Andererseits gibt es fast keinen Einsatzzweck für eine Website, bei der eine Seite auf 4-Zoll-Bildschirmen mit Touchbedienung genau dieselben Elemente in genau derselben Anordnung und Funktionalität enthält wie auf einem 27-Zoll-Desktopmonitor mit Maussteuerung.

Deshalb empfiehlt sich für die allermeisten Sites eine Mischung aus beiden Ansätzen. Das nennt man dann *Responsive Design*, was so viel heißt wie *sich anpassende Darstellung*: Es werden mehrere Layouts entworfen, die für unterschiedliche Gerätekategorien (Smartphone, Tablet, Breitbildschirm usw.) optimiert sind, aber jedes Layout benutzt dabei so viele flexible Werte wie möglich, um die Abmessungen der Elemente weitgehend flüssig variieren zu können.

Unser Beispielprojekt entspricht dem Responsive Design: Mit dem normalen Layout, der ab einem Maximalwert begrenzten Seitenbreite und der geänderten Anordnung von Navigationsmenü und Inhaltsbereich auf schmalen Bildschirmen haben wir drei unterschiedliche Layouts für unterschiedliche Geräte. Dank der dynamischen Breite und Höhe der meisten Elemente sind die Seiten aber so flexibel, dass sie den verfügbaren Platz weiterhin optimal ausfüllen.

Noch ist die geänderte Anordnung der Layoutelemente auf schmalen Bildschirmen aber nur das Ergebnis des standardmäßigen Browserverhaltens, nicht einer bewussten Entscheidung. Und damit kommen wir zurück zur Praxis. ■

Wir haben Ihnen im letzten Kapitel schon erklärt, mit welchen CSS-Eigenschaften und Werten Sie feste und flexible Layouts erreichen. Jetzt zeigen wir Ihnen, wie man für eine bestimmte Bildschirmgröße festlegt, dass nicht mehr das normale Layout benutzt wird, sondern ein zusätzliches Layout, das sich sowohl hinsichtlich der Anordnung der Elemente als auch hinsichtlich der Abmessungen und Schriftgröße vom bisherigen Layout unterscheidet.

CSS-Flexbox: Flexible Layouts für Fortgeschrittene

Moderne Browser beherrschen eine weitere Technik für flexible Layouts, die sich dynamisch an die Bildschirmgröße anpassen: CSS-Gestaltungsanweisungen, die unter dem Namen *Flexbox* bekannt sind. Das ist aber ein wenig komplizierter und eher etwas für Ihr zweites oder drittes Webprojekt. Neugierige finden mehr Informationen unter *bn-fr.de/ql617.*

6.3.4 Ein separates Stylesheet für schmale Bildschirme

Für das zusätzliche Layout brauchen wir eine eigene CSS-Datei mit den nötigen Formaten. Als Erstes sorgen wir aber für die Verknüpfung dieses neuen Stylesheets in den HTML-Dateien, weil daran die Funktionsweise des Responsive Design erkennbar wird.

Schritt 1 | Öffnen Sie die HTML-Dateien des Beispielprojekts mit der Arztpraxis Dr. Bloemkamp.

Schritt 2 | Schreiben Sie in jedes Dokument eine weitere Verknüpfung zu einer CSS-Datei, und zwar zwischen die beiden Verknüpfungen für das Standard- und das Internet-Explorer-Stylesheet:

```
<link rel="stylesheet" type="text/css" media="screen and
(max-width: 630px)" href="mobil.css">
```

Dieses `link`-Element unterscheidet sich in einem entscheidenden Punkt von dem `link`-Element, das wir zur Verknüpfung mit dem normalen Stylesheet benutzt haben. Es hat ein `media`-Attribut, dessen Wert bestimmt, für welchen Gerätetyp und für welche Bildschirmgröße die angegebene CSS-Datei gelten soll: nämlich für alle Geräte mit einem Bildschirm (`screen`), der höchstens (`max`) eine Breite (`width`) von 630 Pixeln hat.

Bei dem Wert denken Sie jetzt vielleicht: »630 Pixel ist aber breiter als viele Smartphone-Bildschirme.« Das stimmt, aber es ist ja auch nur die Höchstbreite für die Anwendung des separaten Stylesheets. Wir haben die Zahl 630 auch nicht willkürlich gewählt, sondern das Browserfenster immer schmaler gemacht und uns überlegt, ab welchem Punkt die Anordnung des Inhaltsbereichs neben dem Navigationsmenü einfach keinen Sinn mehr macht.

Unter 630 Pixeln Breite passen zum Beispiel auf der Startseite nicht einmal mehr zwei der vier Bilder nebeneinander, sondern nur noch eines: Der Inhaltsbereich wird dadurch nach unten so lang, dass es sehr komisch wirkt, so weit nach unten scrollen zu müssen, wenn links unter dem Navigationsmenü doch so viel freier Platz vorhanden ist. Für andere Layouts liegt der sogenannte *Breakpoint*, also der Punkt, an dem man von einem Layout zum anderen wechselt, vermutlich woanders.

Orientieren Sie sich jedenfalls immer daran, ab welchen Abmessungen ein anderes Layout sinnvoller ist, und nicht an der Bildschirmgröße eines bestimmten Geräts.

Bevor wir das Stylesheet für schmale Bildschirme erstellen, hier noch eine Warnung, die auch der Grund dafür war, warum wir in Tabelle 6.3 geschrieben haben, dass die Zuweisung von Layouts an bestimmte Geräte und Bildschirme nie zu 100 % korrekt funktioniert: Mit einem solchen `media`-Attribut sagen Sie dem Browser Ihrer Besucher, dass er ein bestimmtes Stylesheet benutzen soll, wenn sein Fenster schmaler ist als 631 Pixel. Leider gibt es aber einzelne Browser und Geräte, die sich (teils absichtlich) nicht an diese Anweisung halten. Und immer mehr Browser für Smartphones und Tablets haben eine Option, mit der der Benutzer die Verwendung des Standard-Stylesheets erzwingen kann. Das bedeutet, dass manche Ihrer Benutzer kleine Bildschirme haben, auf denen Ihre Seite trotz des separaten Stylesheets so dargestellt wird wie auf einem großen Bildschirm. Daran können Sie aber nichts ändern, und die meisten Geräte halten sich zum Glück an Ihre Vorgaben. Wir möchten Ihnen nur klarmachen, dass es keine magischen Anweisungen gibt, mit denen Sie alle Geräte der Welt genau steuern können.

Kommen wir jetzt aber zum neuen Stylesheet mit den angepassten Formaten für schmale Bildschirme:

Schritt 3 | Erstellen Sie eine neue CSS-Datei, und speichern Sie sie unter dem Namen *mobil.css* im selben Verzeichnis wie Ihre HTML-Dokumente und die anderen Stylesheets.

Unser erstes Ziel mit dem neuen Stylesheet ist es, auf schmalen Bildschirmen das veränderte Layout – also die Anordnung des Inhaltsbereichs unter statt neben dem Navigationsmenü – explizit zu bestimmen, damit es auch von Browsern umgesetzt wird, die das nicht von selbst so machen.

Dazu müssen Sie nur den Wert `left` der Eigenschaft `float` des Navigationsmenüs entfernen, weil das die einzige Abweichung vom Standard-Dokumentfluss war. Ohne diesen Wert werden die Elemente wieder einfach untereinander dargestellt, so wie wir das auf schmalen Bildschirmen wollen.

Schritt 4 | Erstellen Sie in der neuen CSS-Datei ein Format mit dem Selektor `#menu`.

Schritt 5 | Geben Sie dem neuen Format folgende Eigenschaften:

```
position: static;
float: none;
```

Das entspricht den Standardwerten für die Positionierung von `div`-Elementen. Schauen wir uns mal an, was wir damit bewirkt haben.

Schritt 6 | Speichern Sie die CSS-Datei, öffnen Sie die Startseite des Beispielprojekts und machen Sie das Browserfenster so lange schmaler, bis sich das Layout ändert (siehe Abbildung 6.17).

Abbildung 6.17 Wir haben ein separates Stylesheet erstellt, das ab dem Punkt verwendet wird, an dem das ursprüngliche Layout keinen Sinn mehr ergibt.

Jetzt ist der Inhaltsbereich unter dem Navigationsmenü positioniert, sodass die Bilder und der Text wieder mehr Platz haben und die Seite sinnvoll genutzt werden kann. Wenn Sie das Fenster erneut breiter machen, wechselt das Layout wieder zurück usw. Das ist Responsive Design in Aktion: Die Seite reagiert auf unterschiedliche Bildschirmgrößen mit unterschiedlichen Layouts.

Wir optimieren den Platzbedarf gleich noch weiter, aber zuerst räumen wir zwei kleine Unstimmigkeiten auf, die sich durch das neue Layout ergeben. Wie Sie sehen, erstreckt sich das Navigationsmenü noch nicht über die ganze Breite des Browserfensters. Das liegt daran, dass wir im Standard-Stylesheet, von dem ja nur diejenigen Eigenschaften nicht mehr benutzt werden, die im *mobil.css*-Stylesheet explizit angegeben sind, eine `margin` nach rechts angegeben haben. Auch stört, dass der Inhaltsbereich nicht wirklich unter dem Navigationsmenü beginnt, sondern zu weit oben anfängt und auf dem Menü klebt. Wir entfernen im neuen Stylesheet also die `margin` nach rechts des Navigationsmenüs und geben ihm stattdessen eine neue `margin` nach unten.

Schritt 7 | Erweitern Sie das Format für das Menü im neuen Stylesheet um folgende Eigenschaft:

```
margin: 0px 0px 5px 0px;
```

Schritt 8 | Speichern Sie die CSS-Datei, und laden Sie die Startseite erneut im Browser (siehe Abbildung 6.18).

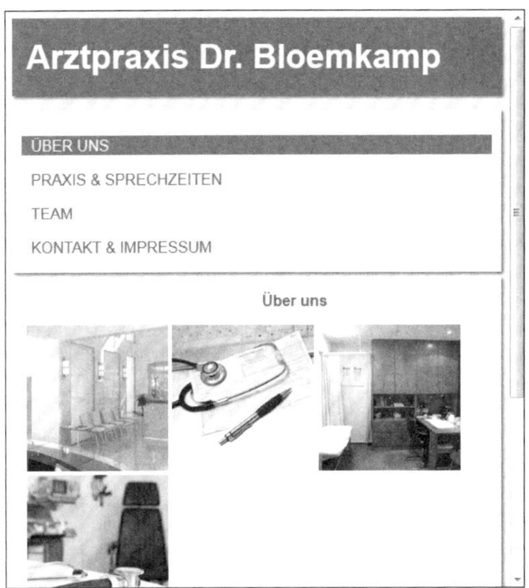

Abbildung 6.18 Jetzt entspricht die »margin« rechts des Navigationsmenüs nicht mehr dem alten, sondern dem neuen Layout.

Wechseln Sie ruhig mehrmals die Fensterbreite, um den Wechsel des Layouts zu beobachten. Mit korrigierten Positionen der Layoutelemente sieht das gleich viel stimmiger aus.

Jetzt wollen wir die Darstellung aber noch einmal mehr im Hinblick auf wirklich sehr schmale Bildschirme optimieren.

Schritt 9 | Schieben Sie das Fenster so eng wie möglich zusammen, um zu sehen, wie Ihre Seite dargestellt wird (siehe Abbildung 6.19).

Fast alle Elemente sind sichtbar, es muss eben nur weitergescrollt werden, um sie zu sehen. Wir schreiben »fast alle Elemente«, weil die Überschrift in der Kopfleiste abgeschnitten wurde. Das hatten wir ja im vorigen Abschnitt als Zwischenlösung mithilfe von `overflow: hidden` festgelegt, damit die Überschrift nicht auf zwei oder gar drei Zeilen umbricht und so die anderen Elemente überdeckt. Jetzt, da wir ein separates Stylesheet für schmale Bildschirme benutzen, können wir eine etwas elegantere Lösung wählen. Wir verringern auf schmalen Bildschirmen die Schriftgröße und den Zeilenabstand der Überschrift, damit sie stets vollständig zu lesen ist.

Abbildung 6.19 Für die Überschrift müssen wir uns noch etwas einfallen lassen. Sie soll auch auf schmalen Bildschirmen richtig angezeigt werden.

Schritt 10 | Erstellen Sie im neuen Stylesheet ein weiteres Format, und zwar mit dem Selektor `#kopfleiste h1`, und geben Sie ihm folgende Eigenschaften:

```
font-size: 140%;
line-height: 40px;
```

Die Schriftgröße der Überschrift wird auf schmaleren Bildschirmen also deutlich kleiner, und der Zeilenabstand beträgt jetzt genau die Hälfte der Höhe des `kopfleiste-div`, die wir ja im Standard-Stylesheet nach wie vor fest mit 80 Pixeln angeben.

Schritt 11 | Speichern Sie die CSS-Datei, und öffnen Sie die Startseite erneut im Browser (siehe Abbildung 6.20).

Wenn Sie die Breite der Seite von ganz breit bis zu ganz schmal verändern, sehen Sie, was passiert: Ab einer Breite von 630 Pixeln oder weniger wird die Überschrift kleiner, und es entstehen zwei Zeilen in der Kopfleiste, von der die zweite aber noch nicht gebraucht wird. Erst wenn Sie den Bildschirm so schmal machen, dass der rechte Seitenrand den rechten Rand der Überschrift fast berührt, bricht die Überschrift auf zwei Zeilen um.

Abbildung 6.20 Dank geringerer Schriftgröße und Zeilenhöhe sehen jetzt auch Besucher mit schmalen Bildschirmen den vollständigen Namen der Arztpraxis.

So ist der Name jetzt auf jedem Bildschirm vollständig zu lesen, ohne nach unten zu viel Platz zu verbrauchen. Es gibt im Werkzeugkasten eines Webdesigners zwar noch schönere Lösungen, aber mit einfachem HTML und CSS haben wir an dieser Stelle ein ausreichendes Resultat erreicht.

Jetzt können wir uns nach der Realisierung eines separaten Layouts und dem Beheben kleinerer Darstellungsprobleme an die dritte und letzte der Optimierungen machen: an die Verkleinerung der Abstände zwischen den Elementen, sodass der verfügbare Platz besser genutzt wird.

Zuerst entfernen wir den Abstand aller Elemente zum Seitenrand komplett. Dieser Abstand war auf großen Bildschirmen eher eine ästhetische Entscheidung; die Lesbarkeit der Inhalte hat er nicht gefördert. Auf kleinen Bildschirmen sparen wir uns lieber die kostbaren Pixel.

Schritt 12 | Fügen Sie im *mobil.css*-Stylesheet ein neues Format mit dem Selektor `body` hinzu und geben Sie ihm folgende Eigenschaften:

```
padding: 0px;
```

Jetzt verringern wir noch die `margin` zwischen den drei Layoutelementen von jeweils 15 Pixel auf 5 Pixel. Da wir das für das Navigationsmenü schon in Schritt 7 getan haben und der Inhaltsbereich ohnehin keine `margin` hat, müssen wir nur noch für die Kopfleiste ein neues Format schreiben.

Schritt 13 | Erstellen Sie in der CSS-Datei ein neues Format mit dem Selektor `#kopfleiste`, und geben Sie ihm folgende Eigenschaft:

```
margin: 0px 0px 5px 0px;
```

Schauen wir uns das Ergebnis an.

Schritt 14 | Speichern Sie das Stylesheet, und öffnen Sie die Startseite erneut im Browser (siehe Abbildung 6.21).

Abbildung 6.21 Am rechten Seitenrand sieht man besonders gut, dass das »padding« des »body« weg ist – die blaue Kopfleiste reicht bis zum Fensterrand bzw. Scrollbalken.

Verändern Sie erneut mehrmals die Breite des Fensters, um der Seite beim Wechsel des Layouts – man sagt auch: beim *Reflow*, also bei der Änderung des Dokumentflusses – zuzuschauen.

Das separate Layout für schmale Bildschirme hat unsere Seiten schon richtig aufgewertet – kein Vergleich zu der auf solchen Bildschirmen letztlich unsinnigen und schlecht nutzbaren Darstellung ohne separates Stylesheet!

Der »@media«-Befehl in CSS-Dateien

Neben dem bedingten Einbinden eines separaten Stylesheets mit einem `media`-Attribut im `link`-Element gibt es eine zweite Methode, um bedingte Formate zu benutzen. Sie können die für besondere Geräte gedachten Formate auch in Ihr schon vorhandenes Stylesheet schreiben und mit einem `@media`-Befehl umgeben. Dieser enthält dann dieselbe Bedingung, die Sie sonst ins `media`-Attribut schreiben würden, zum Beispiel:

```
@media screen and (max-width: 630px) {
   #menu {
      position: static;
      float: none;
      margin: 0px 0px 5px 0px;
   }
}
```

Browser wenden dieses Format nur an, wenn die Bedingung erfüllt ist. Sie können mehrere Formate innerhalb eines `@media`-Befehls schreiben, wenn die Bedingung für alle gleich ist. Aber schreiben Sie in Ihrer CSS-Datei die bedingten Formate immer unter die normalen Formate, weil bei sich widersprechenden Werten ja immer die Eigenschaft gilt, die weiter unten steht.

Um möglichst vielen Besuchern ein optimiertes Layout zu bieten, wollen wir noch ein paar zusätzliche Anweisungen an die Browser von Mobilgeräten einbauen. Um diese zu verstehen, ist wieder etwas technisches Hintergrundwissen hilfreich.

Wenn ein Browser eine Seite anzeigt, erstellt er aus dem Quelltext der HTML-Datei ein zweidimensionales Dokument mit einer bestimmten Breite und Höhe, das die grafische Darstellung des Quelltexts ist. Dieses Dokument – die Webseite – kann größer oder kleiner sein als der Bildschirm des Geräts, auf dem der Browser ausgeführt wird (so wie ein Foto größer oder kleiner sein kann als der Bilderrahmen, den man dafür verwenden möchte).

Das klingt vielleicht kompliziert, aber Sie kennen das bereits genau so von Ihrem Desktop-PC: Wenn die Seite, also das erstellte Dokument, größer ist als der Bildschirm bzw.

das Browserfenster, müssen Sie scrollen, um alle Seiteninhalte sehen zu können. Bei dem Browser von Smartphones oder Tablets ist das nicht anders.

Angenommen, Sie erstellen jetzt eine Seite, deren Inhalt eine Breite von 1.000 Pixeln hat, dann sieht die Erstellung des Dokuments auf einem Desktop-PC und einem Smartphone ungefähr so aus, wie in Abbildung 6.22 skizziert.

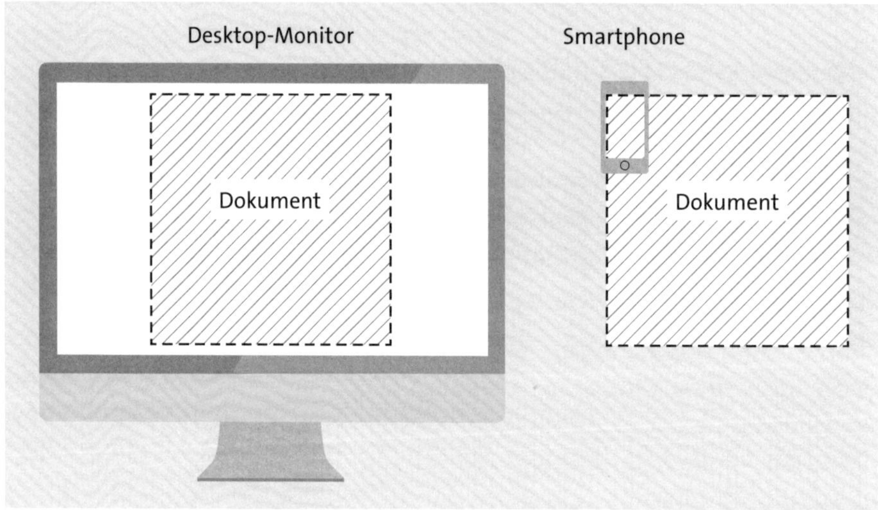

Abbildung 6.22 Viele Smartphone-Browser erstellen aus Ihrem Quelltext zunächst ein Dokument, das genauso groß ist, wie es auf einem Desktopmonitor wäre.

Der Monitor des Desktop-PCs hat zum Beispiel eine Breite von 1.680 Pixeln, mehr als genug, um das gesamte Dokument darzustellen. Der Browser des Smartphones erstellt das Dokument in derselben Größe wie der Browser des PCs. Allerdings kann auf dem Smartphone der Bildschirm mit beispielsweise 300 Pixeln Breite nur einen Ausschnitt des Dokuments zeigen.

Wenn die Seite ausschließlich mit flexiblen Abmessungen gestaltet wäre, könnte der Smartphone-Browser einfach ein Dokument erstellen, das nur so breit ist wie der Bildschirm des Geräts, auf dem er läuft. Aber als die ersten Smartphones auf den Markt kamen, hatte praktisch noch keine Website der Welt ein Layout, das auf schmalen Bildschirmen funktioniert hätte.

Deshalb werden die Browser auf Smartphones mit geringer Auflösung so programmiert, dass das erstellte Dokument genauso groß ist wie auf einem Desktopmonitor, auch wenn der Bildschirm dafür nicht ausreicht. Mit solchen Browsern muss der Nutzer dann eben horizontal scrollen, um alle Seiteninhalte zu sehen (siehe Abbildung 6.23).

Für Geräte mit hoher Auflösung wiederum werden Browser so programmiert, dass das 1.000 Pixel breite Dokument so stark herausgezoomt wird, dass es komplett auf den schmalen Bildschirm passt. Dadurch sind alle Seiteninhalte zu sehen, nur eben stark verkleinert. Wie das aussehen kann, zeigt Abbildung 6.24.

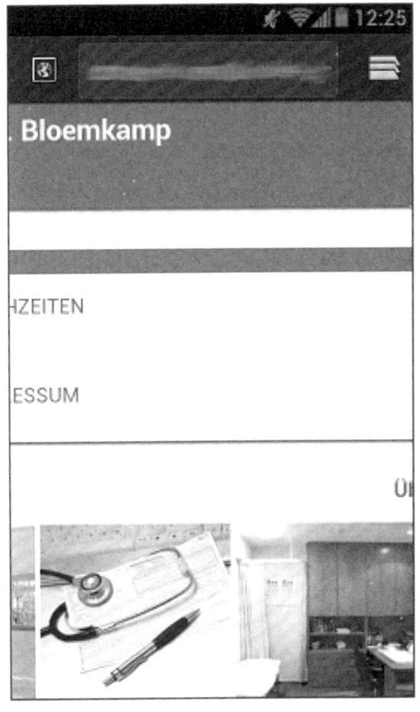

Abbildung 6.23 Im Browser dieses älteren Smartphones mit vergleichsweise niedriger Auflösung muss der Nutzer standardmäßig seitwärts scrollen, um alles lesen zu können.

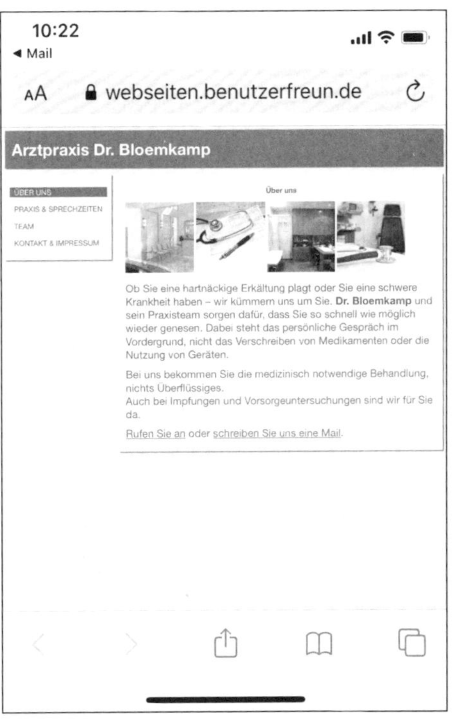

Abbildung 6.24 Im Browser dieses Smartphones mit hoher Auflösung wird die Seite standardmäßig herausgezoomt dargestellt, damit alle Inhalte sofort zu sehen sind.

Dadurch sieht der Nutzer sofort, was es auf der Seite alles gibt, und kann dann durch Hineinzoomen den Maßstab so verändern, dass er Text bequemer lesen kann und Bilddetails erkennt.

Da wir für die Arzt-Website aus unserem Beispielprojekt aber extra ein flexibles Layout gewählt haben, das Nutzern auch auf kleinen Bildschirmen ein gutes Erlebnis bietet, gefällt uns das Standardverhalten der Smartphones noch nicht. Wir möchten, dass auch auf diesen Geräten unser *mobil.css*-Stylesheet greift, das ab einer Dokumentgröße von 630 Pixeln und weniger angewendet wird.

Wir müssen also dafür sorgen, dass Smartphones ein Dokument erzeugen, dass nur so breit wie ihr Bildschirm ist. Dafür nutzen wir das `meta`-Element, das Sie schon von der Definition der `charset`-Zeichencodierung kennen:

Schritt 15 | Versehen Sie alle vier HTML-Dateien mit folgendem `meta`-Element, das Sie unter das Element mit der Zeichencodierung (`charset`) schreiben:

```
<meta name="viewport" content="width=device-width">
```

Das Attribut `name` hat hier den Wert `viewport`, um dem Browser mitzuteilen, dass dieses Element Metadaten zum Thema Dokumentgröße enthält – `viewport` ist eine Bezeichnung für den im Browser sichtbaren Ausschnitt einer Seite. Und das Attribut `content` bestimmt mit seinem Wert `width=device-width`, dass alle Browser aus dem Quelltext ein zweidimensionales Dokument erstellen sollen, dessen Breite (`width`) genauso groß oder klein ist wie die Breite des jeweiligen Gerätebildschirms (`device-width`).

Weitere Teilwerte für das »meta«-Element

Im Zusammenhang mit dem `meta`-Element für den `viewport` werden häufig zwei weitere Teilwerte des `content`-Attributs verwendet: `initial-scale` und `user-scalable`. Der erste Wert gibt an, was die Standard-Zoomstufe für diese Seite sein soll, zum Beispiel `initial-scale=1.0`. Diese Einstellung benutzen aber auch viele Hersteller von Mobilgeräten, um die unterschiedlichen Pixeldichten der Bildschirme auszugleichen. Wer bei `initial-scale` eigene Angaben machen will, sollte sich vorher über den aktuellen Stand informieren und idealerweise ein paar Tests auf Bildschirmen mit unterschiedlichen Pixeldichten machen.

Mit `user-scalable=no` können Sie verhindern, dass der Benutzer die Seite ein- und auszoomen kann. Damit schränken Sie den Nutzer aber ein: Manche Anwender sind aufgrund einer Sehschwäche auf das Zoomen auch dann angewiesen, wenn Sie selbst die Seite für gut lesbar halten.

Um noch ein paar weitere Browserversionen auf Mobilgeräten dazu zu überreden, unser spezielles Stylesheet zu nutzen, verändern wir schließlich noch das `media`-Attribut der Verknüpfung.

Schritt 16 | Ändern Sie das `link`-Element zur Einbindung des *mobil.css*-Stylesheets in allen HTML-Dokumenten wie folgt:

```
<link rel="stylesheet" type="text/css" media="screen and
(max-width: 630px),
screen and (max-device-width: 630px)" href="mobil.css">
```

Das Komma nach dem ersten Teilwert des `media`-Attributs steht hier für ein *Oder*. Die CSS-Datei soll eingebunden werden, wenn *entweder* die `max-width` des vom Browser erstellten Dokuments *oder* die `max-device-width` des Bildschirms höchstens 630 Pixel beträgt. Dadurch benutzen einige Browser von Mobilgeräten das Stylesheet, die zwar ein breiteres Dokument erstellen, aber sich an die Angabe von `device-width` halten. Nur den Wert mit `device-width` anzugeben, empfiehlt sich nicht, weil sonst wiederum manche Desktopbrowser die Anweisung ignorieren. Deshalb verwenden wir zwei Werte mit einer Oder-Verbindung.

Das W3C zu »device-width«

Das W3C hat irgendwann entschieden, dass die Verwendung von `device-width` nicht mehr valides CSS ist. Es muss aber weiterhin von Browsern unterstützt werden. Solange Ihre Seiten von Geräten angezeigt werden, die nur mithilfe von `device-width` die von Ihnen gewünschte Gestaltung befolgen, können Sie die Funktion ruhig weiter benutzen.

Wie bei allen Anweisungen kann es aber immer noch Browser geben, die Ihre Metainformationen zum `viewport` ignorieren. Ähnliches gilt für die Verknüpfung mit dem separaten Stylesheet: Alte, nur noch wenig genutzte Browser verstehen die Anweisungen im zuständigen `link`-Element entweder gar nicht oder ignorieren unsere Angaben. Wir haben also nur die Benutzung des separaten Stylesheets auf solchen Geräten und Browsern sichergestellt, die sich an unsere Anweisungen halten und die bildschirmspezifische Einbindung überhaupt unterstützen. Wie gesagt, es gibt keinen magischen Befehl, mit dem Sie alle Geräte der Welt exakt steuern können.

Ein Hinweis noch zur größtmöglichen Kompatibilität der beiden Stylesheets: Wir konnten es in unseren Tests nicht nachvollziehen, aber laut manchen Quellen vermischen einige alte Browser die Formate aus beiden CSS-Dateien, wenn man nur für eine der beiden Stylesheet-Verknüpfungen ein `media`-Attribut angegeben hat. Tritt dieses Problem bei Ihnen oder Ihren Nutzern auf, sollten Sie bei dem `link`-Element für das normale Stylesheet ebenfalls ein solches Attribut angeben, am besten so:

```
media="all"
```

Das gilt dann für alle Geräte und Bildschirmgrößen.

»viewport« im HTML-Grundgerüst

Die Angaben zum `viewport` sind bei jedem Projekt sinnvoll, deshalb nehmen wir das entsprechende `meta`-Element in unser HTML-Grundgerüst auf. Sie finden die aktuelle

Version des Grundgerüsts unter *bnfr.de/ql610* auf der Website zum Buch. Sie können die HTML-Datei gerne herunterladen und für Ihre Webprojekte als Ausgangsbasis benutzen.

Damit halten sich jetzt praktisch alle Smartphones an unsere Angaben und stellen die Seite nur noch so breit dar, wie ihr Bildschirm ist: Unsere an schmale Bildschirme angepassten Formate werden angewandt, weder Zoomen noch horizontales Scrollen sind nötig.

Unser Beispielprojekt haben wir mit einer repräsentativen Auswahl an Geräten und Browsern getestet: mit einem aktuellen iPhone, einem aktuellen Android-Smartphone, zwei älteren Smartphones sowie einem Android-Tablet. Auf allen funktioniert unser Responsive Design wie geplant (siehe Abbildung 6.25).

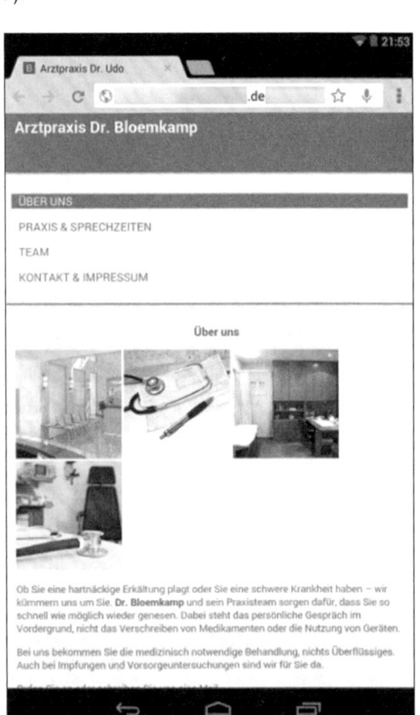

Abbildung 6.25 Links sehen Sie die Seite auf einem älteren Smartphone mit Android-Standardbrowser, in der Mitte auf einem aktuellen Phone mit Mobile Safari, rechts auf einem Tablet mit Mobile Chrome.

Da sich viele Geräte auf dem Markt mehr oder weniger ähneln, decken wir damit eine fürs Erste zufriedenstellende Bandbreite von Besuchern ab, deren unterschiedliche Bildschirmgrößen uns jetzt keine Sorgen mehr bereiten – auch wenn es immer noch irgendein Element gibt, das noch besser gestaltet werden könnte. ■

Für das zusätzliche Layout, das wir in diesem Abschnitt entworfen und mit einem speziellen Stylesheet umgesetzt haben, haben wir ja nur die bereits vorhandene Anzahl an sichtbaren Seitenelementen anders angeordnet. Noch interessanter wird es, wenn Sie mithilfe der Eigenschaft `display: none;` dafür sorgen, dass unterschiedlich große Bildschirme auch unterschiedliche Elemente zeigen. So können Sie zum Beispiel ein alternatives Navigationsmenü entwerfen, das statt der vertikalen Liste von Links eine horizontale Liste von grafischen Icons enthält, mit denen die Nutzer zwischen den Unterseiten navigieren können. Auf schmalen Bildschirmen zeigen Sie dann nur das horizontale Menü an, auf größeren Bildschirmen nur das vertikale. So können Sie den Platz auf kleinen Bildschirmen noch effektiver nutzen.

Die Unterschiede zur Anzeige auf schmalen Bildschirmen ohne spezielles Stylesheet sind wegen unseres ohnehin sehr flexiblen und simplen Seitenlayouts nicht sehr groß. Aber für komplexere Websites und Layouts mit vielen festen Werten ist der Unterschied viel größer, und daher sind das zusätzliche Layout und das Stylesheet noch viel wichtiger.

Und das war ja nur ein einziges zusätzliches Layout. Jetzt wissen Sie, wie das geht, und können weitere Layouts für andere Bildschirmgrößen entwerfen – etwa eines für Tablets mit einer Seitenbreite von bis zu 900 Pixeln und eines für sehr breite Bildschirme ab 1.200 Pixeln Seitenbreite. Verändern Sie doch einfach mal bei Websites, die Sie häufig nutzen, die Fenstergröße des Browsers, um ein Gefühl dafür zu bekommen, welche Methoden beim Responsive Design eingesetzt werden.

In Hinblick auf die Browser und Bildschirme haben wir bereits wichtige Unterschiede in der technischen Ausstattung Ihrer Besucher betrachtet. Der nächste Abschnitt befasst sich mit dem letzten großen Unterschied, den wir bislang höchstens gestreift haben: Ihre Website wird im Internet nicht nur in unterschiedlichen Bildschirmgrößen dargestellt, sondern auch auf unterschiedlichen Geräten.

6.4 Gerät ist nicht gleich Gerät

Wenn Sie daran denken, dass manche Ihrer Besucher Ihre Website mit einem Desktopcomputer aufrufen, andere mit einem Smartphone und wieder andere mit einem Tablet, dann denken Sie als Erstes sicher an die unterschiedlichen Bildschirmgrößen. Aber auf den zweiten Blick gibt es zwischen den Tausenden Geräten, die auf Internetseiten zugreifen können, einen weiteren wichtigen Unterschied: die Bedienung. Einen klassischen Computer steuert man mit der Maus – Smartphone und Tablet dagegen durch Berühren des Bildschirms.

Ein Sonderfall bei den Geräten ist der Drucker, der trotz allgegenwärtiger Bildschirme durchaus noch genutzt wird, etwa wenn Sie die Bahntickets für Ihre Oma oder eine Kinoreservierung für Freunde ausdrucken. Drucker interagieren nicht mit Websites, sondern drucken die Seiten mehr oder weniger so aus, wie sie im Browser angezeigt werden – aber genau das ist der Punkt, den Sie optimieren können, und wir zeigen Ihnen, wie das geht.

6.4.1 Die Seiten an Touchbedienung anpassen

Die wichtigste Regel bei der Gestaltung für Touchgeräte lautet: Wenn wir wollen, dass ein Nutzer ein Element mit seinem Finger berühren kann, dann muss die berührbare Fläche groß genug und so positioniert sein, dass man sie mit dem Finger leicht erreichen kann.

Die einzigen solchen Elemente auf der Website von Dr. Bloemkamp sind Links, und die wichtigsten sind die Links im Navigationsmenü. Wenn wir die Seiten auf unserem Smartphone aufrufen, fällt uns das Berühren dieser Links aber noch schwer (siehe Abbildung 6.26).

Abbildung 6.26 Rechtshändern fällt es auf dem Smartphone noch schwer, mit dem Daumen »Team« zu berühren. Wir sorgen dafür, dass die ganze Zeile berührbar wird.

Es tut sich nur etwas, wenn wir den Linktext selbst berühren, also etwa TEAM ❶. Der Text steht aber so weit links, dass es als Rechtshänder schwer ist, ihn mit dem Daumen zu berühren. Deshalb sorgen wir jetzt dafür, dass der Nutzer zum Navigieren im Menü einfach nur irgendwo die Zeile berühren muss ❷ und nicht notwendigerweise den Text.

Fügen Sie im *mobil.css*-Stylesheet ein neues Format für die Links im Navigationsmenü hinzu:


```
#menu a {
   display: block;
}
```

Damit werden die Links nicht mehr als Inline-Elemente dargestellt, sondern als Kästen, und somit reichen sie über die ganze Breite des Menüs. Der Benutzer muss mit seinem Finger nicht mehr genau den Linktext treffen, sondern kann auch weiter rechts in die Zeile tippen, um zu navigieren.

Bei anderen Websites mit interaktiven Elementen ist eventuell mehr Arbeit nötig, wenn die Elemente zu klein sind. Sie bekommen dann z. B. im *mobil.css*-Stylesheet größere Abmessungen.

Es gibt noch einen zweiten technischen Unterschied zwischen der Bedienung mit der Maus und der Bedienung per Toucheingabe. Mit einer Maus kann man zwei unterschiedliche Dinge machen, die der Browser registrieren kann: Sie können natürlich zum einen auf ein Element klicken, aber zum anderen können Sie auch einfach mit dem Mauszeiger über ein Element fahren, ohne notwendigerweise zu klicken. Klicken und Darüberfahren sind also zwei verschiedene Aktionen, die unterschiedlich behandelt werden wollen.

Das Darüberfahren gibt es bei Geräten mit Touchsteuerung nicht. Der Finger kann ein Element nur berühren oder nicht, und das Berühren wird wie ein Klick gewertet (oder wie eine andere Touchgeste, etwa Wischen, aber jedenfalls nicht wie etwas Geringeres als eine Berührung).

Diesen Umstand müssen Sie vor allem bei Websites beachten, bei denen mit dem Mauszeiger berührte Elemente etwas Wichtiges bewirken: Wenn zum Beispiel der Preis eines Produkts nur angezeigt wird, wenn jemand mit der Maus über das Produktfoto fährt, fehlt Besuchern mit Touchsteuerung diese essenzielle Information. Die Seite wird für diese Besucher so schlecht benutzbar, dass manche lieber zur Konkurrenz gehen.

Die Seiten unseres Beispielprojekts haben nur eine Stelle, an der allein schon das Darüberfahren etwas bewirkt: Die Links im Navigationsmenü werden dank unseres Formats mit dem Selektor `#menu a:hover` grau hinterlegt, wenn man mit der Maus darüberfährt.

Wenn der Effekt auf Touchgeräten stören würde, könnten wir ihn eventuell im separaten Stylesheet für schmale Bildschirme entfernen. Aber genau genommen ist er sogar hilfreich, sofern er überhaupt angezeigt wird. Das wird er auf Geräten oder Seiten, bei denen der Browser das Berühren zuerst wie einen *Mouseover* wertet, also wie ein Darüberfahren mit dem Mauszeiger, und gleich danach als Klick. In dem Fall zeigt die kurz sichtbare graue Hinterlegung den betroffenen Nutzern, dass ihre Berührung registriert wurde. Wenn ihr Gerät relativ alt ist und nach dem Aktivieren des Links einige Sekundenbruchteile braucht, um die neue Unterseite zu laden, verhindert der visuelle Indikator, dass ungeduldige Nutzer noch einmal auf den Menüeintrag tippen.

Auf unserer Beispiel-Website haben wir für Geräte mit Touchbedienung also mit dem Navigationsmenü einen wichtigen Teil der Benutzererfahrung verbessert, und Sie wissen für spätere Projekte, was Sie beim Thema Touchsteuerung grundsätzlich beachten müssen.

Mit dem Gesamtergebnis der letzten Abschnitte können wir fürs Erste auf jeden Fall zufrieden sein: Wir haben jetzt eine Website mit drei verschiedenen Layouts, die mit sehr vielen Browserversionen auf Smartphones, Tablets, normalen Desktopmonitoren und sehr breiten Bildschirmen sauber dargestellt wird und mit Maus und Toucheingabe sinnvoll benutzbar ist. Die Texte werden nie so schmal, dass man sie nicht mehr lesen kann, und nie so breit, dass das Auge keine Lust mehr hat. Und die interaktiven Elemente werden nicht zu klein für die Berührung mit dem Finger.

Zum Abschluss wollen wir die Seite noch für den Drucker optimieren. Der Drucker wird in Zeiten der ständig verfügbaren flachen Bildschirme gerne vergessen, aber trotzdem immer wieder benutzt. Und auch für dieses Gerät können Sie die Darstellung Ihrer Website optimieren, indem Sie ein weiteres separates Stylesheet anlegen.

Beispielprojekt zum Download

Diese Version des Beispielprojekts finden Sie unter *bnfr.de/ql618* auf der Website zum Buch. Alle Dateien können Sie gerne kopieren und als Vorlage für eigene Projekte benutzen.

6.4.2 Ein separates Stylesheet für Drucker

Vielleicht haben Sie noch nie so genau darauf geachtet, aber wenn Sie auf manchen Webseiten die Druckfunktion benutzen, sieht das, was auf dem Papier erscheint, nicht genau so aus wie die Seite auf Ihrem Bildschirm. Viele Browserhersteller haben nämlich berücksichtigt, dass man beim Drucken möglichst wenig Papier und Farbe bzw. Toner verbrauchen will, und die Browser geben deshalb eine angepasste Version der Seite an den Drucker weiter.

Das probieren wir gleich einmal anhand unserer Beispiel-Website aus.

Öffnen Sie die Startseite der Arzt-Website im Browser, und wählen Sie die Funktion DRUCKVORSCHAU.

In manchen Browsern wählen Sie stattdessen zuerst DRUCKEN und dann die Vorschaufunktion. Daraufhin öffnet sich ein Fenster mit Einstellungen, mit denen man vor dem Drucken noch Einfluss auf das Ergebnis nehmen kann. Das Ergebnis in Firefox sehen Sie in Abbildung 6.27.

Abbildung 6.27 So formatiert Firefox die Beispielseite standardmäßig für den Druck.

Wir erkennen zwei Unterschiede zur Darstellung auf dem Monitor: Die Hintergrundfarben der Layoutelemente sind blankem Weiß gewichen, und die Schriftfarbe der Überschrift und des aktuellen Eintrags in der Navigationsleiste ist jetzt Schwarz – das helle Grau auf dem Bildschirm war ja für einen blauen Hintergrund gedacht, auf weißem Papier würde man es sehr schlecht lesen können.

Die Bilder wurden nicht etwa in Grautöne umgewandelt, sondern sind immer noch farbig. Hier gehen die Browserhersteller anscheinend davon aus, dass die Bilder in ihrer vollen Pracht erscheinen sollen, solange der Nutzer in den Druckoptionen nicht explizit Schwarz-Weiß-Druck wählt.

Die Gestaltung eines Ausdrucks hängt wie immer von den Standard-Stylesheets der verschiedenen Browser ab, und wir können uns bei anderen Browsern nicht sicher sein, dass das gleiche Ergebnis herauskommt. Um also für Einheitlichkeit zu sorgen und zusätzliche Änderungen vornehmen zu können, wenn uns das Standardverhalten nicht gefällt, legen wir ein letztes eigenes Stylesheet für unsere Website an: eine CSS-Datei nur für Drucker.

Dabei wollen wir gegenüber dem Standardverhalten drei Dinge ändern:

- Erstens können wir auf das Navigationsmenü völlig verzichten, denn auf einem Papier muss niemand navigieren. Auch wird niemand die Seite ausdrucken, weil er jemandem das Menü zeigen will – wenn er die Seite druckt, dann ist der Inhaltsbereich von Interesse, die Öffnungszeiten zum Beispiel oder die Kontaktdaten.
- Zweitens wollen wir den Schatten um die drei Layoutelemente entfernen. Wir finden, dass er seltsam aussieht, wenn die Hintergrundfarben fehlen.
- Drittens ändern wir die Schrift: Für den Ausdruck auf Papier scheint uns eine Schriftart mit Serifen passender als auf dem Bildschirm, und zur Sicherheit wollen wir für alle Texte explizit bestimmen, dass sie in Schwarz gedruckt werden, damit sie auf Papier gut zu erkennen sind.

Screenshots sind immer noch möglich

Keine Sorge: Sie nehmen Ihren Nutzern mit einem speziellen Druck-Stylesheet nicht die Möglichkeit, Ihre Website genau so auszudrucken, wie sie auf dem Bildschirm erscheint. Dazu müssen die Nutzer nur einen Screenshot machen und diesen dann ausdrucken.

Schritt 1 | Erstellen Sie im `head`-Element aller HTML-Dateien des Beispielprojekts eine letzte Stylesheet-Verknüpfung, und zwar unbedingt *hinter* derjenigen für das Standard-Stylesheet:

```
<link rel="stylesheet" type="text/css" media="print" href="print.css">
```

Das Attribut `media` bzw. dessen Wert `print` sagt dem Browser, dass er auf dieses Stylesheet nur dann zugreifen soll, wenn die Seite ausgedruckt wird.

Schritt 2 | Erstellen Sie eine neue CSS-Datei, und speichern Sie sie im selben Verzeichnis, in dem die anderen HTML- und CSS-Dateien liegen, unter dem Namen *print.css*.

Schritt 3 | Erstellen Sie ein Format für die Navigationsleiste, und geben Sie an, dass das Element gar nicht dargestellt werden soll:

```
display: none;
```

Schritt 4 | Erstellen Sie Formate für die Kopfleiste und den Inhaltsbereich, und geben Sie ihnen die notwendigen Eigenschaften, die den Schatten verhindern – auch für Browser, die nur Angaben mit Präfixen verstehen:

```
-moz-box-shadow: none;
-webkit-box-shadow: none;
box-shadow: none;
```

Schritt 5 | Erstellen Sie ein weiteres Format, diesmal für das `body`-Element, und geben Sie ihm folgende Eigenschaft:

```
font-family: "Times New Roman", serif;
```

Zum Schluss ändern wir die Schriftfarbe. Es würde im Gegensatz zur Schriftart nicht ausreichen, die Farbe einfach in einem Format für das `body`-Element festzulegen. Zwar wird die Eigenschaft von dort aus an alle Kindelemente weitervererbt, aber die für einzelne Elemente wie `h1` oder `p` geltenden Formate der Browser-Stylesheets zählen in der CSS-Rangordnung mehr. Also müssen wir eigene Selektoren benutzen, die genauso präzise sind.

Schritt 6 | Erstellen Sie Formate mit den Selektoren `h1`, `h2` und `p`, und geben Sie ihnen folgende Eigenschaft:

```
color: #000000;
```

Hier müssen wir die Formate auch nicht für einzelne Seitenbereiche einschränken, weil wir auch bei allen zukünftigen Textelementen wollen, dass sie schwarz gedruckt werden.

Schritt 7 | Speichern Sie die CSS-Datei, öffnen Sie die Startseite erneut im Browser und wählen Sie die Druckvorschau – für Firefox zu sehen in Abbildung 6.28.

Arztpraxis Dr. Udo Bloemkamp https://webseiten.benutzerfreun.de/beispieldateien/im-internet/v9/d...

Arztpraxis Dr. Bloemkamp

Über uns

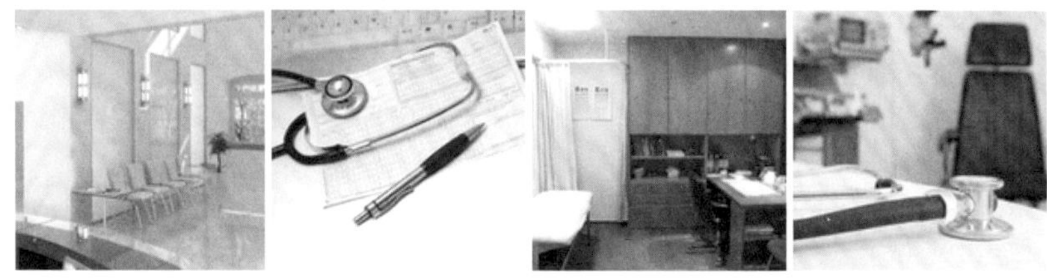

Ob Sie eine hartnäckige Erkältung plagt oder Sie eine schwere Krankheit haben – wir kümmern uns um Sie. **Dr. Bloemkamp** und sein Praxisteam sorgen dafür, dass Sie so schnell wie möglich wieder genesen. Dabei steht das persönliche Gespräch im Vordergrund, nicht das Verschreiben von Medikamenten oder die Nutzung von Geräten.

Bei uns bekommen Sie die medizinisch notwendige Behandlung, nichts Überflüssiges.
Auch bei Impfungen und Vorsorgeuntersuchungen sind wir für Sie da.

Rufen Sie an oder schreiben Sie uns eine Mail.

Abbildung 6.28 Unsere Anpassungen sparen Druckertoner und machen den Ausdruck noch besser lesbar.

Wie gewünscht, ist das Navigationsmenü verschwunden, der Hintergrundschatten ist weg, und alle Texte sind dank Serifenschrift und schwarzer Farbe sehr gut zu lesen.

Damit haben wir die Beispiel-Website so weit optimiert, dass die Seiten auf Bildschirmen jeglicher Größe sowie beim Druck auf Papier sinnvoll dargestellt werden. Die Bedienung per Touch ist ebenfalls problemlos möglich.

Im Verlauf des Kapitels konnten Sie auch richtig schön sehen, was die Trennung von Struktur und Gestaltung einer Webseite bedeutet: Ein und dasselbe HTML-Dokument wird dank verschiedener Formate für alte Internet Explorer, schmale Bildschirme und beim Druck ganz anders ausgegeben als für moderne Browser und Desktopmonitore. Und jeder, etwa ein anderer Mitarbeiter am Projekt, kann die Darstellung der Seiten modifizieren, ohne die in den HTML-Dateien festgelegte Struktur des Inhalts zu verändern.

Damit haben Sie im Verlauf dieses Buchs eine komplette Website von Anfang bis Ende selbst erstellt, HTML-Zeile für HTML-Zeile, CSS-Eigenschaft für CSS-Eigenschaft – eine Website, die ein durchdachtes Inhalts- und Gestaltungskonzept hat, von so vielen Besuchern wie möglich trotz ihrer unterschiedlichen Geräte sinnvoll und angenehm zu benutzen ist und damit die festgelegten Ziele erfüllt. Je nach Geschmack lassen sich Gestaltungsdetails wie Farbtöne, Schriftarten oder Schriftgrößen dank den CSS-Dateien schnell und einfach anpassen. Durch HTML- und CSS-Kommentare an wichtigen Stellen werden Sie auch dann nicht das Seitenlayout durch eine unbedacht gelöschte CSS-Eigenschaft zerstören, wenn Sie die Seiten erst nach einigen Wochen weiterbearbeiten wollen.

Damit ist das Kapitel aber noch nicht zu Ende – und das Beispielprojekt auch nicht. Im verbleibenden Abschnitt werden wir Ihnen zeigen, wie Sie Ihre eigenen Fähigkeiten verbessern, sodass Sie trotz der vielen unterschiedlichen Geräte und der ständigen Weiterentwicklung von Techniken und Standards immer bessere Websites erstellen. ■

Beispiel-CSS zum Download

Die in diesem Abschnitt erstellte Version der Beispiel-Website finden Sie auf der Website zum Buch (siehe *bnfr.de/ql612*). Die HTML- und CSS-Dateien können Sie gerne herunterladen und für Ihre Projekte anpassen.

6.5 Mit Neugier zu immer besseren Websites

Die Nutzer greifen mit immer mehr und immer unterschiedlicheren Geräten auf Ihre Website zu. Inzwischen gibt es so viele verschiedene Bildschirmauflösungen und Browserversionen, dass es unmöglich ist, für alle Kombinationen ein eigenes Layout vorzusehen – geschweige denn, alle zu testen. Glücklicherweise beschränkt sich bei den meisten Projekten der Großteil der Benutzer auf eher wenige Geräte und Browser, und ein guter Teil der vielen Tausend möglichen Kombinationen wird nur von sehr wenigen Menschen benutzt.

Je mehr Konfigurationen Sie abdecken wollen, umso mehr Aufwand müssen Sie betreiben. Weil aber die Ressourcen (egal ob »nur« Zeit oder auch Geld) immer begrenzt sind, muss für jedes Webprojekt abgewogen werden, was der noch akzeptable Aufwand für eine größtmögliche Abdeckung ist.

Die gute Nachricht ist, dass für eine höhere Effizienz – also eine bessere Abdeckung bei gleichbleibenden Ressourcen – in erster Linie nicht etwa eine Art natürliches HTML-Talent nötig ist: Zum Glück ist diese Sprache nicht so kompliziert. Aufgrund der offenen und sehr dynamischen Art des Webs wird stattdessen Informiertheit zum entscheidenden Faktor bei der Qualität der Projekte, und Ihre Neugier ist die wichtigste Voraussetzung für stets aktuelle Informationen. Je mehr Sie über Darstellungsunterschiede, neue

Standards und Nutzererwartungen wissen, umso mehr können Sie aus einem gegebenen Budget herausholen.

Als ambitionierter Webdesigner sollten Sie also laufend am Ball bleiben, und zu diesem Zweck schlagen wir Ihnen folgende Arbeitsweise vor:

- Wenn Sie Fragen zur Funktionsweise eines bestimmten Elements oder einer bestimmten CSS-Eigenschaft haben, finden Sie auf der Website zum Buch unter *bnfr.de/ql613* eine Liste mit Sites zum Nachschlagen. Werden Sie dort nicht fündig, hilft Ihnen eine Suchmaschine weiter.
- Testen Sie Ihre Seiten auf möglichst vielen Browsern und Geräten, und konsultieren Sie Websites, die Darstellungsunterschiede dokumentieren. Nutzen Sie darüber hinaus auch jede Gelegenheit, um Ihre Websites auf den Geräten Ihrer Bekannten anzuschauen. Sie allein haben meistens nur ein Betriebssystem auf Ihrem Rechner installiert und nur ein Smartphone zur Verfügung, aber mit ein paar Freunden oder Verwandten decken Sie schnell ein halbes Dutzend Konfigurationen ab.
- Nutzen Sie die Entwicklerfunktionen Ihres Browsers, besonders die Inspektor-Funktion. Hier können Sie genau nachvollziehen, welche Elemente und CSS-Eigenschaften verschiedene Browser verstehen und wie diese sie interpretieren.
- Informieren Sie sich auf der Website der WHATWG (*bnfr.de/ql620*) und bei den Browserherstellern über die aktuellen Entwicklungen rund um HTML und CSS. Sind neue Elemente und Eigenschaften geplant, und welche Änderungen bringt eine neue Browserversion mit sich? Je früher Sie das wissen, umso besser können Sie sich darauf vorbereiten.
- Informieren Sie sich sowohl mithilfe anderer Websites als auch anhand des Auswertens der eigenen Nutzerstatistiken darüber, welche Browser und Geräte wie stark benutzt werden. So können Sie besser einschätzen, ob sich das Optimieren für eine bestimmte Konfiguration lohnt.
- Nutzerstatistiken sind eine Sache, Nutzerbefragungen eine andere: Wenn die Art des Projekts es erlaubt, sollten Sie Ihre Besucher dazu ermutigen, Ihnen mitzuteilen, ob die Seiten funktionieren und welches Gerät sie nutzen. Normalerweise macht sich nur ein kleiner Teil der Besucher die Mühe, aber selbst wenn Sie nur drei Reaktionen bekommen, wissen Sie etwas über Ihre Site, das Ihre Tests vielleicht nicht aufgezeigt haben.
- Lassen Sie sich vom Design anderer Websites inspirieren. Mit welchen Layoutelementen wollen andere Sites ihre Ziele erreichen? Wie gestalten sie die Elemente, was für Interaktionsmöglichkeiten gibt es? Wie verhält sich eine Seite, wenn sich die

Größe des Browserfensters ändert? Betrachten Sie auch das HTML und CSS mithilfe des Inspektors, um genau zu sehen, wie die Seiten aufgebaut sind.

- Besuchen Sie regelmäßig Websites, die sich mit Designideen und neuen Elementen beschäftigen. Die meisten bieten Schritt-für-Schritt-Anleitungen an, um zum Beispiel eine bestimmte Art von Navigationsmenü mit HTML und CSS zu erstellen. Üben Sie, indem Sie diese Anleitungen auf Testsites umsetzen. Eine Liste mit empfehlenswerten Quellen für Tipps finden Sie unter *bnfr.de/ql615*.
- Viele Webprofis gehen weit über einzelne Anleitungen hinaus: Sie entwickeln ganze Werkzeuge, die völlig kostenlos sind und mit denen Sie noch bessere Websites bauen können. Zwei ganz simple Werkzeuge haben Sie schon kennengelernt: Sites wie *HTML Color Codes* aus Kapitel 5, »Die eigene Website erstellen«, die das Finden der richtigen Hexcodes für einen Farbton zum Kinderspiel machen, oder Sites wie *Can I use...* aus diesem Kapitel, die alle Informationen zu Darstellungsunterschieden zusammentragen und Ihnen übersichtlich zeigen, von welchen Browsern bzw. Browserversionen eine bestimmte CSS-Eigenschaft unterstützt wird. Solche Werkzeuge sind aber nur ein kleiner Vorgeschmack darauf, was Sie im Internet alles finden können. Das Spektrum reicht von praktischen Stylesheets bis hin zu ganzen Paketen aus HTML, CSS und JavaScript. Wir widmen dem Thema extra das gesamte Kapitel 13, »Starke Werkzeuge – so nutzen Sie Ihr neues Wissen für noch bessere Websites«, in dem wir Ihnen einige der besten Werkzeuge vorstellen.

6.6 Fazit

In diesem Kapitel ist ganz schön viel passiert. Zuerst haben wir aus Ihrer lokalen Site endlich eine Website gemacht – Sie wissen jetzt, wie man Webspace bekommt, wie man Dateien auf den Webserver überträgt, wie man den Server konfiguriert und wie man mit einer eigenen Domain und einem eigenen Favicon die Website professioneller wirken lässt.

Dann haben Sie gelernt, welche technischen Herausforderungen eine für unterschiedliche Besucher verfügbare Website an Sie stellt und wie man die wichtigsten Herausforderungen grundsätzlich meistern kann.

Schließlich haben wir zusammengefasst, wie Sie durch ständige Weiterbildung und aktuelle Informationen auf die technischen Herausforderungen reagieren und bei jedem Projekt das bestmögliche Nutzererlebnis schaffen.

Damit ist die reine Erstellung von Webseiten mit HTML und CSS abgeschlossen. In Kapitel 8, »Mehr Interaktivität mit JavaScript«, werden wir Sie mit den Grundlagen einer weiteren nützlichen Website-Sprache vertraut machen. In den anderen Kapiteln geht es um Aspekte Ihrer eigenen Website, die für Ihren Erfolg genauso wichtig sind wie die Beherrschung von HTML, CSS und JavaScript: Wir behandeln Themen wie Usability und Suchmaschinenoptimierung, das Einbinden von Formularen, Fotos, Videos, Karten und sozialen Netzwerken sowie die Themen Marketing und Geldverdienen.

Elemente, CSS-Eigenschaften und CSS-Selektoren zum Nachschlagen

In Anhang A finden Sie Tabellen mit den wichtigsten HTML-Elementen, CSS-Eigenschaften und CSS-Selektoren. Lassen Sie bei der Gestaltung Ihrer eigenen Websites Ihrer Kreativität freien Lauf, und probieren Sie neue Elemente und Eigenschaften aus!

Kapitel 7
Ein Kontaktformular anlegen

Formulare erlauben es Ihnen, Inhalte von Besuchern abzufragen. Das einfachste Beispiel ist ein Kontaktformular, das schnell für die Beispielsite umgesetzt ist.

Auf jede Website gehört eine Möglichkeit, mit Ihnen, dem Betreiber der Site, Kontakt aufzunehmen. Pflicht ist die E-Mail-Adresse, aber manche Nutzer bevorzugen ein Kontaktformular. In dieses können die Benutzer bequem direkt im Browser Informationen eintragen und an Sie übermitteln, ohne ihr Webmail- oder Mailprogramm aufrufen zu müssen. Ein solches Formular besteht aus einigen neuen HTML-Elementen, die Sie in diesem Kapitel kennenlernen.

Mit einem Formular haben Sie auch die Möglichkeit, die Informationen der Nutzer zu überprüfen, bevor diese sie abschicken können. So stellen Sie sicher, dass Sie keine fehlerhaften Daten bekommen – ob aus Versehen oder mit Absicht. Wie diese Überprüfung funktioniert, ist dann eines der Themen für das nächste Kapitel.

7.1 Kontaktformular oder E-Mail-Adresse?

Manche Nutzer schreiben Ihnen trotzdem lieber eine E-Mail. Das hat für sie den Vorteil, dass sie automatisch eine Kopie ihrer Nachricht haben. Zudem haben einige Anwender schlechte Erfahrungen mit Formularen gemacht: Sie haben mühevoll Daten eingegeben, einen Text formuliert – und dann hat das Formular beim Abschicken einen Fehler gemeldet und alle Eingaben gelöscht.

Deshalb sollten Sie Ihren Besuchern am besten *beide* Möglichkeiten anbieten: Kontakt per E-Mail wie auch per Webformular. Und wenn Sie Ihr Formular gründlich testen, machen die Benutzer auch keine frustrierenden Erfahrungen damit.

7.2 Pflichtangaben zum Kontakt

Jede Website, die »geschäftsmäßig« betrieben wird, muss bestimmte Angaben zu ihrem Betreiber beinhalten. Mehr dazu haben wir schon in Kapitel 2, »Wer braucht was – die eigene Website planen«, unter dem Stichwort »Web-Impressum« besprochen. Zu den Pflichtangaben gehören eine Telefonnummer und eine E-Mail-Adresse. Eine Kontaktmöglichkeit über ein Formular allein genügt nicht.

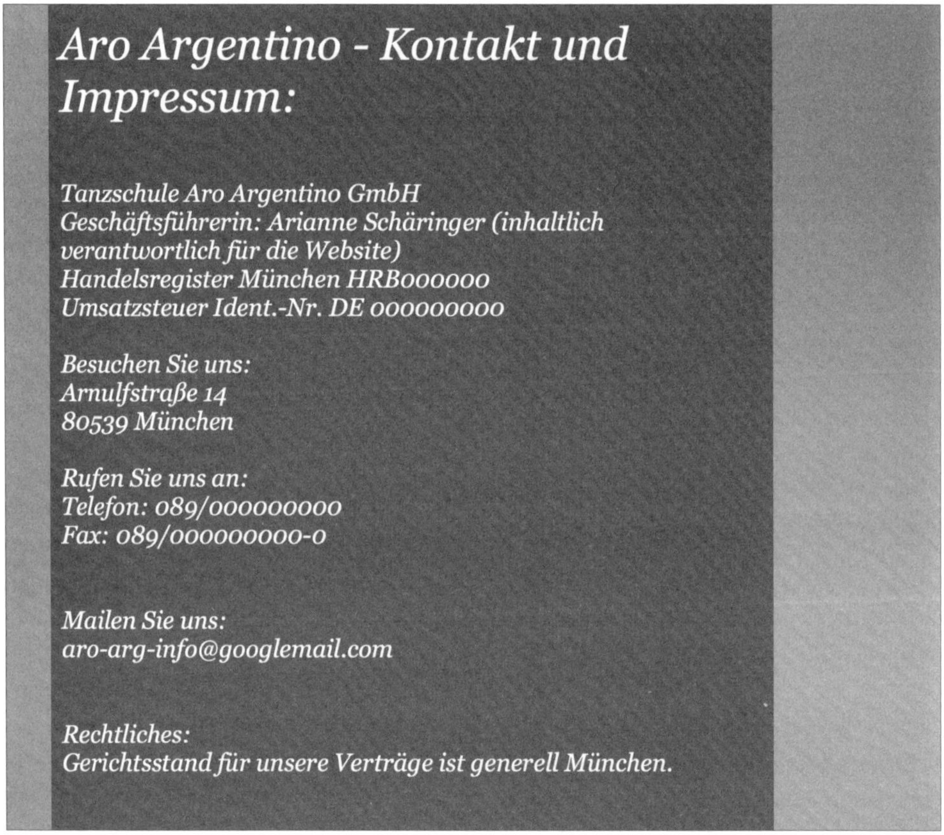

Aro Argentino - Kontakt und Impressum:

Tanzschule Aro Argentino GmbH
Geschäftsführerin: Arianne Schäringer (inhaltlich verantwortlich für die Website)
Handelsregister München HRB000000
Umsatzsteuer Ident.-Nr. DE 000000000

Besuchen Sie uns:
Arnulfstraße 14
80539 München

Rufen Sie uns an:
Telefon: 089/000000000
Fax: 089/000000000-0

Mailen Sie uns:
aro-arg-info@googlemail.com

Rechtliches:
Gerichtsstand für unsere Verträge ist generell München.

Abbildung 7.1 Das Impressum unserer Beispielsite aus Kapitel 3, »Ein besserer Webauftritt in drei Stunden«

Was Sie außerdem brauchen, sind die Angaben gemäß der Datenschutz-Grundverordnung (DSGVO). Darin müssen Sie den Besuchern Ihrer Website verraten, was Sie mit den Daten anstellen, die Sie erheben. Dazu gehört insbesondere, was mit der E-Mail-Adresse passiert, die ja zwangsläufig übermittelt wird, wenn ein Besucher Ihrer Site Sie kontaktiert.

Leider ist es für juristische Laien praktisch unmöglich, selbst korrekte Texte dafür zu schreiben. Unternehmen engagieren daher oft einen Anwalt. Wer sich das nicht leisten will, der nutzt den Text, den man kostenlos bei einem der Generatoren erstellen kann. Empfehlenswert ist der Anbieter, den wir unter *bnfr.de/ql701* verlinkt haben.

7.3 Die Standardlösung

Die einfachste Kontaktmöglichkeit ist, nur einen Link anzugeben, mit dem sich das E-Mail-Programm des Nutzers öffnet:

```
<a href="mailto:ihr.name@ihrserver.de">ihr.name@ihrserver.de</a>
```

Damit kann man Ihnen ganz einfach eine Mail schreiben, und in den meisten Fällen ist das ausreichend. Aber schicker wird es mit einem Kontaktformular.

Verstecken nutzlos

Verzichten Sie darauf, Ihre Mailadresse in irgendeiner Form zu verschleiern, wie man es manchmal sieht (z. B. mit info <at> ihresite.de).

Skripten wird es zwar damit erschwert, Ihre Mailadresse automatisch einzulesen und Sie mit Spam-Mails zu belästigen, es ist aber auch für Ihre Benutzer unnötig mühsam Sie bürden ihnen Arbeit auf, damit Sie weniger haben. Das sagt nichts Gutes über Ihre persönliche Einstellung zu potenziellen Kunden oder Interessenten.

Außerdem werden Sie trotzdem in jedem Fall Spam bekommen – zu jeder Mailadresse, die ein paar Wochen in Gebrauch ist. Die Spam-Roboter probieren einfach alle möglichen Buchstabenkombinationen aus, und früher oder später finden Sie auch Ihre Adresse heraus.

7.4 Ein einfaches Kontaktformular

Jedes sinnvolle Formular besteht aus drei HTML-Elementen:

- einem `form`-Element, das die anderen Elemente enthält,
- mindestens einem `input`-Element, also einem Feld, in das Benutzer Informationen eingeben können, und
- dem Senden-Button.

Mit einem so aufgebauten Formular kann ein Nutzer auf Ihrer Seite Informationen eintragen und durch Klick auf den Button an Sie übermitteln.

Ein Formular dient der Kommunikation. Anders als bei einer normalen Website ist die Kommunikation nun nicht mehr nur eine Einbahnstraße – von Ihrem Server zum Benutzer. Vielmehr sollen jetzt Informationen vom Benutzer zu Ihnen gelangen. Dafür ist ein Browser aber erst einmal nicht eingerichtet. Aus Sicherheitsgründen kann ein Browser nicht einfach E-Mails verschicken. Er kann nur Informationen (im Wesentlichen Texte) an einen Server schicken. Damit daraus eine E-Mail wird, muss Ihr Server die Informationen vom Benutzer weiterverarbeiten und in eine E-Mail stecken, die er dann an Sie schicken kann (siehe Abbildung 7.2).

Sie brauchen also ein Skript auf dem Server, das die Angaben des Benutzers übernimmt und weiterverarbeitet. Diese Weiterverarbeitung sieht im einfachsten Fall so aus, dass das Skript die ins Formular eingetragenen Daten in eine E-Mail packt und Ihnen über einen Mailserver schickt. Für Kontaktanfragen ist das auch in fast allen Fällen das beste Vorgehen.

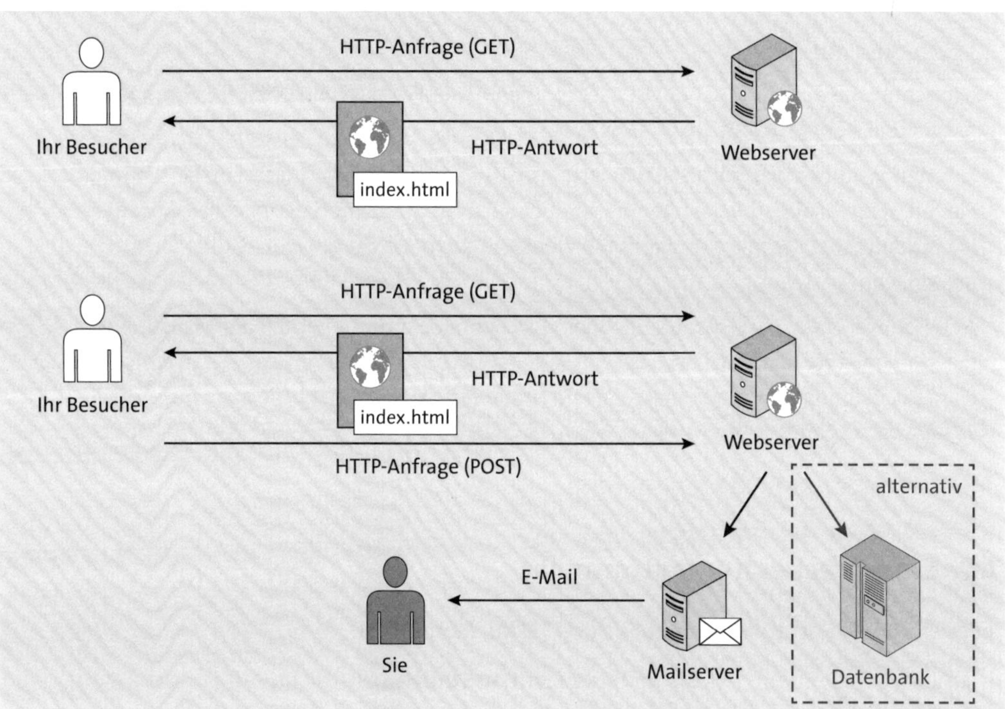

Abbildung 7.2 Die Kommunikation mit Ihren Besuchern ist keine Einbahnstraße, wenn Sie ein Formular benutzen.

Nur wenn Sie zum Beispiel eine Umfrage durchführen oder wenn Sie Dutzende von Anfragen am Tag bekommen, die von verschiedenen Leuten bearbeitet werden sollen, empfiehlt sich eine Datenbank, in der die eingetragenen Daten gespeichert werden. Das Skript nimmt in dem Fall die Angaben des Benutzers und legt sie in einer Datenbank auf dem Server ab, auf die Sie bzw. Ihre Kollegen Zugriff haben.

Im Folgenden beschäftigen wir uns nur mit dem Fall, dass die Angaben per Mail verschickt werden, weil das in fast allen Fällen das ist, was Sie auf Ihrer Website benötigen.

Dazu brauchen Sie:

- eine HTML-Seite mit einem Formular
- einen Server, der eine Skriptsprache unterstützt (z. B. PHP) und das Verschicken von E-Mails erlaubt
- ein PHP-Skript, das das Verschicken übernimmt (PHP ist eine einfache Skriptsprache, die im Web häufig verwendet wird. Sie müssen nicht programmieren können, um PHP-Skripte zu verwenden.)

Anforderungen an den Webhoster

Wenn Sie ein Hosting-Paket ohne PHP haben oder einen Website-Baukasten nutzen, können Sie auf Dienste wie *www.response-o-matic.com* oder *www.formassembly.com* (kostenpflichtig) zurückgreifen. Hier klicken Sie sich ein Formular zusammen und kopieren den HTML-Code in Ihre Seite. Das Skript läuft dann auf dem Server des Anbieters und übernimmt das Verschicken der E-Mails.

Erstellen wir zum Testen ein einfaches Formular:

Schritt 1 | Legen Sie eine neue HTML-Seite an, und speichern Sie diese als *Formular-1.html*.

Schritt 2 | Schreiben Sie das HTML-Grundgerüst, wie Sie es aus den vorigen Kapiteln kennen:

```
<!DOCTYPE html>
<html>
   <head>
      <meta charset="UTF-8">
      <meta name="viewport" content="user-scalable=no, width=
      device-width">
      <title>Arztpraxis Dr. Udo Bloemkamp - Kontaktformular Hausarzt München
      </title>
   </head>
```

```
  <body>
  </body>
</html>
```

Schritt 3 | Erstellen Sie das Formular innerhalb des body-Elements. Zuerst schreiben Sie das Start-Tag des form-Elements:

```
<form method="post" enctype="text/plain" action=
"mailto:ihr.name@ihrserver.de">
```

Mit dem Wert für das Attribut action legen Sie fest, dass der Inhalt des Formulars nach dem Klick auf den SENDEN-Button an das E-Mail-Programm des Benutzers übergeben und an die angegebene Adresse verschickt werden soll. Das funktioniert aber leider nicht mit jedem Mailprogramm und ist daher nur zum Testen nützlich. Wenn es bei Ihnen klappt, müssen Sie keine Dateien auf den Server hochladen, sondern können lokal auf Ihrem Computer testen. Die Daten, die sonst über das Internet verschickt werden, landen dann einfach in einer neuen E-Mail.

Schritt 4 | Schreiben Sie nun den Inhalt des form-Elements:

```
Name: <input type="text" name="Name"><br>
E-Mail: <input type="text" name="E-Mail"><br>
```

Damit erstellen Sie neben Beschriftungen für die Eingabefelder und Umbrüchen zwei input-Elemente vom Typ text. Die Namen, die Sie vergeben, können Sie frei wählen; sie dienen auch dazu, die eingegebenen Daten bei der Verarbeitung dem richtigen Feld zuzuordnen.

Schritt 5 | Und noch ein drittes Element brauchen wir: das für die eigentliche Nachricht. Ergänzen Sie den Inhalt des form-Elements:

```
Ihre Nachricht:<br>
<textarea name="Nachricht" rows="12" cols="65"
wrap="wrap"></textarea>
```

Das Attribut rows bestimmt die Anzahl der Zeilen, cols die Anzahl der Spalten. wrap legt fest, dass die Zeilen umbrochen werden, wenn das Ende des Textfelds erreicht ist. Wenn Sie zwischen dem öffnenden und dem schließenden Tag des textarea-Elements als Inhalt einen Text angeben, erscheint dieser als (löschbarer) Platzhaltertext innerhalb des Textfelds.

Schritt 6 | Schließlich ergänzen wir noch den Button zum Verschicken des Formulars:

```
<input type="submit" name="submit" value="Senden">
```

Schritt 7 | Als Letztes folgt das schließende Tag für das `form`-Element:

```
</form>
```

Testen Sie, ob alles so funktioniert wie erwartet (siehe auch Abbildung 7.3). Das fertige Testformular finden Sie unter *bnfr.de/ql701*.

Abbildung 7.3 Die erste Version unseres Formulars ■

7.5 Planung und Gestaltung

Sie sehen: Es ist ganz einfach, Formulare zu erstellen. Dennoch ist es eine Kunst, Formulare zu erstellen, die auch so funktionieren, wie es die Benutzer erwarten. Dabei müssen Sie vorsichtig sein, denn sobald ein Besucher auf der Formularseite ist, haben Sie ihn normalerweise genau da, wo Sie ihn haben wollen: Er ist kurz davor, Ihnen einen großen Auftrag anzuvertrauen, oder er will zumindest Ihren Newsletter bestellen oder eine Anfrage an Sie stellen.

7.5.1 Planung

Deshalb ist es so wichtig, hier alles richtig zu machen. Überlegen Sie also kurz, bevor Sie loslegen: Was will der Benutzer hier tun? Vermutlich will er nicht alle seine persönlichen Daten herausrücken, sondern nur die nötigsten.

Überlegen Sie außerdem: Was brauchen Sie unbedingt? Vermutlich zunächst nur die E-Mail-Adresse und einen Text mit der Anfrage. Halten Sie sich hier also mit Ihrem Wissensdurst möglichst zurück. Wenn Sie erst das Vertrauen des Benutzers dadurch gewonnen haben, dass Sie ihm schnell und kompetent antworten, können Sie alle anderen Informationen (wie sein jährliches Haushaltseinkommen und seine Schuhgröße) später immer noch abfragen.

7.5.2 Gestaltung

Wie alle anderen HTML-Elemente können Sie Formulare mit CSS praktisch beliebig gestalten. Achten Sie dabei darauf, dass die Formulare übersichtlich und leicht benutzbar bleiben. Niemand füllt gern Formulare aus, daher sollte es Ihr Ziel sein, diese Arbeit für Ihre Benutzer so kurz und so angenehm wie möglich zu gestalten.

Wichtig ist, dass immer ganz klar ist, welche Information in welches Feld kommt. Ärgern Sie Ihre Benutzer nicht, indem Sie ihnen vorschreiben, in welchem Format sie die Felder befüllen sollen.

Markieren Sie auch deutlich, welche Felder Pflichtfelder sind und welche nicht. Überlegen Sie bei Nicht-Pflichtfeldern, ob Sie diese nicht lieber gleich weglassen. Denn je weniger Felder ein Formular hat, desto wahrscheinlicher wird es ausgefüllt.

Wenn Sie ein einspaltiges Formular haben, platzieren Sie den Button zum Abschicken am besten unter allen Formularfeldern, ausgerichtet an der linken Kante der Textfelder (siehe Abbildung 7.4).

Ist Ihr Formular mehrspaltig, kommt der Button am besten nach rechts unten.

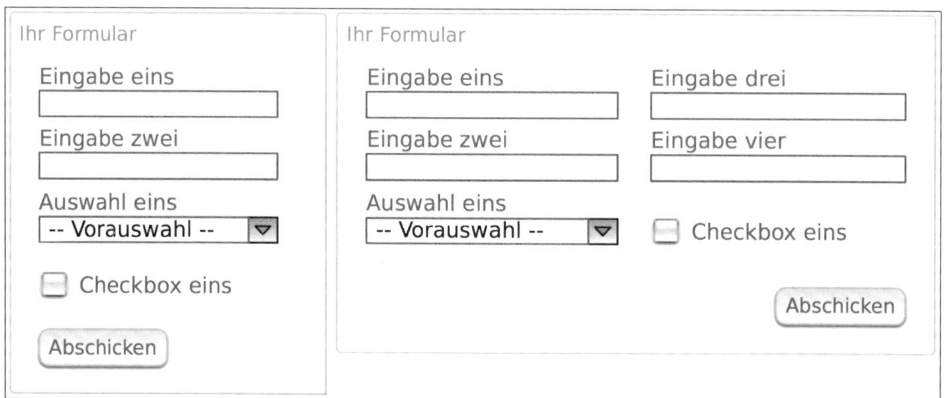

Abbildung 7.4 Gute Anordnung der Elemente für einspaltige (links) und mehrspaltige Formulare (rechts)

7.6 Der HTML-Code für unsere Arzt-Beispielsite

Nun legen wir für unser Beispielprojekt aus Kapitel 5, »Die eigene Website erstellen«, ein Kontaktformular an. Dafür brauchen wir nur vier Elemente:

- Name
- E-Mail-Adresse

- Nachrichtenfeld
- Abschicken-Button

Diese ordnen wir untereinander an. Die Angabe des Namens ist optional – wir brauchen nur eine E-Mail-Adresse, um mit dem Anfragenden Kontakt aufzunehmen, mehr nicht.

Je einfacher Sie Ihre Formulare halten, desto weniger Planung brauchen Sie. Wir können also gleich starten:

Schritt 1 | Öffnen Sie die Seite *kontakt.html*, und speichern Sie die Datei unter einem neuen Namen ab, z. B. unter *Formular-2.html*.

Schritt 2 | Ergänzen Sie in dieser neuen Datei das vorhandene HTML im `inhalt-div` um das folgende HTML für das Formular:

```
<form class="kontaktformular" method="post" enctype="text/plain" action="mailto:
ihr.name@ihresite.de">
   Ihr Name: <input type="text" name="Name"><br>
   Ihre E-Mail-Adresse: <input type="text" name="email"><br>
   Ihre Nachricht: <textarea name="Nachricht" rows="12" cols="65"
   wrap="wrap"></textarea>
   <hr>
   <input type="submit" name="Submitbutton" id="submitbutton"
   value="Abschicken">
</form>
```

Schritt 3 | Speichern Sie und testen Sie das Aussehen der Seite im Browser.

Damit sind die Elemente alle vorhanden, sehen aber noch ziemlich langweilig aus. Bereiten wir also alles für die hübsche Gestaltung per CSS vor:

Schritt 4 | Erweitern Sie den Code:

```
<form class="kontaktformular" method="post" enctype="text/plain"
action="mailto:ihr.name@ihresite.de">
   <fieldset>
      <legend>Ihre Frage an uns</legend>
      <label for="Name">Name:</label>
      <input type="text" name="Name" value=""><br>

      <label for="email" class="bold">E-Mail-Adresse:</label>
      <input type="text" name="email" value=""><br>

      <label for="Nachricht" class="bold">Ihre Nachricht:</label>
```

```
        <textarea name="Nachricht"></textarea><br>

        <input type="submit" name="Submitbutton" id="submitbutton"
        value="Abschicken">
    </fieldset>
</form>
```

Das Element `fieldset` brauchen Sie nicht unbedingt, aber es gruppiert zusammengehörige Elemente in Formularen optisch und semantisch (sozusagen HTML-logisch).

In dieser Variante des Formulars nutzen wir das Element `label`. Es enthält Beschriftungstexte für die Eingabefelder. Indem Sie dafür das `label`-Element verwenden, wird das Formular leichter zugänglich, weil deutlich ausgezeichnet ist, welche Funktion der Text hat. (Lesen Sie dazu auch Abschnitt 9.3, »Accessibility – Barrierefreiheit«.) ■

Jetzt machen wir uns an die optische Gestaltung per CSS:

Schritt 1 | Öffnen Sie die Datei *stylesheet.css* des Arztprojekts in Ihrem Editor.

Sie finden die letzte Version der Datei auch unter *bnfr.de/ql702*.

Schritt 2 | Ergänzen Sie die CSS-Datei wie folgt:

```
form.kontaktformular fieldset {
    margin-top: 25px;
    padding: 10 10 10px;
    width: 500px;
    border: none;
}

form.kontaktformular legend {
    padding: 0 10px;
    font-weight: bold;
}

form.kontaktformular label {
    float: left;
    width: 130px;
}

.bold {
    font-weight: bold;
}
```

```
form.kontaktformular input, textarea {
   width: 220px;
   margin-bottom: 5px;
}

form.kontaktformular textarea {
   width: 350px;
   height: 150px;
}

#submitbutton {
   margin-left: 0px;
   margin-top: 25px;
   width: 100px;
}
```

Schritt 3 | Speichern Sie die Datei und sehen Sie sich im Browser das Ergebnis an (siehe Abbildung 7.5).

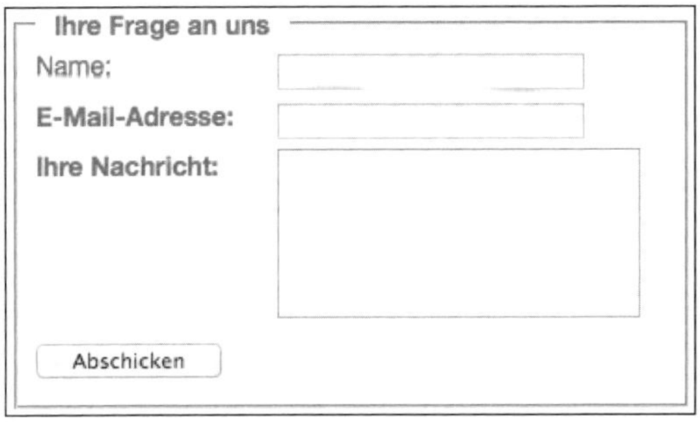

Ihre Frage an uns
Name:
E-Mail-Adresse:
Ihre Nachricht:
Abschicken

Abbildung 7.5 Das mit CSS gestaltete Kontaktformular ■

7.7 Das Skript auf dem Server

Mit der bisherigen Lösung öffnet das Formular immer das Mailprogramm. Damit die Anfragen der Besucher aber im Hintergrund ohne Mailprogramm an Sie verschickt werden, müssen Sie das PHP-Skript auf Ihrem Server einrichten.

Sie brauchen das Skript dazu nicht zu verstehen, denn Sie tragen dort lediglich Ihre Mailadresse ein und geben an, mit welcher Betreffzeile die Mail an Sie versehen werden soll.

Schritt 1 | Erstellen Sie ein leeres Textdokument (mit Ihrem Text- oder HTML-Editor).

Schritt 2 | Speichern Sie es unter dem Namen *Formular-Feedback.php*.

Dieser Name ist sinnvoll, weil das Skript nicht nur das Verschicken übernimmt, sondern auch das Feedback für Ihre Besucher anzeigt, wenn sie eine Anfrage abgeschickt haben.

Eine PHP-Datei kann eine Mischung aus HTML und PHP enthalten, und das gilt auch für unsere Datei mit dem Mailskript.

Schritt 3 | Legen Sie den HTML-Teil der Seite an:

```
<!DOCTYPE html>
<html>
   <head>
      <meta charset="UTF-8">
      <meta name="viewport" content="user-scalable=no, width=
       device-width">

      <title>Arztpraxis Dr. Udo Bloemkamp - Kontaktformular Hausarzt München
      </title>

      <link rel="stylesheet" type="text/css" media="screen"
      href="stylesheet.css">
     <link rel="stylesheet" type="text/css" media="print" href="print.css">
     <link rel="stylesheet" type="text/css" media="screen and (max-device-
      width: 480px)" href="mobil.css">

   </head>
   <body>
   </body>
</html>
```

Schritt 4 | Damit auf der Antwortseite auch Titel- und Navigationsleiste zu sehen sind, sollten Sie den HTML-Code dafür ebenfalls noch in das Dokument kopieren (für die Funktion ist das aber nicht wichtig).

Schritt 5 | Ergänzen Sie im `body` das Skript. (Sie brauchen nur die E-Mail-Adresse bei `### Konfiguration ###` anzupassen. Damit Sie nicht alles tippen müssen, finden Sie den Code unter *bnfr.de/ql703*.

Schritt 6 | Lassen Sie sich dazu den Quelltext anzeigen und kopieren Sie diesen dann in Ihren Editor:

```
<?php

# Mit dieser Funktion löschen wir Zeilenumbrüche; so stellen
# wir sicher, dass keine weiteren E-Mail-Adressen und kein
```

```
# Schadcode eingeschmuggelt werden können.
function clear_user_input($value) {
   if (get_magic_quotes_gpc()) $value = stripslashes($value);
   $value = str_replace( "\n", '', trim($value));
   $value = str_replace( "\r", '', $value);
   return $value;
}

$email = $_POST['email'];

### Konfiguration ###
$mailto = "ihr.name@ihrserver.de"; # Die Adresse sollte unbedingt im Code
# stehen, nicht über das Formular übertragen werden; andernfalls könnten
# Spammer das Skript nutzen, um beliebige Mails darüber zu verschicken.
$mailsubj = "Kontaktanfrage von der Website"; # beliebiger Betreff
### Ende Konfiguration ###

# Angabe des Absenders; ausgelesen aus dem Formular
$mailhead = "From: $email\n"; # Manche Hoster überschreiben diese Angabe
# mit ihrem eigenen Absendernamen.
reset ($_POST);

# E-Mail-Text zusammenstellen
$body = "Werte, die von der Website übermittelt wurden:\n";

foreach ($_POST as $key => $value) {
   $key = clear_user_input($key);
   $value = clear_user_input($value);
   if ($key == 'extras') {
       if (is_array($_POST['extras']) ){
            $body .= "$key: ";
            $counter = 1;
            foreach ($_POST['extras'] as $value) {
                if (sizeof($_POST['extras']) == $counter) {
                    $body .= "$value\n";
                    break;
                }
                else {
                    $body .= "$value, ";
                    $counter += 1;
```

```
                }
            }
        }
        else {
            $body .= "$key: $value\n";
        }
    }
    else {
        $body .= "$key: $value\n";
    }
}
# Mail verschicken
mail($mailto, $mailsubj, $body, $mailhead);

?>
```

Hinweis für Coda-Benutzer

Wenn Sie mit dem HTML-Editor *Coda* arbeiten, sollten Sie das Verschicken von Formularinhalten nicht mit dessen Vorschau testen, denn das funktioniert oft nicht richtig. Nehmen Sie stattdessen Safari oder Firefox.

Schritt 7 | Speichern Sie die PHP-Datei, und legen Sie sie in dasselbe Verzeichnis auf Ihrem Webserver, in dem auch die HTML-Dateien liegen.

Schritt 8 | Öffnen Sie die HTML-Seite mit dem Formular (*kontakt.html*), und tragen Sie beim Start-Tag des `form`-Elements den Dateinamen unseres neuen Skripts als Aktion ein:

```
<form class="kontaktformular" method="post" action="Formular-Feedback.php">
```

Damit alles funktioniert, müssen das PHP-Skript und die HTML-Datei wie gesagt im selben Verzeichnis liegen.

Vorsicht bei den Namen

Das einzige Element, das Sie in der HTML- und der PHP-Datei einheitlich benennen müssen, ist das Element für die Absender-E-Mail-Adresse. In unserem Beispiel heißt sie »email«. Dieser Name wird mit an das PHP-Skript übermittelt und als Absender der Mail verwendet. Bei allen anderen Namen für die Formularelemente sind Sie frei, und Sie können beliebig viele Elemente hinzufügen. Das Skript übernimmt sie alle und leitet die Eingaben des Benutzers an Sie weiter.

Testen Sie, ob alles so funktioniert, wie Sie es erwarten. Das Skript können Sie sich, wie erwähnt, auch auf der Website zum Buch herunterladen. Sie müssen dann noch Ihre eigene Mailadresse eintragen und es mit der Dateiendung *.php* statt *.php.html* auf Ihrem Server speichern. Sie finden es unter *bnfr.de/ql703*. ■

7.8 Fazit

Formulare zu erstellen, ist ganz einfach, und auch die Anpassung des PHP-Skripts zum Verschicken der Benutzerkommentare geht schnell von der Hand – ganz ohne Programmierkenntnisse. So können Sie sich ganz der sinnvollen Gestaltung und Benennung der Formulare widmen. Hier ist Sorgfalt sehr wichtig, weil Formulare ein hohes Frustpotenzial besitzen – niemand füllt sie gern aus, und wenn man nicht weiß, was genau von einem erwartet wird, lässt man es lieber. Mit einem schlecht durchdachten und schlecht umgesetzten Formular würden Sie jedoch eine Chance verschenken, von Ihren Interessenten etwas zu erfahren.

Kapitel 8
Mehr Interaktivität mit JavaScript

Programmieren ist einfacher, als Sie vielleicht denken. In wenigen Stunden können Sie genug JavaScript, um Ihre Site noch nützlicher zu machen.

Mit den Mitteln, die Sie sich bis jetzt angeeignet haben, können Sie sehr gute Websites erstellen. Wollen Sie zusätzlich etwas mehr Interaktivität, dann erweitern Sie Ihren persönlichen Werkzeugkasten um JavaScript.

JavaScript ist nicht gleich Java

Mit der Programmiersprache *Java* hat *JavaScript* nur einen Teil des Namens gemeinsam. Es sind aber zwei völlig unterschiedliche Sprachen.

JavaScript ist eine Programmiersprache, die speziell für das Web entwickelt wurde. Sie ist sehr leicht zu erlernen und dient vor allem dazu, Eingaben des Nutzers zu verarbeiten und Elemente auf Webseiten zu verändern.

JavaScript spielt eine entscheidende Rolle für viele moderne Websites. Einige von ihnen sind fast so mächtig wie lokal installierte Programme. Bild- und Videobearbeitung, Textverarbeitung oder ausgeklügelte Buchungsformulare sind damit möglich – direkt im Browser (siehe Abbildung 8.1).

Mithilfe von JavaScript übertragen Webseiten Daten, ohne gleich die ganze Seite neu zu laden (man spricht dann von *asynchroner Datenübertragung*, das Stichwort dazu lautet *Ajax*). Das klingt wenig spektakulär, führt aber dazu, dass Webseiten so reagieren, wie man es von lokalen Programmen kennt, und dass nicht bei jeder Aktion eine neue Seite geladen werden muss.

Worterklärung Ajax

Ajax steht für *Asynchronous JavaScript and XML* und ist die Grundlage für viele moderne Webanwendungen.

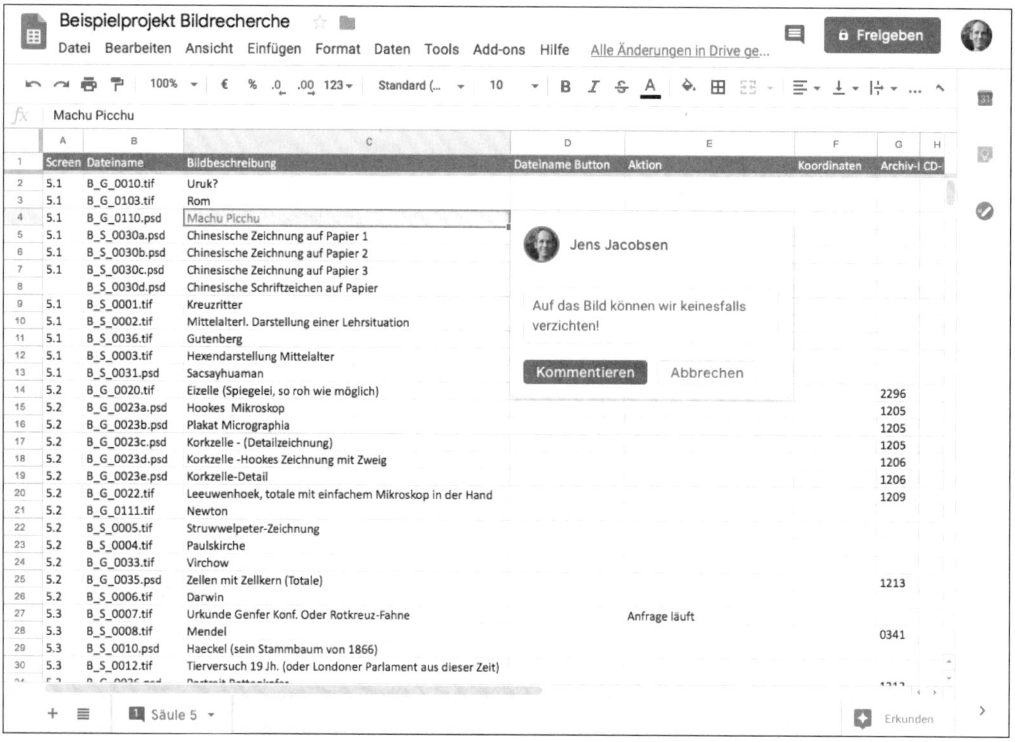

Beispielprojekt Bildrecherche

Datei Bearbeiten Ansicht Einfügen Format Daten Tools Add-ons Hilfe Alle Änderungen in Drive ge...

Freigeben

100% € % .0 .00 123 Standard (... 10 B I

fx Machu Picchu

	A	B	C	D	E	F	G	H
1	Screen	Dateiname	Bildbeschreibung	Dateiname Button	Aktion	Koordinaten	Archiv-I	CD-
2	5.1	B_G_0010.tif	Uruk?					
3	5.1	B_G_0103.tif	Rom					
4	5.1	B_G_0110.psd	Machu Picchu					
5	5.1	B_S_0030a.psd	Chinesische Zeichnung auf Papier 1					
6	5.1	B_S_0030b.psd	Chinesische Zeichnung auf Papier 2					
7	5.1	B_S_0030c.psd	Chinesische Zeichnung auf Papier 3					
8		B_S_0030d.psd	Chinesische Schriftzeichen auf Papier					
9	5.1	B_S_0001.tif	Kreuzritter					
10	5.1	B_S_0002.tif	Mittelalterl. Darstellung einer Lehrsituation					
11	5.1	B_S_0036.tif	Gutenberg					
12	5.1	B_S_0003.tif	Hexendarstellung Mittelalter					
13	5.1	B_S_0031.psd	Sacsayhuaman					
14	5.2	B_G_0020.tif	Eizelle (Spiegelei, so roh wie möglich)				2296	
15	5.2	B_G_0023a.psd	Hookes Mikroskop				1205	
16	5.2	B_G_0023b.psd	Plakat Micrographia				1205	
17	5.2	B_G_0023c.psd	Korkzelle - (Detailzeichnung)				1205	
18	5.2	B_G_0023d.psd	Korkzelle -Hookes Zeichnung mit Zweig				1206	
19	5.2	B_G_0023e.psd	Korkzelle-Detail				1206	
20	5.2	B_G_0022.tif	Leeuwenhoek, totale mit einfachem Mikroskop in der Hand				1209	
21	5.2	B_G_0111.tif	Newton					
22	5.2	B_S_0005.tif	Struwwelpeter-Zeichnung					
23	5.2	B_S_0004.tif	Paulskirche					
24	5.2	B_G_0033.tif	Virchow					
25	5.2	B_G_0035.psd	Zellen mit Zellkern (Totale)				1213	
26	5.2	B_S_0006.tif	Darwin					
27	5.3	B_S_0007.tif	Urkunde Genfer Konf. Oder Rotkreuz-Fahne		Anfrage läuft			
28	5.3	B_S_0008.tif	Mendel				0341	
29	5.3	B_S_0010.psd	Haeckel (sein Stammbaum von 1866)					
30	5.3	B_S_0012.tif	Tierversuch 19 Jh. (oder Londoner Parlament aus dieser Zeit)					

Jens Jacobsen

Auf das Bild können wir keinesfalls verzichten!

Kommentieren Abbrechen

Säule 5

Erkunden

Abbildung 8.1 »Google Docs« leistet im Browser fast so viel wie seine Vorbilder Word und Excel.

8.1 Das erste JavaScript

Das Erste, was man als Programmierer in einer neuen Sprache lernt, ist »Hello World«. Das ist ein sehr simples Programm, das nichts tut, außer den Text »Hello World« auszugeben – ein bewährter Einstieg in die Eigenheiten jeder Sprache.

Auch wenn Sie noch nie eine Zeile programmiert haben und sich für mathematisch nicht sonderlich begabt halten, werden Sie keine Probleme mit einfachen JavaScript-Programmen haben. Schnelle Erfolgserlebnisse sind mit JavaScript garantiert. Das ist mit ein Grund dafür, dass sich die Sprache so weit verbreitet hat. Sehen Sie selbst:

Schritt 1 | Legen Sie eine neue HTML-Seite an.

Schritt 2 | Schreiben Sie das HTML-Grundgerüst, wie Sie es aus den vorigen Kapiteln kennen:

```
<!DOCTYPE html>
<html>
   <head>
     <meta charset="UTF-8">
     <meta name="viewport" content="user-scalable=no, width=device-width">

      <title>Hello World</title>
   </head>
   <body>
   </body>
</html>
```

Schritt 3 | Erstellen Sie im `body` einen Textabsatz und einen Link mit Ihrem ersten Schnipsel JavaScript:

```
<p>Hallo, User. <a href="#" onclick="alert('Hallo Welt!')">
Begrüße mich.</a></p>
```

Schritt 4 | Speichern Sie die Seite ab, öffnen Sie sie im Browser, und klicken Sie den Link an.

Das Beispiel finden Sie unter *bnfr.de/ql801*.

Abbildung 8.2 Die HTML-Seite und das Fenster, das sich bei einem Klick auf den Link öffnet

Wie Sie sehen, besteht Ihr erstes JavaScript-Programm nur aus:

```
alert('Hallo Welt!')
```

Was passiert, ist selbsterklärend: Beim Anklicken des Links erscheint das Hinweisfenster (`alert`) mit dem Text, den Sie im Code in einfache Anführungszeichen gesetzt haben. Einfache Anführungszeichen müssen wir verwenden, weil doppelte Anführungszeichen schon den Anfang und das Ende des HTML-Attributwerts markieren – also unseren JavaScript-Code umschließen.

Die Anführungszeichen gehören zu den Dingen, die man in JavaScript oft falsch macht. Gewöhnen Sie sich von Anfang an daran, bei den Anführungszeichen besonders aufzupassen. Haben Sie nur ein Paar, nehmen Sie immer die normalen, brauchen Sie darin nochmals Anführungszeichen, nehmen Sie die einfachen. ■

Was tun, wenn JavaScript nicht aktiv ist?

JavaScript hat einen Haken: Jeder Nutzer kann es in seinem Browser in den Voreinstellungen deaktivieren. Bei unserem Beispiel hat ein solcher Nutzer das Problem, dass er auf den Link klickt und nichts passiert. # als Linkziel ist eigentlich ein nicht definierter Anker, manche Browser interpretieren das aber als Sprung zum Seitenanfang. Eine bessere Lösung für unser Skript (kurzes Programm) ist also diese:

```
<a href="javascript-nicht-aktiv.html" onclick="alert('Hallo Welt!');
  return false;">Begrüße mich.</a>
```

Typische Fehler

Vorsicht: Setzen Sie in einer Zeile JavaScript-Code keine Zeilenumbrüche mit [↵] oder durch zusätzliche Leerzeichen. Das führt zu einem Fehler.

Wenn ein Nutzer mit abgeschaltetem JavaScript auf diesen Link klickt, wird er auf eine HTML-Seite geleitet, auf der Sie ihm erklären können, dass er JavaScript braucht, um Ihre Seite richtig benutzen zu können. Mit dem Zusatz `;return false;` im Skript sagen Sie dem Browser, dass er bei allen anderen Nutzern mit JavaScript nach dem Anzeigen des Hinweisfensters nichts weiter tun soll. Danach wird also das, was normalerweise passiert (das Aufrufen des Links), nicht getan.

Auf das Semikolon werden Sie bei unseren nächsten Beispielen immer wieder treffen: Es ist das Abschlusszeichen für eine Zeile JavaScript. Vorher haben wir es nicht gebraucht, weil wir nur einen einzigen Befehl hatten. Nun haben wir aber zwei Befehle (`alert` und `return`), die wir mit dem Semikolon trennen müssen.

Sie finden das geänderte Beispiel unter *bnfr.de/ql802*.

8.2 Ein schnelles Skript für die Beispiel-Website

Für das Beispiel unserer Praxis-Website setzen wir eine ganz einfache JavaScript-Anwendung um: Auf der Seite mit den Öffnungszeiten soll der aktuelle Wochentag markiert werden, sodass der Besucher auf einen Blick sieht, wann heute die Praxis geöffnet ist.

Dazu brauchen wir ein sogenanntes *Objekt*. Objekte sind sozusagen Dosen, die bestimmte Zutaten sammeln (*Variablen*) und Rezepte bereitstellen (*Funktionen*). Das ist sehr praktisch, weil wir uns dann nicht darum kümmern müssen, was im Objekt genau passiert – wir nutzen nur die Möglichkeiten, die es bietet.

In unserem Fall heißt das konkret: Wir nutzen ein Objekt, damit wir uns nicht selbst um die Feinheiten der Arbeit mit Daten und Wochentagen kümmern müssen. Das kann nämlich schnell komplex werden. Wenn ich ein Datum habe, wie bekomme ich heraus, welcher Wochentag das ist? Das kann man natürlich im Kalender nachschauen, man kann es aber auch berechnen. Diese Arbeit nimmt uns zum Beispiel das Datum-Objekt von JavaScript ab.

Schritt 1 | Fügen Sie folgenden Code am Ende unserer Praxisseite ein (Sie finden diese auch unter *bnfr.de/ql813*), direkt vor dem schließenden Tag des `</body>`-Elements:

```
<script>
   var aktuellesDatum = new Date();
   var aktuellerTag = aktuellesDatum.getDay();
```

Das öffnende `<script>`-Element zeigt, dass ein Block mit JavaScript-Code folgt.

In der ersten Skriptzeile definieren Sie dann mit `var` die Variable `aktuellesDatum`. Variablen sind Behälter, die Sie mit beliebigen Inhalten füllen können. Das kann zum Beispiel eine Zahl sein oder ein Wort. Oder eben wie hier ein Objekt.

In der ersten Zeile weisen Sie unserer neuen Variablen `aktuellesDatum` mit dem Gleichheitszeichen einen Inhalt zu: das neu erzeugte Objekt (`new`) vom Typ `Date`.

Das Semikolon beendet die Codezeile.

In der zweiten Zeile legen Sie eine weitere Variable fest, `aktuellerTag`. In dieser speichern Sie das Ergebnis des Aufrufs einer *Methode* des Datum-Objekts.

Daran sehen Sie gleich, wie praktisch Objekte sind: Diese können eine Vielzahl von Methoden mitbringen, die Ihnen die Arbeit sehr erleichtern. Die Methode `getDay()` liefert den Wochentag als Zahl, beginnend mit 0 für Sonntag bis hin zu 6 für Samstag.

Methoden rufen Sie auf, indem Sie den Namen mit einem Punkt an den Variablennamen des Objekts anhängen (`aktuellesDatum.getDay()`). Das Klammernpaar am Ende ist leer, bei manchen Methoden können Sie darin aber auch Werte an die Methode übermitteln – was wir bei dieser Methode nicht brauchen.

Schritt 2 | Ergänzen Sie den Code:

```
if (aktuellerTag > 0 && aktuellerTag < 6) {
```

if, das englische Wort für *wenn*, ist die Art und Weise, wie Sie in Programmiersprachen Bedingungen abfragen. Nur wenn diese Bedingung erfüllt ist, wird der folgende Code ausgeführt.

Die Bedingung steht immer in runden Klammern nach dem if. In unserem Fall prüfen wir, ob der »Wochentag« größer als 0 ist (aktuellerTag > 0) – ob es also kein Sonntag ist.

Außerdem prüfen wir eine zweite Bedingung, die auch erfüllt sein soll. Diese zweite Bedingung verknüpfen wir mit dem doppelten Und-Zeichen (&&). Die zweite Bedingung ist dann die, dass der »Wochentag« kleiner als 6 sein soll (aktuellerTag < 6) – denn 6 ist ja der Samstag.

Unsere Bedingung ist also nur dann erfüllt, wenn weder Sonntag noch Samstag ist.

Der Code, der dann ausgeführt wird, steht in geschweiften Klammern ({}). Wir haben bisher nur die öffnende Klammer am Ende der letzten Zeile geschrieben, schließen werden wir die Klammer am Ende.

Schritt 3 | Vervollständigen Sie den Code mit dem Teil, der ausgeführt werden soll, wenn die Bedingung wahr ist:

```
        var meineTabelle = document.getElementById("praxis-tabelle-tage");
        meineTabelle.rows[aktuellerTag - 1].style.border = "thin solid #366BF4";
    }
</script>
```

Hier kommt in der vorletzten Zeile die schließende geschweifte Klammer, die das beendet, was nach dem if ausgeführt werden soll.

Mit dem </script>-Element beenden Sie den Block mit JavaScript-Code; das ist einfach.

Die ersten zwei Zeilen, die wir jetzt ergänzt haben, sind das, was ausgeführt wird, wenn die Bedingung erfüllt ist.

Hier nutzen wir ein weiteres Objekt: document. Das ist ein Objekt, das Sie nicht eigens definieren müssen, denn es ist in JavaScript immer vorhanden und enthält alle HTML-Elemente der aktuellen Seite.

Den direkt folgenden Code erkennen Sie vielleicht: .getElementById("praxis-tabelle-tage"). Das ist der Aufruf einer Methode – angehängt an das Objekt mit einem Punkt und mit einer runden Klammer am Ende. In diesem Fall übergeben wir der Methode einen Wert, nämlich den Namen "praxis-tabelle-tage". Das ist die ID des HTML-Elements, das wir jetzt bearbeiten möchten. (Sie erinnern sich: Die ID haben wir beim Erstellen des HTML-Codes in Kapitel 5, »Die eigene Website erstellen«, selbst vergeben.)

Wir bekommen durch diesen Methodenaufruf des `document`-Objekts also unsere Tabelle zurück und können mit dieser weiterarbeiten.

In der nächsten Codezeile formatieren wir nun die Tabelle – und zwar nur diejenige der Zeilen (`rows`), die dem aktuellen Wochentag entspricht. Den Wochentag haben wir als Zahl in der Variablen `aktuellerTag` gespeichert.

Montag ist 1, Dienstag 2 usw. Allerdings beginnt die Zählung bei HTML-Elementen immer bei 0. Deshalb müssen wir die Zeile 0 markieren, wenn der Wert in `aktuellerTag` 1 ist, die Zeile 1, wenn `aktuellerTag` 2 ist usw.

Das könnten wir mit mehreren `if`-Abfragen machen: `if (aktuellerTag = 1) {` usw. Das ist aber ziemlich umständlich.

Viel einfacher ist es, von unserer Variablen einfach den Wert 1 abzuziehen:

```
aktuellerTag - 1
```

So bekommen wir 0 statt 1, 1 statt 2 usw. Und wir können das direkt nutzen, um eine dünne durchgehende Linie in Blau (`thin solid #366BF4`) um die entsprechende Tabellenzeile zu zeichnen (siehe Abbildung 8.3).

Sie sehen: Mit ganz wenigen Zeilen Code können Sie HTML-Seiten mit Elementen aufpeppen, die dynamisch auf die technische Umgebung oder auf Eingaben des Nutzers reagieren. So sehen die Seiten nicht immer gleich aus, sondern passen sich an den Wochentag an, oder sie verändern sich durch Aktionen der Besucher – was wir in den nächsten Beispielen umsetzen werden.

Montag	8:30 Uhr - 12:30 Uhr	14:00 Uhr - 18:00 Uhr
Dienstag	8:30 Uhr - 12:30 Uhr	14:00 Uhr - 18:00 Uhr
Mittwoch	8:30 Uhr - 12:30 Uhr	nachmittags geschlossen
Donnerstag	8:30 Uhr - 12:30 Uhr	14:00 Uhr - 18:00 Uhr
Freitag	8:30 Uhr - 12:30 Uhr	14:00 Uhr - 16:00 Uhr

Abbildung 8.3 Die Markierung im fertigen Beispiel ■

Sie finden die fertig umgesetzte Öffnungszeiten-Seite unter *bnfr.de/ql814*.

8.3 JavaScript und HTML trennen

Das bisher beschriebene Vorgehen ist für einen schnellen Test ausreichend. Sobald Sie aber mehr mit JavaScript machen wollen, als ganz einfache Hinweisfenster auszugeben oder einzelne Seitenelemente zu formatieren, sollten Sie HTML und JavaScript so weit wie möglich voneinander trennen.

Das ist vergleichbar mit HTML und CSS: Auch diese beiden trennen Sie so gut es geht (siehe Abbildung 8.4). Einerseits wird die HTML-Seite damit übersichtlicher, und andererseits können Sie JavaScript-Programme, die auf mehreren Seiten eingesetzt werden, an zentraler Stelle einmal bearbeiten, ohne umständlich jede betroffene Seite einzeln ändern zu müssen. Und wollen Sie den Code später auch für ein anderes Projekt nutzen, fällt Ihnen das so viel leichter.

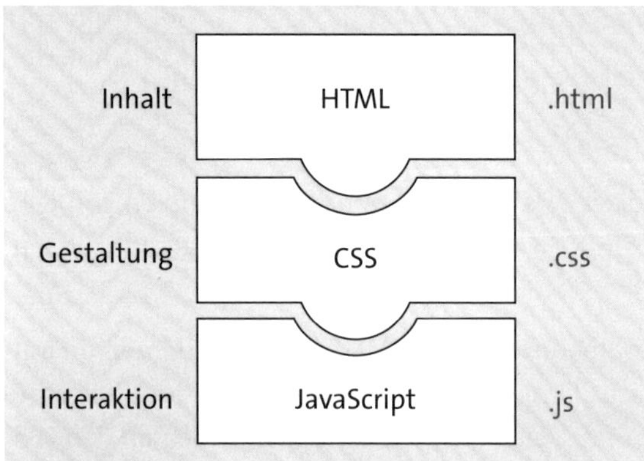

Abbildung 8.4 Die drei möglichen Bestandteile einer Webseite sollten am besten in drei getrennten Dateien liegen.

Sie können JavaScript wie CSS entweder direkt innerhalb der HTML-Elemente schreiben, wie in unseren ersten zwei Beispielen, Sie können es aber auch in einen separaten Bereich im `head`-Element platzieren.

Oder Sie können eine Datei verknüpfen, die die Skripte enthält. Im Fall von JavaScript braucht diese Datei die Endung *.js*. Die Verknüpfung erfolgt über das `script`-Element und sieht dann zum Beispiel so aus:

```
<script type="text/javascript" src="externe-skripte.js"></script>
```

Für die Beispiele in diesem Kapitel behalten wir das JavaScript in der HTML-Datei, weil es dann für Sie leichter nachzuvollziehen ist. In der Praxis fahren Sie mit externen Dateien aber besser.

Wenn Sie nur kurze Skripte haben, die Sie auch nicht auf mehreren Seiten brauchen oder für andere Projekte wiederverwenden wollen, können Sie JavaScript im `head` der HTML-Seite sammeln. Das sieht dann für unser Hello-World-Beispiel so aus:

```
<!DOCTYPE html>
<html>
   <head>
      <meta charset="UTF-8">
      <meta name="viewport" content="user-scalable=no, width=device-width">

      <title>Hello World</title>
      <script type="text/javascript">
         function sagHallo() {
            alert("Hallo Welt");
         }
      </script>
   </head>
   <body>

   <h1>Das allererste JavaScript</h1>
   <p>Hallo, User. <a href="javascript-nicht-aktiv.html" onclick="sagHallo();
   return false;">Begrüße mich.</a></p>

   </body>
</html>
```

Sie haben nun als Wert für das Attribut `onclick` nicht mehr den eigentlichen JavaScript-Befehl, sondern Sie rufen dort eine sogenannte *Funktion* auf. Diese haben wir `sagHallo` genannt. Das `return false;` muss leider dennoch im `a`-Element stehen bleiben, weil der Browser sonst den angegebenen Link aufruft, nachdem das JavaScript ausgeführt wurde.

Einen Funktionsaufruf erkennen Sie auch an den runden Klammern danach:

```
sagHallo()
```

Er ist also so etwas wie der *Methodenaufruf* bei Objekten, die Sie beim Wochentagsbeispiel schon kennengelernt haben: Methoden sind Funktionen, die ein Objekt mitbringt. Nur um deutlich zu machen, dass diese Funktionen fest zum Objekt gehören, nennt man sie anders. Und Funktionen definieren Sie selbst.

In den runden Klammern können bei Funktionen ebenso Werte stehen – das sehen wir uns gleich einmal an.

Die Funktion, die nun im aktuellen Beispiel aufgerufen werden soll, ist im `script`-Element definiert. Dort schaut der Browser nach, was er nach dem Klick tun soll.

8.4 Funktionen

Funktionen sind selbstständige Codeteile, die beliebige Aufgaben erledigen können. Ein erstes Beispiel für eine Funktion haben Sie gerade gesehen. JavaScript-Funktionen können auch Werte entgegennehmen oder zurückgeben. Um das zu demonstrieren, verändern wir unseren Code nun etwas:

```
<!DOCTYPE html>
<html>
   <head>
      <meta charset="UTF-8">
      <meta name="viewport" content="user-scalable=no, width=device-width">

      <title>Hello World</title>
      <script type="text/javascript">
         function sagHallo(meinText) {
            alert(meinText);
         }
      </script>
   </head>
   <body>

   <h1>Das allererste JavaScript</h1>
   <p>Hallo, User. <a href="javascript-nicht-aktiv.html"
      onclick="sagHallo('werter Besucher!');return false;">Begrüße mich.</a></p>

   </body>
</html>
```

Den Code kennen Sie im Wesentlichen schon. Wir haben die Funktion nun so geändert, dass wir ihr den Text übergeben, den sie im Hinweisfenster anzeigen soll. Das, was wir übergeben, kommt beim Aufruf der Funktion in runde Klammern.

Schöne Namen für Funktionen

Solange Sie keine reservierten Wörter wie `script`, `alert` usw. verwenden, können Sie Funktionen nennen, wie Sie wollen. Leerzeichen, Umlaute und Sonderzeichen sind im Namen aber nicht erlaubt.

Sinnvoll sind Namen, die beschreiben, was die Funktion macht.

Wird die Funktion aufgerufen, legt sie das, was ihr übergeben wird, in der Variablen `meinText` ab. Diese Variable nutzen wir dann, um den Inhalt des Hinweisfensters anzugeben. (Zu Variablen erfahren Sie gleich mehr.)

Wichtig ist hinsichtlich der Syntax auch, dass der Code, den die Funktion ausführen soll, in geschweiften Klammern steht. Das ist eine häufige Fehlerquelle. Wenn ein Skript nicht funktioniert, sollten Sie deshalb als Erstes prüfen, ob die Klammern richtig gesetzt sind. Die Leerzeichen oder Tabs sind übrigens egal; sogar zusätzliche Zeilenumbrüche können Sie setzen, solange sie zwischen dem Semikolon und dem Beginn der nächsten Zeile stehen.

Sie können das Ganze auch extrem verkürzt in nur eine Zeile schreiben:

```
function sagHallo(meinText){alert(meinText);}
```

Das ist aber nicht empfehlenswert, weil Sie dann bei längeren Programmen ewig suchen, bis Sie sehen, was wozu gehört. Deshalb hat es sich eingebürgert, die Klammern so einzurücken, dass man gleich sieht, welche Zeilen zusammengehören.

Wie erwähnt, können Funktionen auch etwas zurückgeben. Ein Beispiel dafür sehen Sie hier:

```
<!DOCTYPE html>
<html>
  <head>
    <meta charset="UTF-8">
    <meta name="viewport" content="user-scalable=no, width=device-width">

     <title>Hello World</title>
    <script type="text/javascript">
         function sagHallo(meinText) {
          alert(suchBegruessung() + ", " + meinText);
        }
        function suchBegruessung() {
          return "Guten Tag";
        }
```

```
    </script>
  </head>
  <body>

  <h1>Das allererste JavaScript</h1>
  <p>Hallo, User. <a href="javascript-nicht-aktiv.html"
    onclick="sagHallo('werter Besucher!');return false;">Begrüße mich.</a></p>

  </body>
</html>
```

Wir rufen aus der Funktion `sagHallo` eine weitere Funktion auf – sie trägt den Namen `suchBegruessung` (siehe Abbildung 8.5).

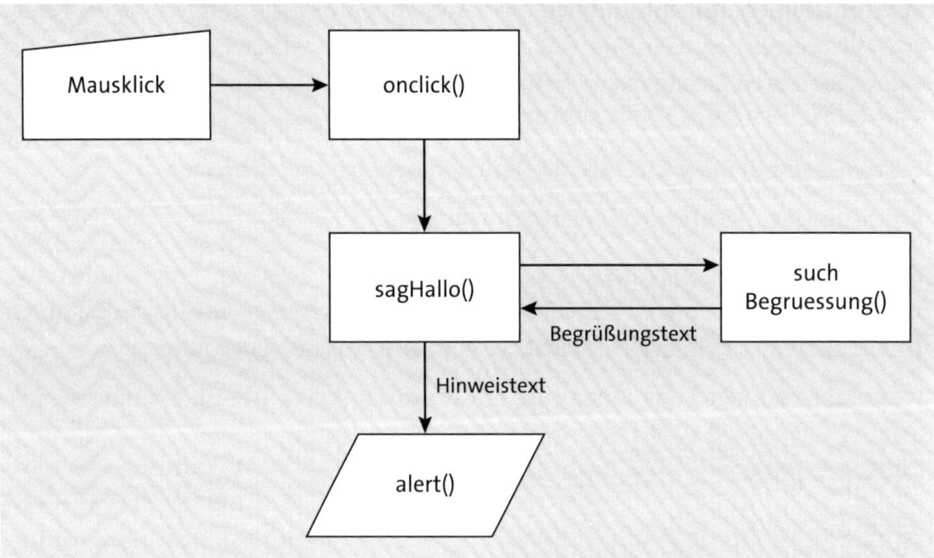

Abbildung 8.5 Der vereinfachte schematische Ablauf unseres Programms

Diese Funktion macht nichts anderes, als einen Text zurückzugeben (`return` bedeutet *zurückgeben*). Diesen Text ergänzen wir mit + um ein Komma und um eine Leerstelle und dann mit einem weiteren + um den Wert der Variablen `meinText`.

Wenn Sie jetzt auf den Link klicken, erscheint in dem Hinweisfenster der Text »guten Tag, werter Besucher!«.

Die Datei zum Ausprobieren finden Sie unter *bnfr.de/ql803*.

Wenn Sie jetzt denken, dass das Ganze ziemlich kompliziert ist, um etwas zu erreichen, das wir vorher schon viel einfacher geschafft haben, haben Sie recht. Statt 13 Zeilen Code haben wir jetzt 23. Wenn Ihr JavaScript tatsächlich so kurz ist, können Sie auch beim einfachen Aufbau bleiben, den wir am Anfang gesehen haben. Trotzdem ist es sinnvoll, sich anzugewöhnen, so weit wie möglich mit mehreren Funktionen zu arbeiten, in die Sie einzelne Teilaufgaben auslagern. Das hat drei große Vorteile:

- Ihr Code wird übersichtlicher. Sie können leicht Änderungen vornehmen, ohne im HTML- oder JavaScript-Code lange suchen zu müssen.
- Sie können Funktionen beliebig erweitern.
- Sie können Funktionen mehrfach nutzen.

Besonders der letzte Punkt hat mehr Potenzial, als man zunächst denkt. Vor allem müssen Sie Funktionen, die auf einer Seite mehrmals auftauchen, nur einmal festlegen. Je länger die Funktion ist, desto mehr Code sparen Sie sich damit. Und außerdem reduzieren Sie die Fehlerquellen, weil Sie den Code nur ein einziges Mal schreiben müssen. Und schließlich können Sie Funktionen ganz leicht in andere HTML-Seiten kopieren und dort wiederverwenden. Oder Sie können ohne viel Aufwand die Funktionen in eine externe Datei auslagern, wie wir es oben schon beschrieben haben.

8.5 Variablen

Eines der wichtigsten Dinge, die Sie mit Programmiersprachen tun können, haben Sie eben schon getan: Sie haben Variablen verwendet. Variablen sind wie Schachteln, in die Sie beliebige Inhalte füllen können. Diese Inhalte können alles Mögliche sein. Ein großer Vorteil von Variablen ist, dass Sie mit ihnen viel flexibler sind und Ihr Code leichter verständlich wird. Sie können Variablen beliebige eigene Namen geben.

»Variable« ist nicht gleich »variable«

Vorsicht bei der Groß- und Kleinschreibung: `IhreVariable` ist für JavaScript nicht das Gleiche wie `ihrevariable`! Sie können theoretisch beide Variablen in einem Programm nutzen, um unterschiedliche Inhalte abzuspeichern. Das sollten Sie aber nicht tun, weil Sie sonst Schwierigkeiten haben werden, Ihren eigenen Code später einmal wieder zu verstehen.

Für die folgenden Beispiele legen Sie sich am besten eine Testseite an, deren HTML so aussieht:

```
<!DOCTYPE html>
<html>
   <head>
      <meta charset="UTF-8">
      <meta name="viewport" content="user-scalable=no, width=device-width">
      <title>JavaScript Test</title>
      <script type="text/javascript">
         var meineVariable;
         function zeigVariable() {
            alert(meineVariable);
         }
      </script>
   </head>
   <body>

   <h1>Unsere JavaScript-Spielwiese</h1>
   <p>Hier klicken: <a href="javascript-nicht-aktiv.html"
      onclick="zeigVariable();return false;">Zeig mir, was drin ist.</a></p>

   </body>
</html>
```

Die Testseite finden Sie unter *bnfr.de/ql804*.

Damit haben Sie eine Funktion geschrieben, die nach einem Mausklick anzeigt, welchen Wert die Variable `meine Variable` aktuell hat.

Wenn Sie das jetzt gleich ausprobieren, bekommen Sie nach dem Klick die ziemlich nichtssagende Meldung aus Abbildung 8.6.

Abbildung 8.6 Ist eine Variable leer, erscheint solch eine Meldung.

Das liegt daran, dass Sie die Schachtel noch nicht mit Inhalt befüllt haben, sprich: Die Variable hat noch keinen Wert bekommen. Wir haben sie mit `var meineVariable` als Variable definiert und ihr einen Namen gegeben, aber eben keinen Wert.

Sorgfältiger Umgang mit Variablen

Die meisten Browser führen JavaScript auch dann korrekt aus, wenn Sie Ihre Variablen nicht mit `var` definieren, sondern sie einfach direkt verwenden. Das ist aber nicht garantiert, und es ist nicht ausgeschlossen, dass spätere Versionen mancher Browser das nicht tun. Gewöhnen Sie sich daher an, am Anfang Ihres Skripts die Variablen zu definieren, die Sie verwenden möchten. Das hilft auch später bei der Fehlersuche.

Mehrere Variablen können Sie auf einmal definieren, und zwar so:

```
var meineErsteVariable, meineZweiteVariable, und_nochEine;
```

Vorsicht: Zwischen den Variablennamen stehen Kommas, und am Ende der Zeile folgt wie immer in JavaScript das Semikolon.

Sie können Definition und Befüllung der Variablen auch verbinden:

```
var meineErsteVariable = 1, meineZweiteVariable = 2, und_nochEine = "A";
```


Neben Buchstaben (ohne Umlaute) können Sie _ und $ in Variablennamen nutzen. Zahlen gehen auch, allerdings nicht als erstes Zeichen.

Schritt 1 | Ergänzen Sie nach der Definition Ihrer Variablen (`var meineVariable;`) in der nächsten Zeile:

```
meineVariable = "Hallo mal wieder!";
```

Damit haben Sie die Variable mit einem Wert befüllt. Ebenso hätten Sie stattdessen in einer Zeile schreiben können:

```
var meineVariable = "Hallo mal wieder!";
```

In Programmiersprachen gibt es meistens mehrere Wege zum Ziel.

Schritt 2 | Speichern Sie und rufen Sie die Seite im Browser auf.

Wie Sie mit JavaScript Texte miteinander verknüpfen, haben Sie oben schon gesehen, zum Beispiel so:

```
meineVariable = "Hallo" + ", " + "Sie da!";
```

Speichern und testen Sie die Seite, um das Ergebnis zu sehen. ■

Das Pluszeichen dient nicht nur zum Verknüpfen von Text, sondern genauso zur Addition von Zahlen:

Schritt 1 | Ändern Sie die Zeile nach der Definition der Variablen:

```
meineVariable = 2 + 2;
```

Schritt 2 | Speichern Sie und testen Sie die Seite.

In anderen Programmiersprachen müssen Sie angeben, welche Art von Inhalten Sie in Variablen ablegen wollen (Zahlen, Text usw.). Bei JavaScript brauchen Sie sich darum nicht zu kümmern.

Für die Grundrechenarten verwenden Sie in JavaScript +, -, *, /. Klammern funktionieren so, wie Sie es in der Schule gelernt haben.

Außerdem gibt es noch fortgeschrittene Rechenfunktionen, die Sie mit dem sogenannten `Math`-Objekt aufrufen. Zum Beispiel rundet `Math.round(0.6)` die Zahl 0,6 auf ganze Zahlen, `Math.sqrt(7)` gibt die Quadratwurzel von 7 zurück oder `Math.sin(3)` den Sinus von 3. Beachten Sie, dass auch bei JavaScript-Zahlen die angelsächsische Schreibweise gilt: Punkt statt Komma bei Dezimalzahlen. ■

8.6 Arrays

Neben Zahlen und Zeichenketten (engl. *Strings*) können Variablen auch sogenannte *Arrays* enthalten. *Array* bedeutet *Feld*, *Anordnung* oder *Bereich*. Arrays sind eine extrem praktische Möglichkeit, um mehrere Werte in einer Variablen zu speichern. Am besten erklärt sich das an einem Beispiel:

```
var meineGlueckszahlen = [3, 6, 22, 3];
```

So haben Sie in einer einzigen Variablen eine Menge Zahlen untergebracht. Das geht auch mit Text:

Schritt 1 | Fügen Sie in Ihr Testdokument in der Zeile nach der Variablendefinition eine neue Variable ein:

```
var meineNachbarn = ["Severin", "Marie", "Otto", "Martha"];
```

Schritt 2 | Dann ersetzen Sie die Zeile, in der `meineVariable` definiert wird, so:

```
meineVariable = meineNachbarn[2];
```

Um den Wert von `meineVariable` festzulegen, soll JavaScript also das in der Variablen `meineNachbarn` gespeicherte Array nehmen und den Eintrag mit der Nummer `2` heraussuchen:

```
<script type="text/javascript">
```

```
    var meineVariable;
    var meineNachbarn = ["Severin", "Marie", "Otto", "Martha"];
    meineVariable = meineNachbarn[2];
    function zeigVariable() {
        alert(meineVariable);
    }
</script>
```

Schritt 3 | Speichern und testen Sie Ihr Skript.

Im Hinweisfenster steht nun »Otto«. Das überrascht Sie wahrscheinlich – »Otto« ist schließlich der *dritte* Nachbar in der Liste. Die Erklärung ist jedoch einfach, wenn auch nicht befriedigend: Arrays beginnen bei der Zählung immer mit 0. Der erste Eintrag eines Arrays ist also die Nummer 0, der zweite die Nummer 1 und so weiter. Das ist in fast allen Programmiersprachen so – man muss es einfach hinnehmen und sich daran gewöhnen. ■

Mehrdimensionale Arrays

Arrays haben noch mehr zu bieten: Sie können diese auch ineinander verschachteln – man spricht dann von *mehrdimensionalen Arrays*. Das klingt komplizierter, als es ist: Ein Array enthält einfach wieder ein Array. Das probieren wir gleich aus:

Schritt 1 | Ändern Sie die Zuweisung des Arrays in:

```
var meineNachbarn = [["Severin", "Max", "Kurt"], "Marie", "Otto", "Martha"];
```

Schritt 2 | Und die nächste Zeile in:

```
meineVariable = meineNachbarn[0][1];
```

Schritt 3 | Speichern Sie die Änderungen ab und testen Sie die Seite.

Sie sehen jetzt im Hinweisfenster »Max« – das zweite Array-Element im ersten Array-Element.

Was würden Sie bei der folgenden Zeile als Ergebnis sehen?

```
meineVariable = meineNachbarn[1];
```

Das Ergebnis wäre »Marie« – der Eintrag mit der Nummer 1 in `meineVariable`, also der zweite Eintrag des Arrays.

Auch das klingt mal wieder komplizierter, als es ist. Probieren Sie noch ein paar andere Arrays aus. Sie können sie beliebig tief verschachteln. Hängen Sie einfach immer mehr

Positionsangaben in eckigen Klammern an, um auf die verschiedenen Ebenen zuzugreifen.

Die Beispieldatei finden Sie unter *bnfr.de/ql805*. ■

8.7 Ereignisse

Ereignisse (Events) kennen Sie mittlerweile, denn Sie haben gerade eben schon mit ihnen gearbeitet. In allen Beispielen oben haben wir das Ereignis `onclick` genutzt, um ein Hinweisfenster anzuzeigen. Ereignisse sind wichtig, weil JavaScript auf jeder Seite erst durch ein Ereignis gestartet werden muss.

Ein Ereignis ist zum Beispiel, dass der Nutzer auf einen Link oder einen Button klickt. Ein Ereignis ist aber auch, dass er mit dem Mauszeiger über ein Element auf der Seite fährt oder eine Taste drückt. Genauso ist es für JavaScript ein Ereignis, dass ein Element der Seite fertig geladen ist.

Sie können sich das so vorstellen, dass JavaScript die vielen verschiedenen Ereignisse ständig im Hintergrund registriert und überwacht, ob damit irgendeine Funktion aufgerufen werden soll.

Ein paar Beispiele für Ereignisse sind:

- `load` – Das HTML-Element ist geladen.
- `mouseover` – Der Mauszeiger wird über ein Element bewegt.
- `click` – Eine Maustaste wurde gedrückt.
- `keydown` – Eine Taste auf der Tastatur wurde gedrückt.

Auf welches Ereignis eine Funktion reagieren soll, bestimmen Sie mit Attributen. Für den Attributnamen stellen Sie das Wort `on` dem Ereignisnamen voran. Das Attribut für das Ereignis `keydown` heißt somit `onkeydown`.

8.8 Beispiel: Ein schlaues Formular

Im folgenden Beispiel setzen wir JavaScript ein, um das Formular für die Arzt-Seite aus dem vorigen Kapitel etwas schlauer zu machen. Wir wollen verhindern, dass die Nutzer falsche Angaben machen oder welche vergessen.

8.8.1 Den Cursor versetzen

Als Erstes schreiben wir eine Komfortfunktion: Wir setzen den Cursor für die Texteingabe des Benutzers gleich in das erste Feld unseres Formulars, wenn der Benutzer die Seite mit dem Formular öffnet.

Schritt 1 | Öffnen Sie die HTML-Seite mit dem Kontaktformular.

Sie können auch die Datei aus dem Formular-Kapitel von unserem Server nehmen. Sie finden sie unter *bnfr.de/ql806*.

Schritt 2 | Setzen Sie im `form`-Element ein weiteres Attribut:

```
name="Kontaktformular"
```

Das ist praktisch, weil wir dann in JavaScript das Element mit seinem Namen ansprechen können. Es gibt zwar auch andere Möglichkeiten, aber diese hier ist am bequemsten für Sie und auch am leichtesten nachzuvollziehen.

Die Reihenfolge der Attribute innerhalb eines Tags ist egal; denken Sie daran, dass Attribute nur durch Leerzeichen getrennt werden, ohne Komma.

Schritt 3 | Erweitern Sie das Start-Tag des `body`-Elements:

```
<body onload="setzeFokus()">
```

Mit dem neuen Attribut fangen Sie das Ereignis `load` ab und legen fest, dass eine Funktion namens `setzeFokus` aufgerufen wird, wenn das Ereignis eintrifft – also wenn das `body`-Element vom Browser vollständig geladen wurde. Beim Aufruf der Funktion werden keine Werte übergeben.

Schritt 4 | Setzen Sie die neue Funktion in ein `script`-Element im `head`-Element des Dokuments:

```
<script type="text/javascript">
function setzeFokus() {
   window.document.Kontaktformular.Name.focus();
}
</script>
```

Schritt 5 | Speichern und testen Sie.

Sie sehen, dass der Cursor jetzt sofort im ersten Textfeld erscheint. Je nach Browser ist dieses auch hervorgehoben, sodass man es gleich sieht.

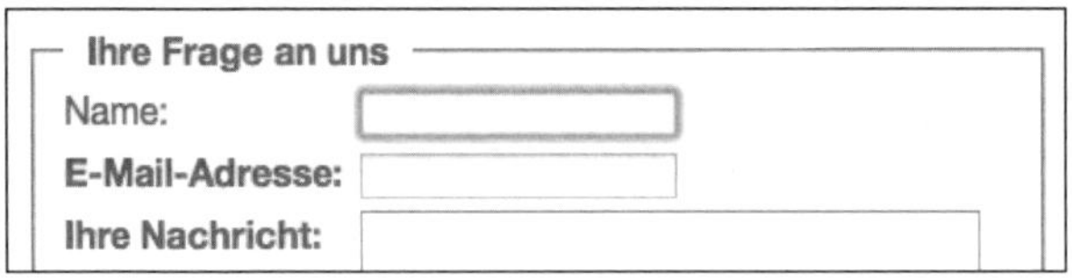

Ihre Frage an uns
Name:
E-Mail-Adresse:
Ihre Nachricht:

Abbildung 8.7 Wenn Sie die Eingabemarkierung gleich in das erste Feld setzen, kann der Besucher direkt lostippen. ■

8.8.2 Kommentarfeld prüfen

Aber JavaScript kann noch mehr: Prüfen wir doch mal, ob der Nutzer überhaupt etwas ins Nachrichtenfeld geschrieben hat – ohne Nachrichtentext ist das Abschicken einer Nachricht schließlich sinnlos.

Schritt 1 | Ergänzen Sie das Eingabefeld für den Nachrichtentext im HTML-Code:

```
<textarea name="Nachricht" onBlur="istTextDa(this.value)">
```

Damit fangen Sie das Ereignis `blur` ab. `blur` bedeutet so viel wie *unscharf werden* und ist damit das Gegenteil von `focus`, das wir oben verwendet haben. `blur` wird ausgelöst, wenn der Cursor ein Eingabefeld verlässt.

Wir rufen dann die Funktion `istTextDa` auf und übergeben ihr den Wert `this.value`, was dem Text entspricht, der zu dem Zeitpunkt im Eingabefeld steht.

Schritt 2 | Schreiben Sie diese Funktion in das `script`-Element, in dem schon die Funktion `setzeFokus` steht:

```
function istTextDa(meinText) {
  if (meinText == "") {
    alert("Bitte geben Sie eine Nachricht ein.");
  }
}
```

Darin kommen zwei neue Dinge vor: die `if`-Abfrage und der Vergleich mit `==`. Die `if`-Abfrage ist eines der wichtigsten Dinge in einer echten Programmiersprache. Damit können Sie verschiedene Fälle unterscheiden und darauf jeweils angemessen reagieren. Wie eine Funktion schließt die `if`-Abfrage alles, was ausgeführt werden soll, in geschweifte Klammern ein. In runden Klammern steht, unter welcher Bedingung die Aktion ausgeführt werden soll.

Ein Vergleich, ob zwei Werte identisch sind, erfolgt in JavaScript mit dem doppelten Gleichheitszeichen. Das ist gewöhnungsbedürftig, und Sie werden es wahrscheinlich am Anfang ein paarmal falsch machen.

Warum nimmt man nicht das einfache Gleichheitszeichen? Weil es schon besetzt ist. Wir brauchen es in JavaScript, um Variablen mit Werten zu befüllen, zum Beispiel so:

```
meineVariable = "Max";
```

Die Prüfung des Inhalts muss man dann eben mit zwei Gleichheitszeichen durchführen:

```
if (meineVariable == "Max") {...}
```

In unserem Skript setzt die Seite nach dem Laden jetzt zunächst den Cursor auf das Eingabefeld für die Nachricht. Wenn der Nutzer dann an eine andere Stelle klickt und nichts eingegeben hat, erscheint ein Warnfenster mit der Aufforderung, eine Nachricht einzugeben.

Schritt 3 | Speichern Sie die Datei und testen Sie sie.

Hier fällt Folgendes auf: Schließt man das Hinweisfenster, ist die Einfügemarke nicht mehr im Formular. Der Nutzer soll jetzt aber die Nachricht eingeben. Daher setzen wir dort auch wieder den Fokus:

Schritt 4 | Ergänzen Sie Folgendes nach der Zeile mit dem `alert`:

```
window.document.Kontaktformular.Nachricht.focus();
```

Auch das ist neu: Sie sehen hier, wie man sich schrittweise, Punkt für Punkt, durch die Elemente einer Seite arbeitet. Sie gehen vom Browserfenster (`window`) aus. Darin wird ein HTML-Dokument angezeigt (`document`). In diesem ist ein Element vorhanden (das wir `Kontaktformular` genannt haben). Darin sitzt ein weiteres Element (mit unserem Namen `Nachricht`). Sind wir dort angekommen, geben wir diesem Element den Befehl `focus()`.

Schritt 5 | Speichern und testen Sie.

So sieht der Anfang des Codes am Stück aus:

```
<!DOCTYPE html>
<html>
<head>
   <meta charset="UTF-8">
   <meta name="viewport" content="user-scalable=no, width=device-width">
   <title>Arztpraxis Dr. Udo Bloemkamp - Kontakt Hausarzt München </title>

   <link rel="stylesheet" type="text/css" media="screen" href="stylesheet.css">
   <link rel="stylesheet" type="text/css" media="print" href="print.css">
   <link rel="stylesheet" type="text/css" media="screen and (max-device-
   width: 480px)" href="mobil.css">
```

```
    <meta name="description" content="Kontaktieren Sie uns -
    Hausarzt-Praxis Dr. Udo Bloemkamp in München.">

    <script type="text/javascript">
        function setzeFokus() {
          window.document.Kontaktformular.Name.focus();
        }
        function istTextDa(meinText) {
          if (meinText == "") {
             alert("Bitte geben Sie eine Nachricht ein.");
             window.document.Kontaktformular.Nachricht.focus();
          }
        }
    </script>
</head>

<body onload="setzeFokus()">
<!-- Hier stehen Menü und Seitentext, diese sind hier weggelassen. -->
    <h3>Fragen Sie uns!</h3>
    Felder <strong>in fett</strong> sind Pflichtangaben.

    <form name="Kontaktformular" class="kontaktformular"
    method="post" action="Formular-Feedback.php">
       <fieldset>
          <legend>Ihre Frage an uns</legend>
          <label for="Name">Name:</label>
          <input type="text" name="Name" value=""><br>

          <label for="email" class="bold">E-Mail-Adresse:</label>
          <input type="text" name="email" value=""><br>

          <label for="Nachricht" class="bold">Ihre Nachricht: </label>
          <textarea name="Nachricht" onBlur="istTextDa(this.value)">
          </textarea><br>

          <input type="submit" name="Submitbutton"
          id="submitbutton" value="Abschicken">
       </fieldset>
    </form>
```

Wenn Sie jetzt auf den ABSCHICKEN-Button klicken, obwohl keine Nachricht eingegeben ist, merken Sie, dass zwar das Hinweisfenster erscheint, danach aber trotzdem die

Seite zum Verschicken des Formulars aufgerufen wird. Außerdem fehlt die Warnmeldung, wenn der Cursor gerade im Kommentarfeld steht und wir dann auf ABSCHICKEN klicken (weil wir ja erst beim Ereignis `blur` prüfen, das beim Verschicken nicht eintritt).

Das ist natürlich noch nicht optimal. Schlimmer noch: Manche Browser zeigen sogar mehrfach das Warnfenster an und springen erst dann auf die nächste Seite. Es ist also klar: So kann es nicht bleiben.

Die Datei in dieser Zwischenversion liegt auf dem Server unter *bnfr.de/ql807*. ■

8.8.3 Alternative zum Prüfen des Kommentarfelds

Korrigieren wir das Problem, dass das Formular nach dem Warnhinweis trotzdem verschickt wird:

Schritt 1 | Gehen Sie zur Funktion `istTextDa`, und ändern Sie den Variablennamen in der Klammer in `meinFormular`.

Wir wollen der Funktion nun einen Verweis auf das Formular übergeben. Den braucht die Funktion, weil sie jetzt das Verschicken übernehmen muss. Das Formular verschickt sich nun nicht mehr selbsttätig, sondern überlässt diese Aufgabe der Funktion. Als Erstes befassen wir uns mit unserer Funktion, zum Formular kommen wir später.

Schritt 2 | Korrigieren Sie die Funktion, sodass sie so aussieht:

```
function istTextDa(meinFormular) {
   var meinText = meinFormular.Nachricht.value;
   if (meinText == "") {
      alert("Bitte geben Sie eine Nachricht ein.");
      window.document.Kontaktformular.Nachricht.focus();
   } {
      meinFormular.submit();
   }
}
```

Zuerst legen Sie mit dieser Funktion den Inhalt (`value`) des Elements `Nachricht` des Formulars (`meinFormular`) in der Variablen `meinText` ab. Dann kommt der Teil mit der `if`-Abfrage, den Sie schon kennen.

Darauf folgt die `else`-Anweisung. `else` bedeutet *andernfalls*, und die `else`-Anweisung wird dann ausgeführt, wenn die Bedingung in den runden Klammern nach `if` nicht zutrifft. Wie nach `if` muss alles, was nach `else` ausgeführt werden soll, in geschweiften Klammern stehen. In unserem Fall geben wir dem Formular den Befehl `submit()` – es wird verschickt.

Nun fehlt noch die Änderung beim Formular selbst:

Schritt 3 | Gehen Sie zum öffnenden Tag des `form`-Elements, und prüfen Sie, ob die bei `action` angegebene Datei auf Ihrem Server vorhanden ist (in unserem Fall *Formular-Feedback.php*).

Sie können die Datei aus dem vorigen Kapitel verwenden, oder Sie laden sie von unserer Website herunter:

bnfr.de/ql703

Denken Sie daran, im Skript Ihre Mailadresse einzutragen und es mit der Dateiendung *.php* statt *.php.html* auf Ihrem Server abzuspeichern.

Schritt 4 | Ergänzen Sie im letzten `input`-Element (mit dem `Submit`-Button) vor der schließenden Klammer Folgendes:

```
onclick="istTextDa(this.form); return false;"
```

Damit rufen Sie beim Ereignis `click` die Funktion `istTextDa` auf und übergeben ihr einen Verweis auf das Formular. Mit `return false` verhindern Sie, dass der Button das Formular abschickt.

Schritt 5 | Löschen Sie den Aufruf der Funktion `istTextDa` im `textarea`-Element.

Schritt 6 | Speichern und testen Sie.

Die Datei finden Sie auch auf dem Server, und zwar unter *bnfr.de/ql808*. ■

8.8.4 E-Mail-Adresse prüfen

Das Nachrichtenfeld wird jetzt ordentlich überprüft. Kommen wir nun zu dem zweiten und letzten Pflichtfeld, dem Feld für die E-Mail-Adresse.

Schritt 1 | Gehen Sie zur Funktion `istTextDa`, und ändern Sie ihren Namen in `formularPruefen`.

Das hat den Hintergrund, dass wir für dieses Feld nicht nur prüfen wollen, ob Text eingegeben wurde, sondern auch, ob es eine korrekte E-Mail-Adresse ist. Die Funktion verrichtet ihre Arbeit natürlich auch ohne diese Umbenennung, aber es ist gut, sich gleich anzugewöhnen, Funktionen und Variablen immer nach ihrem Zweck zu benennen. Das erleichtert die Fehlersuche und später das Übernehmen der Funktionen in andere Projekte.

Schritt 2 | Ändern Sie den Namen der Funktion auch bei `onclick` im `input`-Element für den SUBMIT-Button des Formulars.

Der Aufruf sieht dann so aus:

```
onclick="formularPruefen(this.form); return false;"
```

Schritt 3 | In der zweiten Zeile der Funktion legen wir den Wert, der im E-Mail-Feld steht, in einer Variablen ab:

```
var meineMail = meinFormular.email.value;
```

Schritt 4 | Ergänzen Sie jetzt das Folgende in der Zeile nach dem `else`, sodass sie so aussieht:

```
var meineKriterien = /@/;
if (meineKriterien.test(meineMail) == false) {
  alert("Bitte geben Sie eine gültige E-Mail-Adresse ein, damit wir Ihnen
  antworten können.");
  window.document.Kontaktformular.email.focus();
} else {
  meinFormular.submit();
}
```

Damit haben wir eine Kontrolle für die E-Mail-Adresse eingeführt und verfahren wie beim Nachrichtenfeld, indem wir ein Hinweisfenster ausgeben und den Fokus auf das Feld setzen. Zum Überprüfen verwenden wir den Befehl `test`. Er gibt den Wert `false` zurück, wenn er die angegebenen Zeichen nicht in der Variablen findet, die in der Klammer steht. Die Variable, in der wir das @-Zeichen gesetzt haben, enthält einen sogenannten *regulären Ausdruck*. Sie erkennen ihn an den zwei Schrägstrichen. Reguläre Ausdrücke sind Codierungen für Zeichenketten. Was diese von normalen Zeichenketten unterscheidet (die etwa als `"@"` angegeben werden), sehen Sie gleich, wenn wir nicht nur auf das @-Zeichen testen, sondern auch auf die anderen Zeichen, die bei einer korrekten E-Mail-Adresse davor und dahinter stehen.

Schritt 5 | Erweitern Sie die Suchkriterien:

```
var meineKriterien = /^.+@.+\..{2,6}$/;
```

Das sieht jetzt ganz schön kryptisch aus. Sieht man aber genauer hin, erkennt man, wie praktisch reguläre Ausdrücke sind. Denn diese Zeichenfolge heißt übersetzt:

> *Mindestens ein Zeichen oder mehr, gefolgt von einem @-Zeichen, dann wieder mindestens ein Zeichen, ein Punkt und mindestens zwei bis sechs Zeichen.*

Das ist genau die Syntax für eine gültige E-Mail-Adresse, die aus einem Namen, einem @-Zeichen, dem Namen des Anbieters sowie einem Punkt und der Landesdomain (z. B. *.de*) besteht.

Sehen wir uns noch mal genau an, was wir da geschrieben haben: Der Schrägstrich mit dem Zirkumflex (/^) definiert den Anfang, das Dollarzeichen und der Schrägstrich ($/) das Ende des regulären Ausdrucks, der vollständig durchsucht werden soll. Das dritte Zeichen, der Punkt, heißt »ein oder mehrere Zeichen«. Das darauffolgende Pluszeichen ist eine Verknüpfung, und das @ steht für sich selbst. Es folgt wieder mindestens ein Zeichen, wofür der nächste Punkt steht. Mit einem Plus wird der nächste Teil des Ausdrucks angehängt – es fehlt nun nur noch das mit einem Punkt angehängte Länderkürzel der E-Mail-Adresse.

Der Punkt steht in regulären Ausdrücken generell aber für ein beliebiges Zeichen, deshalb können wir ihn nicht direkt verwenden. Dass wir wirklich einen Punkt meinen, zeigen wir durch den Rückstrich an (\). Ein solcher Rückstrich vor einem Zeichen heißt, dass ich jetzt ein Zeichen eingeben möchte, das eigentlich für etwas anderes gebraucht wird – in unserem Fall eben den Punkt.

Das ist kompliziert, aber man gewöhnt sich daran. Schließlich folgen noch mal ein oder mehrere Zeichen. In den geschweiften Klammern geben wir diesmal an, dass wir genau zwei bis sechs Zeichen möchten, nicht mehr und nicht weniger.

Lassen Sie sich von diesen schwer zugänglichen Dingen nicht entmutigen – reguläre Ausdrücke gehören zu den undurchsichtigen Konzepten der Programmierung, und es gibt ganze Bücher über sie. Sie müssen sie auch gar nicht im Detail verstehen, denn Sie können den Code ja einfach für Ihre Projekte kopieren.

Schritt 6 | Speichern Sie die Seite und testen Sie sie im Browser.

Die Funktion als Ganzes sieht so aus:

```
<script type="text/javascript">
   function setzeFokus() {
      window.document.Kontaktformular.Name.focus();
   }
   function formularPruefen(meinFormular) {
      var meinText = meinFormular.Nachricht.value;
      var meineMail = meinFormular.email.value;
      if (meinText == "") {
         alert("Bitte geben Sie eine Nachricht ein.");
         window.document.Kontaktformular.Nachricht.focus();
      } else {
         var meineKriterien = /^.+@.+\..{2,6}$/;
         if (meineKriterien.test(meineMail) != true ) {
```

```
            alert("Bitte geben Sie eine gültige E-Mail-Adresse ein, damit
              wir Ihnen antworten können.");
            window.document.Kontaktformular.email.focus();
         } else {
            meinFormular.submit();
         }
      }
   }
</script>
```

Sie finden die Datei auf dem Server unter *bnfr.de/ql809*. ■

8.9 Text auf der Seite einfügen

Nach so viel nicht ganz leichter Kost folgt jetzt noch ein ganz einfaches Beispiel, das Spaß macht: Sie können mit JavaScript auch direkt Text auf HTML-Seiten schreiben oder ändern.

Schritt 1 | Ergänzen Sie auf der HTML-Seite des letzten Beispiels vor dem Formularelement Folgendes:

```
<script type="text/javascript">document.write("<p> Zeitpunkt Ihrer Anfrage:
</p>")
</script>
```

Denken Sie daran, dass *innerhalb* einer JavaScript-Anweisung keine Zeilenumbrüche vorkommen dürfen.

Schritt 2 | Speichern und testen Sie die Seite.

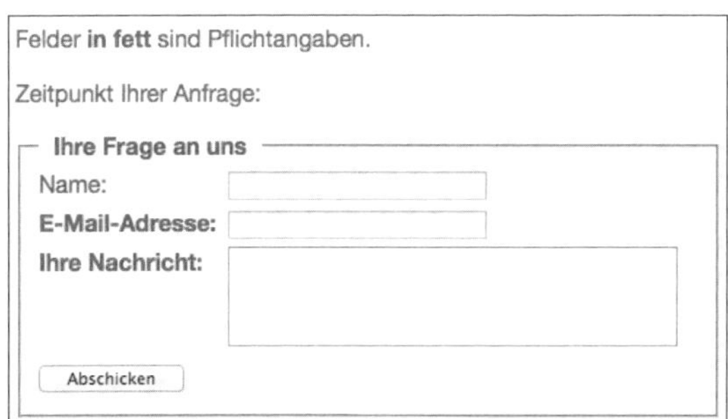

Abbildung 8.8 Der zweiten Zeile sieht man im Browser nicht an, dass sie mit JavaScript geschrieben wurde.

Hinweis

Auch wenn es mit JavaScript geht: Verzichten Sie auf die Angabe von Datum und/oder Uhrzeit irgendwo auf Ihrer Website, wenn sie nicht wirklich sinnvoll ist. Um die Zeit zu erfahren, kommen die Besucher nicht zu Ihnen – es lenkt gewöhnlich nur ab.

Der Seite im Browser (siehe Abbildung 8.8) sehen Sie nicht an, dass der Text von JavaScript geschrieben wurde. Wir hätten ihn genauso gut als reinen HTML-Text schreiben können. Die folgenden Dinge funktionieren aber nur mit JavaScript:

Schritt 3 | Ergänzen Sie den Code:

```
var meinZeitobjekt = new Date();
var Tag = meinZeitobjekt.getDate();
var Monat = meinZeitobjekt.getMonth() + 1; // Januar ist 0
var Jahr = meinZeitobjekt.getFullYear();
var Datum = Tag + "." + Monat + "." + Jahr;
document.write("<p>Zeitpunkt Ihrer Anfrage: " + Datum + " Uhr</p>");
```

In der ersten Zeile haben Sie mit `new` ein sogenanntes *Objekt* angelegt, ähnlich wie man mit `var` eine neue Variable anlegt. Das `Date`-Objekt ist in JavaScript definiert und kennt einige Befehle. Diese nutzen wir in den nächsten Zeilen. `getDate` etwa liefert den aktuellen Tag, `getMonth` den aktuellen Monat usw. Weil die Monatszählung bei 0 beginnt, addieren wir 1. Das ist wieder unpraktisch, aber wir müssen es hinnehmen – wenn man es weiß, ist es kein Problem.

Schritt 4 | Speichern und testen Sie.

Hier sehen Sie den gesamten Code des Skripts, noch ergänzt um die Angabe der Uhrzeit:

```
<script type="text/javascript">
   var meinZeitobjekt = new Date();
   var Tag = meinZeitobjekt.getDate();
   var Monat = meinZeitobjekt.getMonth() + 1; // Januar ist der Monat 0
   var Jahr = meinZeitobjekt.getFullYear();
   var Datum = Tag + "." + Monat + "." + Jahr;
   var Stunde = meinZeitobjekt.getHours();
   var Minute = meinZeitobjekt.getMinutes(); // ist es z. B. 13:01, gibt
     getMinutes() nur "1" zurück; daher die nächste Zeile
   if (Minute < 10) {Minute = "0" + Minute;}
   var Zeit = Stunde + ":" + Minute;
   document.write("<p>Zeitpunkt Ihrer Anfrage: " + Datum + ", " + Zeit + " Uhr
```

```
  </p>");
</script>
```

In diesem Code sehen Sie auch, wie man in JavaScript Kommentare schreibt: mit zwei Schrägstrichen. Genau wie die HTML- und CSS-Kommentare werden diese vom Browser bei der Ausführung ignoriert, und Sie können damit Ihren Code erklären.

Die Seite mit dem ganzen Code finden Sie unter *bnfr.de/ql810*. ■

8.10 Text auf der Seite elegant ändern

Den Fokus für das Formular haben Sie vorhin in unserem Beispiel mit folgender Codezeile gesetzt:

```
window.document.Kontaktformular.Name.focus();
```

Dabei haben Sie schon ein wichtiges Konzept von JavaScript genutzt: das sogenannte *Document Object Model*, kurz *DOM*. Das DOM ist sozusagen ein Abbild der aktuellen HTML-Seite. Das klingt nicht sehr spannend, ist aber praktisch. Denn Sie können sich am DOM entlanghangeln, um letztlich zu allen Elementen zu gelangen, die im Dokument enthalten sind – und diese können Sie dann mit JavaScript verändern.

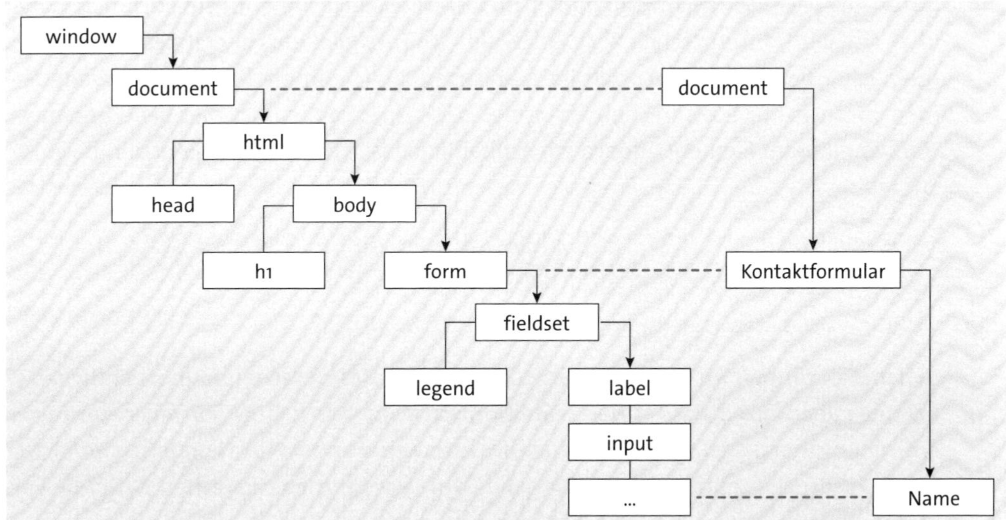

Abbildung 8.9 Die hierarchische Struktur des DOM. Der Weg rechts von »document« direkt zu »Kontaktformular« ist sozusagen die Abkürzung, die wir nehmen können, wenn wir Elementen eigene Namen geben.

Das DOM ist wie ein Stammbaum aufgebaut (siehe Abbildung 8.9): Das `window` ist der gemeinsame Vorfahr aller Elemente. Dann kommt `document`, gefolgt von `html`, das sich an dieser Stelle das erste Mal verzweigt, und zwar in `head` und `body`. In unserem Beispielprojekt folgen auf `body` unter anderem die Elemente `h1` und `form`. Letzteres enthält das `fieldset`, und darin wiederum liegen `legend`, `label` und mehrere `input`-Elemente.

`window` können Sie auch weglassen, wenn Sie das Dokument im aktuellen Fenster ansprechen wollen.

Sprechen wir ein Element direkt an:

Schritt 1 | Ergänzen Sie Folgendes nach der Stelle im Code, an der wir nach der Überprüfung der E-Mail-Adresse im Formular den Fokus auf das Feld `email` setzen:

```
document.forms[0].elements[1].style.color = "red";
```

Schritt 2 | Speichern und testen Sie.

Sie sehen jetzt, dass der Text im E-Mail-Feld rot wird, wenn man keine gültige E-Mail-Adresse eingibt und auf ABSCHICKEN klickt.

Dabei haben wir im DOM auf das `document` zugegriffen, dann auf das Element `forms`. Da es mehrere Formulare im Dokument geben kann, gibt JavaScript in dem Fall ein Array zurück (also eine Liste mit allen Formularen, die es enthält). Mit `[0]` sprechen wir den ersten Eintrag im Array an – wir haben auf unserer Seite derzeit nur ein Formular, daher ist es einfach. Dann sprechen wir die `elements` im Formular an. Hier gibt es wieder mehrere, daher bekommen wir auch hier ein Array. Wir nehmen diesmal das zweite Element, das wir mit `1` ansprechen, da Arrays per definitionem ja immer bei 0 anfangen. Und von diesem Element ändern wir schließlich das Attribut `style`, genauer die `color`, auf `red`.

Es gibt aber auch noch eine andere Möglichkeit, dasselbe zu erreichen:

```
document.forms.Kontaktformular.elements.email.style.
color = "red";
```

In dem Fall können wir auf das Abzählen verzichten. Das ist nicht nur übersichtlicher, es hat auch den Vorteil, dass es noch funktioniert, wenn wir weitere Formulare einfügen, die vor unserem Formular stehen (was die Nummerierung im Array ändern würde). Der obige Ausdruck funktioniert so: Wir gehen vom `document` aus, sprechen darin die Formulare an (`forms`) und nehmen hier das Formular mit dem Namen `Kontaktformular`. Dort sprechen wir alle enthaltenen Elemente an (`elements`) und wenden uns an das Element mit dem Namen `email`. Bei diesem adressieren wir das Attribut `style` und darin den Wert für die Farbe (`color`). Diese setzen wir auf Rot (`red`).

Kleine Namenskunde

Die Elemente des DOM werden *Nodes* (*Knoten*) genannt. So heißen in der Botanik die Ansatzstellen von Ästen am Stamm, und das DOM funktioniert ja wie gesagt wie ein Stammbaum.

Das lässt sich aber noch weiter vereinfachen, da wir eindeutige Namen vergeben haben:

```
document.Kontaktformular.email.style.color = "red";
```

Damit sprechen wir die Elemente direkt mit Namen an und sparen uns so das Entlanghangeln am DOM. ■

Und noch eine letzte Möglichkeit wollen wir Ihnen zeigen, damit Sie die ganze Bandbreite kennenlernen:

Schritt 1 | Ergänzen Sie im `input`-Element für die E-Mail-Adresse noch ein Attribut:

```
id="email-Feld"
```

Schritt 2 | Ändern Sie die Zeile mit dem Farbwechsel:

```
document.getElementById("email-Feld").style.color = "red";
```

Das ist der kürzeste Weg. Er funktioniert aber nur, wenn Sie eine `id` vergeben haben. Mit `name` geht es deshalb nicht, weil Sie mehreren Elementen in Ihrem Dokument denselben Namen geben dürfen. Haben Sie zum Beispiel zwei Formulare, darf in beiden ein Element mit dem Namen `email` auftauchen. Eine `id` muss aber zwingend einzigartig im Dokument sein. ■

Eine Verbesserung an anderer Stelle ist, die Formatierung nicht direkt durch ein `style`-Attribut zu ändern, sondern über CSS. Das hat den Vorteil, dass Sie Änderungen an der Farbe später zentral an einer Stelle durchführen können, auch wenn Sie die Formatierung für mehrere Elemente ändern.

Schritt 1 | Ändern Sie die Formatierungszuweisung:

```
document.getElementById("email-Feld").className ="highlight";
```

Schritt 2 | Öffnen Sie die CSS-Datei (wir haben sie *stylesheet.css* genannt).

Schritt 3 | Ergänzen Sie das folgende Format:

```
.highlight {
  background-color: red;
}
```

Damit erreichen wir nebenbei eine weitere Verbesserung: Jetzt wird nicht der Text markiert, sondern der gesamte Hintergrund des Textfelds. Dadurch sieht der Nutzer sofort, dass etwas mit diesem Feld nicht stimmt.

Schritt 4 | Speichern Sie beide Dateien, und testen Sie die HTML-Datei im Browser.

Die ganze HTML-Seite finden Sie unter *bnfr.de/ql811.* ■

Noch schöner gestalten

Um das Formular in der Praxis einzusetzen, sollten Sie noch dafür sorgen, dass die rote Markierung wieder verschwindet, wenn der Nutzer eine E-Mail-Adresse eingegeben hat. Ansonsten sieht das schon etwas erschreckend aus. Und außerdem ist das Feld so lange rot hinterlegt, bis der Nutzer auf den ABSCHICKEN-Button klickt, auch wenn inzwischen korrekte Werte in dem Feld stehen.

Darüber hinaus passt der knallrote Hintergrund nicht so recht zur Gestaltung der Seite – das können Sie mit CSS besser!

Wenn Sie noch Probleme mit der Umsetzung haben, sehen Sie sich die fertige Datei auf dem Server an: *bnfr.de/ql812.*

Wie Sie mal wieder gesehen haben, gibt es immer mehrere Möglichkeiten, in JavaScript sein Ziel zu erreichen. Ein Formularelement können Sie zusammenfassend mit diesen unterschiedlichen Methoden ansprechen:

- `document.forms[#].elements[#].eigenschaft`
- `document.forms.name.elements.name.eigenschaft`
- `document.name.name.eigenschaft`
- `document.getElementById("id").eigenschaft`

8.11 Auf Fehlersuche – Debugging

So faszinierend JavaScript ist, so nervtötend kann es manchmal sein. Jeder, der nur ein paar Zeilen Code geschrieben hat, kennt das: Wenn man etwas Neues ausprobiert oder Beispielcode angepasst hat, will es einfach nicht klappen, nur weil zum Beispiel irgendwo ein Semikolon fehlt.

Ein wichtiger Helfer bei der Suche nach Fehlern in eigenen Skripten ist ein sogenannter *Debugger* (wörtlich übersetzt ein *Entfehlerer* oder *Entwanzer*). Debugger gibt es also nicht nur für HTML, sondern auch für JavaScript.

Die großen Vorteile eines Debuggers sind:

- Sie bekommen aussagekräftige Fehlermeldungen.
- Sie können den Wert einzelner Variablen beobachten.
- Sie können den Code Zeile für Zeile ausführen.

8.11.1 Debuggen mit Firefox

Die Browser Firefox, Safari und Chrome bringen jeweils einen integrierten Debugger mit. Diese funktionieren alle recht ähnlich. Im Folgenden sehen wir uns an, wie das bei Firefox in der Praxis aussieht.

Als Erstes brauchen wir einen schönen Fehler, also bauen wir einen ein:

Schritt 1 | Öffnen Sie die letzte Beispielseite in Ihrem HTML-Editor.

Schritt 2 | Ändern Sie z. B. etwas in der ersten Funktion `onFocus`:

```
window.document.Kontaktformular.name.focus();
```

Statt des korrekten `Name` schreiben wir also `name`.

Schritt 3 | Speichern Sie die Seite unter einem anderen Dateinamen ab. ■

Nun geht es an die Suche:

Schritt 1 | Öffnen Sie die sogenannte *Web-Konsole*, indem Sie den gleichnamigen Eintrag im Menü EXTRAS • WEB-ENTWICKLER auswählen. (Wenn Ihr Firefox keine Menüleiste am oberen Bildschirmrand anzeigt, klicken Sie links oben auf den orangefarbenen Firefox-Button, dann auf WEB-ENTWICKLER und dann auf WEB-KONSOLE.)

Schritt 2 | Öffnen Sie nun die Seite mit dem absichtlich eingebauten Fehler in Firefox.

Sie sehen eine Fehlermeldung wie die in Abbildung 8.10.

Sie erfahren aus der Konsolenmeldung, dass das Problem bei der Funktion liegt. Trotzdem kommt man als Neuling wahrscheinlich nicht sofort darauf, was genau am eigenen Skript nicht stimmt. Aber wenn Sie selbst mal eine Weile nach so einem Tippfehler gesucht haben, werden Sie es für die nächsten Male wissen.

Mit einem Klick auf die blaue Angabe der HTML-Seite mit dem Fehler ganz rechts springen Sie direkt in den Quellcode hinein (das entspricht einem Klick auf den Reiter DEBUGGER). ■

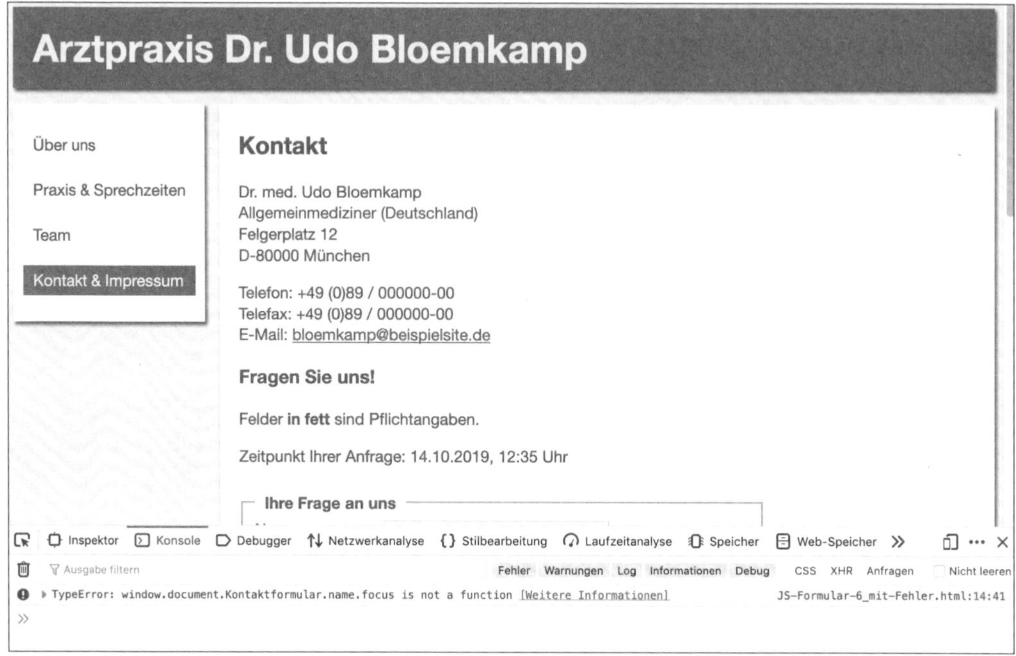

Abbildung 8.10 Die Konsole von Firefox gibt alle Fehler aus.

Nutzen wir nun den Debugger, um zu verstehen, was JavaScript so denkt:

Schritt 1 | Korrigieren Sie den Fehler im Beispielcode wieder, und speichern Sie das Dokument ab.

Schritt 2 | Öffnen Sie Firefox, aktivieren Sie den Debugger, und navigieren Sie im Bereich QUELLEN am linken Seitenrand unter MAIN THREAD zu Ihrer HTML-Datei.

Schritt 3 | Klicken Sie auf AUSDRUCK BEOBACHTEN in der rechten Spalte und geben Sie `Tag` ein.

Abbildung 8.11 Im Bereich »Ausdruck beobachten« sehen Sie, welche Werte Ihre Variablen haben. Hier hat »Tag« den Wert 14, weil an dem Tag dieser Aufnahme der 14. des Monats war.

Abbildung 8.11 zeigt, welchen Wert diese Variable aktuell hat. Das ist nützlich, wenn Sie im Blick behalten wollen, wie sich der Wert einzelner Variablen ändert, während das Skript abgearbeitet wird. ■

Im letzten Beispiel sehen wir JavaScript bei der Arbeit zu:

Schritt 1 | Klicken Sie auf die Zeilennummer 17 am linken Bildschirmrand.

Dort erscheint ein blauer Pfeil, der anzeigt, dass JavaScript an dieser Stelle anhalten soll. Das nennt man einen *Haltepunkt* (englisch *Breakpoint*).

Definierte Haltestellen

Wie ein Linienbus hält der Debugger auch nicht an jeder beliebigen Stelle an. Bei Skripten, die im body-Element der HTML-Seite eingebunden sind, kann er z. B. nicht halten.

Wo Sie Haltepunkte setzen können, sehen Sie daran, dass die entsprechenden Zeilennummern dunkelgrau sind. Für hellgraue Zeilen können Sie keinen Haltepunkt setzen.

Schritt 2 | Klicken Sie auf den Button ABSCHICKEN im Formular der HTML-Seite.

Sie sehen, dass JavaScript also tatsächlich anhält. Es erscheint kein Hinweisfenster, dass Formularinhalte fehlen.

Der blaue Pfeil am linken Rand zeigt Ihnen, wo Sie gerade im Skript sind (siehe Abbildung 8.12).

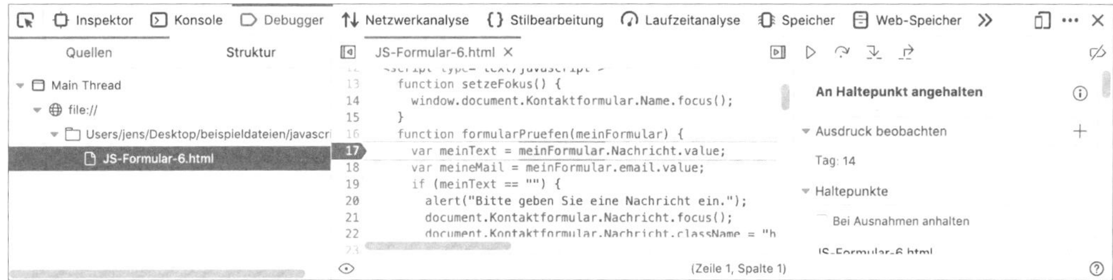

Abbildung 8.12 Das angehaltene Skript im Debugger

In der Spalte rechts sehen Sie die Werte der beobachteten Variablen, hier *Ausdrücke* genannt. Sie können jederzeit weitere hinzufügen.

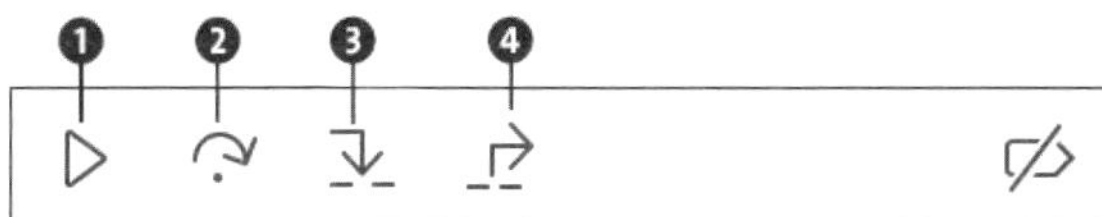

Abbildung 8.13 Die Buttons zum Steuern beim schrittweisen Debuggen

Ganz wichtig sind die unbeschrifteten Buttons, die sich oberhalb des Quelltexts befinden (Details siehe Abbildung 8.13). Mit diesen sorgen Sie dafür, dass das Skript weiter abgearbeitet wird. Der Button ganz links mit dem Play-Symbol ❶ lässt das Skript weiterlaufen, und zwar bis zum nächsten Haltepunkt, zum nächsten Fehler oder bis zum Ende – je nachdem, welche von den drei Möglichkeiten als erste kommt.

Der Pfeil bei ❷ springt in die nächste Zeile, führt diese aus und hält die Ausführung wieder an. Der Name SCHRITT DARÜBER, der erscheint, wenn man die Maus darüber bewegt, erklärt das kaum. Dennoch ist das der Button, den Sie am meisten brauchen, denn damit können Sie Ihre Skripte Zeile für Zeile ausführen und dabei beobachten, was passiert.

Der Pfeil bei ❸ springt ebenfalls in die nächste Zeile. Zusätzlich springt der Debugger in die Funktion hinein, wenn in dieser Zeile eine solche aufgerufen wird – daher der Name SCHRITT HINEIN. Den Button brauchen Sie, wenn Sie zusätzlich noch sehen wollen, was in den Funktionen passiert, die im Skript aufgerufen werden.

Im Gegensatz dazu ist der nächste Pfeil ❹ mit SCHRITT HERAUS bezeichnet. Das heißt, er lässt das aktuelle Skriptteil ablaufen, bis die aktuelle Funktion beendet ist.

Mit diesem Werkzeug finden Sie die Bugs in Ihren Skripten deutlich leichter, als wenn Sie immer wieder und wieder Ihren Code durchlesen. ■

Sehr nützlich ist auch der Bereich KONSOLE, wenn man einzelne JavaScript-Schnipsel direkt testen möchte. Das geht so:

Schritt 1 | Klicken Sie auf den Reiter KONSOLE.

Schritt 2 | Klicken Sie auf den Eingabebereich rechts neben den zwei blauen Winkeln nach rechts.

Schritt 3 | Schreiben Sie dann in die Zeile Folgendes:

```
console.log("Hallo, Welt!");
```

Schritt 4 | Drücken Sie [↵].

Sie sehen, mit diesem Befehl können Sie einfach kleine JavaScript-Stücke testen (siehe Abbildung 8.14).

Abbildung 8.14 In der Konsole können Sie einzeilige JavaScript-Befehle testen.

Der JavaScript-Befehl `console.log` zeigt also einen bestimmten Inhalt in der Browserkonsole an. Das können Sie für Ihre Funktionen nutzen. Wenn Sie zum Beispiel in Ihrem JavaScript nach einer Zeile, in der eine Variable aktualisiert wurde, den Befehl `console.log(variablenName);` schreiben, wird in der Browserkonsole der Wert der Variablen nach dem Aktualisieren angezeigt. So können Sie leicht überprüfen, ob die Aktualisierung wie gewünscht funktioniert hat. Einfacher geht das allerdings im Bereich AUSDRUCK BEOBACHTEN rechts im Debugger. ■

8.11.2 Debuggen mit Safari

In Safari finden Sie die EINSTELLUNGEN unter dem Menüpunkt SAFARI. Klicken Sie auf ERWEITERT und setzen Sie das Häkchen bei MENÜ »ENTWICKLER« IN DER MENÜLEISTE ANZEIGEN (siehe Abbildung 8.15).

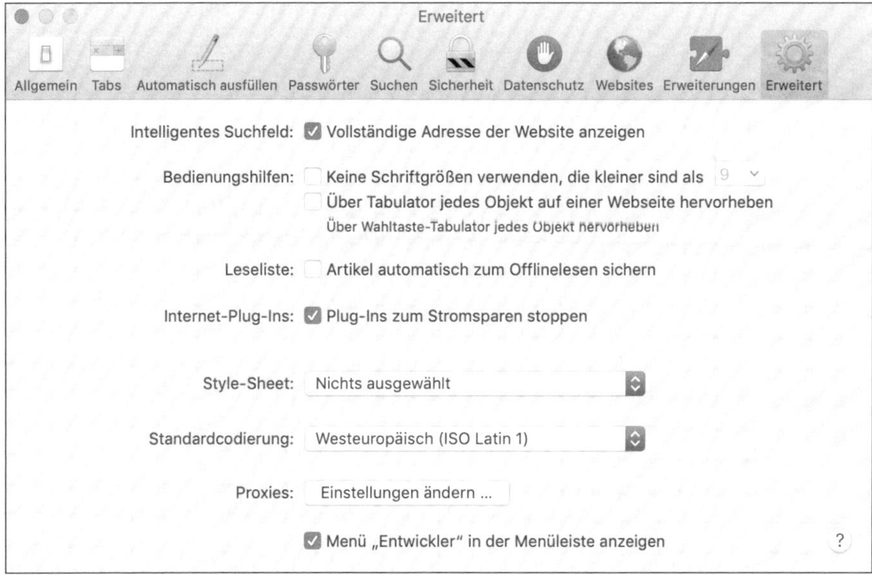

Abbildung 8.15 Setzen Sie ganz unten das Häkchen, damit Sie den Debugger in Safari aktivieren können.

Jetzt ist das gleichnamige Menü zu sehen. Darin finden Sie den Eintrag JAVASCRIPT-KONSOLE EINBLENDEN. Wenn Sie darauf klicken, öffnet sich ein neues Fenster, und Sie haben weitere Reiter wie etwa DEBUGGER zur Verfügung.

Der Umgang mit diesem Debugger ist ganz ähnlich wie bei Firefox, und auch bei Chrome sieht er nicht viel anders aus. Jeder hat hier seine persönlichen Vorlieben. Probieren Sie daher am besten mehrere Browser aus, um Ihren Lieblings-Debugger zu finden.

8.12 Fazit

Damit können Sie genug JavaScript, um sehr viele Dinge selbst umzusetzen. Und gerade für JavaScript finden Sie mit den üblichen Suchmaschinen sehr viel Beispielcode, den Sie mit Ihrem jetzt erworbenen Wissen leicht für Ihre eigenen Seiten anpassen können.

Dank der Debugger können Sie auch Fehler leichter aufspüren. Sie werden so nach etwas Übung viele praktische Lösungen erstellen, die problemlos funktionieren und Ihre HTML-Seiten mit Interaktivität aufwerten.

Nicht zuletzt ist JavaScript auch ein wichtiger Teil der kostenlosen Werkzeuge, die wir in Kapitel 13, »Starke Werkzeuge – so nutzen Sie Ihr neues Wissen für noch bessere Websites«, vorstellen werden. Dank Ihrem Grundwissen fällt Ihnen der Einsatz dieser Werkzeuge später nun deutlich leichter.

Kapitel 9

Die Site spielend finden und benutzen – Suchmaschinenoptimierung, Usability, Accessibility

Wenn Sie einige Grundregeln kennen, dann sorgen Sie mit wenig Aufwand dafür, dass Ihre Site gefunden wird und problemlos zu benutzen ist.

Wie Sie eine Website planen, umsetzen und online stellen, wissen Sie jetzt. Doch nur weil Ihre Website im Internet ist, haben Sie noch nicht viel gewonnen. Sie wollen, dass auch jemand die Site besucht. Das passiert nur, wenn die Leute von ihr erfahren. Dafür gibt es im Wesentlichen drei Möglichkeiten:

- Der Nutzer findet Ihre Site mit einer Suchmaschine.
- Der Nutzer kennt die URL Ihrer Site.
- Der Nutzer klickt auf einen Link zu Ihrer Site.

Wie Sie dafür sorgen, dass möglichst viele Menschen Ihre URL kennen, das erfahren Sie in Kapitel 11, »Marketing und Werbung – Gutes tun und darüber reden«.

Auch wie Sie von anderen Sites möglichst viele Links auf Ihre Site bekommen, steht dort. Im aktuellen Kapitel befassen wir uns nun zunächst damit, was Sie alles dafür tun können, dass die Suchmaschinen Ihre Site finden und auf den Trefferlisten möglichst weit oben aufführen. Das ist nicht nur für Sites wichtig, die etwas verkaufen. Auch wenn Sie nur Ihren Verein oder Ihr Hobby vorstellen, wollen Sie, dass alle diejenigen Ihre Site finden, die sich dafür interessieren. Wenn im Folgenden von »Ihrem Unternehmen« oder »Ihrer Firma« die Rede ist, sollten Sie sich also auch dann angesprochen fühlen, wenn Sie Ihre Site nur zum Spaß betreiben.

Suchmaschinenoptimierung (SEO)

Man spricht zwar von *Suchmaschinenoptimierung*, engl. *Search Engine Optimization* (SEO), aber dabei werden natürlich nicht die Suchmaschinen optimiert, sondern Ihre Webseiten. *SEO* sind alle Maßnahmen, die dafür sorgen, dass Ihre Site auf den Trefferlisten von Google & Co auf den vordersten Plätzen erscheint.

Außerdem lernen Sie in diesem Kapitel, wie Sie dafür sorgen, dass die Benutzer Ihre Site nicht nur finden, sondern sich auch auf ihr zurechtfinden: Das nennt man *Usability* (engl. für *Benutzerfreundlichkeit*). Denn wenig ist gewonnen, wenn die Besucher gleich wieder auf ZURÜCK klicken, weil sie auf Ihrer Website nicht das finden, was sie suchen.

Und ganz nebenbei sorgen wir in diesem Kapitel dafür, dass Ihre Website für alle Menschen zugänglich ist – zum Beispiel auch für Menschen mit Sehbehinderungen. Hier spricht man von *Accessibility* (engl. für *Zugänglichkeit*) oder von *Barrierefreiheit*.

9.1 Suchmaschinenoptimierung

Viele glauben, man müsse nur ein paar Tricks kennen, um seine Site bei *Google* und *Bing*, den beiden meistgenutzten Suchmaschinen, auf die vordersten Plätze der Trefferlisten zu bringen. In der Praxis ist das aber gar nicht so einfach.

Der Grund dafür: Google und Microsoft (der Betreiber von Bing) haben ein Interesse daran, die Trefferlisten so aussagekräftig wie möglich zu machen. Das heißt, dass die Treffer tatsächlich diejenigen Seiten anzeigen, die am besten zur Suchanfrage passen und für den Benutzer am relevantesten sind. Die Benutzer verwenden die Suchmaschine, die das am besten schafft.

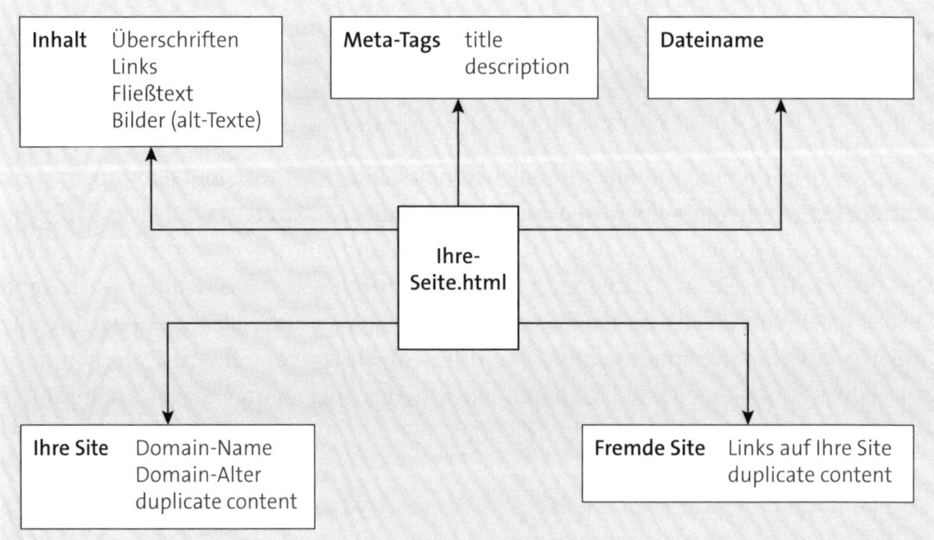

Abbildung 9.1 Einige der wichtigsten Faktoren, die die Position einer Seite auf den Trefferlisten der Suchmaschinen beeinflussen

Was für Google und Bing gilt, gilt auch für alle anderen Suchmaschinen. Die jeweiligen Algorithmen unterscheiden sich zwar, aber das Prinzip ist bei allen das gleiche (siehe Abbildung 9.1). Nur wer ganz tief in SEO eintaucht, für den sind die Detailunterschiede relevant.

Welche Suchmaschinen muss ich berücksichtigen?

Es lohnt sich kaum, andere Suchmaschinen zu berücksichtigen: 85 % aller Deutschen nutzen *Google*, 10 % *Bing*. Die übrigen 5 % teilen sich *T-Online*, *Yahoo!*, *Web.de* und ein paar andere.

T-Online und Web.de nutzen übrigens hinter den Kulissen sowieso auch Google, und Yahoo! nutzt Bing. Was bei den beiden Großen funktioniert, funktioniert bei den anderen normalerweise auch.

9.1.1 Wie sucht eine Suchmaschine?

Suchmaschinen suchen immer mehr so, wie auch ein Mensch sucht. Die Programmierer bei Google und Bing arbeiten daran, das menschliche Suchverhalten so gut wie möglich nachzubilden. Denn die Maschinen sollen die Ergebnisse finden, die auch ein Mensch als relevant einstufen würde.

Eine Suchmaschine besteht im Wesentlichen aus:

- einem Crawler,
- einem Bewertungsalgorithmus und
- einer Datenbank.

Begriffsvielfalt der Suchmaschinensucher

Crawler werden auch *Spider* oder *Robots* genannt.

Der *Crawler* (engl. für *Krabbler*) ist ein Computerprogramm, das den ganzen Tag nichts anderes macht, als Links im Internet zu verfolgen. Von irgendeiner Webseite als Ausgangspunkt aus ruft es jeden auf dieser Seite vorhandenen Link auf, untersucht die verlinkte Seite, sammelt alle dort vorhandenen Links, geht weiter zu diesen verlinkten Seiten und so weiter. So findet ein Crawler schließlich alle Seiten im Internet, die miteinander verlinkt sind.

Die gefundenen Seiten reicht der Crawler an den Bewertungsalgorithmus weiter. Dieser untersucht die Seiten auf Tricksereien – findet er solche, wird die Seite negativ bewertet.

Dann prüft der Algorithmus den Inhalt der Seite. Er zieht Schlüsselwörter heraus, die er für relevant hält. Diese legt er zusammen mit der URL der Seite in der Datenbank ab.

Bei jeder Suchanfrage eines Nutzers sieht die Suchmaschine in der Datenbank nach, welche URLs zu den eingegebenen Wörtern abgelegt sind, und gibt die URL der dazu passenden Seiten zurück, zusammen mit einer Kurzbeschreibung der Seite.

Black-Hat-SEO

Nutzen Sie auf einer Seite Tricks, die Google nicht erlaubt, bekommt sie einen Punktabzug und rutscht so auf den Trefferlisten weiter nach hinten. Hält Google die Tricks für besonders verwerflich, kann Ihre gesamte Site (also mit allen Unterseiten) durch Punktabzug bestraft werden.

Kommt es ganz schlimm, fliegt Ihre Site aus dem Index – damit ist sie im Internet praktisch unsichtbar. Nur wer Ihre URL kennt oder einen direkten Link von einer anderen Seite findet, kommt dann noch auf Ihre Website.

Angelehnt an die bösen Zauberer im Märchen werden solche verwerflichen Techniken als *Black-Hat-SEO* bezeichnet, also *Schwarz-Hut-Suchmaschinenoptimierung*. Davon sollten Sie natürlich die Finger lassen.

9.1.2 PageRank und Page Authority

Der wesentliche Erfolgsfaktor von Google ist, dass seine Mitarbeiter es geschafft haben, nicht nur Seiten im Internet zu finden, sondern sie bei der Ausgabe auf Trefferlisten sinnvoll zu ordnen, sodass die besten Seiten oben stehen. Der Schlüssel dazu war der sogenannte *PageRank*. Das ist ein Wert, der die Qualität einer Seite (engl. *page*) angibt. Erfunden hat den PageRank der Google-Mitgründer Larry Page, der diesen Algorithmus zum Patent angemeldet hat.

Heute ist der PageRank nicht mehr so prominent – es gibt keine Möglichkeit mehr, ihn für Ihre Seiten in Erfahrung zu bringen. Denn mit dieser Zahl wurde auch viel Unsinn getrieben. Vor allem haben viele Suchmaschinenoptimierer sich ganz darauf konzentriert, dessen Wert zu verbessern. Google hat aber bald erkannt, dass das oft nicht die Qualität der Inhalte verbesserte und der PageRank daher nicht ausreichte, um den Nutzern wirklich gute Suchergebnisse zu liefern. Daher hat Google den PageRank sozusagen versteckt. Hinter den Kulissen wird er in verbesserter Form aber noch heute verwendet – neben vielen weiteren Faktoren.

Wenn Sie auch ohne PageRank ein Gefühl dafür bekommen wollen, wo Sie mit Ihrer Seite stehen im Vergleich zur Konkurrenz, können Sie auf andere Zahlen zurückgreifen. Mit am bekanntesten ist die *Page Authority* des Unternehmens Moz.

Abbildung 9.2 Wenn Sie die Chrome-Erweiterung »MozBar« verwenden, wird die Page Authority (»PA«) neben anderen Parametern oben für jede Seite angezeigt. Der Wert 75 ist ganz ordentlich, ihn erreichen nur große Sites.

Ob Page Authority oder PageRank – das Prinzip ist das Gleiche bei praktisch allen Ranking-Formeln: Eine fremde Seite verlinkt auf eine Seite von Ihnen. Das zählt der Algorithmus wie eine Stimme für die Qualität Ihrer Seite. Je höher die Page Authority (*PA*) der fremden Seite ist, desto mehr Gewicht hat diese Stimme.

Je weniger weitere Links auf der fremden Seite stehen, desto besser für Sie. Denn das heißt, dass der Autor der Seite offenbar der Meinung ist, dass Ihre Seite eine der wenigen ist, die das verlinkte Thema gut abdecken.

Die Page Authority einer Seite errechnet sich also aus der Summe aller Page-Authority-Werte der auf diese verweisenden Seiten. Das heißt, die Page Authority gibt an, wie hochwertig jede einzelne Seite im Vergleich zu allen anderen ist (siehe Abbildung 9.3 und Abbildung 9.4).

Die *Domain Authority* (*DA*) einer ganzen Site ist ein Durchschnittswert aller erfassten Page-Authority-Werte aller *Seiten* dieser *Site*. Die Page Authority der Startseite kann deutlich unter den Werten für die Unterseiten liegen und umgekehrt.

Werkzeuge wie *MozBar* geben die Page und die Domain Authority aus – aber für kleinere Sites sind die Werte nicht besonders hilfreich. Denn was nützt es Ihnen, zu wissen, dass Ihre Site eine Domain Authority von 58 hat und Ihre Konkurrenz eine von 62? Wenn Sie wirklich mehr Erfolg haben wollen mit Ihrer Site, dann nehmen Sie diese Zahlen zur Kenntnis und konzentrieren sich auf die Tipps im nächsten Abschnitt.

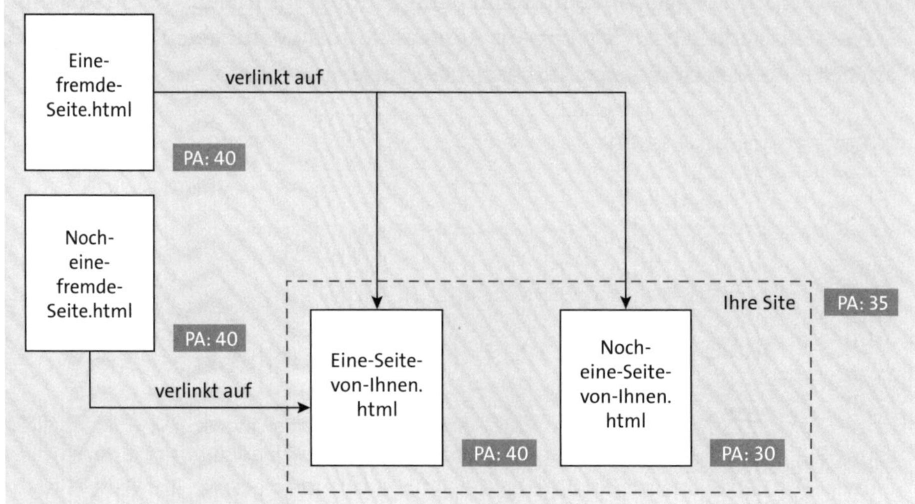

Abbildung 9.3 Je mehr Seiten auf eine andere verlinken, desto höher wird deren Qualität bewertet – hier ausgedrückt als Page Authority (PA), die zwischen 0 und 100 liegen kann.

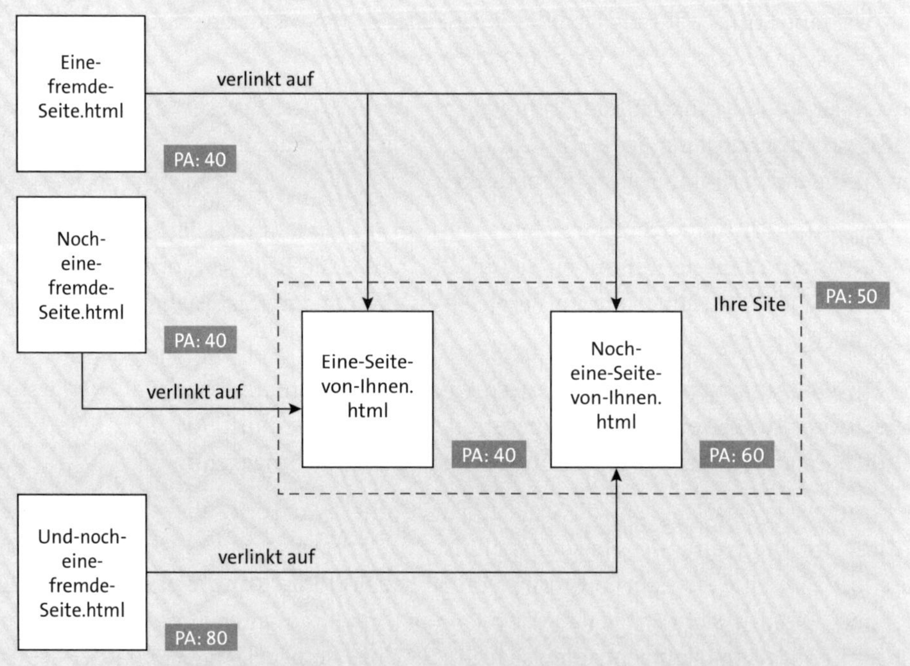

Abbildung 9.4 Nicht nur die Menge der Links auf eine Seite zählt. Wichtig ist auch, wie hoch die Qualität der Seiten angesetzt ist, die den Link setzen.

9.1.3 Suchmaschinen wollen auch nur Menschen sein

Bei der Suchmaschinenoptimierung kann man zwei Strategien verfolgen:

- die gelassene Strategie
- die kämpferische Strategie

Bei der gelassenen Strategie arbeiten Sie *mit* Google, bei der kämpferischen *gegen* Google.

Bei der gelassenen Strategie versuchen Sie, die Seiten so gut zu machen, dass Google diese ganz oben auf den Trefferlisten aufführt. Sie unterstützen Google, die Inhalte korrekt zu indizieren, und verlassen sich darauf, dass Qualität gewinnt. Das geht natürlich nicht ganz ohne Anstrengung, denn hochwertige Inhalte machen Arbeit. Der Vorteil aber ist, dass Sie nur das tun müssen, was Sie sowieso für eine Site leisten müssen, die bei den Nutzern – den Menschen – gut ankommt. Die menschlichen Besucher verliert man nämlich manchmal aus dem Blick, wenn man sich zu sehr auf die Suchmaschinen fixiert.

Bei der kämpferischen Strategie arbeiten Sie eher gegen Google. Sie laufen der Entwicklung damit aber immer hinterher. Sie müssen Ihre Seiten ständig optimieren, weil Sie gleichzeitig gegen zwei Gegner kämpfen: die Suchmaschinen und Ihre Konkurrenten. Die Suchmaschinen verändern ihre Algorithmen ständig, um Manipulationen so gut wie möglich zu verhindern und um die Ergebnisse immer aussagekräftiger zu machen. Ihre Konkurrenten im Web versuchen genau so wie Sie, ihre Seiten möglichst weit oben in den Trefferlisten zu platzieren (siehe Abbildung 9.5).

Wenn Sie die kämpferische Strategie verfolgen, müssen Sie viel Zeit investieren, um Ihre Seiten immer wieder zu optimieren und um über die neuesten Detailentwicklungen im Bereich der Suchmaschinen auf dem Laufenden zu bleiben. Meist ist es dann sinnvoller, einen speziellen Dienstleister mit der Suchmaschinenoptimierung zu beauftragen, denn der muss sowieso die neuesten Tricks kennen.

Haben Sie eine Site, die sehr viel Umsatz generiert oder einen sehr hohen Marktanteil hat, kann es sich lohnen, die kämpferische Strategie zu verfolgen. In fast allen Fällen ist es aber sinnvoller, die Zeit, die Sie für die kämpferische Form der Optimierung für Suchmaschinen verwenden müssten, stattdessen so zu investieren, dass Sie Ihre Seiten für Menschen besser machen. Das bringt Sie fast immer automatisch auch auf den Trefferlisten nach vorn.

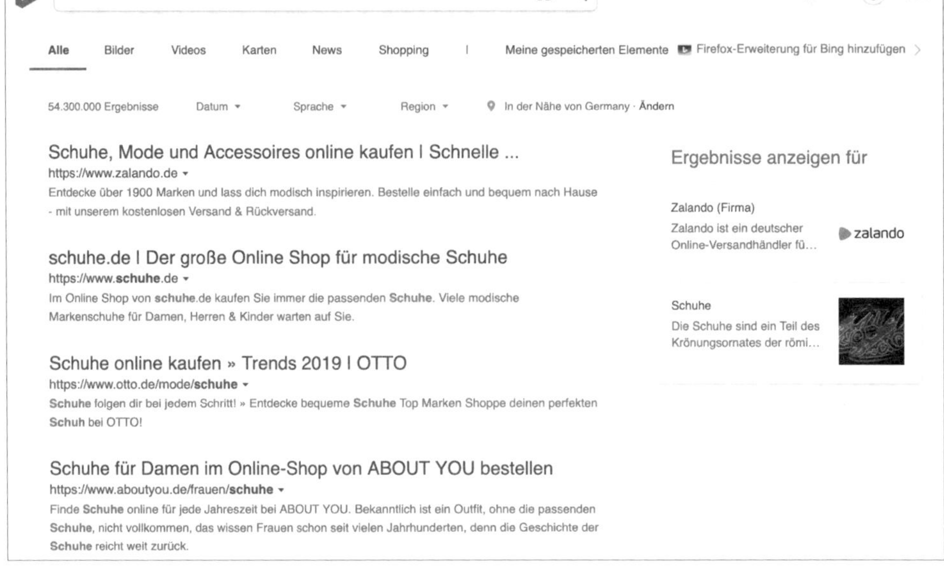

Abbildung 9.5 Wollen Sie bei umkämpften Suchwörtern wie »Schuhe« auf die ersten Plätze, müssen Sie ständig SEO betreiben.

9.1.4 Schwarze Magie hilft nicht

Kaum gab es im Internet die ersten Suchmaschinen, versuchten auch schon die ersten Sitebetreiber, ihre Seiten dort weiter nach vorn zu bringen. Ein Trick bestand darin, alle möglichen Suchwörter mit weißem Text auf weißem Grund am Seitenende zu platzieren. Diese versteckten Wörter wurden nur von den Robotern der Suchmaschinen gesehen, und diese schickten die Benutzer auf die Seite, auch wenn diese im sichtbaren Bereich ganz andere Themen behandelte.

Somit begann ein ständiger Kampf zwischen Tricksern und Suchmaschinen, der bis heute anhält. Aktuell muss man schon ganz schön gerissen sein, um die Methoden zu umgehen, mit denen die Suchmaschinen Tricks erkennen.

Es gibt ein paar Dienstleister, die sich darauf spezialisiert haben. Dabei muss man aufpassen, dass man nicht an einen gerät, der mit Tricks arbeitet, die Google ablehnt. Man spricht, wie schon erwähnt, von *black hats* (Schwarzhüten, also Anwendern von schwarzer Magie). Nutzt man deren Techniken, kann es passieren, dass man (kurzzeitig) ganz aus dem Index fliegt – wie es zum Beispiel BMW vor einigen Jahren passiert ist.

9.1.5 Bezahlte Suchergebnisse?

Für eine Spitzenposition in den Trefferlisten kann man auch bezahlen – allerdings nicht für die Plätze in den sogenannten *organischen* Suchergebnissen. Organische Suchergebnisse heißen die Treffer, die auf den Ergebnisseiten einer Suchmaschine im Hauptbereich erscheinen. Das Gegenteil sind *bezahlte* Suchergebnisse, also die Anzeigen am oberen Seitenrand, für die man wie gesagt zahlen muss (siehe Abbildung 9.6) – bei Google heißen sie *AdWords*.

Abbildung 9.6 Bezahlte ❶ und organische ❷ Suchergebnisse bei Google

Organische und bezahlte Suchergebnisse sind strikt getrennt. Es bringt Ihnen für die organischen Ergebnisse keinen Vorteil, wenn Sie Anzeigen schalten. Eine gute Position bei den organischen Suchergebnissen kostet Sie (zumindest direkt) kein Geld, außerdem klicken die Nutzer diese eher an als die Anzeigen.

Mehr zu Werbung bei Google lesen Sie in Abschnitt 11.2.1, »Google AdWords«.

9.1.6 SEO für die eigene Website

Was heißt das jetzt alles für Ihre eigene Site? Sehen wir uns das einmal an einem Beispiel an, und setzen wir die Tipps in der Praxis um. Wir nehmen uns die Arzt-Website vor, die wir in den vorigen Kapiteln erstellt haben.

Wie immer gilt alles Gezeigte nicht nur für das Beispiel, sondern auch dann, wenn Sie z. B. eine Website für eine Bar betreiben, für einen Blumenladen oder für Ihren Verein.

Korrekter HTML-Code

Damit die Suchmaschinen den Inhalt Ihrer Seiten möglichst korrekt erfassen können, sind sie auf korrekten HTML-Code angewiesen. Achten Sie also besonders darauf, dass Ihre Seiten keine Fehler enthalten. Dazu können Sie entweder die Debugging-Funktion Ihres HTML-Editors oder sogenannte Validatoren im Internet nutzen. Diesen übergeben Sie Ihre URL, worauf sie dann den Code aller verlinkten Seiten untersuchen. Als Ergebnis erfahren Sie, ob Ihr Code in Ordnung (»valide«) ist (siehe Abbildung 9.7).

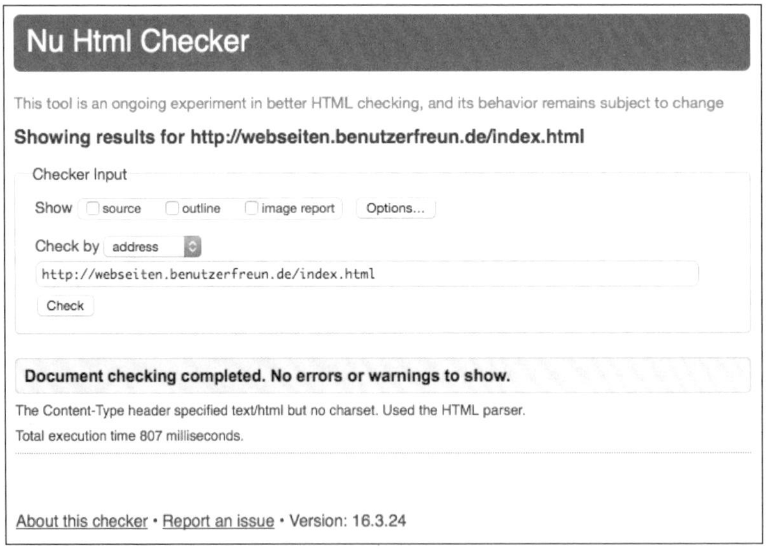

Abbildung 9.7 Stimmt Ihr HTML-Code perfekt, sehen Sie diese Meldung.

Einen guten Validator finden Sie unter *validator.w3.org*.

Meist muss man nach der ersten Überprüfung noch etwas nacharbeiten, bis man grünes Licht vom Validator bekommt – nur weil eine Seite im Browser gut aussieht, muss der Code noch lange nicht valide sein. Die Browser sehen nämlich über viele Fehler großzügig hinweg. Einige Suchmaschinen tun dies aber nicht: Sie bewerten schlampig gecodete Seiten teilweise schlechter – oder können dort die für sie nötigen Informationen möglicherweise gar nicht finden.

Das »title«-Element

Wie Sie wissen, besteht eine HTML-Seite aus mehr als dem, was der Browser anzeigt. Ganz wichtig sind für Suchmaschinen die verschiedenen Elemente mit Metainformationen über die Seite, die sich im `head`-Element befinden. Sie kennen diese bereits aus Kapitel 4, »Die ersten Schritte mit HTML und CSS«.

Schlüsselwörter bei »keyword« sind nutzlos

Die HTML-Definition enthält ein `keyword`-Attribut für Schlüsselwörter, die auf der Seite vorkommen. Suchmaschinen werten es aber nicht mehr aus, weil damit zu viel Schindluder getrieben wurde. Sie suchen stattdessen die relevanten Wörter aus dem Inhalt der Seite selbst heraus.

Der `head`-Bereich der Startseite unseres Beispielprojekts sieht so aus:

```
<!DOCTYPE html>
<html>
  <head>
    <meta charset="UTF-8">
    <meta name="viewport" content="user-scalable=no, width=device-width">
    <title>Arztpraxis Dr. Udo Bloemkamp</title>

     <link rel="stylesheet" type="text/css" media="screen"
     href="stylesheet.css">
    <link rel="stylesheet" type="text/css" media="print"
     href="print.css">
    <link rel="stylesheet" type="text/css" media="screen and (max-device-
     width: 480px)" href="mobil.css">
  </head>
```

Abbildung 9.8 Oben in der Titelleiste des Reiters ist der Inhalt des »title«-Elements dargestellt.

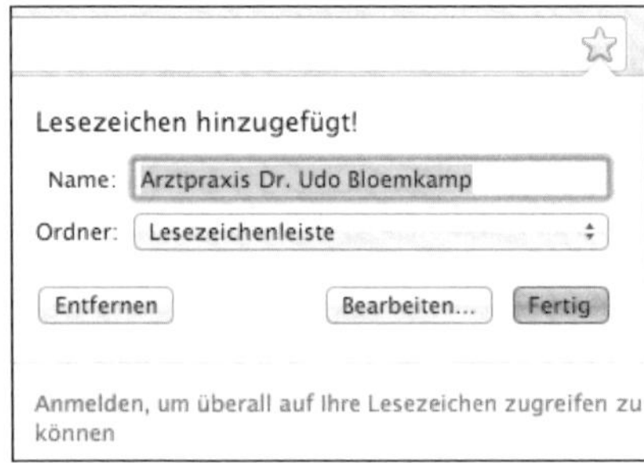

Abbildung 9.9 Legen Sie ein Lesezeichen an, schlägt der Browser den Inhalt des »title«-Elements als Namen vor.

Die wichtigste Metainformation ist der Inhalt des `title`-Elements, also der Titel der Seite (siehe Abbildung 9.8 und Abbildung 9.9). Darin enthaltene Schlagwörter werten die Suchmaschinen besonders stark. In den Trefferlisten erscheint der Titel auch als erste Zeile des Suchergebnisses für eine Seite. Ein gut gewählter Titel ist für Suchmaschinen wie für die suchenden Menschen besonders wichtig.

Ein guter Titel ist:

- kurz
- treffend
- individuell

Individuell heißt, dass jede einzelne Seite Ihrer ganzen Site einen eigenen Titel bekommt.

Widerstehen Sie der Versuchung, in den Titel möglichst viele Schlüsselwörter zu packen. Kommen die Wörter im Inhalt der Seite dann gar nicht vor, gibt das Punktabzug bei den Suchmaschinen. Außerdem sieht ein solcher Titel in der Trefferliste unseriös aus und wird daher kaum angeklickt.

Sie finden das Beispielprojekt als Ausgangspunkt für die SEO-Optimierung unter *bnfr.de/ql901*.

Für unsere Arzt-Website machen Sie Folgendes:

Schritt 1 | Öffnen Sie die Startseite mit dem HTML-Editor.

Schritt 2 | Ändern Sie die Zeile mit dem `title`-Element:

```
<title>Arztpraxis Dr. Udo Bloemkamp - Allgemeinarzt, Hausarzt in München</title>
```

Schritt 3 | Speichern Sie und öffnen Sie die Seite im Browser.

Sie sehen den neuen Text im Fenstertitel. Bei Chrome z. B. ist der Bereich dafür sehr knapp bemessen. Daher müssen Sie hier die Maus über den Reiter bewegen, um das Pop-up mit dem ganzen Text zu sehen. Vor allem sieht aber nun ein potenzieller Patient schon in der Suchmaschine, dass der Arzt in München ist, was die Wahrscheinlichkeit erhöht, dass er auf die URL klickt, wenn er einen Arzt in München sucht. So einfach haben Sie Ihrer Site einen Vorteil gegenüber der Konkurrenz verschafft, die diese Information nicht im Titel hat. ■

In der Kürze liegt die Würze
Überlange Titeltexte sehen nicht gut aus und bringen nichts. Suchmaschinen werten nur die ersten 70 Zeichen aus.

Schritt 1 | Öffnen Sie *praxis.html* im Editor.

Schritt 2 | Ändern Sie die Zeile mit dem `title` wie folgt:

```
<title>Arztpraxis Dr. Udo Bloemkamp - Sprechzeiten Allgemeinmedizin</title>
```

Wichtig ist, dass im Titel jeder Seite der Name der Website erscheint. Außerdem sollte am Titel gleich erkennbar sein, in welchem Bereich der Site man sich befindet. Gleichzeitig bietet der Titel die Möglichkeit, weitere Schlüsselwörter unterzubringen, unter denen Sie gefunden werden wollen. Sie müssen also einen Kompromiss finden zwischen mehr Übersicht für Menschen und mehr Informationen für Suchmaschinen. Im Zweifel geben Sie immer der Version den Vorzug, die für Menschen gut funktioniert.

Denn wenn die nicht klicken, bringt auch die höchste Platzierung in den Suchergebnissen nichts.

Schritt 3 | Ergänzen Sie die `title`-Elemente der weiteren Seiten unseres Beispielprojekts.

Dabei geben Sie jeder Seite ein, zwei zusätzliche Schlüsselwörter, die auf jeder Seite unterschiedlich sind. Am besten sind solche, die auch im Seiteninhalt auftauchen.

Verwenden Sie korrekte Groß- und Kleinschreibung. Text in Großbuchstaben ist bei längeren Passagen nicht nur SCHLECHT LESBAR, er wirkt im Seitentitel auch UNSERIÖS UND AUFDRINGLICH. ■

Das »description«-Attribut

Ein weiteres Element mit Metainformationen, das Sie bereits aus Kapitel 4, »Die ersten Schritte mit HTML und CSS«, kennen, ist das `meta`-Element. Dieses können Sie mit dem Attribut `description` und einem kurzen Beschreibungstext versehen (siehe Abbildung 9.10). Teile davon erscheinen bei Google in den Trefferlisten als Kurztext (*Snippet* genannt). Wenn Google allerdings einen Text im Seiteninhalt findet, der noch besser zur Suchanfrage passt, stellt es stattdessen diesen dar. Im Griff haben Sie das leider nicht; Google macht, was es will.

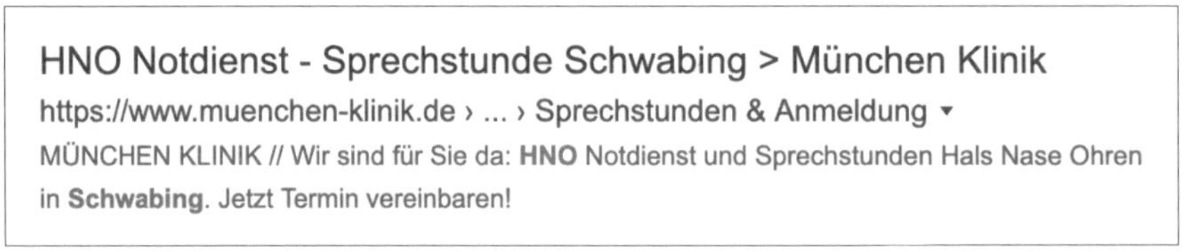

HNO Notdienst - Sprechstunde Schwabing > München Klinik
https://www.muenchen-klinik.de › ... › Sprechstunden & Anmeldung ▾
MÜNCHEN KLINIK // Wir sind für Sie da: **HNO** Notdienst und Sprechstunden Hals Nase Ohren in **Schwabing**. Jetzt Termin vereinbaren!

Abbildung 9.10 Die erste Zeile des Suchergebnisses ist der »title«, die dritte und vierte Zeile enthalten die »description«.

Der ideale Inhalt für ein `meta`-Element mit `description`-Attribut ist:

- treffend, denn es beschreibt den Inhalt der Seite korrekt, sowie
- einzigartig innerhalb der Website.

Für unsere Beispielsite heißt das:

Schritt 1 | Ergänzen Sie auf der Startseite im HTML-Code am Ende des `head`-Bereichs Folgendes:

```
<meta name="description" content="Allgemeinmediziner Dr. Udo Bloemkamp in
München nimmt sich für Sie und Ihre Krankheit die Zeit, die Sie brauchen.">
```

Auch hier müssen Sie wieder einen Kompromiss finden zwischen SEO (möglichst alle wichtigen Schlüsselwörter unterbringen), Länge (kürzer als ca. 180 Zeichen) und Benutzerfreundlichkeit (sinnvolle, ansprechende Sätze).

Schritt 2 | Verfahren Sie für alle übrigen Seiten genauso. ■

Dateinamen und URLs

URLs, also die Adressen von Webseiten, sehen manchmal ziemlich merkwürdig aus. Zum Beispiel finden Sie URLs wie:

```
www.ihresite.de/products/cat567768/article455412383?session=arf4jh2hbrhzg
```

Stattdessen sollte die URL besser lauten:

```
www.ihresite.de/produkte/uhren/modellname
```

Das hat Vorteile für den Nutzer, weil er direkt sieht, welche Inhalte unter dieser URL zu finden sind. Speichert er die URL ab oder leitet er sie per Mail weiter, ist das besonders praktisch. Vor allem aber werten die Suchmaschinen die URL ebenfalls aus. Schlagwörter, die in der URL auftauchen, zählen besonders viel.

Dateien oder Pfade?

Manche URLs geben keine Dateien, sondern nur Pfade an. Sie enden also nicht mit einem Punkt und einer drei- oder vierstelligen Dateiendung wie *.html* oder *.jpg*, sondern mit einem Wort oder einer Zeichenkombination. Diese Pfadangaben kommen fast immer aus der Datenbank von Blog-, Shop- oder Content-Management-Systemen (CMS). HTML-Seiten, die Sie von Hand anlegen und per FTP übertragen, haben immer eine Dateiendung. Für die Suchmaschinen ist es aber egal, ob Sie Dateien oder Pfadnamen verwenden.

Ein paar Dinge sollten Sie noch beachten: Einzelne Wörter trennen Sie mit dem Bindestrich (Minuszeichen):

```
www.ihresite.de/produkte/uhren/meine-marke-modell
```

Sie können genauso gut Großbuchstaben verwenden:

```
www.ihresite.de/Produkte/Uhren/Meine-Marke-Modell
```

Verwenden Sie keinesfalls den Unterstrich und versuchen Sie auch nicht, die Wortgrenzen nur durch Groß-/Kleinschreibung deutlich zu machen (`meineMarkeModell`) – das wird für die Suchmaschinen unverständlich. Nur mit dem Bindestrich erkennen die Suchmaschinen Wortgrenzen und indizieren die Seite richtig.

Umlaute und andere Sonderzeichen ersetzen Sie nach folgenden Regeln:

- *ä* durch *ae*, *ö* durch *oe* und *ü* durch *ue*
- *ß* durch *ss*
- alle Buchstaben mit Akzenten, Tilden usw. durch die Form ohne diese Auszeichnung (*å* durch *a*, *é* durch *e* usw.)
- Leerzeichen durch den Bindestrich
- Alle anderen Zeichen außer *a–z* und *A–Z* sowie Zahlen und den Bindestrich lassen Sie weg.

Achtung
Das erste und das letzte Zeichen sollte kein Bindestrich sein. Und setzen Sie immer nur einen einzelnen Bindestrich, nie mehrere direkt nacheinander.

Als Anhaltspunkt für die maximale Gesamtlänge einer URL gelten 100 Zeichen. Zur Not gehen auch mal ein paar Zeichen mehr, diese werden aber auf der Trefferseite eventuell abgeschnitten und sehen daher nicht besonders vertrauenserweckend aus.

Bei Ihrem Beispielprojekt machen Sie nun Folgendes:

Schritt 1 | Prüfen Sie Ihre Dateinamen daraufhin, ob sie »sprechend« sind.

Schritt 2 | Sehen Sie sich Ihre Pfadangaben (Ordnerbezeichnungen) an: Enthalten auch diese aussagekräftige, für die Seiteninhalte relevante Schlüsselwörter? ■

Klare Sitestruktur

Verschachteln Sie die Ordner nicht zu tief. Das ist nicht nur für Nutzer verwirrend, sondern auch für Suchmaschinen möglicherweise ungünstig. Die Crawler bewegen sich normalerweise nur vier Ebenen tief durch die Verzeichnisstruktur auf Ihrem Webserver. Das heißt, alles, was auf Ihrer Site mehr als vier Unterordner tief liegt, bleibt für Suchmaschinen unsichtbar. Außerdem sollte die URL nicht zu lang werden (siehe vorigen Punkt).

Vereinfachen Sie die Ordnerstruktur Ihrer Site, wenn möglich. Nutzen Sie zum Beispiel statt

```
www.ihresite.de/html/inhalt/erste-ebene/index.html
```

besser:

```
www.ihresite.de/index.html
```

Keine doppelten Inhalte

Suchmaschinen bestrafen doppelte Inhalte (*Duplicate Content*). Text, der genau so auf mehreren Seiten vorkommt, sehen sie als unzulässigen Trick an, um ohne zusätzliche Arbeit mehr Besucher auf Ihre Site zu locken. Außerdem belohnen die Suchmaschinen Inhalt, der so einzigartig ist, dass er nur auf einer einzigen Seite im Web zu finden ist.

Bauen Sie deshalb Textpassagen nur mit Bedacht in mehrere Seiten Ihrer Site ein. Einzelne Absätze sind in Ordnung, aber der Großteil des Texts einer einzelnen Seite sollte individuell geschrieben sein. Seien Sie auch zurückhaltend damit, Ihre Texte anderen Sites zur Verfügung zu stellen oder umgekehrt von anderen Sites Texte ohne Bearbeitung zu übernehmen.

Webserver oder Webserver?

Webserver heißt sowohl der Computer, der die Dateien im Internet bereitstellt, als auch die Software, die das abwickelt. Die Software, die mit weitem Abstand am häufigsten genutzt wird, ist *Apache*. Die großen Webhoster arbeiten alle mit dieser Open-Source-Lösung.

Vorsicht ist auch geboten, wenn Ihre Site sowohl unter *www.ihresite.de* als auch unter *ihresite.de* erreichbar ist. Sind Sie nicht sicher, ob das bei Ihnen so ist, probieren Sie es am besten einfach aus: Geben Sie *ihresite.de* in die Adresszeile eines Browsers ein. Erscheint daraufhin Ihre Startseite und steht in der Adresszeile weiterhin *ihresite.de*, dann sieht es für Suchmaschinen so aus, als gäbe es den gesamten Inhalt Ihrer Website zweimal: einmal unter *www.ihresite.de* und einmal unter *ihresite.de*.

Um dieses Problem zu lösen, brauchen Sie Folgendes:

- einen Apache-Webserver
- FTP-Zugang zum Server
- die Möglichkeit, *.htaccess*-Dateien zu verwenden (das ist praktisch bei allen Hostern der Fall)
- ein aktives Rewrite-Modul auf dem Server (ist normalerweise vorhanden)
- einen HTML-Editor oder ein Text- und FTP-Programm

Nun legen Sie eine Umleitung an:

Schritt 1 | Öffnen Sie die *.htaccess*-Datei im Wurzelverzeichnis Ihrer Website mit dem HTML-Editor.

Gibt es diese Datei noch nicht, dann legen Sie sie mit Ihrem HTML-Editor an. Es ist eine ganz normale Textdatei. Der Punkt als erstes Zeichen gibt allerdings an, dass es eine Systemdatei ist, die standardmäßig nicht angezeigt wird. Daher sehen Sie diese Dateien normalerweise auch nicht im Explorer bzw. Finder. Am einfachsten ist es daher, wenn Sie sie direkt auf dem Server anlegen.

Wollen Sie solche Dateien dennoch lokal sehen, gehen Sie so vor:

- Unter Windows gehen Sie im Explorer auf den Menüeintrag EXTRAS und wählen dort ORDNEROPTIONEN. Im neuen Fenster klicken Sie auf den Reiter ANSICHT und entfernen dort schließlich bei GESCHÜTZTE SYSTEMDATEIEN AUSBLENDEN den Haken. Unter Windows 8/10 gehen Sie in der oberen Menüleiste auf ANSICHT. Dort befindet sich die Schaltfläche EIN-/AUSBLENDEN. Der unterste Punkt im Menü (AUSGEBLENDETE ELEMENTE) bestimmt, ob versteckte Dateien angezeigt werden. Setzen Sie einen Haken vor diese Option, um versteckte Dateien anzuzeigen.
- Beim Mac geht das nicht so einfach. Sie können solche Dateien im ÖFFNEN-Dialog anzeigen, indem Sie [cmd] + [⇧] + [.] drücken. Allerdings können Sie diese Dateien dort nicht löschen oder verschieben. Daher nutzen Sie am besten einen HTML-Editor (siehe Abschnitt 4.5, »Das richtige Werkzeug – der HTML-Editor«).

Schritt 2 | Schreiben Sie folgenden Text in die Datei:

```
RewriteEngine On
RewriteCond %{HTTP_HOST} !=""
RewriteCond %{HTTP_HOST} !^www\. [NC]
RewriteCond %{HTTPS}s ^on(s)|
RewriteRule ^ http%1://www.%{HTTP_HOST}%{REQUEST_URI} [R=301,L]
```

Wenn schon Text in der *.htaccess*-Datei stehen sollte, ist es egal, wo Sie diese Zeilen einfügen. Am besten hängen Sie sie einfach ans Ende an.

Damit aktivieren Sie das »Umschreiben« der URLs auf dem Server (`RewriteEngine`), setzen die Bedingungen (`Cond` kurz für *Condition*) und formulieren die Anweisung (`Rule`), was zu tun ist, wenn die Bedingungen zutreffen. Mit `R=301` geben Sie an, dass die Umleitung dauerhaft ist – Suchmaschinen wissen nun, dass sie an der ursprünglichen Stelle nicht mehr suchen müssen.

HTTP-Statuscodes sind Zahlenwerte, die jeder Webserver zurückgibt, wenn von ihm ein Dokument angefordert wird. Bekannt ist der Code 404 (Dokument nicht gefunden). Umleitungen macht man normalerweise mit 301, einer permanenten Umleitung, die auch die Suchmaschinenbetreiber empfehlen.

Schritt 3 | Speichern Sie die Datei und laden Sie sie auf Ihren Server hoch.

Damit werden jetzt alle Anfragen an URLs, die mit *ihresite.de* beginnen, weitergeleitet zu *www.ihresite.de*, und die Suchmaschinen sehen die Site nicht mehr doppelt. Außerdem sorgt die Regel dafür, dass alle Nutzer über das sichere HTTPS zugreifen, nicht über das unverschlüsselte HTTP.

Sollte Ihre Site kein HTTPS unterstützen, kontaktieren Sie am besten gleich Ihren Hoster, um das umzustellen. Denn Sites, die über HTTP aufgerufen werden, werden als *nicht sicher* in den üblichen Browsern angezeigt. Das ist zwar nicht so schlimm, wenn Sie keine Daten mit der Site erheben – es ist aber in jedem Fall ein Vertrauensverlust bei Ihren Besuchern.

Wenn Sie verhindern wollen, dass die Suchmaschinen bestimmte Seiten oder Bereiche Ihrer Site in ihren Index aufnehmen, können Sie das auf mehrere Arten erreichen. Die Seiten bleiben dennoch für jeden, der die URL kennt, zugänglich, und es kann auch passieren, dass sich ein Crawler nicht an die Anweisung hält.

Geben Sie bei dem Link zu der Seite, die nicht indiziert werden soll, einfach das Attribut `rel` mit dem Wert `nofollow` an:

```
<a href="http://www.ihre-site.de" rel="nofollow">
```

Sie können auch in einem `meta`-Element im Kopf der HTML-Seite angeben, dass eine Seite nicht indiziert werden soll und dass die auf ihr enthaltenen Links zu anderen Seiten nicht verfolgt werden sollen:

```
<meta name="robots" content="noindex, nofollow">
```

Es gibt noch die Möglichkeit, in der Textdatei *robots.txt* anzugeben, dass Crawler bestimmte Verzeichnisse ignorieren sollen. Die *robots.txt*-Datei ist eine ganz normale Textdatei, die idealerweise im Wurzelverzeichnis Ihrer Webpräsenz liegt. ■

Der Inhalt der Datei sieht z. B. so aus:

```
User-agent: *
Disallow: /Privat/
```

Die Crawler sollen damit eigentlich das Verzeichnis *Privat* überspringen. Sie können weitere Zeilen anfügen, in denen Sie noch mehr Verzeichnisse ausschließen. Der Haken daran: Google ignoriert diese Anweisung mittlerweile. Daher setzen Sie besser die oben gezeigte Methode ein.

Sitemap anlegen

Damit die Crawler der Suchmaschinen auf jeden Fall alle Ihre Seiten erfassen, können Sie eine spezielle Sitemap anlegen. Das ist vor allem bei größeren Sites sinnvoll oder dann, wenn Sie ein CMS (*Content-Management-System*) verwenden.

Die Sitemaps für Suchmaschinen sind im XML-Format angelegt. *XML* steht für *eXtensible Markup Language* (erweiterbare Auszeichnungssprache). Es ist ganz ähnlich aufgebaut wie HTML und kommt häufig zum Einsatz, um strukturierte Informationen weiterzugeben, die von verschiedenen Programmen gelesen werden sollen.

Wie HTML können Sie XML selbst mit einem einfachen Texteditor schreiben. Speziell für Sitemaps gibt es aber Dienste, die Ihnen die mühsame Handarbeit abnehmen. Einen davon benutzen wir jetzt.

Schritt 1 | Gehen Sie zu *bnfr.de/ql902*.

Schritt 2 | Tippen Sie die Domain bzw. die URL der obersten Verzeichnisebene Ihrer Site ein.

Je nach Größe Ihrer Site dauert es jetzt zwischen ein paar Sekunden und ein paar Minuten, bis Ihre Sitemap fertig ist (siehe Abbildung 9.11 und Abbildung 9.12).

```
<?xml version="1.0" encoding="UTF-8"?><?xml-stylesheet type="text/xsl" href="http://www.benutzerfreun.de/wp-content/plugins/
google-sitemap-generator/sitemap.xsl"?><!-- generator="wordpress/3.7.1" -->
<!-- sitemap-generator-url="http://www.arnebrachhold.de" sitemap-generator-version="3.3" -->
<!-- generated-on="27. November 2013 15:25" -->
<!-- Debug: Total comment count: 340 -->
<urlset xmlns:xsi="http://www.w3.org/2001/XMLSchema-instance" xsi:schemaLocation="http://www.sitemaps.org/schemas/sitemap/0.9
http://www.sitemaps.org/schemas/sitemap/0.9/sitemap.xsd" xmlns="http://www.sitemaps.org/schemas/sitemap/0.9">   <url>
        <loc>http://www.benutzerfreun.de/</loc>
        <lastmod>2013-11-26T17:34:19+00:00</lastmod>
        <changefreq>daily</changefreq>
        <priority>1.0</priority>
    </url>
<!-- Debug: Start Postings -->
    <url>
        <loc>http://www.benutzerfreun.de/konzepter-info/umsetzung/html-css-code/</loc>
        <lastmod>2013-11-26T17:34:19+00:00</lastmod>
        <changefreq>weekly</changefreq>
        <priority>0.6</priority>
    </url>
    <url>
        <loc>http://www.benutzerfreun.de/konzepter-info/umsetzung/responsive-webseiten-optimiert-fuer-mobile/</loc>
        <lastmod>2013-11-26T17:34:00+00:00</lastmod>
        <changefreq>weekly</changefreq>
        <priority>0.6</priority>
    </url>
    <url>
        <loc>http://www.benutzerfreun.de/konzepter-info/checklisten-vorlagen-fragebogen/</loc>
        <lastmod>2013-11-26T16:40:24+00:00</lastmod>
        <changefreq>weekly</changefreq>
        <priority>0.6</priority>
    </url>
    <url>
        <loc>http://www.benutzerfreun.de/konzepter-info/betrieb/soziale-netzwerke-social-media/</loc>
        <lastmod>2013-11-26T11:44:31+00:00</lastmod>
        <changefreq>weekly</changefreq>
        <priority>0.6</priority>
    </url>
    <url>
        <loc>http://www.benutzerfreun.de/konzepter-info/umsetzung/e-learning/</loc>
        <lastmod>2013-11-26T11:10:27+00:00</lastmod>
        <changefreq>weekly</changefreq>
        <priority>0.6</priority>
    </url>
```

Abbildung 9.11 Ein Blick in die Datei »sitemap.xml«. Diese wurde von einem Blogsystem automatisch erzeugt.

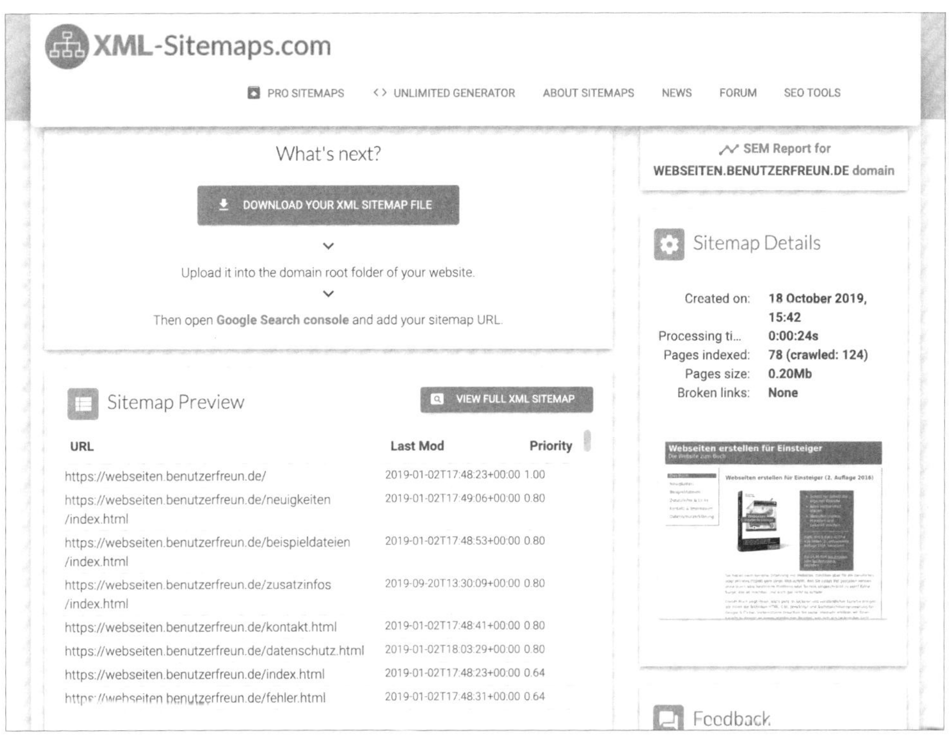

Abbildung 9.12 Dienste wie »XML-Sitemaps« erstellen automatisch mehrere Varianten Ihrer Sitemap.

Schritt 3 | Klicken Sie mit der rechten Maustaste auf den Link *sitemap.xml*, und speichern Sie die Datei auf Ihrer Festplatte.

Schritt 4 | Laden Sie die Datei mit Ihrem FTP-Programm ins Wurzelverzeichnis auf Ihrem Webserver.

Diese Datei sollte unter *www.ihresite.de/sitemap.xml* erreichbar sein. Sie enthält die Struktur Ihrer Website, und zwar so aufbereitet, wie es die Crawler von Google & Co. gern mögen. ■

Google beim Suchen helfen

Um ganz sicherzugehen, können Sie die Sitemap auch auf der *Google Search Console* registrieren (früher *Google Webmaster Tools* genannt). Dazu müssen Sie ein kostenloses Google-Konto erstellen und Ihre Site bei Google anmelden. Dann können Sie angeben, wo Ihre Sitemap liegt. Das ist aber normalerweise nicht nötig, wenn Sie die oben angegebene Standard-URL verwenden.

Der oben vorgestellte Dienst *XML-Sitemaps* erstellt übrigens auch eine Datei *sitemap.html*. Diese ist nützlich, wenn Sie Ihren Benutzern eine Sitemap präsentieren wollen. Dann müssen Sie nicht alle Links und Seitentitel von Hand anlegen. Speichern Sie diese Datei auf Ihrem Rechner ab, öffnen Sie sie mit Ihrem HTML-Editor und kopieren Sie die Teile heraus, die Sie verwenden wollen.

Gute Links

Links sind für Suchmaschinen gute Hinweise darauf, welche Inhalte sich in den verlinkten Seiten verbergen. Denn im Idealfall ist der Link eine extrem verknappte Zusammenfassung des Inhalts. Beim Verlinken Ihrer Seiten untereinander sollten Sie also besonders darauf achten, ordentliche Linktexte zu schreiben – Ihre Nutzer wie die Suchmaschinen werden es Ihnen danken.

Statt

Lesen Sie mehr ...

schreiben Sie besser:

Lesen Sie, welche Funktionen der kabellose Lautsprecher MusicMaster bietet.

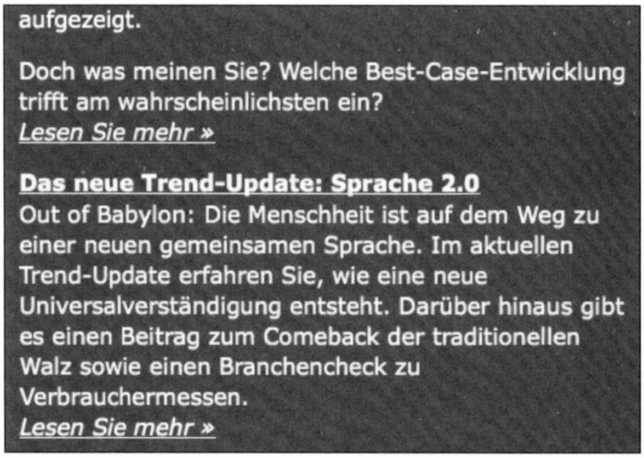

aufgezeigt.

Doch was meinen Sie? Welche Best-Case-Entwicklung trifft am wahrscheinlichsten ein?
Lesen Sie mehr »

Das neue Trend-Update: Sprache 2.0
Out of Babylon: Die Menschheit ist auf dem Weg zu einer neuen gemeinsamen Sprache. Im aktuellen Trend-Update erfahren Sie, wie eine neue Universalverständigung entsteht. Darüber hinaus gibt es einen Beitrag zum Comeback der traditionellen Walz sowie einen Branchencheck zu Verbrauchermessen.
Lesen Sie mehr »

Abbildung 9.13 Aus SEO-Sicht ungünstig: »Lesen Sie mehr« als Link für alle Kurztexte

Überschriften

Suchmaschinen werten Überschriften als wichtigen Hinweis auf den Inhalt einer Seite. Richtig eingesetzte Überschriften beschreiben, was in den folgenden Absätzen steht. Wichtig ist, dass Sie konsequent die HTML-Elemente `h1`, `h2`, `h3` usw. verwenden.

Verschachteln Sie die Elemente richtig. Das heißt zum Beispiel, nach h1 darf nur h2 kommen, nicht h3. Manche Experten empfehlen, auf jeder Seite nur einmal das h1-Element für die oberste Überschrift zu nutzen. Es schadet nicht, sich an diese Empfehlung zu halten. Sie bewirkt auf jeden Fall, dass diese Überschrift am stärksten gewichtet wird. Das Aussehen der Überschriften legen Sie sowieso mit CSS fest.

Schritt 1 | Sehen Sie sich Ihre Seiten nacheinander an. Sorgen Sie dafür, dass jede zumindest eine Überschrift der Ebene h1 hat.

Schritt 2 | Setzen Sie weitere Unterüberschriften, wo immer es möglich ist.

Natürlich sollte Ihre Seite nicht zur Hälfte aus Überschriften bestehen. Drei, vier Sätze Fließtext sollten schon mindestens auf eine Überschrift folgen.

Schritt 3 | Sorgen Sie dafür, dass die Überschriften aussagekräftig sind und die Schlüsselwörter enthalten, unter denen Ihre Seiten gefunden werden sollen.

Machen Sie die Überschriften nicht zu lang, sondern so kurz wie möglich. Verzichten Sie auf Wortspiele oder Andeutungen – das verstehen Suchmaschinen nicht, und auch Ihre Benutzer schätzen aussagekräftige Überschriften, weil sie so die Seiten schneller überfliegen können. ■

Bilder

Jedes Bild, das Sie einbinden, sollte einen aussagekräftigen alt-Text haben. alt steht für *alternativ* und ist ein *Attribut* des img-Elements.

```
<img src="ihr-bild.jpg" alt="Das ist auf dem Bild zu sehen.">
```

Der alt-Text wird angezeigt, wenn Bilder nicht dargestellt werden, etwa weil sie unter der angegebenen Adresse nicht gefunden werden oder weil die Bildanzeige im Browser deaktiviert ist (siehe Abbildung 9.14).

Suchmaschinen werten den alt-Text ebenfalls aus, und zwar nicht nur für die Bildersuche, sondern auch, um den Inhalt des Texts der Website zu erfassen.

Achten Sie auch darauf, dass die Dateinamen Menschen und Suchmaschinen etwas sagen. Statt

```
bild.jpg
```

nennen Sie die Datei zum Beispiel lieber:

```
telefonzelle-london-bei-nacht.jpg
```

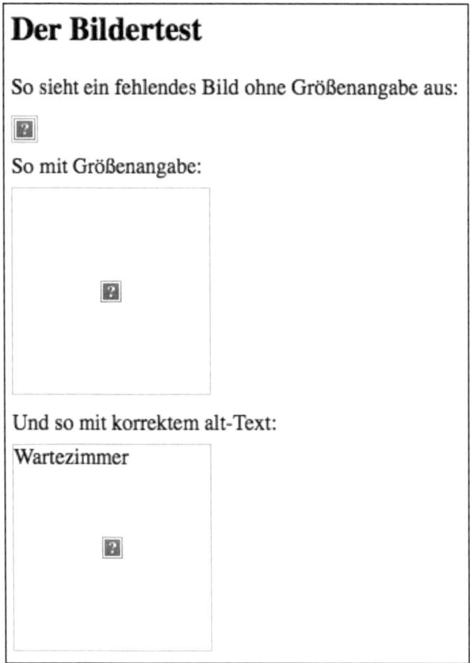

Abbildung 9.14 Fehlende Metainformationen bei Bildern

Das ist gleichzeitig eine Hilfe für Sie selbst, wenn Sie auf der Festplatte nach einer bestimmten Datei suchen.

Korrigieren wir das also in unserem Beispielprojekt der Arztpraxis:

Schritt 1 | Prüfen Sie, ob die Dateinamen der Bilder sich noch aussagekräftiger machen lassen, und ändern Sie sie, wenn Ihnen etwas einfällt.

Schritt 2 | Öffnen Sie die Datei *index.html*.

Schritt 3 | Kontrollieren Sie das `img`-Element. Wichtig ist, dass die `alt`-Texte so aussagekräftig wie möglich sind:

```
<img src="bilder/wartezimmer.png" height="150px" width="150px"
alt="Wartezimmer Hausarzt Dr. Bloemkamp">
```

Schritt 4 | Verfahren Sie mit den anderen Bildern auf allen Seiten der Site genauso. ■

URLs niemals ändern

Haben Sie eine Seite einmal online gestellt, sollten Sie deren Namen und Position nie wieder ändern. Denn diese URL verwenden andere, um auf Ihre Inhalte zu verlinken,

Nutzer haben Lesezeichen im Browser, die darauf verweisen, und vor allem ist die URL bei den Suchmaschinen gespeichert. Müssen Sie eine Seite unbedingt verschieben oder umbenennen, sollten Sie auf jeden Fall eine Weiterleitung einrichten. So landen alle, die die alte URL verwenden, automatisch bei der neuen Adresse.

Am besten schreiben Sie die Weiterleitung in die *.htaccess*-Datei.

Schritt 1 | Öffnen Sie die *.htaccess*-Datei im Wurzelverzeichnis Ihrer Website mit dem HTML-Editor.

Schritt 2 | Haben Sie eine Datei umbenannt, schreiben Sie folgenden Text in die *.htaccess*-Datei:

```
Redirect 301 /altername.html http://www.ihresite.de/neuername.html
```


Achten Sie darauf, vor den alten Namen nicht Ihre Domain zu schreiben, vor den neuen dagegen schon.

Alternativ können Sie übrigens auch Folgendes schreiben:

```
RewriteEngine On
RewriteRule ^altername\.html$ http://www.ihresite.de/neuername.html
[R=301,L]
```

Wenn Sie schon andere Umleitungen eingerichtet haben, steht die erste Zeile bereits im Dokument, und Sie müssen sie nicht noch einmal eingeben. Schreiben Sie dann einfach die neue Regel unter die anderen, die Sie schon haben.

Der Backslash oder Rückstrich (\) muss bei der Angabe von Weiterleitungsregeln vor jedem Punkt stehen. Denn der einzelne Punkt heißt sonst »irgendein Zeichen«. Beim Weiterleitungsziel brauchen Sie den Backslash aber nicht.

Schritt 3 | Haben Sie eine Datei verschoben, schreiben Sie in die *.htaccess*-Datei:

```
Redirect 301 /altesverzeichnis/ihreseite.html http://www.ihresite.de/
neuesverzeichnis/ihreseite.html
```

Oder alternativ wieder:

```
RewriteEngine On
RewriteRule ^altesverzeichnis/ihreseite\.html$ http://www.ihresite.de/
neuesverzeichnis/ihreseite.html [R=301,L]
```
■

Ladezeit

Auch die Ladezeit Ihrer Seiten geht zumindest bei Google mit in die Wertung ein. Das hat den Grund, dass die Nutzer weniger Zeit auf Sites verbringen, die nur langsam geladen werden. Die Gewichtung der Ladezeit ist nicht besonders hoch – zum Glück, denn sie zu optimieren ist ein mühsames Geschäft. Der einfachste Schritt bei reinen HTML-Seiten ist, mit Ihrer Site zu einem Webhoster zu wechseln, der einen schnellen Server mit einer guten Anbindung einsetzt. Wenn Sie mehr tun wollen, können Sie Ihre Site von verschiedenen Diensten prüfen lassen und bekommen dann ein paar Hinweise dazu, was Sie besser machen können. Gut ist z. B. der Dienst von Google: *https://developers.google.com/speed/pagespeed/insights/?hl=de*.

9.2 User Experience & Usability /Benutzerfreundlichkeit

Haben Sie dank SEO die Besucher auf Ihre Website gebracht, wollen Sie natürlich, dass diese dort auch das tun können, wofür sie gekommen sind. Das ist gar nicht so selbstverständlich, wie es klingt.

Sie kennen das selbst von anderen Sites: Sie kommen zum Beispiel zuversichtlich auf die Seite eines Onlineshops. Dort wollen Sie ein Paar Schuhe bestellen. Sie finden eines, das Ihnen gefällt. Nun müssen Sie nachsehen, ob diese Schuhe in Ihrer Größe vorhanden sind. Nach langem Suchen entdecken Sie einen Button VERFÜGBARKEIT PRÜFEN. Sie klicken ihn an und hoffen, dass Sie dann erfahren, was Sie wissen wollen. Und siehe da, dort steht es, und Ihre Größe ist sogar auf Lager. Sie wollen bestellen. Der Button dazu ist kaum zu übersehen, aber vorher interessiert Sie, wie die Rücknahme funktioniert, sollten die Schuhe nicht passen. Kostet das Zurückschicken etwas? Wenn ja, wie viel? Wie viel Zeit haben Sie, um die Schuhe zurückzuschicken? Sie suchen auf der Site, finden aber nichts. Schließlich klicken Sie auf AGB. Dort erwartet sie ein langer, kompliziert formulierter Text. Nach drei Minuten haben Sie darin die Informationen gefunden, die Sie suchen. Sie sind zwar etwas entnervt, wollen die Schuhe aber trotzdem noch haben. Sie klicken auf den ZURÜCK-Button des Browsers – und landen auf der Startseite. Die Auswahl der Schuhe, die Sie viel Zeit gekostet hat, ist verloren. Sie schalten den Computer aus und machen sich auf den Weg ins Schuhgeschäft.

Das Beispiel ist nicht so extrem, wie Sie vielleicht denken. Es gibt Experten für Benutzerfreundlichkeit (*Usability*), die so etwas jeden Tag erleben. Diese Experten verbringen jeden Tag Stunden mit ganz normalen Benutzern. Sie bitten diese zum Beispiel, online Schuhe zu kaufen, eine Reise zu buchen oder ein Buch zu bestellen. Dabei beobachten sie, wie sich die Benutzer verhalten, und fördern so Probleme mit den Websites zutage.

Das ist aufwendig, lohnt sich aber vor allem sehr schnell bei Sites, die etwas verkaufen. Denn hier kommen die Kosten für die Usability-Berater in kürzester Zeit wieder herein, weil die Besucher nach einer Überarbeitung der Site mehr bestellen.

Usability und User Experience

In den letzten Jahren spricht man mehr und mehr von *User Experience* (*UX*), also über die *Nutzererfahrung*. Die Nutzererfahrung umfasst noch mehr als die reine Usability der Website, also zum Beispiel auch den Weg, auf dem der Besucher über die Suche auf Ihre Site kommt, und welche Erfahrung er mit dem Versand der Ware oder mit Ihrem Kundenservice macht, wenn es Probleme gibt.

Aber auch wenn Sie nur eine kleine Website haben, mit der Sie nicht direkt Geld verdienen, können Sie von den Erkenntnissen der Usability-Forschung profitieren. Die meisten Verbesserungen lassen sich ganz einfach durchführen, und wenn Sie die Usability vom Anfang an im Hinterkopf haben, werden Sie eine Website erstellen, die schon dadurch um vieles besser ist als der Großteil der Sites im Internet.

9.2.1 Der wichtigste Grundsatz: Nachdenken

Wenn Sie Ihre Website so geplant haben, wie in Kapitel 2, »Wer braucht was – die eigene Website planen«, beschrieben, dann haben Sie schon die Voraussetzungen für eine benutzerfreundliche Site geschaffen. Der wichtigste Grundsatz ist, dass Sie nachdenken sollten, bevor Sie loslegen. Nachdenken zum einen über Ihre Ziele, die Sie mit der Site erreichen wollen, und zum anderen sollten Sie überlegen, was die Benutzer auf Ihrer Site tun wollen, welche Erwartungen sie haben.

Im Folgenden listen wir ein paar schnelle Tipps für all jene auf, die ihre Website noch besser machen wollen, ohne viel Arbeit zu investieren. Noch sehr viel mehr zum Thema Usability und User Experience finden Sie z. B. im Buch *Website-Konzeption* von Jens Jacobsen sowie im dazugehörigen Blog *benutzerfreun.de*.

9.2.2 Usability von Anfang an

Es ist immer hilfreich, mit Ihren (zukünftigen) Nutzern zu sprechen. Fragen Sie sie, was sie von Ihrer Website erwarten. Aber nehmen Sie nicht alles für bare Münze. Oft *verhalten* sich Menschen anders, als sie *behaupten*. Sie tun das zum einen, weil sie manche Dinge nicht zugeben, auch sich selbst gegenüber nicht. Zum anderen geschieht es, weil man oft unbewusst handelt. Dass man zum Beispiel große Fotos auf Webseiten meist ignoriert, ist den wenigsten bewusst. Auch dass Fotos schöner unbekannter Menschen auf Webseiten dazu führen, dass man der Website weniger vertraut, ist fast niemandem bewusst. Usability-Untersuchungen zeigen das aber deutlich.

Einfacher Usability-Test

Noch besser, als mit Ihren Nutzern zu sprechen, ist es, sie handeln zu lassen. Setzen Sie sich zusammen vor den Computer und besuchen Sie ein paar Websites (Ihre alte Website, wenn Sie eine haben, Sites von der Konkurrenz usw.). Lassen Sie die Nutzer so mit den Sites umgehen, wie sie es ohne Sie tun würden. Fragen Sie währenddessen so wenig wie möglich nach, machen Sie sich nur Notizen, und fragen Sie erst nachher, wenn Sie etwa wissen wollen, warum ein Nutzer einen bestimmten Button nicht angeklickt hat.

Das ist zwar noch kein echter Usability-Test, aber wenn Sie das zwei-, dreimal gemacht haben, bekommen Sie ein Gefühl dafür, wie Menschen mit Websites umgehen. Allein dafür lohnt es sich auf jeden Fall.

Wenn Sie dann eine neue Version Ihrer Site erstellt haben, sollten Sie wiederum ein paar Personen zum Usability-Test einladen und Ihr Design überprüfen lassen.

Card Sorting – Kartenlegen

Geht es darum, wie Sie die Inhalte auf Ihrer Website ordnen, können Sie alle Begriffe, die Sie unterbringen wollen, auf je eine Karte schreiben. Bitten Sie dann ein paar Nutzer, diese Karten nach Wichtigkeit zu sortieren. Mindestens drei Nutzer sollten es schon sein, damit die Ergebnisse einigermaßen repräsentativ sind – je mehr, desto besser. So bekommen Sie ein Gefühl dafür, wie Ihre Nutzer die Inhalte strukturieren würden.

Usability-Review

In einem sogenannten *Usability-Review* (einer *Benutzerfreundlichkeitsprüfung*) untersucht ein Experte eine Website auf typische Schwachstellen bei der Benutzerfreundlichkeit. Dazu gehört Erfahrung, und Experten streiten darüber, ob diese Methode überhaupt sinnvoll ist. Wir denken aber, jede Methode ist besser als nichts. Ein solches Usability-Review untersucht zum Beispiel, wie die Nutzer auf einer Website typische Handlungen durchführen können (zum Beispiel die Suche nach einem Ansprechpartner, der Adresse oder das Aufgeben einer Bestellung).

Das können Sie mit Ihrer alten Website tun, wenn Sie schon eine haben. Machen Sie das mit zwei, drei Websites der Konkurrenz, um ein Gefühl dafür zu bekommen, was gut gelöst und was schlecht gelöst ist.

9.2.3 Die häufigsten Fehler vermeiden

Der häufigste Fehler ist, dass eine Site so aufgebaut wird, wie der Betreiber sie versteht – und nicht so, wie die Benutzer es erwarten. Im Besonderen sollten Sie folgende Fehler unbedingt vermeiden:

- Es steht zu viel Text auf den Seiten.
- Der Text ist nicht durch Überschriften und Aufzählungen gegliedert.
- Die Navigation enthält zu viele Auswahlmöglichkeiten.
- Die verwendeten Begriffe sind für Menschen unverständlich, die das Unternehmen (oder den Verein, die Praxis usw.) nicht kennen.
- Die Sitestruktur ist zu verschachtelt.
- Links sind nicht klar als solche zu erkennen.
- Links verraten nicht, wohin sie führen.

9.3 Accessibility – Barrierefreiheit

Das Internet bietet für Menschen mit Behinderungen große Chancen. Sie können über das Internet an vielen Bereichen des Lebens teilnehmen, die ihnen physisch nur schwer zugänglich sind. Damit alle diese Chancen gleichermaßen wahrnehmen können, ist die Forderung nach Barrierefreiheit (*Accessibility*) entstanden. Wenn Sie sich an ein paar einfache Vorgaben halten, wird Ihre Website auch für Menschen zugänglich, die zum Beispiel sehbehindert sind. Sie werden feststellen, wie viel das gleichzeitig mit dem Thema Suchmaschinenoptimierung zu tun hat.

Der Vorteil ist: Für Sie ist das kaum Mehrarbeit, andererseits wird Ihre Website dadurch sowohl von Suchmaschinen besser gefunden als auch für Sie leichter zu warten.

Wenn allerdings Menschen mit Behinderungen zu Ihren wichtigsten Nutzern gehören oder Sie eine Website für eine Behörde erstellen, dann müssen Sie etwas mehr Aufwand betreiben.

Folgende Tipps lassen sich auf jeder Website mit nur wenig Einsatz umsetzen, um die Accessibility zu erhöhen:

- Bilder, Videos und Flash-Elemente bekommen `alt`-Texte (siehe weiter oben den Unterabschnitt »Bilder« in Abschnitt 9.1.6, »SEO für die eigene Website«) bzw. Beschreibungen, die ihren Inhalt zusammenfassen.
- Vermeiden Sie Elemente mit Rot-Grün-Kontrast (zum Beispiel Buttons mit roter Schrift auf grünem Grund – diese sind für Menschen mit Rot-Grün-Schwäche nicht zu erkennen).
- Setzen Sie keine schnell blinkenden Elemente ein (ca. 20 Bilder pro Sekunde, sie können epileptische Anfälle auslösen).

- Schreiben Sie möglichst kurze Texte mit kurzen Sätzen und wenig Fachwörtern, damit auch Menschen mit weniger ausgeprägtem Sprachverständnis Ihre Inhalte verstehen.
- Strukturieren Sie Ihre Seiten mit Überschriften und sorgen Sie dafür, dass Ihr HTML-Code valide ist. Das ist deshalb wichtig, weil sehbehinderte Menschen Programme nutzen, die den Text von Websites automatisch vorlesen. Das klappt nur bei validem HTML fehlerfrei.

Die letzten zwei Punkte sind am wichtigsten – aber es sind auch die Dinge, die Sie sowieso machen müssen, wenn Sie möchten, dass Ihre Site benutzerfreundlich ist und von den Suchmaschinen gefunden wird.

9.4 Fazit

Wollen Sie, dass Ihre Site von Suchmaschinen möglichst weit oben in den Trefferlisten geführt wird, müssen Sie ein paar Dinge beachten. Glücklicherweise helfen Ihnen aber genau diese Dinge auch, Ihre Site für möglichst viele Menschen zugänglich zu machen: Sie wird barrierefrei (oder zumindest barrierearm). Und außerdem sorgen diese Dinge dafür, dass sich alle Nutzer besser auf Ihrer Site zurechtfinden – die Benutzerfreundlichkeit steigt und damit der Erfolg Ihrer Website. Sie erreichen also mit recht wenig Arbeit gleich mehrere Ziele, weshalb Sie jede Website entsprechend optimieren sollten.

Kapitel 10

Noch mehr Inhalt – Videos, Fotos, Karten und soziale Netze einbinden

Bieten Sie Ihren Besuchern Zusatzinformationen und -inhalte, indem Sie diese von kostenlosen Diensten einbinden.

Dank vieler kostenlos verfügbarer Webdienste können Sie heute auf Ihrer eigenen Site Inhalte bieten, die früher sehr aufwendig zu erstellen und einzubinden waren.

Dazu gehören Karten, Videos, Diashows, Präsentationen und Kommentarfunktionen. Im Folgenden sehen wir uns ein paar davon genauer an und zeigen, wie Sie diese Inhalte in Ihre Seiten einbinden.

Web 2.0

Eine Zeit lang sprach man vom *Web 2.0*, wenn man Websites mit viel Interaktivität meinte und auch solche, auf denen die Nutzer Inhalte bereitstellen oder sich austauschen konnten. Der Begriff war nie klar definiert, und inzwischen ist er etwas aus der Mode. Aber die Sites, die dazu gezählt wurden, sind natürlich immer noch aktuell – HTML hat ganz offiziell Versionsnummern, aber nicht das Web.

10.1 Google Maps & Bing Maps

Karten und Stadtpläne sind ebenso urheberrechtlich geschützt wie Fotos oder Zeichnungen. Deshalb dürfen Sie nicht einfach einen Stadtplan einscannen und als Anfahrtsbeschreibung auf Ihre Website stellen oder ihn von einer anderen Website kopieren. Aber trotzdem können Sie einfach und kostenlos eine Karte für Ihre potenziellen Besucher bereitstellen – sogar mit der Möglichkeit, die Anfahrt vom individuellen Abfahrtsort aus genau planen zu lassen (siehe Abbildung 10.1). Sie binden damit also nicht nur einen Inhalt ein, den Sie nicht ohne Weiteres selbst erstellen könnten, sondern jeder Besucher bekommt eine maßgeschneiderte Seite angezeigt.

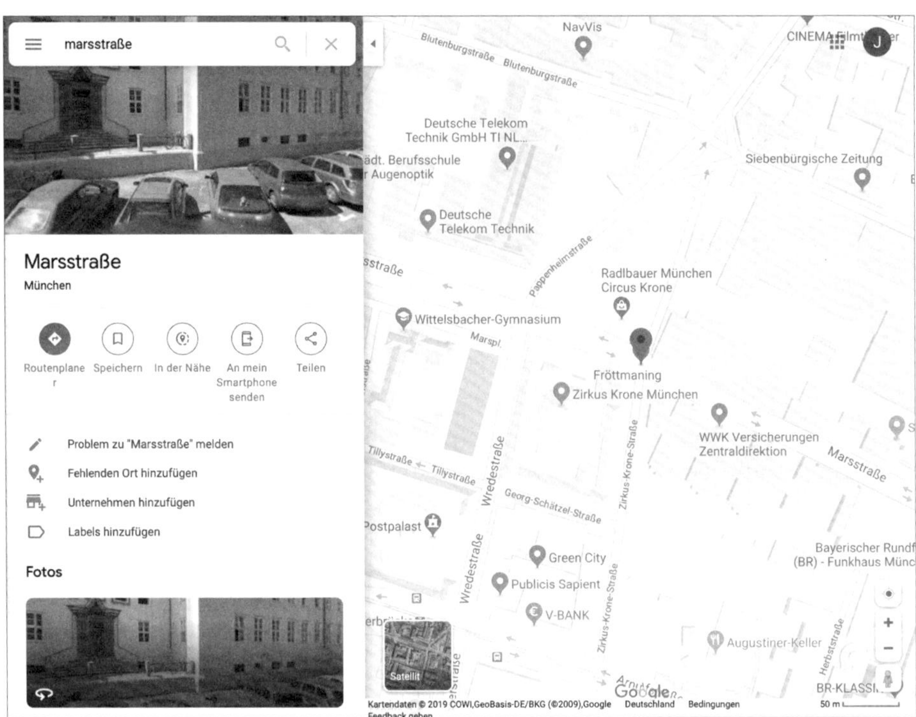

Abbildung 10.1 Über »Teilen« können Sie auch eine Karte für Ihre eigene Website erzeugen.

Schritt 1 | Gehen Sie auf *maps.google.de* und finden Sie Ihre Adresse auf der Karte.

Schritt 2 | Stellen Sie die Vergrößerung der Karte und alle anderen Parameter so ein, wie Sie sie haben möchten.

Schritt 3 | Klicken Sie auf den Button TEILEN.

Schritt 4 | Wählen Sie KARTEN EINBETTEN.

Im Fenster aus Abbildung 10.2 steht oben links MITTEL. Hier können Sie per Klick auch eine andere Größe auswählen.

Schritt 5 | Kopieren Sie den Code aus dem Textfeld oberhalb der Karte in die Zwischenablage, indem Sie auf HTML KOPIEREN klicken.

Schritt 6 | Öffnen Sie die Seite *kontakt.html* unseres Arztpraxis-Beispiels aus den vorigen Kapiteln.

Schritt 7 | Kopieren Sie den Code an eine passende Stelle, etwa unterhalb der Anschrift, speichern Sie und testen Sie die Seite.

Das fertige Beispiel finden Sie unter *bnfr.de/ql1001.*

Abbildung 10.2 Sie können einstellen, in welcher Größe die Karte auf Ihrer Seite erscheinen soll.

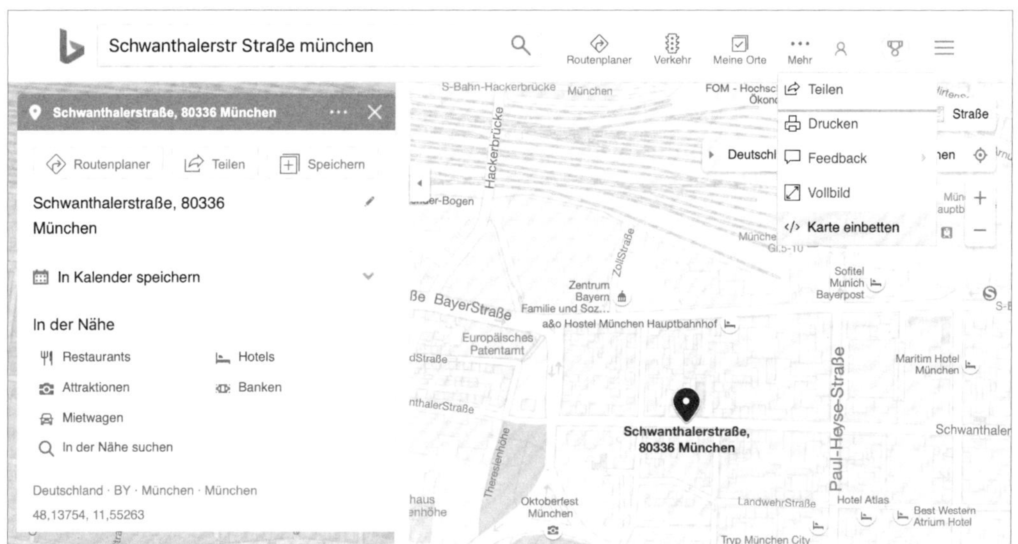

Abbildung 10.3 Statt von Google können Sie Karten auch von Bing einbinden (»maps.bing.com«). Die Funktion finden Sie hier nicht unter »Teilen«, sondern über »Mehr«. ■

10.2 YouTube & Vimeo

Videos von YouTube oder auch von Vimeo können Sie auf zweierlei Weise für sich nutzen:

- um Ihre Site mit fremden Videos interessanter zu machen oder
- um Ihre eigenen Videos hochzuladen.

Der Nutzen des ersten Wegs ist klar: Sie finden auf einer Videos-Site einen Beitrag, der hervorragend zu Ihren Themen passt, und können Ihre Site damit aufwerten. Das ist rechtlich völlig in Ordnung, denn die Anbieter erlauben das explizit und stehen auch noch für die Inhalte gerade. Das heißt, selbst wenn ein Video zum Beispiel das Urheberrecht verletzt, besteht Ihr einziges Problem darin, dass YouTube oder Vimeo es entfernt und auf Ihrer Site ein schwarzes Rechteck zu sehen ist, wo eigentlich das eingebundene Video sein sollte. Das ist im Zweifelsfall aber schnell behoben.

Videoplattformen und Recht

Die Anbieter geben Ihnen keinen Freibrief beim Hochladen eigener Videos: Kommen Sie nicht auf die Idee, bei YouTube oder Vimeo etwas einzustellen, von dem Sie wissen, dass das urheberrechtlich nicht in Ordnung ist. Denn die Anbieter können in dem Fall durchaus auf Sie zukommen – oder auch diejenigen, die die Rechte an dem Material besitzen, das Sie eingestellt haben.

Genauso bekommen Sie Probleme, wenn die Inhalte anderweitig rechtlich problematisch sind – also etwa bei volksverhetzenden Inhalten, Gewaltverherrlichung usw. Prüfen Sie daher immer mit gutem Menschenverstand, was genau Sie einbinden.

Der zweite Weg, also das Hochladen von Videos auf YouTube und Vimeo, hat zwei Vorteile: Zum einen erreichen Sie mit Ihrem Video auf diesen Plattformen eine große Anzahl von Nutzern, die Sie und Ihre Site vermutlich größtenteils noch nicht kennen. Zum anderen können Sie so ganz unkompliziert Ihr Video auf einem leistungsfähigen Server bereitstellen, ohne sich um die Technik und den dadurch entstehenden Traffic sorgen zu müssen. Ob Sie YouTube oder Vimeo wählen, ist Geschmackssache – auf YouTube erreichen Sie mehr Nutzer, bei Vimeo findet sich meist etwas höhere Qualität und ein eher kreatives Umfeld.

10.2.1 Ein Video einbinden

Das Einbinden von Videos ist ganz einfach – wir sehen es uns am Beispiel von YouTube an:

Schritt 1 | Gehen Sie auf *www.youtube.com* und suchen Sie das Video, das Sie auf Ihrer Site zeigen wollen.

Schritt 2 | Klicken Sie auf TEILEN unter dem Video und dann auf EINBETTEN.

Schritt 3 | Wählen Sie ERWEITERTEN DATENSCHUTZMODUS AKTIVIEREN (siehe Abbildung 10.4).

Damit erreichen Sie, dass Google so wenige Informationen über Ihre Besucher speichert wie möglich. Das ist immer eine gute Idee.

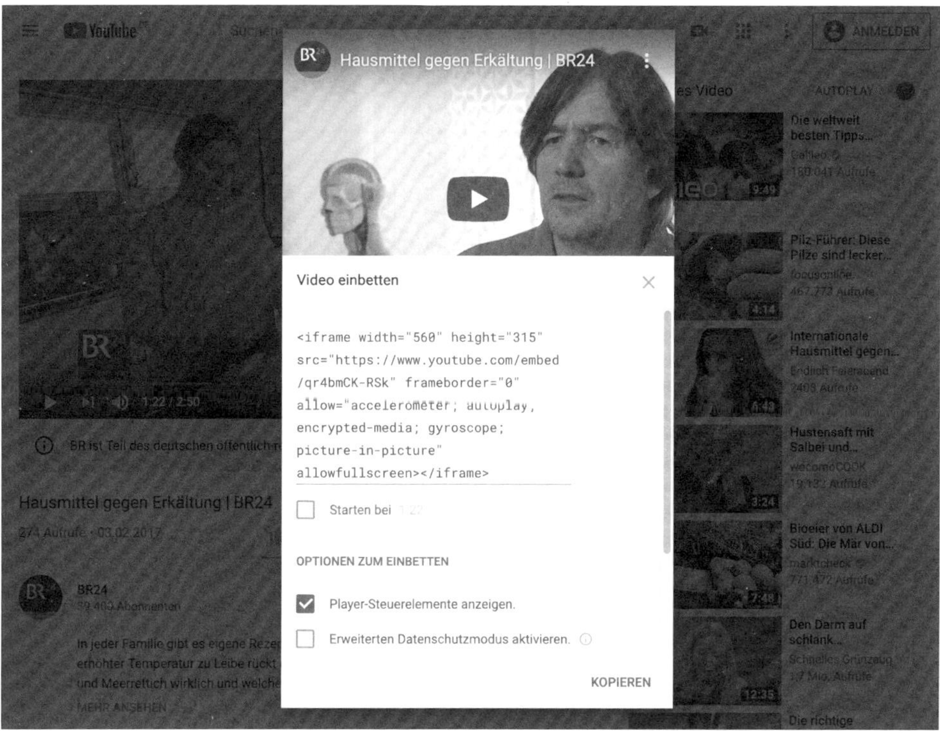

Abbildung 10.4 Hier wählen Sie, wie das Video auf Ihrer Seite dargestellt werden soll.

Schritt 4 | Kopieren Sie den Code aus dem Textfeld.

Schritt 5 | Fügen Sie ihn zum HTML-Code der Seite hinzu, auf der Sie das Video einbetten wollen.

Schritt 6 | Ändern Sie den eben eingefügten Code: Fügen Sie nach der URL des Videos `?rel=0` hinzu. Sie sehen dann etwas wie `src="https://www.youtube.com/embed/RCs1eu6-q46k?rel=0"`.

Damit verhindern Sie, dass am Ende weitere Videos von anderen Kanälen angezeigt werden. Sie wollen ja, dass die Besucher sich mit Ihren Inhalten auseinandersetzen. Früher konnten Sie damit die Anzeige von weiteren Videos generell verhindern – inzwischen geht das nicht mehr, aber es werden mit dieser Codeänderung zumindest nur Videos aus demselben Kanal angezeigt. Das ist einer der Nachteile, wenn Sie auf externe Dienste setzen: Diese können jederzeit ihre Bedingungen und technischen Details ändern. ■

10.2.2 Ein Video hochladen

Ein eigenes Video hochzuladen, ist auch nicht viel komplizierter.

Schritt 1 | Gehen Sie auf *www.youtube.com*, und klicken Sie auf den Button VIDEO ODER BEITRAG ERSTELLEN oben rechts, oder gehen Sie direkt zu *bnfr.de/ql1018*.

Ohne Konto geht nichts

Sie brauchen ein kostenloses Google-Konto, um Videos hochladen zu können. Wichtig: Laden Sie nur das hoch, von dem Sie sicher sind, dass Sie auch die Rechte daran haben.

Schritt 2 | Folgen Sie den Anweisungen; es ist eigentlich alles selbsterklärend.

Sie können entweder ein vorhandenes Video hochladen oder eines mit Ihrer Webcam aufnehmen. Wenn Sie eines von beidem tun, lesen Sie am besten vorher Abschnitt 11.3.10, »Podcasts«. ■

10.3 Fotodienste – Flickr und Google Photos

So, wie Sie bei YouTube Videos hochladen können, können Sie bei *Flickr* oder *Google Photos* Fotos hochladen und auf Ihrer Website einbinden. Um einfach nur ein paar Bilder anzuzeigen, ist das etwas umständlich – die Bilder können Sie auch direkt in Ihre Seiten integrieren, wie Sie in Kapitel 5, »Die eigene Website erstellen«, gelernt haben. Allerdings können Sie Flickr zusätzlich als Marketinginstrument nutzen, weil Ihre Bilder auch dort bei einer Suche gefunden werden. In den meisten Fällen ist der Hauptvorteil dieser Bilderdienste aber die Diashow. Eine Diashow per HTML, CSS und JavaScript selbst zu erstellen, ist recht aufwendig – mit Flickr & Co. ist es dagegen schnell erledigt.

Das brauchen Sie

Voraussetzung für alle folgenden Beispiele ist ein Account beim jeweiligen Fotodienst – und natürlich ein paar Fotos, die Sie dort hochgeladen haben.

Wenn Sie Ihre Bilder sowieso schon bei Flickr haben, können Sie sie auch auf Ihre Website holen, indem Sie sie direkt einbetten. Dazu müssen Sie ein Album anlegen. Klicken Sie auf den Pfeil nach rechts (siehe Abbildung 10.5) und folgen Sie der selbsterklärenden Anleitung. Am Ende bekommen Sie den Code, mit dem Sie die Diashow auf Ihrer Seite einbinden.

Abbildung 10.5 In Flickr können Sie beliebig Alben anlegen und dann weitergeben.

Mit der Diashow ist es bei Flickr nicht ganz so einfach, nach dieser Option sucht man anfangs etwas. So vermeiden Sie die Sucherei:

Gehen Sie auf *www.flickr.com*. Jetzt suchen Sie die Fotos aus, die Sie in die Diashow integrieren wollen. Am einfachsten geht das, indem Sie so vorgehen:

Schritt 1 | Legen Sie ein Album mit den Bildern an, die Sie zeigen wollen.

Schritt 2 | Klicken Sie darauf und gehen Sie auf das Pfeilchen in der Bildmitte (bewegen Sie die Maus darüber, erscheint ALBUM TEILEN).

Schritt 3 | Klicken Sie dann EINBETTEN.

Sie sehen jetzt den Code zum Einbetten (siehe Abbildung 10.6).

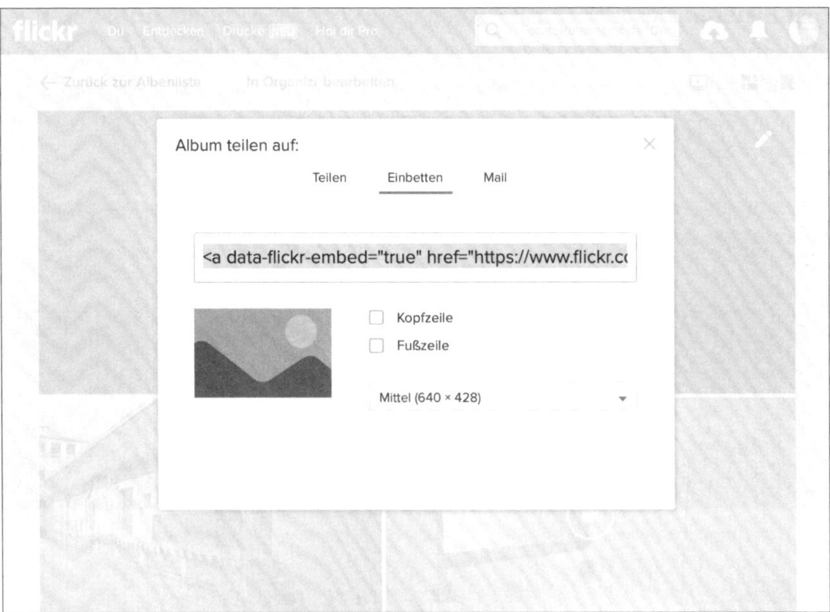

Abbildung 10.6 Hier stellen Sie Details für Ihre Diashow ein.

Schritt 4 | Bestimmen Sie die Größe, die Sie auf Ihrer Seite haben möchten.

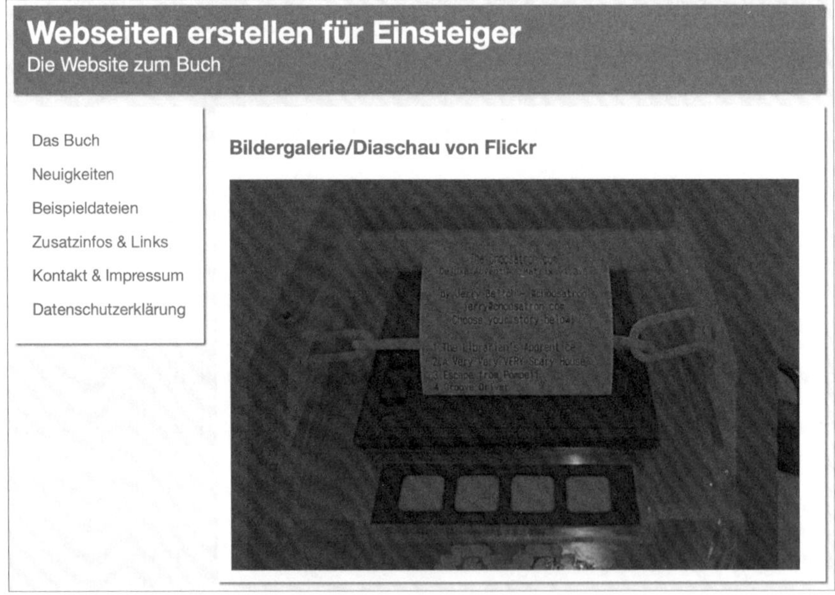

Abbildung 10.7 Die Diashow, eingebunden auf der eigenen Site

Schritt 5 | Kopieren Sie den HTML-Code, und setzen Sie ihn in Ihre Seite ein.

Das Vorgehen bei der Konkurrenzplattform Google Photos (*https://photos.google.com*) ist ähnlich. Voraussetzung ist wie bei YouTube ein kostenloses Google-Konto. ■

10.4 Slideshare

Wenn Sie viele Vorträge halten, sollten Sie einen Blick auf *Slideshare.net* werfen. Hier können Sie Ihre Präsentationen hochladen und damit Ihre Bekanntheit steigern. Ebenso können Sie Präsentationen von Slideshare auf Ihrer eigenen Website einbinden (siehe Abbildung 10.8). Die meisten Inhalte bei Slideshare sind auf Englisch, und der Schwerpunkt der Präsentationen liegt auf Wirtschafts- und IT-Themen.

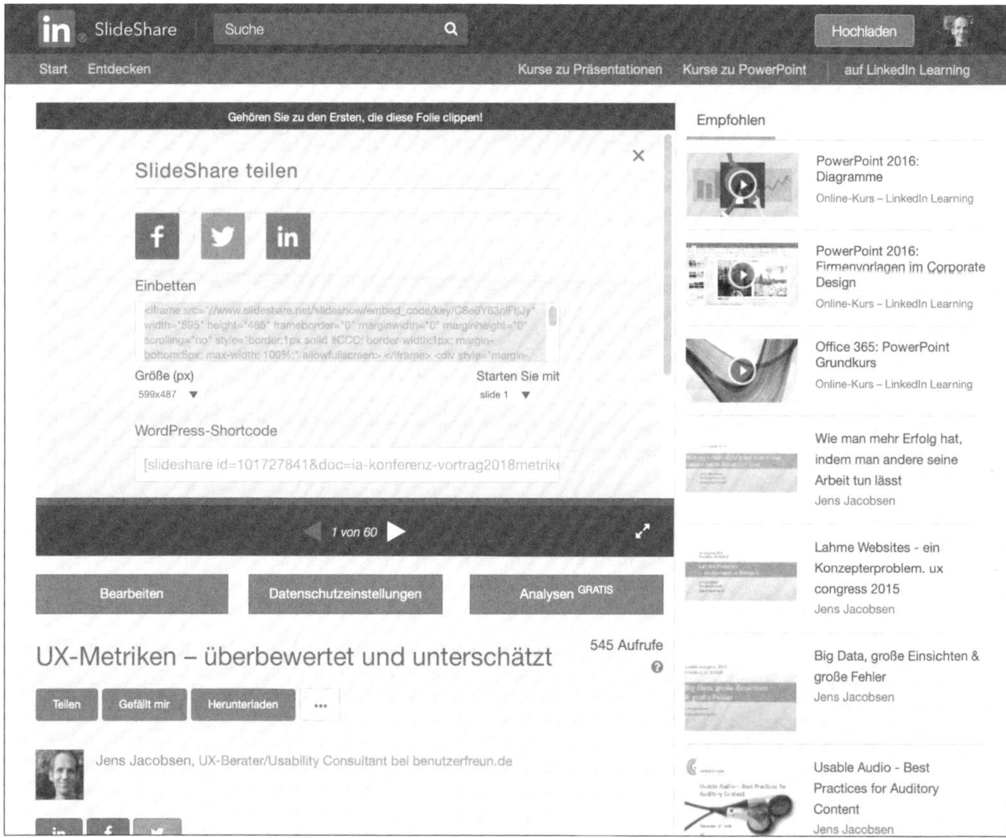

Abbildung 10.8 Unter Ihren Präsentationen finden Sie jeweils den Link »Teilen«. Wenn Sie auf den Code unter »Einbetten« klicken, erscheint das Element, um die Größe anzupassen.

10.5 Soziale Netzwerke – Facebook und Twitter

Wie Sie Facebook und Twitter nutzen, um Ihre Site bekannt zu machen, erfahren Sie in Kapitel 11, »Marketing und Werbung – Gutes tun und darüber reden«. Im Folgenden geht es darum, wie Sie diese sozialen Netze auf Ihrer Website einbinden.

10.5.1 Facebook-Buttons

Wenn Sie bei Facebook schon eine Seite für Ihr Produkt, Ihr Unternehmen o. Ä. eingerichtet haben, können Sie auf Ihrer eigenen Website einen Verweis auf Ihren Facebook-Auftritt setzen. Dazu haben Sie mehrere Möglichkeiten, zum Beispiel:

- den GEFÄLLT MIR-Button (*Like Button*) sowie
- den TEILEN-Button (*Share Button*).

Es gibt noch einige weitere Möglichkeiten, die aber in fast allen Fällen wenig nützlich sind. Einen Überblick bekommen Sie unter *bnfr.de/ql1002*.

An der gleichen Stelle erzeugen Sie auch den Code für die Buttons. Beide werden übrigens standardmäßig automatisch in der Sprache angezeigt, die der Benutzer in Facebook eingestellt hat. Die Vorschau beim Erstellen des Codes ist allerdings immer auf Englisch.

Facebook-Konto oder Facebook-Seite?

Neben den ganz normalen persönlichen *Facebook-Konten* gibt es auch sogenannte *Facebook-Seiten*. Das sind Konten für Unternehmen, Vereine, Ladengeschäfte usw.

Wenn Sie Ihre Website beruflich nutzen, sollten Sie eher eine Facebook-Seite anlegen, als Ihr privates Konto zu nutzen. Mehr dazu finden Sie in Abschnitt 11.3.4, »Facebook«.

Wenn Sie auf CODE GENERIEREN klicken, können Sie den HTML-Code kopieren und auf Ihre Seiten setzen.

Der GEFÄLLT MIR-Button ist für einzelne Seiten gedacht und funktioniert für jede Seite, die im Internet zugänglich ist. Das heißt, Sie können diese Funktion auch nutzen, wenn Sie nur einen privaten Facebook-Account haben.

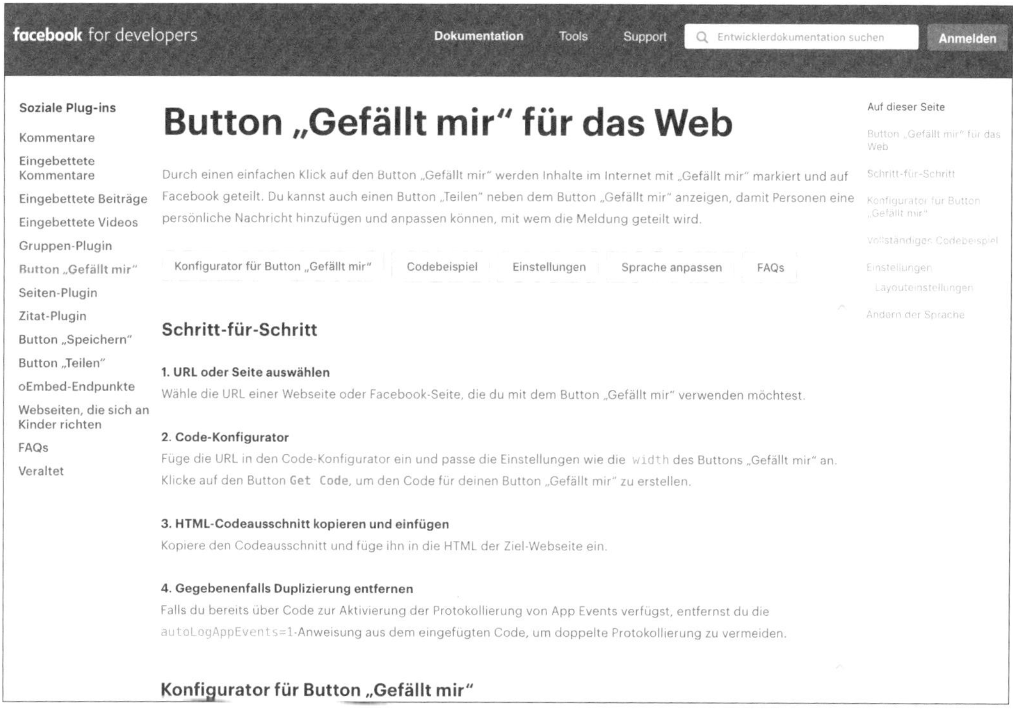

Abbildung 10.9 Auf Facebook können Sie, ohne Code schreiben zu müssen, verschiedene Buttons zum Einbau auf Ihren Seiten erstellen.

Klickt ein Nutzer auf einer Ihrer Seiten auf den GEFÄLLT MIR-Button, erscheint das auf seiner Pinnwand, und alle, die mit ihm befreundet sind, können den Eintrag und den Inhalt ebenfalls lesen.

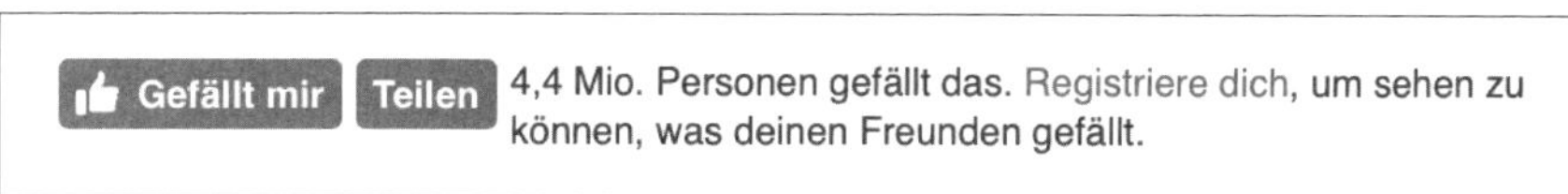

Abbildung 10.10 So sieht der Button eingebunden auf einer Seite aus.

Wollen Sie dagegen, dass Nutzer nicht Ihre Webseiten, sondern Ihre Facebook-Seite »liken«, dann erstellen Sie ein *Seiten-Plug-in* (siehe Abbildung 10.11). Wenn Sie dieses in eine Ihrer HTML-Seiten einbauen, werden die Nutzer »Fan« von Ihrer Facebook-Seite und erscheinen dort in der Liste der Personen, denen Ihre Seite »gefällt«.

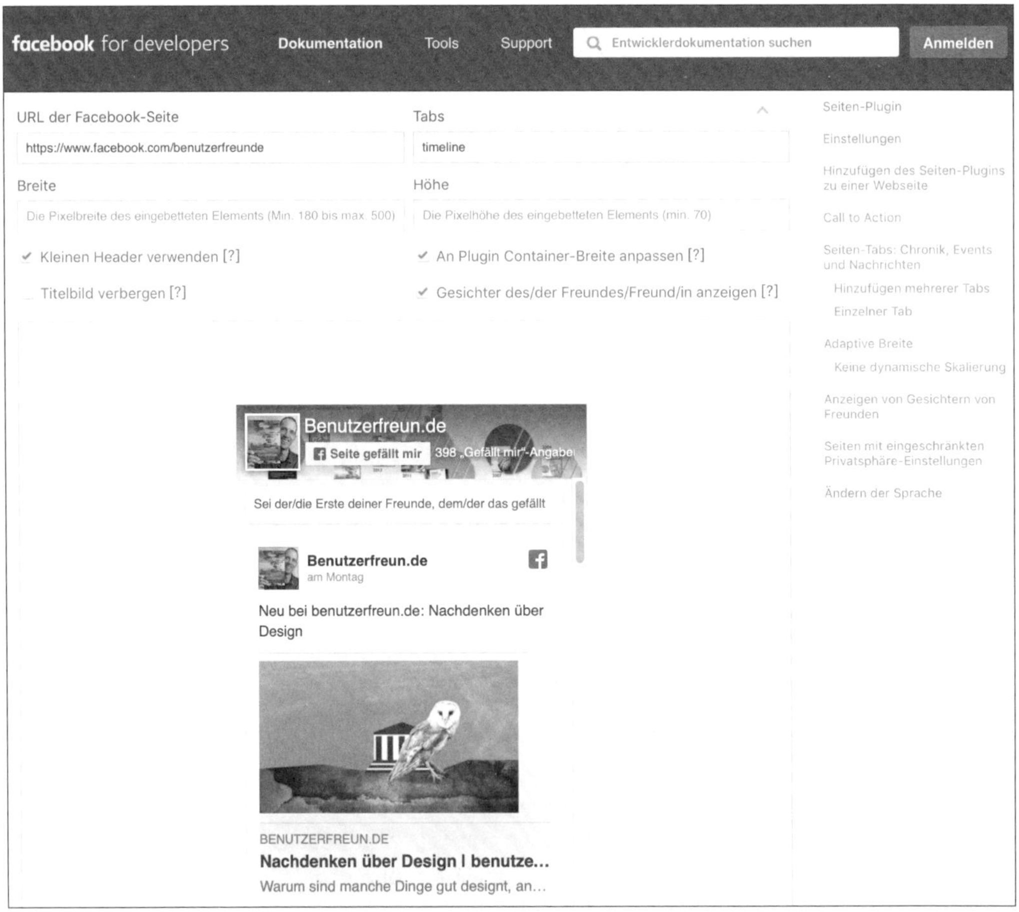

Abbildung 10.11 Das »Seiten-Plug-in« für Facebook-Seiten

Wie Sie für Ihr Unternehmen bzw. Ihren Verein eine eigene Facebook-Seite anlegen, lesen Sie wie oben erwähnt in Abschnitt 11.3.4.

10.5.2 Datenschutz bei Facebook

Das Thema »Facebook und Datenschutz« ist immer wieder in der Diskussion. Wer es nicht gewohnt ist, mag erschrecken, wenn er auf einmal auf Ihrer Website sieht, dass soundso viele seiner Freunde Ihre Site mögen. Das wirft schließlich die Frage auf: Woher weiß der Betreiber der Site, wer ich bei Facebook bin und was meine dortigen »Freunde« mögen?

Die Antwort ist: Er weiß es gar nicht. Der Betreiber der Website – also in dem Fall Sie – bindet sozusagen eine Mini-Facebook-Seite bei sich ein. Die erkennt den Benutzer, sofern er gerade bei Facebook eingeloggt ist, und weiß so auch, mit wem dieser Benutzer bei Facebook befreundet ist. So kann die Minisite zeigen, welchem seiner Freunde Ihre Seite gefällt.

Das heißt, wenn Sie einen Facebook-Button einbinden, geben Sie Daten Ihrer Besucher an Facebook weiter. Das ist datenschutzrechtlich nicht ganz unbedenklich.

Im Zweifel lieber mehr Datenschutz

Verzichten Sie auf Facebook-Buttons, wenn Sie sich nicht ganz sicher sind, dass Ihre Besucher sie nicht als Verletzung ihrer Privatsphäre empfinden.

Es empfiehlt sich daher, eine entsprechende Datenschutzerklärung ins Impressum zu setzen. Aktuelle Infos sowie Links zu Mustererklärungen finden Sie auf der Website einer Anwaltskanzlei unter *bnfr.de/ql1003*.

Den Text dürfen Sie übernehmen, wenn Sie einen Link auf die Website der Anwaltskanzlei setzen – und damit ein wenig Werbung für diese machen.

Wer auf Facebook-Buttons nicht verzichten, aber ganz auf Nummer sicher gehen will, sollte sich die 2-Klick-Lösung unter *bnfr.de/ql1020* ansehen (siehe Abbildung 10.12).

Abbildung 10.12 Die 2-Klick-Buttons bei »heise.de«. Hierbei werden die Buttons für Facebook und Twitter so eingebunden, dass erst auf einen Klick des Website-Besuchers hin dessen Daten zu den jeweiligen Diensten übertragen werden.

Das ist die Lösung für Perfektionisten: Facebook-Buttons werden erst nach Zustimmung gezeigt. Für eine solche Lösung müssen Sie ein wenig programmieren – mit dem, was Sie inzwischen gelernt haben, wird Ihnen die Anpassung des Codes aber wenig Probleme bereiten. Den Code sowie eine ausführliche Erklärung zu den Anpassungen finden Sie unter *bnfr.de/ql1020*.

10.5.3 Twitter

Wenn Sie Twitter-Buttons auf Ihre Seiten setzen möchten, dann legen Sie sie am schnellsten hier an: *bnfr.de/ql1021*.

Damit erlauben Sie Ihren Besuchern, sehr schnell einen Link zu Ihren Seiten auf Twitter weiterzugeben (siehe Abbildung 10.13).

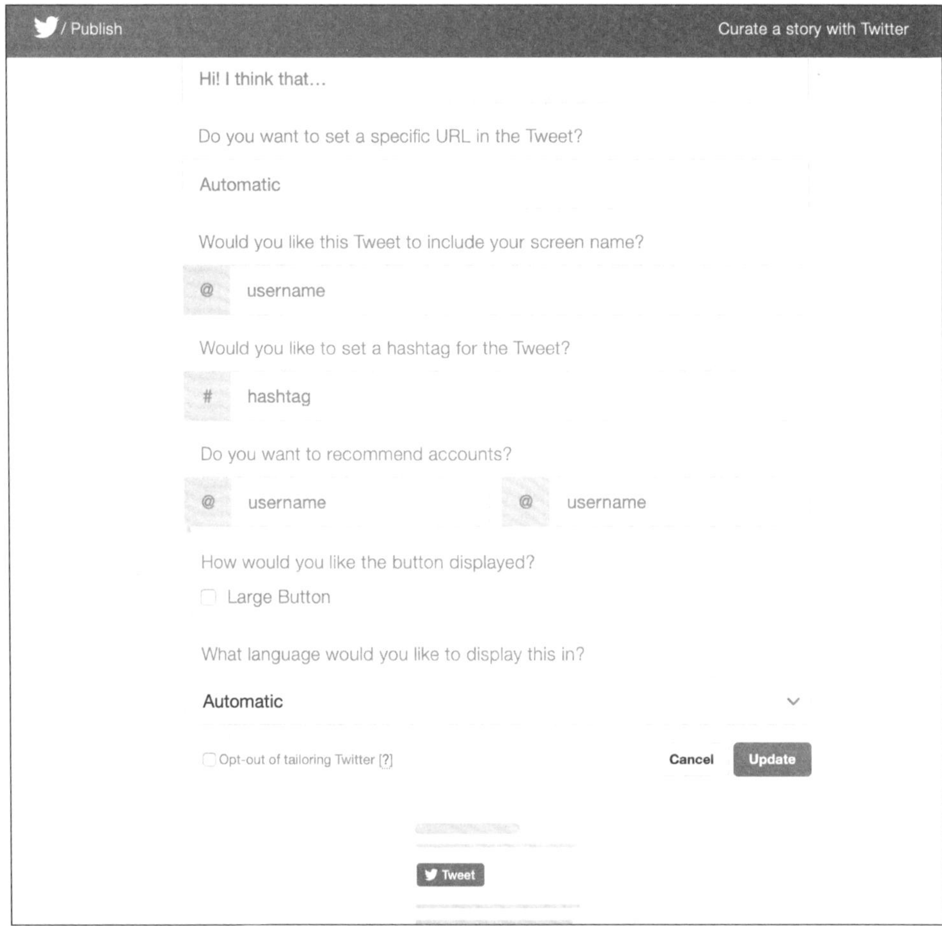

Abbildung 10.13 Wie Facebook bietet auch Twitter Buttons an, die Sie in Ihre Site einbauen können. Die Details, die Sie hier einstellen, sind auf Englisch, aber die Nutzer sehen später alles auf Deutsch.

Aktivieren Sie SET CUSTOMIZATION OPTIONS. und setzen Sie den Haken im folgenden Dialog bei OPT-OUT OF TAILORING TWITTER. Damit stellen Sie sicher, dass so wenige Daten Ihrer Besucher wie möglich an Twitter übertragen werden.

Wenn Sie selbst Twitter nutzen, können Sie Ihre aktuellen Kurznachrichten auch auf Ihrer Website anzeigen lassen (siehe Abbildung 10.14). Dazu loggen Sie sich bei Twitter ein und gehen auf *bnfr.de/ql1021*.

Abbildung 10.14 Sie können eine beliebige Twitter-Timeline auf der eigenen Site einbinden.

Klicken Sie dann auf EMBEDD TIMELINE, kopieren Sie die URL Ihres Benutzerprofils auf Twitter, klicken Sie auf PREVIEW und ändern Sie die Einstellungen, bis Ihnen das Aussehen des Elements gefällt.

Wenn Sie noch mehr dazu wissen wollen, sehen Sie sich die (englische) Dokumentation bei Twitter an: *bnfr.de/ql1008*.

10.6 Fazit

Das Web bietet viele Möglichkeiten, um Ihre Seiten mit zusätzlichen Inhalten aufzupeppen – und das fast immer kostenlos.

Sie brauchen für die Einbindung der meisten Dienste nur ein paar HTML-Grundlagen. Manchmal hilft ein bisschen CSS weiter, um sie auch noch an Ihre Gestaltung anzupassen. Und gelegentlich schadet es nicht, die JavaScript-Grundlagen zu kennen. Aber in jedem Fall bieten Sie durch die Einbindung von Karten, Videos, Bildergalerien oder sozialen Netzwerken Inhalte, die Ihnen relativ wenig Arbeit machen und vielen Besuchern einen hohen Mehrwert geben.

Kapitel 11

Marketing und Werbung – Gutes tun und darüber reden

Je mehr Besucher Sie haben, desto mehr hat sich die Mühe für das Erstellen Ihrer Website gelohnt. Mit wenig Aufwand sorgen Sie dafür, dass Ihre Site bekannter wird.

11

Wenn Sie eine Website betreiben, dann wollen Sie auch, dass diese so viele Benutzer hat wie möglich. Der wichtigste Schritt dazu ist, eine sehr gute Website zu erstellen. Wie Sie das machen, haben Sie in den vorigen Kapiteln gelernt. Marketing und Werbung helfen Ihnen dann dabei, neue Benutzer erstmals auf Ihre Site zu bringen.

Der Unterschied zwischen Marketing und Werbung

Marketing sind alle Aktivitäten, die Sie unternehmen, um Ihre Produkte oder Dienstleistungen zu verkaufen. Marketing ist also der umfassendere Begriff – er beinhaltet auch die Werbung. *Werbung* ist die Kommunikation, mit der Sie Bedürfnisse Ihrer potenziellen Kunden ansprechen oder wecken.

Im Webumfeld wird zwischen Marketing und Werbung nicht ganz korrekt, aber prägnant so unterschieden: Werbung kostet Sie Geld, Marketing nur Mühe.

Wie gelangen die Nutzer auf Ihre Website? Im Wesentlichen über einen dieser drei Wege:

- Die Nutzer suchen über eine Suchmaschine.
- Die Nutzer kennen die URL und geben sie in den Browser ein.
- Die Nutzer klicken auf einer anderen Site auf einen Link zu Ihrer Site.

Wie Sie dafür sorgen, dass Ihre Website in den Suchmaschinen auftaucht, haben Sie in Kapitel 9, »Die Site spielend finden und benutzen – Suchmaschinenoptimierung, Usability, Accessibility«, gelernt. In diesem Kapitel geht es um die beiden anderen Möglichkeiten.

11.1 Klassische Werbung

Sorgen Sie dafür, dass alle, die Sie gern auf Ihrer Website hätten, deren URL kennen. Schreiben Sie Ihre Webadresse auf jedes Schriftstück, jeden Brief, jede Visitenkarte, jeden Flyer, auf jede Tüte und jede Verpackung. Drucken Sie sie auf Ihr Auto, verschenken Sie Kugelschreiber, Schlüsselbänder oder Aufkleber mit Ihrer URL (siehe Abbildung 11.1).

Abbildung 11.1 Alles kann als Werbeträger dienen – von sehr auffällig bis ganz dezent.

Motivieren Sie Ihre treuen Kunden dazu, die URL an Freunde und Bekannte weiterzugeben. Drucken Sie Plakate und verteilen Sie Aufkleber, Buttons oder Fähnchen mit Ihrer URL. Sie sehen – die Möglichkeiten sind unbegrenzt. Auch für das Internet funktionieren die klassischen Methoden, um sich bekannt zu machen.

Wenn Sie ein Geschäft, eine Praxis oder einen Friseursalon haben, werden Sie nur Menschen ansprechen wollen, die auch zu Ihnen kommen können. Mit Werbung in Ihrer

Nachbarschaft schaffen Sie das (siehe Abbildung 11.2). Über das Internet dagegen erreichen Sie Millionen Menschen, von denen viele sicher niemals zu Ihnen kommen werden. Die Streuverluste sind bei Werbung im Internet also um ein Vielfaches höher.

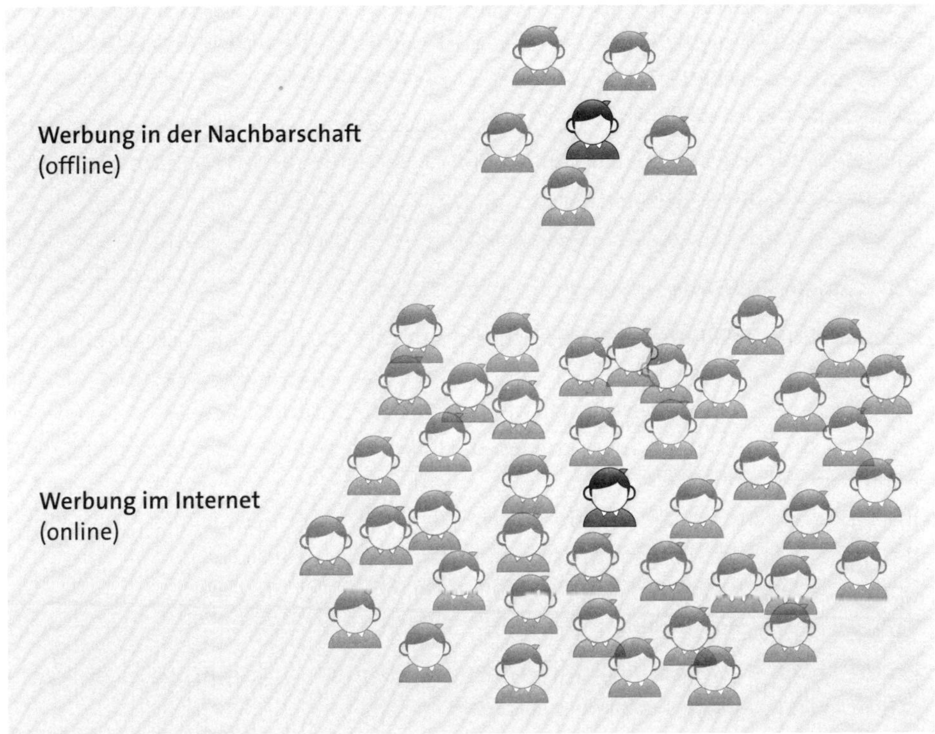

Abbildung 11.2 Mit Werbung in der Nachbarschaft erreichen Sie absolut weniger Menschen als mit Werbung im Internet. Der Anteil der Menschen, die Ihre Werbung tatsächlich interessiert, ist in der Nachbarschaft aber viel, viel höher.

11.2 Werbung im Internet

Falls Sie Geld für Werbung ausgeben wollen, ist es oft besser angelegt, wenn Sie es in klassische Methoden investieren. Aber dennoch hat auch Werbung im Internet ihre Vorteile.

Immer mehr Menschen suchen auch Geschäfte vor Ort, in die sie gehen wollen, über das Internet. Und diese potenziellen Kunden sollten Ihre Site in den Suchmaschinen auch finden – wie Sie das sicherstellen, haben Sie in Kapitel 9, »Die Site spielend finden und benutzen – Suchmaschinenoptimierung, Usability, Accessibility«, gelesen. Aber Sie können noch etwas nachhelfen.

Werbung im Internet bietet Möglichkeiten, die klassische Werbung so nicht bietet: Bei manchen Werbeformen können Sie Ihre Zielgruppen sehr gezielt ansprechen. Sie können dort zum Beispiel festlegen, dass Ihre Anzeige nur von Menschen aus Bayern und Niedersachsen gesehen wird, die an einem Wochentag zwischen 9 und 17 Uhr ins Internet gehen und sich für Sport interessieren. Bei manchen Formaten können Sie sogar die Altersgruppe und das Geschlecht Ihrer Zielgruppe bestimmen.

Deshalb lohnt es sich zum Beispiel auch für kleine Geschäfte, Einpersonenbetriebe, Handwerker oder Bäcker, mit Onlinewerbung zu experimentieren. Das kann sich schon ab ein paar Euro pro Woche lohnen.

11.2.1 Google AdWords

Banner sind die bekannteste Werbeform im Internet. Doch sie sind recht teuer und zudem nicht besonders effektiv, weil Internetnutzer sich angewöhnt haben, sie zu ignorieren. Lohnender – besonders für kleine und mittlere Unternehmen – sind *Google AdWords*. Das sind die kleinen Textanzeigen, die links neben und manchmal oberhalb der Trefferlisten auf der Google-Seite angezeigt werden. Im Gegensatz zu den Trefferlisten selbst (siehe Abschnitt 9.1.5, »Bezahlte Suchergebnisse?«) können Sie Ihre Position hier mit Geld beeinflussen. Wer am meisten zahlt, landet ganz oben.

Gute Anzeigen sind erfolgreicher

Google bewertet auch die Qualität von Anzeigen. Wenn zwei Anzeigen denselben Preis zahlen, landet diejenige weiter oben, die mehr Klicks bekommt.

Dabei zahlen Sie aber nur für Klicks (*Pay Per Click*, PPC), das heißt nur dann, wenn jemand tatsächlich auf den Link zu Ihrer Site klickt. Sie können mit einem recht kleinen Budget starten und Maximalpreise pro Tag festlegen, damit Sie nicht plötzlich arm werden, nur weil Sie den perfekten Anzeigentext geschrieben haben.

Die Benutzeroberfläche fürs Schalten der Anzeigen bei Google unter *bnfr.de/ql1102* wirkt anfangs etwas Furcht einflößend. Die Benutzerführung ist aber recht gut, und gerade AdWords macht viele Vorschläge, die wirklich hilfreich sind.

Sie sollten sich zwei, drei Stunden Zeit nehmen, um sich mit der Oberfläche vertraut zu machen. Setzen Sie sich z. B. ein Budget von 50 Euro. Das reicht bei nicht ganz alltäglichen Suchwörtern für mehrere Wochen. Wollen Sie, dass Ihre Anzeige bei sehr populären Suchwörtern erscheint, müssen Sie mit Klickpreisen von mehreren Euro rechnen. Damit Ihr Budget nicht zu schnell aufgebraucht ist, begrenzen Sie das Budget pro Tag dann auf ein paar Euro.

Werbung auf Bing/Yahoo!

Alles, was wir über Google AdWords sagen, gilt praktisch genauso für Werbung auf Microsofts Suchmaschine *Bing*. Die Benutzeroberfläche sieht natürlich etwas anders aus, und die Begriffe unterscheiden sich im Detail, das Prinzip ist aber genau das gleiche.

Bing hat deutlich weniger Nutzer als Google, und so sind die Anzeigen hier auch günstiger.

Anzeigen auf Bing werden über das *Microsoft Ads* gebucht. Auch das Portal Yahoo! nutzt als Suchmaschine die Suchfunktion von Bing – auch wenn Yahoo! die Ergebnisse etwas anders gewichtet und sich die Trefferlisten daher unterscheiden. Werbung hier können Sie ebenfalls über Microsoft buchen.

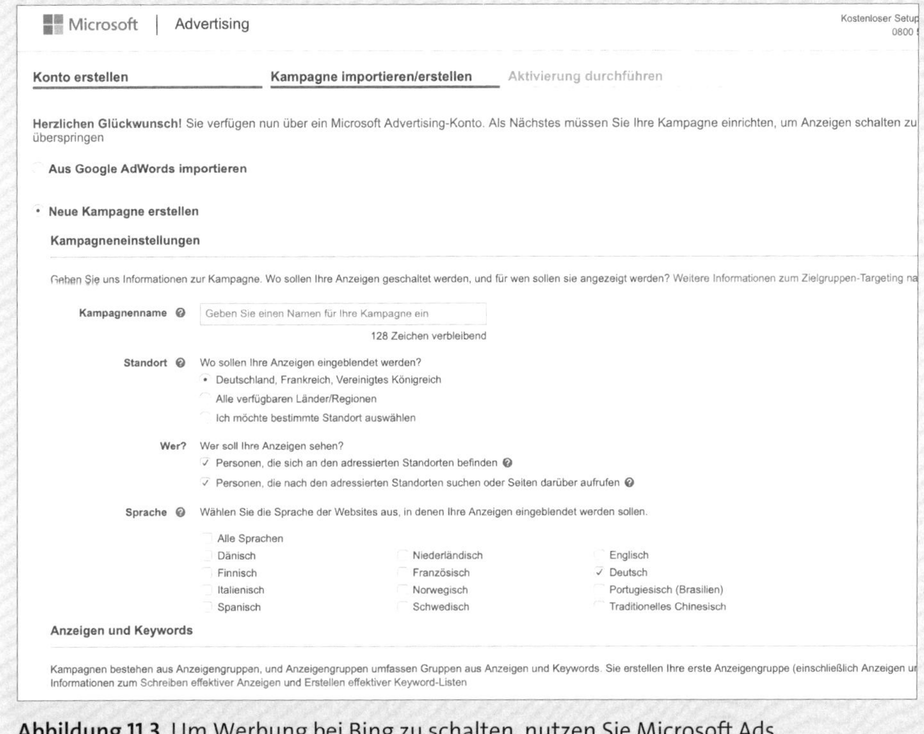

Abbildung 11.3 Um Werbung bei Bing zu schalten, nutzen Sie Microsoft Ads.

Die Suchwörter

Schreiben Sie am besten eine Liste mit Suchwörtern (*Keywords*), unter denen Sie gefunden werden wollen. Denken Sie auch an ungewöhnliche Wörter oder Wortkombinationen. Wenn Sie Zugriff auf die Logfiles Ihrer Website mit den Zugriffsstatistiken haben, sollten Sie dort nachsehen, über welche bei den Suchmaschinen eingegebenen Wörter die Nutzer auf Ihre Website kommen.

Je allgemeiner die Suchwörter sind, desto eher sollten Sie mehrere kombinieren. »Schuhe« zum Beispiel ist als Suchwort teuer und sehr unspezifisch. Wenn Sie aber »Schuhe handgefertigt« oder »extravagante Schuhe« buchen, ist die Anzeige zum einen meist günstiger, zum anderen ist die Wahrscheinlichkeit höher, dass der Suchende auch tatsächlich das sucht, was Sie anbieten.

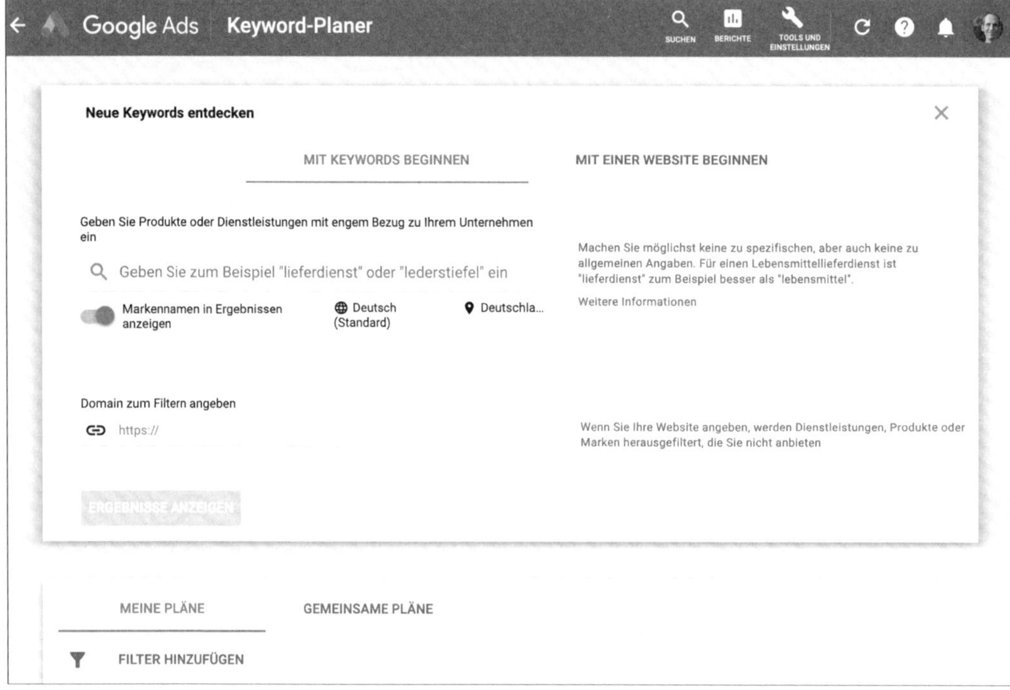

Abbildung 11.4 Der »Keyword-Planer« von Google

Google bietet auch einen Dienst, der Ihnen passende Keywords vorschlägt (siehe *bnfr.de/ql1101* und Abbildung 11.4). Sie geben ein Suchwort ein und bekommen eine Liste mit Synonymen und anderen Wörtern, die oft zusammen mit den von Ihnen eingegebenen Begriffen gesucht werden. Auch Ihre aktuelle Site wird berücksichtigt, damit Sie eine Anzeige erstellen, die zu Ihren Inhalten passt.

Ungewöhnliche Schreibweisen von Wörtern (z. B. »designerschuhe«) können ebenfalls interessant sein – diese sind normalerweise viel günstiger als die richtig geschriebenen Wörter und können trotzdem sehr erfolgreich sein, weil viele Nutzer ihre Tippfehler gar nicht bemerken.

Sie können auch Suchwörter ausschließen. So können Sie etwa vermeiden, dass Sie von jemandem gefunden werden, der nach »kostenlos« sucht.

Die Anzeige erstellen

Beim Formulieren des Anzeigetexts ist es wichtig, dass Sie sich in die Situation des Menschen versetzen, der in Google ein Suchwort eingibt. Worauf spricht er an, wenn er die Werbeeinblendungen neben den Suchergebnissen sieht? Verwenden Sie die Wörter, an die er denken würde – statt »preisgünstig« denken die meisten Menschen eher an »günstig« oder sogar an »billig«.

Fassen Sie sich so kurz wie möglich. Der Besucher blickt nur für einen Bruchteil einer Sekunde auf Ihre Anzeige, und da muss ihm ein Wort ins Auge springen, das ihm vermittelt, dass diese Anzeige relevant für ihn ist (siehe Abbildung 11.5).

Wein Portofrei ab 25€ | Über 1.800 Weine zur Auswahl | vinos.de
Anzeige www.vinos.de/ ▾
Genießen Sie ausgewählte Qualitätsweine zum unschlagbaren Preis. Hier bestellen! Versandkostenfrei ab 25€. Monatsweine im Angebot. Über 1.800 Lieblingsweine. Tolle **Wein**-Probierpakete. Volles Rückgaberecht. 1-2 Tage Lieferzeit. Top Kundenberatung.
Probierpakete - ab 49,50 € - Weine zum Spitzenpreis · Mehr ▾

Spanische Rotweine
Kräftige, aromatische Rotweine
Aus den besten Anbaugebieten

Wein & Vinos Neuheiten
Neu aus Spanien eingetroffen
Bei Vinos online bestellen

Online-Weinversand | Online bei Hawesko entdecken
Anzeige www.hawesko.de/ ▾ 04122 504433
★★★★★ Bewertung für hawesko.de: 4,6 - 49.543 Rezensionen - Wartezeit für Anruf: Etwa 1 …
Finden Sie Ihren Lieblingswein. Jetzt über 2.000 **Weine** entdecken!
Geschenkgutscheine · Angebote

Die besten Weine im Netz | Belvini - Ihr Weinversand | belvini.de
Anzeige www.belvini.de/ ▾
Über 15.000 Spitzenweine bei "Deutschlands bestem Weinhändler 2017 + 2018 + 2019"

Abbildung 11.5 Ihre Anzeigentexte sollten kurz und knackig sein.

Eine AdWords-Anzeige hat drei Hauptbestandteile:

- den Anzeigentitel (3 Überschriften, je max. 30 Zeichen),
- den Link (2 Pfadbestandteile mit je max. 15 Zeichen),
- den Anzeigentext (2 Teile mit je max. 90 Zeichen).

Der Titel sollte unbedingt die Suchwörter aufgreifen, zu denen Sie die Anzeige schalten. Nur so erkennt der Suchende sofort, dass Ihre Anzeige tatsächlich relevant für ihn ist. Die drei Anzeigentitel werden alle als Überschrift in Blau dargestellt, getrennt werden sie durch einen senkrechten Strich (»|«). Je nach Bildschirmgröße kann es auch sein, dass nicht alle drei Titel vollständig dargestellt werden. Noch ein Grund mehr, die wichtigen Wörter nach vorne zu setzen und sich möglichst kurz zu fassen. Oft reicht ein Titel völlig.

Der Anzeigentext ist der schwierigste Teil. Er sollte in so wenig Worten wie möglich klarmachen, was Sie anbieten. Gleichzeitig sollte er sich von den Texten der Konkurrenten unterscheiden. Und er sollte am besten auch auffordernd sein, ohne aufdringlich zu werden. »Kaufen Sie jetzt!« oder »Jetzt kaufen!« ist in den meisten Fällen zu heftig. »Finden Sie ...« oder »Lassen Sie sich ...« sind meist besser geeignet.

Der Link schließlich sollte auf eine sogenannte *Landing Page* verweisen (siehe den nächsten Abschnitt). Gut ist, wenn er auch ein oder mehrere Suchwörter enthält. Die angezeigte URL besteht aus Ihrer Domain (nicht änderbar) und zwei Pfadbestandteilen, die je 15 Zeichen haben dürfen – also z. B. *www.aro-argentino.de/tanzen/schnupperkurs*. Oder Sie nutzen nur einen Pfadbestandteil: *www.aro-argentino.de/tanzen/*.

Die tatsächlich verlinkte URL kann aber bis zu 1.028 Zeichen haben. So können Sie auch komplizierte Shoplinks verwenden (wie *www.aro-argentino.de/shop/produkte/schuhe/herren/extravagant/meine-marke/mein-modell?73646hgglu*).

Ein Vorteil von Onlinewerbung ist: Sie können experimentierfreudig sein, weil Änderungen hier im Gegensatz zu einer Printkampagne jederzeit möglich sind. Ändern Sie alle drei Tage Ihren Text oder erstellen Sie mehrere Anzeigen, die Sie gleichzeitig schalten. Wenn Sie sich die Auswertung ansehen, lernen Sie schnell, was für Ihre Ziele funktioniert und was nicht. Ein Plakat lässt sich nach dem Druck nicht mehr ändern, Onlinewerbung nach dem Start dagegen schon. Nutzen Sie das!

Landing Page

Wenn ein Nutzer einer Suchmaschine auf Ihren Link klickt, haben Sie ihn genau da, wo Sie ihn haben wollen. Aber ist er auch genau da, wo er selbst sein will?

Am besten legen Sie für jede Anzeige eine eigene sogenannte *Landing Page* (*Landeseite*) an. Auf dieser erklären Sie dem von der Suchmaschine kommenden Benutzer, warum Sie genau das bieten, was er sucht. Er muss sofort erkennen, dass diese Seite perfekt zu seiner Suchanfrage passt (siehe Abbildung 11.6 bis Abbildung 11.8). Die Schlüsselwörter, die Sie in der Anzeige verwendet haben, müssen auch hier ganz schnell sichtbar sein, also zum Beispiel in der Überschrift.

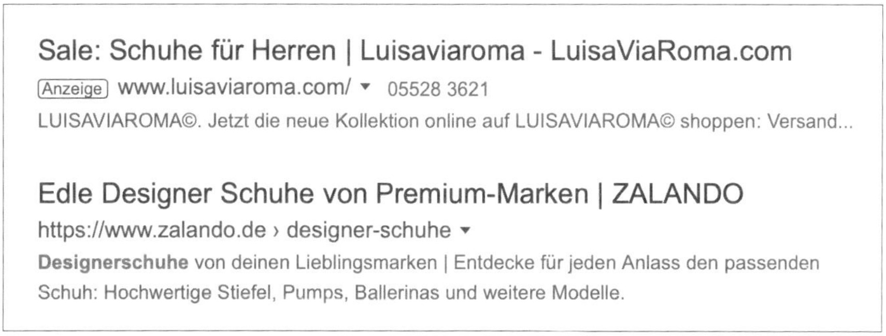

Sale: Schuhe für Herren | Luisaviaroma - LuisaViaRoma.com
Anzeige www.luisaviaroma.com/ ▾ 05528 3621
LUISAVIAROMA©. Jetzt die neue Kollektion online auf LUISAVIAROMA© shoppen: Versand...

Edle Designer Schuhe von Premium-Marken | ZALANDO
https://www.zalando.de › designer-schuhe ▾
Designerschuhe von deinen Lieblingsmarken | Entdecke für jeden Anlass den passenden Schuh: Hochwertige Stiefel, Pumps, Ballerinas und weitere Modelle.

Abbildung 11.6 Der obere Eintrag ist eine bezahlte Anzeige, der untere der erste organische Treffer (also der beste Treffer für das Suchergebnis, für das kein Geld gezahlt wurde).

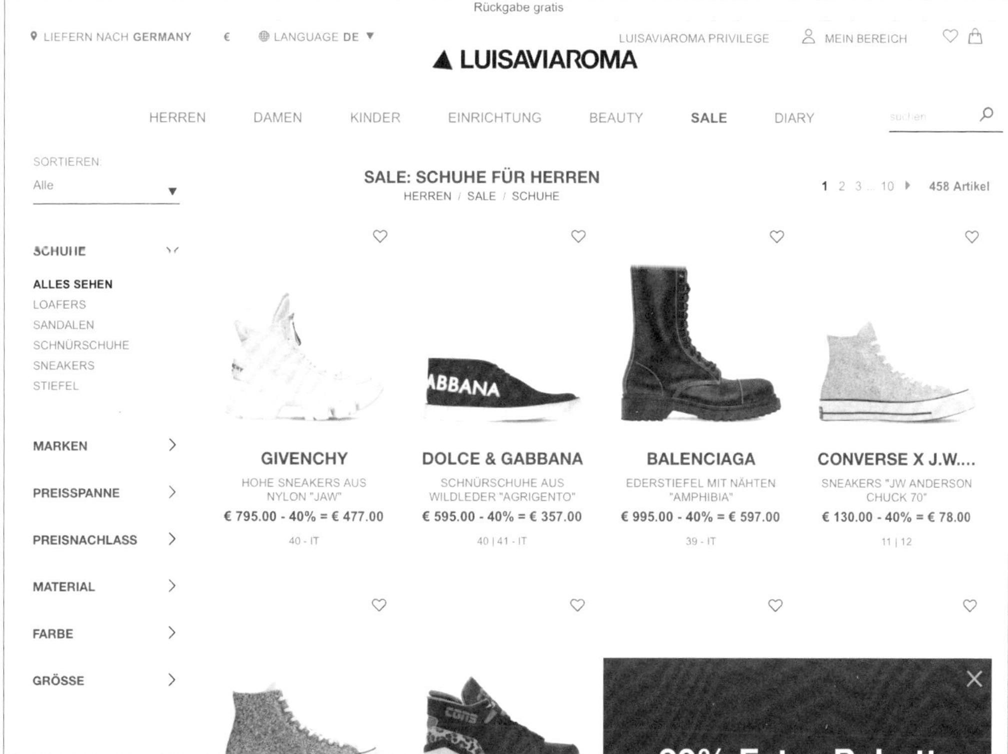

Abbildung 11.7 Landing Page für die Anzeige aus Abbildung 11.6 – ein Beispiel für ein wenig effizient genutztes Werbebudget. Man landet einfach auf einer Shopseite. Dass es hier Designerschuhe gibt, merkt man erst beim genaueren Hinsehen.

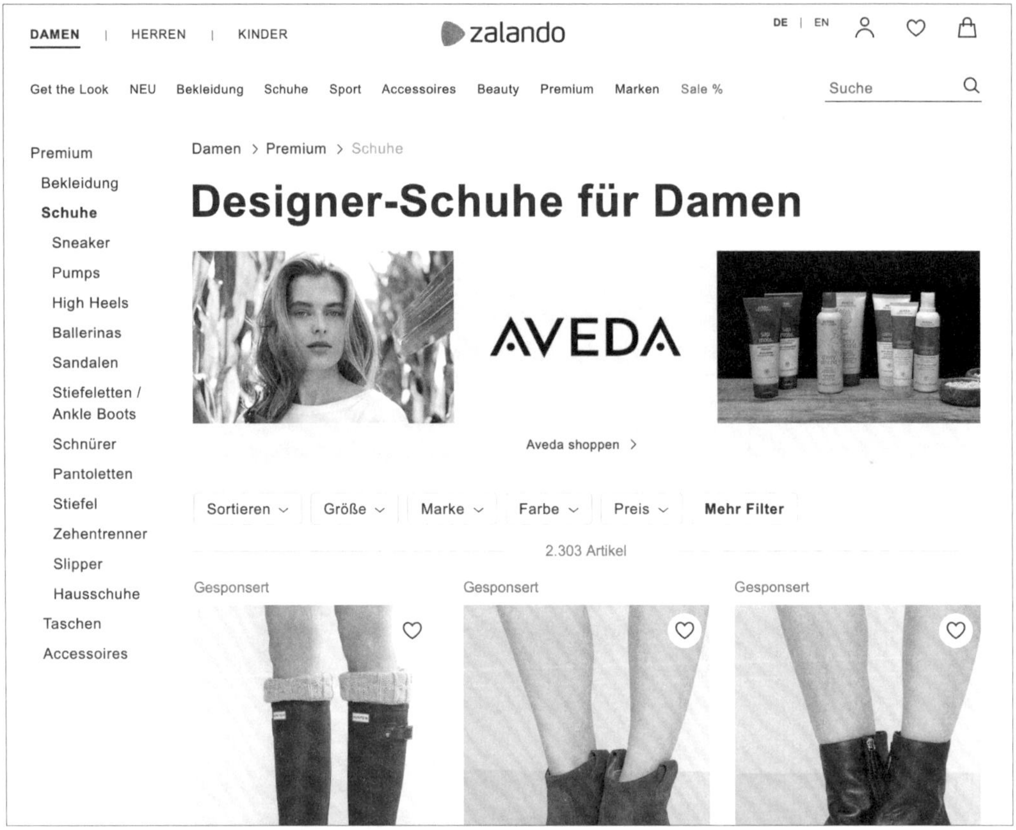

Abbildung 11.8 Der erste Treffer der organischen Suchergebnisse von Abbildung 11.6 – ohne für AdWords zu zahlen, hat der Website-Betreiber hier den besseren Treffer parat. Vor allem die Überschrift hilft.

Ein Link auf Ihre Startseite ist immer nur eine Notlösung. In den meisten Fällen lohnt es sich nicht, AdWords zu schalten, aber keine speziellen Landing Pages zu haben. Denn die Besucher klicken dann ganz schnell auf den ZURÜCK-Button, weil sie denken, dass es hier nichts für sie Passendes gibt. Damit haben Sie das Geld für diesen Klick zum Fenster hinausgeworfen.

Denken Sie daran, wie Sie selbst Suchmaschinen benutzen. Sie geben das Suchwort ein, klicken einen Link an, und wenn Sie auf der aufgerufenen Seite nicht sofort das Gefühl haben, das Richtige gefunden zu haben, sind Sie in spätestens drei Sekunden wieder weg.

Optimierung

Nehmen Sie sich in den nächsten Wochen die Zeit, regelmäßig Ihre Kampagne zu überprüfen, damit das Geld sinnvoll eingesetzt ist. Tauschen Sie wenig erfolgreiche Keywords aus und überlegen Sie, ob sich die Landing Pages der erfolgreichen Suchwörter noch weiter verbessern lassen. Wenn Sie auf den Geschmack gekommen sind, sollten Sie sich noch weitergehend mit dem Thema AdWords befassen. Die Anleitung auf der Website von Google ist inzwischen so gut, dass Sie allein damit schon sehr viel erreichen.

Die URLs, unter denen Sie mehr erfahren bzw. unter denen Sie nach Anmeldung direkt Werbung schalten können, sind:

- für Google: *bnfr.de/ql1102*
- für Microsoft Bing: *bnfr.de/ql1103*

11.2.2 Facebook-Anzeigen

Mit Werbung auf Facebook erreichen Sie eine speziellere Zielgruppe als mit Werbung in Suchmaschinen. Die Nutzer von Facebook sind aktiver und im Schnitt etwas stärker technisch versiert als der Durchschnitt der Internetnutzer. Außerdem ist Werbung auf Facebook durch die Bilder etwas prominenter, und es stehen nicht so viele Anzeigen auf einer Seite.

Schließlich hat Werbung hier den Vorteil, dass sie in einem persönlicheren Umfeld erscheint. Auf Facebook kommuniziert man mit seinen Freunden und ist nicht auf der unpersönlichen Site einer Suchmaschine, die man ja eigentlich möglichst schnell wieder verlassen will. Bei Facebook sind deshalb manche Nutzer für Werbung aufgeschlossener. Dies wird besonders dann verstärkt, wenn sie sehen, dass Freunden von ihnen eine bestimmte Werbung »gefällt«. Mit Anzeigen auf Facebook machen Sie sich also das Vertrauensverhältnis zwischen Freunden und Bekannten zunutze.

Ein weiterer großer Pluspunkt insbesondere für kleinere Firmen ist, dass Sie auf Facebook Ihre Zielgruppe extrem genau eingrenzen können. Zwar kann man auch bei Google AdWords die gewünschte Altersgruppe und das Geschlecht angeben – aber die Wahrscheinlichkeit, dass die Benutzer richtige Angaben gemacht haben, ist bei Facebook deutlich höher.

Mehr zu Facebook-Werbung lesen Sie unter *bnfr.de/ql1104*.

Abbildung 11.9 Die Werbung, die Facebook einblendet, unterscheidet sich je nach Nutzer. Männer sehen generell eher Werbung für Spiele, Auto- und Computerkram, Frauen dagegen eher Werbung für Onlineshops. Je mehr der einzelne Nutzer über sich verrät, desto stärker wird die Werbung an ihn angepasst.

11.3 Marketing im Internet

Das Feld des Internetmarketings ist riesig. Zu fast jedem Thema gibt es Dutzende Bücher, die sich damit im Detail befassen. Im Folgenden geben wir nur ein paar Hinweise dazu, was Sie alles tun können, um sich und Ihre Site noch bekannter zu machen, ohne

Anzeigen zu schalten. Man schafft es sowieso nicht, alle diese Methoden anzuwenden, daher sollten Sie sich zwei, drei heraussuchen und damit beginnen. Ein paar Linktipps dafür finden Sie unter *bnfr.de/ql1105*.

11.3.1 Organische Links

Organische Links sind solche Links, für die Sie nicht bezahlen. Diese Links setzen die Betreiber fremder Sites, einfach weil sie Ihre Inhalte empfehlenswert finden.

In Kapitel 9, »Die Site spielend finden und benutzen – Suchmaschinenoptimierung, Usability, Accessibility«, haben Sie gesehen, wie Sie Ihre Site so anlegen und die Texte auf ihr so schreiben, dass sie von Suchmaschinen möglichst gut gefunden wird.

Sie haben auch erfahren, dass die Suchmaschinen eine Seite umso besser bewerten, je mehr Links von möglichst hochwertigen Seiten auf sie verweisen. Ihr Ziel sollte also sein, so viele Links von so beliebten Sites wie möglich zu bekommen.

Andere Sites anzuschreiben und um Verlinkung zu bitten, bringt aber wenig, es sei denn, Sie können anderen Sitebetreibern etwas anbieten, damit es sich für sie lohnt, auf Sie zu verlinken. Vereinbaren Sie zum Beispiel eine Kooperation und bieten Sie Kombinationspakete für Ihre gemeinsamen Kunden an. Dann ist ein Link zu Ihrem Partner auch sinnvoll. Ein Friseur könnte etwa mit einem Kosmetikstudio kooperieren oder – etwas außergewöhnlicher – mit einem Buchladen. Wer vorher ein Buch kauft, das er beim Friseur lesen will, bekommt einen Rabatt. Lassen Sie sich etwas einfallen, um aus der Masse an Konkurrenzangeboten herauszuragen.

Sie können aber auch Inhalte für die Website Ihres Partners anbieten. Um beim Beispiel zu bleiben: Auf der Site des Kosmetikstudios könnten Sie als Friseur einen Gastbeitrag über die Pflege der Kopfhaut schreiben. Als Gegenleistung bekommen Sie einen Link auf Ihre Site.

Zu Links in Blogs lesen Sie mehr in Abschnitt 11.3.8, »Kommentare in Blogs und Foren«.

11.3.2 Linktausch

Vorsicht vor Angeboten zum Linktausch (siehe Abbildung 11.10) – solche, bei denen Sie für die Verlinkung zahlen sollen, lehnen Sie am besten sofort ab.

Ein kostenloser Linktausch klingt zunächst verlockend: Sie bekommen einen Link zu Ihrer Site und müssen ihn nur mit einem Link auf eine andere Site bezahlen. Aber wenn es inhaltlich nicht sehr gut passt und/oder die verlinkende Seite im Suchmaschinen-Ranking selbst nicht hoch eingestuft ist, bringt das praktisch nichts.

damien.[illegible]eist.de Papierk...- Recherche 15. Oktober 2019 um 09:04
Partnerschaftsanfrage
An: info@benutzerfreun.de,
Antwort an: dam[illegible]eist.de

Guten Tag,

ich bin Damien von [illegible]eist.de.

In Zusammenhang mit einer SEO-Kampagne möchte ich mit Ihnen über den Austausch von Artikeln oder Links in Verbindung mit benutzerfreun.de sprechen.

[illegible]eist.de ist ein webbasiertes Tool zur Entwicklung von Logos für vorrangig kleine Unternehmen.
Derzeit verzeichnen wir täglich 300 Besucher auf unserer deutschen Domain und gehen davon aus, dass wir unseren organischen Traffic in den kommenden Monaten beachtlich steigern werden.

Unsere aktuellste SEO-Kampagne für [illegible]enio.it ermöglichte es uns, den Traffic in weniger als 3 Monaten um mehr als 20000 Besucher zu steigern. Dadurch hat sich unser Traffic von 1.500 auf beachtliche 22.000 Besucher pro Monat erhöht.

Die von uns eingesetzten Techniken sind SEO-freundlich und haben sich als sehr effektiv für die Steigerung des Traffics aller Beteiligten erwiesen.

Wenn ich Ihr Interesse wecken konnte, lassen Sie es mich wissen – sehr gern sende ich Ihnen ein individuelles Angebot zu.

Mit freundlichen Grüßen

Damien [illegible]
SEO-/Content-Manager
https://www.[illegible]eist.de

Abbildung 11.10 Auf solche Angebote sollten Sie nur eingehen, wenn die Website hundertprozentig seriös ist, inhaltlich zu Ihrer Site passt und wenn sie nicht mehr als eine Handvoll Links auf der verlinkenden Seite hat. Die meisten solchen Mails sind unseriös, löschen Sie sie am besten sofort.

Es kann sogar nachteilig sein, wenn Google die verlinkende Seite negativ bewertet, etwa weil auf dieser zu viele Links zu allen möglichen Seiten gesetzt sind. Dann spricht man vom Effekt der »schlechten virtuellen Nachbarschaft« (*bad neighborhood effect*). Ihr Link auf eine solche schlecht bewertete Seite führt zu einem Abzug im Ranking Ihrer eigenen Seite.

11.3.3 Verzeichnisse

Es gibt einige Verzeichnisse, die Geschäfte, Dienstleister, Ärzte, Anwälte, Vereine usw. auflisten. Bei einigen von ihnen sind die Einträge kostenpflichtig. Wenn Sie sich überlegen, sich in ein solches Verzeichnis eintragen zu lassen, sollten Sie zunächst prüfen, ob es überhaupt jemanden in Ihrer Branche kennt. Wenn nicht, können Sie sich die Eintragung sparen. Denn dann verirrt sich auch nur selten ein potenzieller Kunde dorthin.

Auch bei kostenlosen Verzeichnissen sollten Sie selektiv vorgehen. Denn die Eintragung dort macht vor allem Arbeit. Damit Ihr Eintrag sinnvoll ist, müssen Sie einige Informationen über sich und Ihr Angebot angeben, eventuell Bilder einstellen, die Beschreibungen anpassen usw. Da die Suchmaschinen inzwischen so gut geworden sind, werden nur noch wenige sehr spezielle Verzeichnisse genutzt – *Jameda* für Ärzte zum Beispiel, *Yelp* für Cafés und Restaurants oder auch *TripAdvisor* für alles rund ums Reisen.

11.3.4 Facebook

Facebook hat über 30 Millionen Nutzer in Deutschland und ist damit das wichtigste soziale Netz. Die Nutzerzahlen steigen immer noch, auch wenn gerade Teenager andere soziale Netze bevorzugen. Facebook ist in erster Linie ein privates Netzwerk, aber auch viele Unternehmen sind hier zu finden.

Etwas verwirrend ist, dass Facebook so viele verschiedene Möglichkeiten bietet, Profile einzurichten. Etwas klarer wurde es dadurch, dass inzwischen einfach all das als *Seite* bezeichnet wird, was kein persönliches Profil ist. Auch wenn der Begriff »Seite« ziemlich irreführend ist – eigentlich richtet man auf Facebook eine Untersite mit mehreren Seiten ein.

Sie finden im Internet immer noch die alten Begriffe, deshalb seien sie hier kurz genannt:

- *Seite* (früher nur für Unternehmen gedacht, zeitweise auch *Like-Page* genannt)
- *Gemeinschaftsseite* (für Fans, die keine offizielle Verbindung mit der Person, dem Unternehmen oder der Gruppe haben)
- *Gruppe* (für beliebige Themen)

Heute heißt das alles *Seite*, und Sie müssen sich beim Erstellen zwischen folgenden Optionen entscheiden:

- Unternehmen oder Marke
- Gruppierung oder Person des öffentlichen Lebens

Seiten legen Sie bei Facebook hier an: *bnfr.de/ql1107*.

Wichtig ist, dass Sie immer nur eine einzige Seite anlegen (zusätzlich zu Ihrem privaten Profil). Zum einen verlangen das die Nutzungsbedingungen, zum anderen wird es für die Nutzer sonst verwirrend.

Denken Sie aber immer daran: Ein Engagement in sozialen Netzwerken ist nur sinnvoll, wenn Sie auch regelmäßig Zeit investieren. Nutzer erwarten Antworten auf ihre Fragen, die sie Ihnen dort stellen. Und sie erwarten regelmäßig neue Inhalte. Um ein Gefühl dafür zu bekommen, wie das funktioniert, sollten Sie sich ein paar Wochen lang ansehen, was andere Unternehmen so auf Facebook treiben, bevor Sie selbst aktiv werden. Orientieren Sie sich an den Großen in Ihrer Branche. Wertvolle Inspirationen finden Sie aber auch bei kleinen, innovativen Firmen oder bei Unternehmen aus ganz anderen Bereichen.

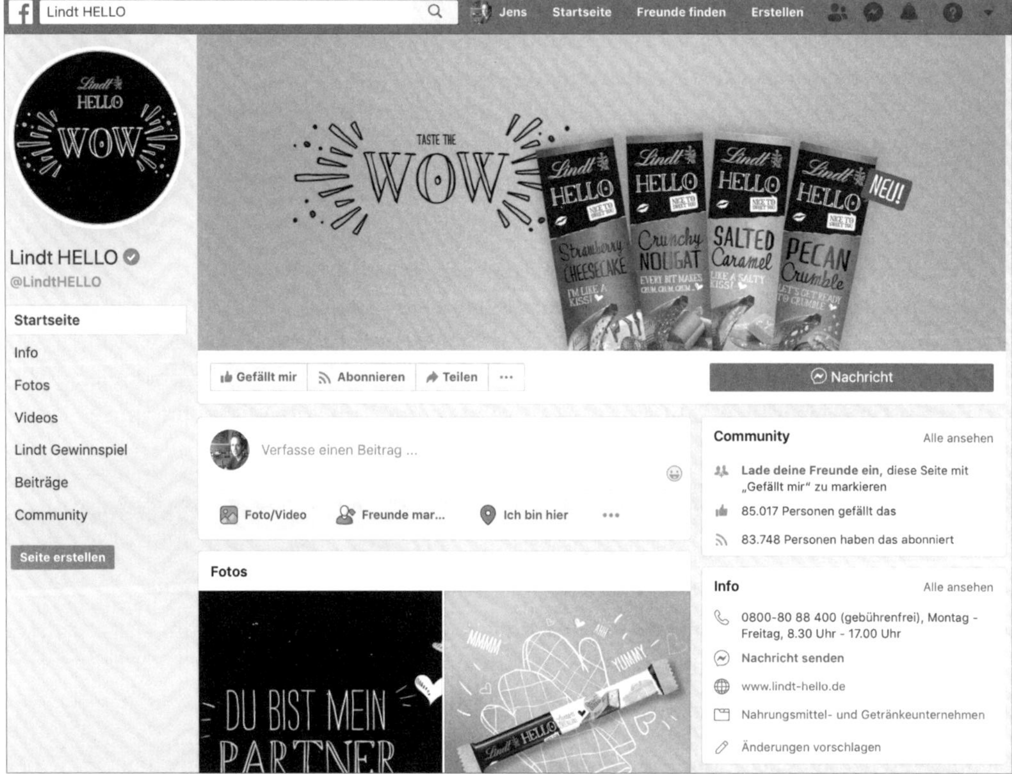

Abbildung 11.11 Die Facebook-Seite von »Lindt Hello«, einer Untermarke des bekannten Schokoladenherstellers, die vor allem jüngere Kunden ansprechen soll

Wenn Sie hier tiefer einsteigen wollen, empfehlen wir Ihnen das Buch *Follow me!* von Anne Grabs, Karim-Patrick Bannour und Elisabeth Vogl (Rheinwerk Verlag). Darin finden Sie auch Tipps zu Twitter.

11.3.5 Instagram

Das soziale Netzwerk *Instagram* gehört mittlerweile zu Facebook. Hier stehen Fotos im Vordergrund, die kurzen Texte dazu haben mehr die Rolle von Bildunterschriften. Die Nutzer sind deutlich jünger als bei Facebook, was für Sie interessant sein kann, wenn Sie eher jüngere Kunden haben. Hier gilt ebenfalls: Sehen Sie sich genau an, was andere posten – plumpe Werbung kommt auch hier nicht gut an.

Wenn Sie sich hier engagieren, müssen Sie auch etwas zu *zeigen* haben – schließlich geht es um Fotos. Diese sollten witzig, überraschend oder ästhetisch sein. Haben Sie nicht regelmäßig etwas zu bieten, dann engagieren Sie sich lieber bei einem anderen Dienst.

Abbildung 11.12 Was zeigt man auf Instagram, wenn man etwas Abstraktes wie Mobilfunkverträge verkauft? Schöne Fotos. So macht es jedenfalls Vodafone.

11.3.6 Twitter

Die Faszination des Microblogging-Diensts *Twitter* erschließt sich vielen noch schwerer als die von Facebook. Über Twitter tauschen Menschen Kurznachrichten aus, die nicht länger als 280 Zeichen sind. In der ersten Zeit waren das vor allem ganz alltägliche Nachrichten – oft sehr banale. Inzwischen twittern aber die meisten über Dinge, die interessant, neu und/oder wissenswert sind. Fast immer wird ein Link mit verschickt, unter dem noch weitere Informationen zu finden sind.

Twitter-Vokabeln

In Twitter abonniert man die Nachrichten von Menschen bzw. Unternehmen, die man interessant findet. Man spricht dann vom *Folgen* und gehört zu den *Followern* dieser Person oder dieses Unternehmens (siehe Abbildung 11.13).

Ein Beitrag auf Twitter heißt *Tweet*, und die Tätigkeit des Tweets-Schreibens nennt sich *Twittern*.

Abbildung 11.13 In Twitter laufen alle Nachrichten der Menschen, denen man »folgt«, der Reihe nach ein.

Für Unternehmen ist Twitter als Kanal interessant, wenn die Zielgruppe jung und technisch interessiert ist. Über Twitter können Sie Nachrichten aus Ihrem Unternehmen verbreiten – tun Sie das aber nur, wenn Sie davon ausgehen können, dass diese für Ihre Follower interessant sind. Ein Sonderangebot oder eine Rabattaktion kann dazugehören. Aber Vorsicht bei Werbung – wird sie als plump empfunden, sind Sie Ihre Follower schnell wieder los.

11.3.7 Zeitungen, Zeitschriften, Blogs

Um die Bekanntheit Ihrer Website zu steigern, können Sie auch Zeitschriften, Zeitungen und Blogs zu Ihrem Thema ansprechen – also praktisch darum bitten, *PR* für Sie zu machen. Schicken Sie den Journalisten bzw. Bloggern Probeexemplare zu, bieten Sie ihnen an, dass sie Sie besuchen können, oder schlagen Sie vor, dass sie ein Interview mit Ihnen führen.

Dabei muss Ihnen aber natürlich immer ein Aufhänger einfallen, warum es für die Leser des Mediums interessant ist, von Ihnen zu erfahren. Einem Blogger, der zum Beispiel über Haustiere schreibt, müssen Sie erst mal klarmachen, warum Sie als Friseur interessant für seine Leser sein sollten. Hinzu kommt: Die Links sind umso wertvoller, je besser das Thema der verlinkenden Site zu Ihrer passt. Und je regionaler ein Medium ist, desto wahrscheinlicher passt es.

11.3.8 Kommentare in Blogs und Foren

Auch Blogs und Internetforen können Sie für Ihr Marketing nutzen. Plumpe Werbung bleibt allerdings entweder im Spam-Filter hängen, wird vom Administrator gelöscht oder wirft ein schlechtes Licht auf Sie (siehe Abbildung 11.14). Wenn Sie aber hilfreiche Kommentare abgeben, ist es in Ordnung, wenn Sie dabei auf Ihre Website hinweisen. Allerdings sollte die URL nur im Fußteil Ihres Kommentars stehen bzw. im dafür vorgesehenen Feld des Blogs. Einzige Ausnahme: Sie haben tatsächlich auf Ihrer Site etwas stehen, das ganz konkret hilft, eine der gestellten Fragen zu beantworten.

Treten Sie immer als Sie selbst auf, nicht als Ihre Firma – denn im sozialen Netz geht es um die Kommunikation zwischen Menschen.

Für die Platzierung in Suchmaschinen bringen Kommentare in Blogs und Foren aber selten etwas. Google & Co. ignorieren sie meistens, weil sie oft für Spam genutzt wurden.

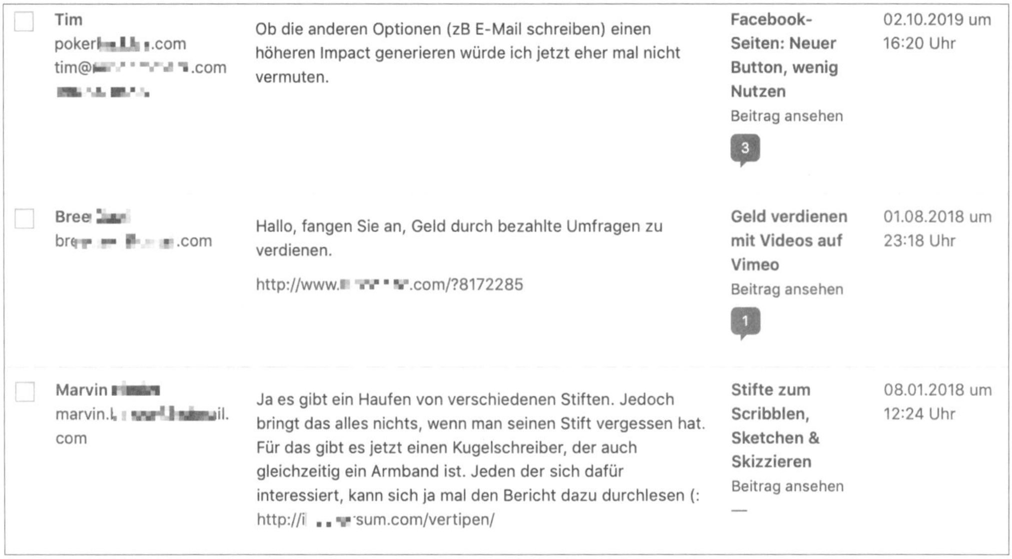

Tim poker[illegible].com tim@[illegible].com	Ob die anderen Optionen (zB E-Mail schreiben) einen höheren Impact generieren würde ich jetzt eher mal nicht vermuten.	**Facebook-Seiten: Neuer Button, wenig Nutzen** Beitrag ansehen 3	02.10.2019 um 16:20 Uhr
Bree [illegible] bre[illegible].com	Hallo, fangen Sie an, Geld durch bezahlte Umfragen zu verdienen. http://www.[illegible].com/?8172285	**Geld verdienen mit Videos auf Vimeo** Beitrag ansehen 1	01.08.2018 um 23:18 Uhr
Marvin [illegible] marvin.[illegible]il.com	Ja es gibt ein Haufen von verschiedenen Stiften. Jedoch bringt das alles nichts, wenn man seinen Stift vergessen hat. Für das gibt es jetzt einen Kugelschreiber, der auch gleichzeitig ein Armband ist. Jeden der sich dafür interessiert, kann sich ja mal den Bericht dazu durchlesen (: http://i[illegible]sum.com/vertipen/	**Stifte zum Scribblen, Sketchen & Skizzieren** Beitrag ansehen —	08.01.2018 um 12:24 Uhr

Abbildung 11.14 Solche sinnlosen Kommentare landen automatisch im Spam-Filter der meisten Blogsysteme. Das erleichtert es den Betreibern, Spam auszusortieren.

11.3.9 XING und LinkedIn

Auf dem Geschäftsnetzwerk *XING* und auch bei *LinkedIn* können Sie nicht nur ein persönliches Profil anlegen, sondern auch eines für Ihr Unternehmen (auch wenn dies nur aus Ihnen selbst besteht). Das geht schon mit der kostenlosen Mitgliedschaft.

So, wie es bei Facebook »Gemeinschaft«-*Seiten* zu jedem beliebigen Thema gibt, so gibt es in *XING* und bei *LinkedIn* sogenannte *Gruppen* (siehe Abbildung 11.15). Darin diskutieren die Mitglieder mehr oder weniger ernsthaft, stellen Fragen und geben Antworten. Die Geschäftsnetzwerke sind ganz auf Job und Karriere ausgerichtet, und dementsprechend geht es hier fast immer um Fachthemen. Bei Facebook wird dagegen mehr über Fernsehen, Prominente und Hobbys gesprochen.

Beteiligen Sie sich in Gruppen, ähnlich wie in Foren oder Blogs, an Diskussionen und machen Sie durch hilfreiche Kommentare auf sich aufmerksam. Wenn Sie das längerfristig durchhalten, locken Sie damit auch Nutzer auf Ihre Site.

Sie können auch selbst eine Gruppe gründen. Wenn Sie das tun, müssen Sie aber am besten jeden Tag ein paar Minuten dafür aufwenden und sehen, was dort so vor sich geht. Soll das als Marketingmaßnahme dienen, müssen Sie recht viel Aufwand für eine relativ kleine Wirkung betreiben. Vor allem müssen Sie einen sehr langen Atem haben – man etabliert sich nicht innerhalb von ein paar Monaten als Experte für ein Fachgebiet. Und außerdem lebt eine Gruppe natürlich von ihren Mitgliedern: Es ist gar nicht so einfach, genügend zu finden, die sich auch aktiv einbringen.

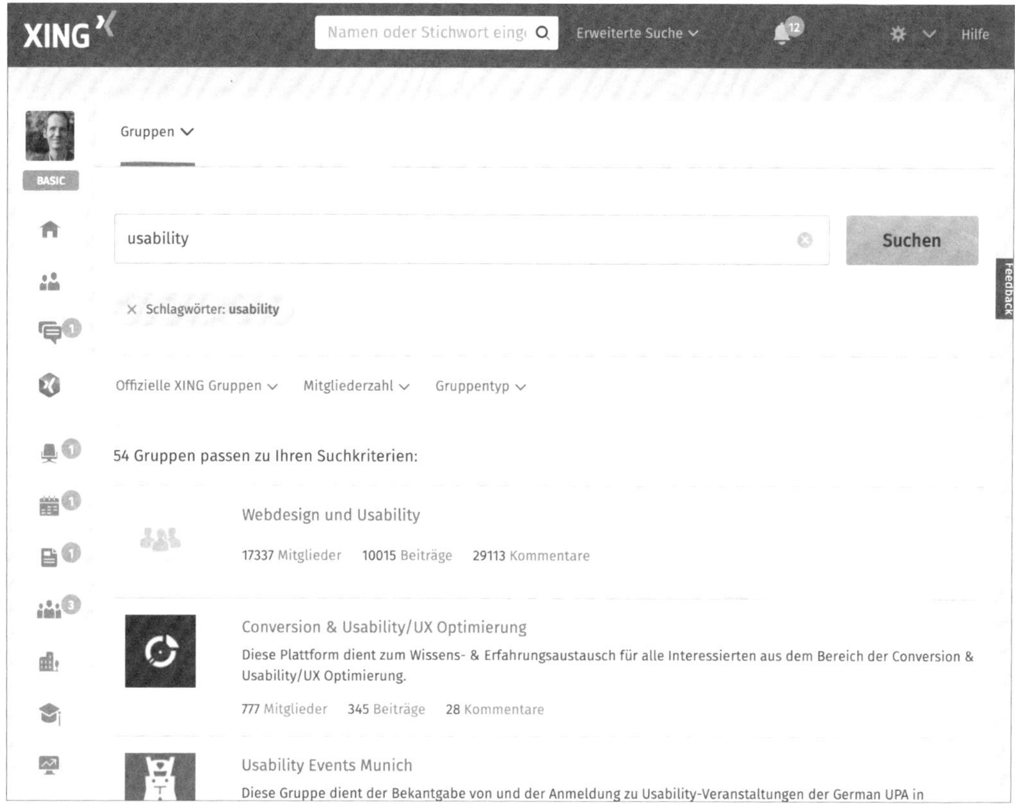

Abbildung 11.15 Auf XING finden Sie Diskussionsgruppen zu vielen geschäftlichen Themen.

Auf XING müssen Sie einen Antrag stellen, wenn Sie eine Gruppe anlegen wollen. Auf LinkedIn und Facebook hingegen können Sie zu jedem Thema ohne vorherige Genehmigung Gruppen anlegen.

11.3.10 Podcasts

Podcasts sind regelmäßig erscheinende Audio- oder Videoinhalte, die man mit einem Programm wie iTunes abonnieren und anhören bzw. ansehen kann (siehe Abbildung 11.16).

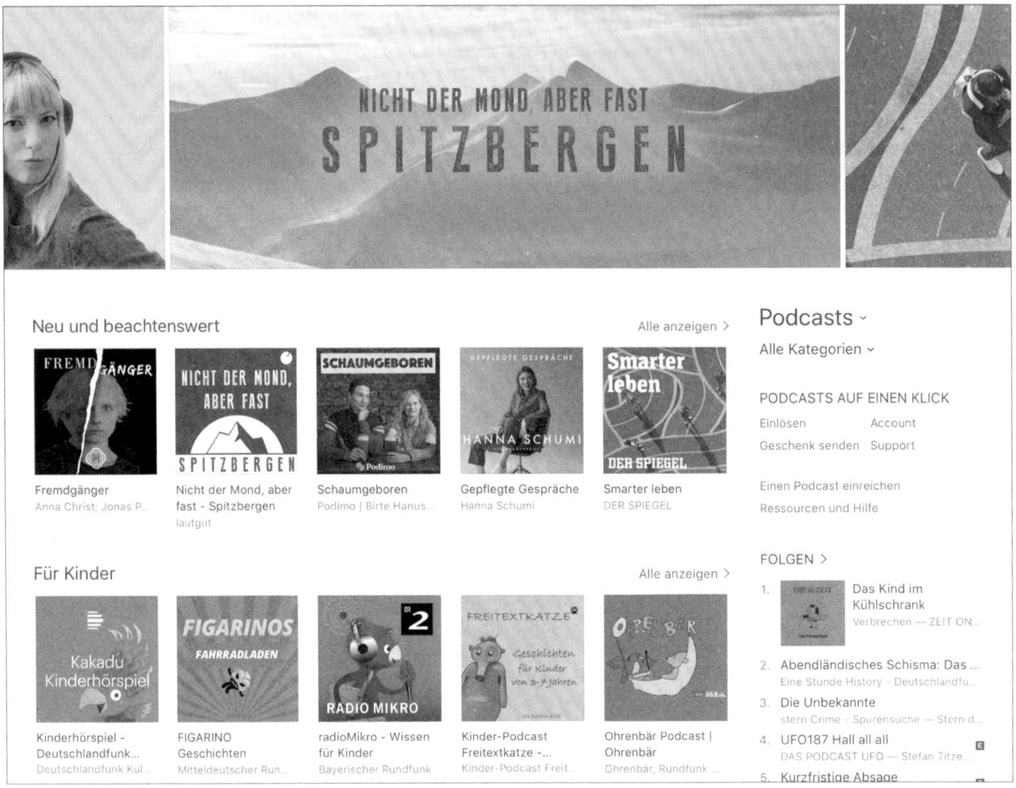

Abbildung 11.16 Das Angebot an Podcasts bei iTunes ist überwältigend – zu fast jedem Spezialthema gibt es Dutzende von kostenlosen Podcasts.

Mit geringem technischem Aufwand (ein gutes Mikrofon und für Video-Podcasts zusätzlich eine mittelmäßige Kamera und ein kleines Beleuchtungsset genügen) erstellen Sie Audio- oder Videodateien, die Sie auf Podcast-Portalen kostenlos anbieten können. Nutzer, die Ihren Podcast abonnieren, werden damit zu regelmäßigen Empfängern Ihrer Inhalte.

Podcasts sind für Sie eine gute Möglichkeit, regelmäßig in Kontakt mit Menschen zu kommen, die sich für Ihr Thema interessieren. Der wichtigste Punkt ist, dass das, was Sie zu sagen haben, tatsächlich auch einen Nutzen für die Hörer bzw. Zuschauer bringt. Wenn nicht, können Sie sich die Mühe sparen.

Hören und sehen Sie sich an, was andere aus Ihrem Themengebiet anbieten, um ein Gefühl dafür zu bekommen, ob Podcasting für Sie das Richtige sein könnte. Wenn ja, empfehlen wir Ihnen die Bücher *So You Want to Start a Podcast* von Kristen Meinzer (Verlag William Morrow, nur auf Englisch erhältlich) und *Podcasting!* von Larissa Vassilian (Rheinwerk Verlag).

11.3.11 Google My Business

Bei *Google My Business* (früher Google Places genannt) können Sie Ihr Unternehmen kostenlos eintragen lassen, was Sie in jedem Fall sofort machen sollten, weil es schnell geht und keine Nachteile hat. Rufen Sie dazu die URL *bnfr.de/ql1108* auf.

So stellen Sie sicher, dass Sie bei *Google Maps* auftauchen (siehe Abbildung 11.17). Haben Sie ein Geschäft, eine Praxis oder eine Kanzlei, können Sie noch mehr angeben, zum Beispiel Ihre Öffnungszeiten oder welche Zahlungsmittel Sie akzeptieren.

Abbildung 11.17 Wer bei Google Maps ein Suchwort eingibt, bekommt alle Firmen in der Nähe angezeigt, die sich registriert haben.

11.3.12 Wikipedia

Die Inhalte der kostenlose Enzyklopädie *Wikipedia* werden von Freiwilligen erstellt. Die Artikel darin sollen für alle relevant und neutral sein – beides Anforderungen, die Sie selbst als Autor für einen Artikel über Ihr Unternehmen disqualifizieren. Überlassen Sie es anderen, das zu entscheiden. In fast allen Fällen wird Ihr Unternehmen als nicht relevant beurteilt, und ein Eintrag von Ihnen würde ganz schnell wieder gelöscht.

Relevant oder nicht?

Ab 1.000 Mitarbeitern oder 100 Millionen Euro Jahresumsatz gelten Unternehmen als »relevant« für die deutsche Wikipedia. Bei Vereinen gilt, dass sie »überregional bedeutsam« sein müssen.

Nur wenn Sie feststellen, dass jemand anderes einen Eintrag für Sie angelegt hat, können Sie dort Fehler korrigieren. Werbung und PR haben in den Einträgen nichts zu suchen. Denken Sie daran, dass alle Änderungen aufgezeichnet werden, inklusive der IP-Adresse bzw. des Benutzernamens desjenigen, der die Änderung durchführt. Eindeutige Korrekturen von sachlichen Fehlern wie Ihrem Namen sind okay, aber ändern Sie keinesfalls Kritik oder Wertungen, auch wenn Sie sich darüber ärgern. Sie wollen nicht in der Liste derer auftauchen, die dabei erwischt wurden, Wikipedia-Artikel über sich selbst zu schönen.

11.3.13 PR-Portale

Eigentlich sind Pressemitteilungen Texte, die nach einem festen Schema geschrieben sind und von Firmen an Zeitungen, Zeitschriften, Fernseh- und Radiosender verschickt werden, damit diese darüber berichten.

Dank des Internets müssen Sie Ihre Meldungen nicht mehr direkt zu den vielen verschiedenen Redaktionen schicken, sondern Sie können eine ganze Reihe von PR-Portalen dazu nutzen. Die Portale werden auch von den Suchmaschinen indiziert, insofern kann es schon deshalb sinnvoll sein, diese Portale mit Informationen zu bestücken.

Allerdings müssen Sie tatsächlich etwas *Neues* und *Relevantes* zu melden haben. Einfach nur ein Werbetext oder eine Beschreibung Ihres Unternehmens genügt nicht – die meisten Portale schalten Ihre Meldung erst frei, nachdem eine Redaktion sie angesehen hat. Und um Journalisten zum Berichten zu bringen, brauchen Sie schon eine spannende Geschichte. Lesen Sie sich ein paar Pressemeldungen durch, und sehen Sie sich die jeweiligen Vorgaben der Portale an.

Wenn Sie aber etwas haben, das für ein spezielles Medium von Interesse ist, sollten Sie diesem zusätzlich die Pressemeldung auch direkt schicken – zum Beispiel an die Redaktion der Lokalzeitung bei Ihnen vor Ort. Denn zu den Presseportalen müssen die Journalisten selbst gehen, und wenn sie das nicht tun, erfahren sie nichts von Ihrer schönen Geschichte.

Unsere Tipps für kostenlose Portale finden Sie unter *bnfr.de/ql1110*.

11.4 Fazit

Die Möglichkeiten für Marketing im Internet sind riesig – und es werden ständig mehr. Dabei ist es aber relativ leicht, sich einen Überblick zu verschaffen: Sehen Sie sich einfach die Marketingkanäle und -formen an, die Sie persönlich ansprechen, und schreiben Sie das auf einen Zettel. Überlegen Sie sich, mit welchen beiden Methoden von Ihrer Liste Sie am ehesten die Personen ansprechen, die zu Ihrer Zielgruppe gehören.

Verfolgen Sie dann ein paar Wochen lang, was andere so auf diesem Gebiet treiben, und starten Sie danach selbst eine kleine Kampagne. Nach ein, zwei Monaten analysieren Sie, ob Ihre Bemühungen den gewünschten Erfolg gebracht haben. Wenn nicht, probieren Sie etwas anderes.

So finden Sie im Laufe der Zeit die Methoden heraus, die für Ihren speziellen Fall am besten funktionieren.

Kapitel 12

Mit der eigenen Website Geld verdienen

Marketing und (Suchmaschinen-)Optimierung zahlen sich in barer Münze aus: Mit Ihrer Website lässt sich Geld verdienen.

Sie haben eine kleine Website nach allen Regeln der Kunst erstellt – sei es für ein Unternehmen, ein Hobby oder einen Verein. Die Site funktioniert gut, bei Benutzerfreundlichkeit und Suchmaschinenoptimierung haben Sie an jedes Detail gedacht, und die Marketingaktionen sind angelaufen.

Bisher hat Sie das alles nur Arbeit gekostet, und die Site selbst hat finanziell nichts eingebracht. Das muss aber nicht so bleiben. Gerade wenn Sie den Auftritt eines Vereins betreuen oder wenn Sie einen kleinen Laden haben, ist es nicht schlecht, wenn auch die Website selbst ein bisschen Geld in die Kasse spült – und nicht nur Arbeit und Hosting-Kosten verursacht.

Mit einer Website haben Sie eine ganze Bandbreite von Möglichkeiten, Geld zu verdienen. Egal ob Sie von treuen Lesern Spenden erhalten, Seminarbuchungen mit Bezahlsystemen abwickeln oder aus Italien importierten Grappa verkaufen wollen: Die im Hintergrund laufende Technik nehmen Ihnen Dienstleister ab, und die Einbindung ist nicht schwer.

In diesem Kapitel stellen wir Ihnen die verschiedenen Möglichkeiten vor und zeigen an einem Beispiel, wie Sie einen richtigen *Webshop* einrichten. Der ist für Ihre Kunden praktisch genauso komfortabel wie Amazon & Co., und Sie müssen dank der Dienstleister nicht einmal den Zahlungsverkehr abwickeln.

12.1 Welche Möglichkeiten gibt es?

Für die meisten Projekte bieten sich folgende Möglichkeiten zum Geldverdienen an:

- Sie verkaufen Waren in externen Webshops.
- Sie verkaufen Waren, digitale Inhalte oder Dienstleistungen direkt auf Ihrer eigenen Website.
- Sie bitten um Spenden ohne direkte Gegenleistung.

Bei externen Webshops läuft der Bezahlvorgang immer über den Shopanbieter. Wenn Sie stattdessen über die eigene Website verkaufen, können Sie prinzipiell die Zahlung selbst entgegennehmen, aber das hat Nachteile: Vorüberweisung ist den meisten Kunden zu unsicher, vor allem wenn Sie relativ unbekannt sind. Und das Lastschriftverfahren ist für kleine Firmen und Selbstständige meist zu aufwendig. Wickeln Sie die Zahlung stattdessen (natürlich gegen Gebühr) über Dienste wie PayPal ab, können Sie sich auf das Pflegen und Verbessern Ihrer Website konzentrieren.

12.1.1 Verkaufen über einen externen Webshop

Das Nutzererlebnis in einem Webshop kennen Sie: Sie stöbern etwa bei *Amazon* oder *Otto.de* in den Produktkategorien, schauen sich Digitalkameras an, Lego-Spielzeug oder Sonnenbrillen.

Abbildung 12.1 Im externen Webshop schauen sich Ihre Kunden Produkte an, legen sie in den Warenkorb und bestellen.

Wenn Ihnen etwas gefällt, sehen Sie sich die Produktinformationen genauer an. Wie viele Seiten hat dieses Buch, in welchen Größen ist diese Jacke lieferbar? Wenn Sie überzeugt sind, legen Sie Ihre Auswahl in den virtuellen Warenkorb und bezahlen.

Solche Webshops gehören bei der Umsetzung zu den technisch komplexesten Websites. Sie erfordern vor allem sehr viel Skriptprogrammierung – den Hauptteil macht das sogenannte Backend aus, also der Teil, der im Hintergrund die Kundendaten entgegennimmt und speichert, den Lagerbestand verwaltet und die Zahlungen organisiert. Glücklicherweise gibt es vorgefertigte Lösungen, die für Sie fast so einfach zu bedienen sind wie etwa das Blogsystem aus Kapitel 3, »Ein besserer Webauftritt in drei Stunden«: Sie legen ein Benutzerkonto bei dem Dienst an, wählen ein Layout aus und befüllen den Webshop mit Inhalt – mit Seiten und Produkten. Das Schöne dabei ist: Indem Sie das Layout an das Aussehen Ihrer bereits vorhandenen Website anpassen, wirkt der Shop wie ein weiterer Bereich Ihrer Site, auch wenn er bei einem Dienstleister gehostet ist.

Einige Beispiele für solche Shopsysteme sind:

- **Rakuten** (*bnfr.de/ql1202*)
  Rakuten (früher *Tradoria*) ist nicht nur Anbieter eines Shopsystems, sondern hat auch eine Website, die alle Shops bündelt – die Nutzer können in allen Angeboten gleichzeitig stöbern.
- **WixStores** (*bnfr.de/ql1203*)
  Neben Website-Baukästen bietet *Wix* auch ein Shopsystem mit vielen Gestaltungsvorlagen.
- **Shopify** (*bnfr.de/ql1204*)
  Auch bei *Shopify* richten Sie Ihren Shop mit Vorlagen ein, legen Produkte an und überlassen die Abwicklung dem Dienstleister.
- **Spreadshirt** (*bnfr.de/ql1205*)
  Hier können Sie Gegenstände wie T-Shirts, Pullover oder Tassen selbst gestalten und verkaufen. Sie kümmern sich nur um die Gestaltung – die Herstellung und den Versand der Waren übernimmt der Dienst.

12.1.2 Verkaufen auf der eigenen Website

Wenn Sie nur eine Handvoll Produkte verkaufen oder digitale Güter anbieten, die der Kunde nur herunterladen muss, brauchen Sie nicht die leistungsfähige Technik eines Webshops. Für solche Fälle reicht es, wenn Sie eine zuverlässige Lösung für die Kaufabwicklung aussuchen.

Dafür richten Sie ein Konto beim Dienstleister ein, konfigurieren dort Bezahl-Buttons für jedes Ihrer Produkte, und binden die Buttons dann auf der passenden Seite Ihrer Website ein.

Abbildung 12.2 Binden Sie einfach den Button des Bezahldiensts auf Ihrer Website ein. Wenn ein Nutzer darauf klickt, wird er zur Anmeldung beim Bezahldienst weitergeleitet.

Einige bekannte Dienste sind:

- **PayPal** (*bnfr.de/ql1206*)
  PayPal ist eine weitverbreitete Bezahlmöglichkeit im Internet. Wenn ein Nutzer auf den Bezahl-Button auf Ihrer Website klickt, öffnet sich automatisch ein neues Browserfenster, in das er seine PayPal-Zugangsdaten eingibt und so die Zahlung bestätigt. Er kann das Geld entweder direkt von seinem Bankkonto oder seiner Kreditkarte abbuchen lassen, oder er hat vorab Guthaben bei PayPal eingezahlt, das für die Transaktion verwendet wird. PayPal leitet den Umsatz dann an Sie weiter.

  Für Käufer ist PayPal kostenlos, für Sie als Händler fallen je nach monatlichem Gesamtumsatz eine Gebühr von einigen Prozent des Warenwerts an sowie ein Sockelbetrag je Transaktion (aktuell weniger als 0,50 Euro bei Bezahlungen innerhalb Deutschlands).
- **SendOwl** (*bnfr.de/ql1207*)
  SendOwl ist vor allem für digitale Inhalte praktisch: Sie erstellen Texte, Bilder oder andere eigene Werke und verkaufen diese an die Besucher Ihrer Website. Auch hier startet für den Benutzer der Kaufprozess, wenn er auf den Button auf Ihrer Website klickt. Die weiteren Schritte im Prozess übernimmt SendOwl für Sie und schickt dem Benutzer nach bestätigter Transaktion einen Link, mit dem er Ihr Werk herunterladen kann. Dafür stellt Ihnen SendOwl einen monatlichen Festbetrag in Rechnung.

  Da SendOwl kein eigener Bezahldienst ist, können Sie hier selbst wählen, ob die Zahlungsabwicklung über PayPal oder über einen anderen Anbieter läuft. Sie benötigen also in dem Fall nicht nur ein Konto bei SendOwl, sondern müssen sich zusätzlich PayPal oder einem anderen Bezahldienst registrieren.

12.1.3 Spenden ohne direkte Gegenleistung

Wenn Sie beispielsweise für einen gemeinnützigen Verein zu Spenden aufrufen, dann geben Sie ganz klassisch eine Bankverbindung mit Kontonummer an. Dabei gibt es ein paar Dinge zu beachten: Erstens sollten Sie den Nutzern das Spenden so einfach wie möglich machen. Also positionieren Sie die Informationen prominent auf der Site und sorgen dafür, dass alle Angaben gut lesbar und natürlich vollständig sind. Weisen Sie die Nutzer darauf hin, dass Sie eine Spendenquittung ausstellen und dass Spenden bis zu einem bestimmten Betrag auch ohne Quittung steuerlich geltend gemacht werden können.

Eine Alternative zur klassischen Spende ist *Flattr* (*bnfr.de/ql1208*). Damit geben Sie Ihren Nutzern und Fans die Möglichkeit, Sie regelmäßig mit selbst gewählten Beträgen zu unterstützen (siehe Abbildung 12.3).

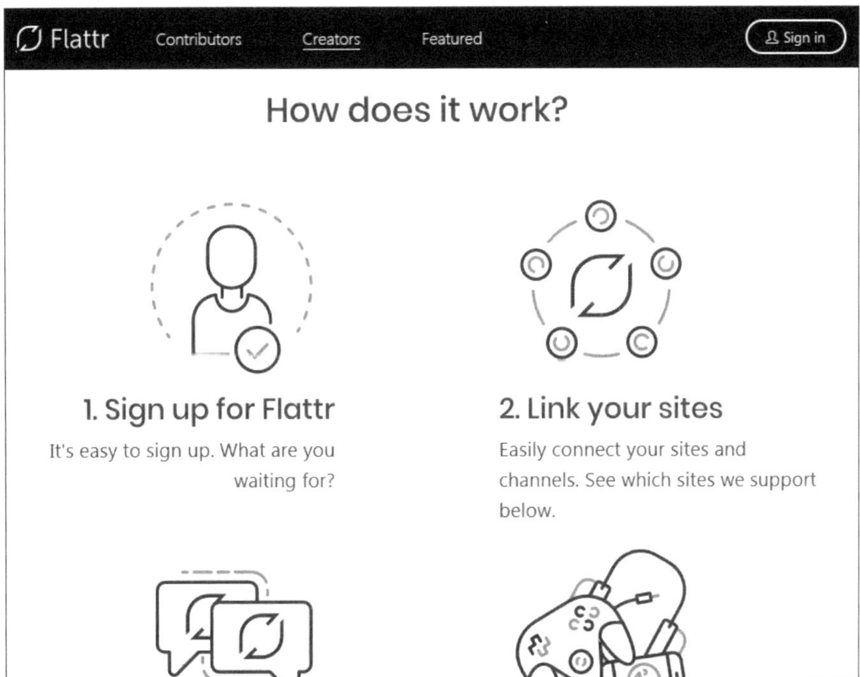

Abbildung 12.3 Mit »Flattr« schaffen Sie die Möglichkeit, für Ihre Werke bezahlt zu werden – zwingen aber niemanden dazu.

Ein Autor eines bekannten Blogs zum Beispiel steckt jeden Tag ein paar Stunden Arbeit in seine Site, schreibt Artikel und moderiert Kommentare. Er stellt die Inhalte kostenlos bereit, will aber Lesern, die seine Arbeit honorieren wollen, zumindest die Möglichkeit einer Spende anbieten. In einer ähnlichen Situation ist ein Künstler, der auf seiner Website seine Bilder oder Plakate, seine Videos oder Musikstücke kostenlos zur Verfügung stellt. Auch er will denen, die ihm für seine Werke Geld geben wollen, einen Weg bieten, das zu tun.

Jeder Nutzer von Flattr wählt dabei ein monatliches Budget, das an alle Anbieter und Künstler verteilt wird, die er unterstützen will. Sie können mit Flattr also nicht kalkulieren, wie viel Sie monatlich verdienen, aber für so etwas ist der Dienst auch nicht gedacht.

Sie wiederum bauen lediglich ein bestimmtes `meta`-Element in Ihre HTML-Seiten ein, und schon können Flattr-Nutzer Sie in die Liste der von ihnen unterstützten Anbieter aufnehmen.

Flattr bekommt für seine Dienste rund 10 % der Einnahmen, die Sie mit der Plattform erzielen. Die Auszahlung kostet zusätzlich eine Gebühr.

12.2 Ein Beispielwebshop – Aro Argentinos Fanshop

Wenn Sie einen (Bezahl-)Dienst wie PayPal oder Flattr nutzen, ist die Einrichtung relativ einfach. Sie registrieren ein Nutzerkonto, nehmen Einstellungen vor und binden die für den Bestellvorgang notwendigen Buttons per HTML in Ihre Seiten ein.

Die Einrichtung eines Webshops ist aufwendiger, weil Sie nach der Registrierung das Aussehen des Shops anpassen, Produkte anlegen und viele zusätzliche Einstellungen (z. B. zum Versand) vornehmen müssen. Und dann sollten Sie auf Ihrer eigentlichen Website einen Link zu dem Shop einbauen, den Sie beim Dienstleister hosten lassen.

Deshalb erklären wir Ihnen jetzt anhand eines Beispiels, wie Sie einen solchen Webshop grundsätzlich aufbauen. Die Nutzeroberflächen der verschiedenen Anbieter unterscheiden und verändern sich zwar, aber wenn Sie die prinzipielle Vorgehensweise kennen, finden Sie sich dort auch in Zukunft schnell zurecht.

12.2.1 Die Situation

In Kapitel 3, »Ein besserer Webauftritt in drei Stunden«, haben wir für die fiktive Tanzschule Aro Argentino eine Website erstellt. Nehmen wir an, diese Schule organisiert immer wieder kleine Wettbewerbe und präsentiert Vorführungen professioneller Tanzgruppen. Diese Veranstaltungen werden auch gefilmt, und die Videos kommen immer sehr gut an. Also liegt die Idee nahe, die Filme auf DVD zu verkaufen. Es sind bereits einige Filme produziert, und da fast jeden Monat ein größeres Event ansteht, das gefilmt wird, werden es bald über ein Dutzend DVDs sein. Damit die Nutzer der Site im Angebot stöbern können und weil die Inhaber der Tanzschule bereits jetzt die technische Grundlage für einen richtigen Fanshop mit wachsendem Produktangebot (T-Shirts, Tanzschuhe, Tango-CDs, ...) legen wollen, heißt es also: Ein Webshop muss her.

12.2.2 Die Lösung

Es gibt mehrere Anbieter, bei denen ein solcher Webshop zu den unterschiedlichsten Themen eingerichtet werden kann – egal ob Sie Tierzubehör, Produkte für das Gedächtnistraining oder Kosmetikartikel anbieten wollen. Mit der Oberfläche sollten Sie sich schnell zurechtfinden, und für Fragen bieten die Dienste Unterstützung per E-Mail und Telefon an.

Für die Tanzschule ist es ein großer Vorteil, wenn der Dienst die komplette Zahlungsabwicklung übernimmt: Bei ihr geht nur die Bestellnachricht ein, dann verschickt sie die Produkte an die angegebene Adresse. Der Dienst kümmert sich darum, dass die Kunden auch zahlen. Dafür und für die Plattform verlangen die Anbieter meistens einen monatlichen Festbetrag sowie je nach Gesamtumsatz einen Anteil am Bestellwert. Die Tanzschule spart sich dafür den Mehraufwand in der Buchhaltung und etwaige Inkassostreitigkeiten – vor allem aber den Stress, die Zahlungsabwicklung mit den Banken zu erledigen.

12.2.3 Die Umsetzung

Wie beim Erstellen einer Website mit einem Baukasten beginnt auch das Erstellen des Shops mit der Registrierung beim Anbieter. Im Unterschied zur Einrichtung der Site schließen Sie hier aber einen Vertrag ab, denn der Dienst kostet Geld.

Damit die Investition sich lohnt, müssen Sie also pro Monat so viel verkaufen, dass Sie nach Abzug der Festgebühren und der Anteile am Umsatz noch Gewinn machen – je nach Anbieter und je nach Gewinnspanne Ihrer Produkte brauchen Sie dafür unterschiedlich viel Umsatz. Die Tanzschule würde diesen Gewinn schon mit vier verkauften DVDs pro Monat schaffen. Das bisherige Interesse liegt höher, sodass der Schritt für die Schule sinnvoll ist.

Test- und Demofunktion nutzen, günstigen Zeitpunkt abwarten

Viele Dienste bieten kostenlose Testzeiträume oder eine Shopdemo an: Bei Letzterem zeigt Ihnen ein Mitarbeiter online im Browser die Shopoberfläche und beantwortet Fragen dazu, wie Sie die Plattform für Ihre Zwecke anpassen. So bekommen Sie einen guten Einblick, bevor Sie sich für oder gegen den Vertragsabschluss entscheiden.

Auch gibt es immer wieder Gutscheine und Rabattaktionen, mit denen sich die monatlichen Kosten reduzieren. Wenn Sie nicht sofort loslegen müssen, können Sie mit dem Vertragsabschluss auf einen günstigen Zeitpunkt warten.

Nach der Registrierung kann je nach Art des Shops oder bei gewerblicher Nutzung noch eine weitere Prüfung Ihrer Identität folgen. Wenn Sie selbstständig sind, müssen Sie z. B. Ihre Umsatzsteuernummer angeben. Im Regelfall kontaktiert der Anbieter Sie aber zu diesen Details, weil auch er daran interessiert ist, dass Sie schnell loslegen können.

Auf Nummer sicher gehen

In Deutschland sind Sie grundsätzlich zur Anmeldung eines Gewerbes verpflichtet, wenn Sie einer selbstständigen Tätigkeit nachgehen. Davon ausgenommen sind die sogenannten freien Berufe, etwa Künstler, Rechtsanwälte oder Journalisten.

Wenn Sie sich nicht sicher sind, wie Ihr rechtlicher Status ist, fragen Sie Ihr Finanzamt oder einen Steuerberater, bevor Sie im Internet etwas verkaufen.

Sobald die rechtlichen Details geklärt sind, können Sie sich an das Design machen. Wählen Sie eine Layoutvorlage aus und passen Sie diese so an, dass der Shop von der Gestaltung her so aussieht wie Ihre Website. Dazu gehören vor allem Farben und Schriftart.

Neben der Anpassung der Farben an das Farbschema Ihrer Website empfiehlt es sich, Ihr Firmenlogo als Hintergrundgrafik für den Kopfbereich der Shopseiten zu benutzen. Eine völlig identische Gestaltung von Shop und Site werden Sie vielleicht nicht erreichen, aber die Gestaltungsoptionen reichen auf jeden Fall so weit aus, dass die Nutzer den Shop als Teil Ihres Webauftritts erkennen.

Vorsicht bei Veränderungen am HTML

Manche Anbieter bieten die Funktion an, zusätzlich zu den Gestaltungsoptionen direkt das HTML der Shopseiten zu verändern. Hier ist aber Vorsicht geboten, denn teilweise gelten bei verändertem HTML nicht mehr alle Gewährleistungen wie die Haftung für Ihre Umsätze. Denn nur bei unverändertem HTML kann der Dienstleister automatisch alle gesetzlichen Vorgaben an Webshops auf den Seiten umsetzen, sodass Sie sich nicht darum kümmern müssen.

Als Nächstes passen Sie Navigation und Sitestruktur an Ihre Vorlieben an. Sie können zahllose Parameter Ihren Wünschen entsprechend anpassen: von der Anzahl der Kategorien bis zur Anzahl der Produkte, die gleichzeitig auf einer Seite angezeigt werden sollen. Schauen Sie sich nach Änderungen die Shopseite zwischendurch im Vorschaumodus an und überlegen Sie, ob Ihre Kunden damit zufrieden wären. Für den Anfang ist es oft besser, den Shop nicht mit zu vielen Elementen zu überladen.

Wichtige Seiten – wie Impressum, Datenschutzerklärung, AGB, Versandbedingungen oder der Kontakt zum Anbieter – sind in den Seitenvorlagen der Dienste oft schon enthalten. Diese müssen Sie also nicht selbst erstellen.

Nach der Shopoberfläche müssen Sie den Kaufvorgang anpassen. Welche Versandoptionen wollen Sie anbieten? Sie können etwa für den Versand nach Österreich andere Versandkosten einstellen als für den Versand innerhalb Deutschlands. Und ab welchem Warenwert sollen die Versandkosten entfallen?

Welche Zahlungsweise Sie akzeptieren, also etwa per Vorkasse oder Kreditkarte, darüber müssen Sie sich nur bei Anbietern Gedanken machen, die Ihnen das nicht abnehmen.

Dann geht es an die Produkte. Jedes bekommt einen Namen, unter dem es gefunden werden kann, ein Bild, eine Beschreibung mit allen relevanten Informationen für den Kunden, eine oder mehrere Kategorien, unter denen das Produkt im Shop gelistet wird, und natürlich einen Preis. Eventuell müssen Sie das Produkt noch manuell auf IM SHOP ANZEIGEN stellen.

Nehmen Sie sich etwas Zeit, um sich mit den vielen Optionen für die Produkteinstellung vertraut zu machen. Je mehr Produkte Ihr Shop bietet, umso wichtiger ist es, dass diese mithilfe von Kategorien usw. übersichtlich angeordnet sind. Wenn Ihre Besucher den Überblick verlieren, kaufen sie nichts.

Die Anbieter der Shopsysteme bieten Ihnen nicht nur die Technik, sondern meist auch einen Support. Wenn Sie etwa das Design noch weiter ändern wollen und nicht wissen, wie Sie das tun, oder wenn Ihre Kunden von Problemen mit der Seite berichten, können Sie immer probieren, ob der Anbieter Ihnen weiterhelfen kann. Dieser hat ein Interesse daran, dass Sie mit Ihrem Shop zufrieden sind und dass dieser erfolgreich ist – schließlich verdient der Anbieter an Ihrem Umsatz mit.

Zum Schluss setzen Sie den Status des Shops auf aktiv. Der fertige Webshop für die Tanzschule Aro Argentino sieht jetzt so aus wie in Abbildung 12.4.

Das Design entspricht nun grundsätzlich dem Design des Blogs, und die Betreiber der Tanzschule können jetzt damit beginnen, weitere Produkte einzustellen.

Nach der Live-Schaltung ist der Shop über Suchmaschinen und bei entsprechenden Anbietern auch über das Shop-Portal des Diensts erreichbar. Ihre Hauptquelle für Kunden ist aber natürlich die eigene Website, deshalb müssen Sie dort jetzt noch einen gut sichtbaren Link zum Shop einbauen, etwa als eigenen Eintrag im Navigationsmenü oder als optisch hervorgehobenen Link direkt auf der Startseite.

Abbildung 12.4 Der neu eingerichtete Webshop in der Vorschauansicht. Je mehr Zeit Sie sich für die Anpassung nehmen, umso mehr wird der Shop als Teil Ihres Webauftritts erkannt, auch wenn der Shopanbieter zum Beispiel zusätzlich eigene Navigationsleisten (und Rabattaktionen) einblendet.

Nach der Eröffnung des Webshops empfiehlt es sich noch mehr als sonst, Marketing und Werbung für Ihre Site zu betreiben, um potenzielle Kunden darauf aufmerksam zu machen.

Wie Sie das am besten machen, haben wir Ihnen in Kapitel 11, »Marketing und Werbung – Gutes tun und darüber reden«, gezeigt. Zusätzlich zu den dort beschriebenen Möglichkeiten bietet es sich bei einem größeren Webshop-Dienst an, die plattforminternen Kanäle zur Kundengewinnung zu nutzen. Sorgen Sie dafür, dass Ihr Shop im Händlerverzeichnis der Plattform angezeigt wird, damit weitere Nutzer auf ihn aufmerksam werden.

12.3 Fazit

Sie haben jetzt einen mit der Site verlinkten Webshop oder andere Bezahlsysteme in Ihre Site integriert, sodass Sie mit Ihren Produkten, Ideen oder einfach mit Ihrer Arbeit Geld verdienen können. Das führt aber auch zu mehr Verantwortung: Spätestens jetzt ist die eigene Website kein Hobby mehr, und Sie sollten sich regelmäßig um die inhaltliche und technische Optimierung kümmern.

Kapitel 13

Starke Werkzeuge – so nutzen Sie Ihr neues Wissen für noch bessere Websites

Ihre Kenntnisse in HTML, CSS und JavaScript sind der Schlüssel zu mächtigen Werkzeugen, die Ihre Websites schnell und kostenlos um grafische Effekte, interaktive Funktionen und professionelle Designs erweitern.

Die Erfinder von HTML, CSS und JavaScript haben Technologien erschaffen, an denen jeder teilhaben kann. Die *Web Hypertext Application Technology Working Group* (WHATWG), das *World Wide Web Consortium* (W3C) und viele andere dokumentieren für alle einsehbar, wie man die Sprachen benutzt.

In diesem offenen Ökosystem sind mittlerweile zahllose Entwickler und Organisationen tätig, die Werkzeuge entwickeln, mit denen das Erstellen und Betreiben von Websites noch einfacher und schneller geht. Die meisten dieser Werkzeuge stehen jedem kostenlos zur Verfügung – sogar für kommerzielle Projekte.

13.1 Was Ihnen Ihr neues Wissen ermöglicht

Alles, was Sie brauchen, um diese mächtigen Werkzeuge zu benutzen, sind die HTML-, CSS- und JavaScript-Grundkenntnisse, die Sie in diesem Buch erworben haben.

Häufig muss man nur ein paar Zeilen Code auf der eigenen Website einfügen, um die Funktionen nutzen zu können. Komplexere Werkzeuge bestehen wiederum aus ganzen Dateien, die man in das Verzeichnis seiner Website kopieren und in die HTML-Dateien einbinden muss. Das alles beherrschen Sie mittlerweile.

In diesem Kapitel werden wir Ihnen etliche der unserer Meinung nach besten Werkzeuge vorstellen, die im Regelfall auch für kommerzielle Projekte völlig kostenlos sind. Bei jedem erklären wir kurz, wie man es benutzt. Die vorgestellten Hilfsmittel sind aber nur eine Auswahl; im Netz warten Hunderte mehr auf Sie.

Damit Sie in der Praxis die besten Ergebnisse erzielen, sollten Sie den zusätzlichen Umfang der komplexeren Werkzeuge einkalkulieren: Jedes weitere Stylesheet und jede zusätzliche JavaScript-Datei bedeutet ein Dokument mehr, das der Browser komplett einlesen und auswerten muss, bevor er eine Seite darstellen kann – Ihre Benutzer müssen länger warten, bevor sie loslegen können. Und meistens bieten die Werkzeuge viel mehr, als Sie für ein bestimmtes Projekt benötigen. Ein Teil der zusätzlichen Ladezeit ist also unnötig. Um sie zu minimieren, sollten Sie, wann immer möglich, nur die Funktionen einbinden, die Sie tatsächlich auf Ihren Seiten einsetzen.

Auftragsarbeiten und Experimente trennen

Es ist natürlich toll, dass die Werkzeuge so einfach zu benutzen sind – aber das kann auch mal dazu führen, dass man für ein Projekt irgendetwas benutzt, nur weil es so einfach geht, und nicht, weil es Sinn ergibt. Erstellen Sie immer zuerst ein stimmiges Konzept für eine Site, und schauen Sie sich erst dann nach Werkzeugen um, die Sie zur Umsetzung wirklich brauchen.

Die Autoren dieses Buchs fahren mit folgender Vorgehensweise ganz gut: Für Auftragswebsites nutzen sie nur die Mittel, die sie bereits kennen. So verliert man sich nicht in den vielen Funktionen eines neu entdeckten Werkzeugs und kann den Aufwand besser kalkulieren. Aber nebenher erstellen sie auf ihrem Webserver immer wieder eigene Projekte, mit denen sie eine neue Idee oder eben auch ein neu entdecktes Werkzeug ausprobieren. Auf so einer Site, die zunächst kein Kunde und kein Publikum sieht, kann man seiner Neugier freien Lauf lassen und muss nicht darauf achten, wie lange eine Seite zum Laden braucht.

Die vielen verfügbaren Hilfsmittel unterscheiden sich stark, was das nötige Vorwissen betrifft. Deshalb haben wir sie in drei Kategorien unterteilt, die sich daran orientieren, wie viele Websites Sie vorher schon erstellt haben. Die *Werkzeuge für Einsteiger* können Sie direkt für das erste Projekt benutzen, das Sie nach diesem Buch beginnen – oder um die Beispielprojekte weiter zu verschönern.

Die *Werkzeuge für Fortgeschrittene* würden wir Ihnen erst dann empfehlen, wenn Sie zumindest eine Website ganz allein fertiggestellt haben. Und bei den *Werkzeugen für Profis* schließlich empfehlen wir, dass Sie zumindest zwei oder drei Websites selbst gebaut haben, sodass Standardaufgaben zur Routine geworden sind und Sie die Anleitungen schneller verstehen.

Das ist aber natürlich nur unsere Empfehlung, mit der wir Ihnen den Einstieg so leicht wie möglich machen wollen. Wenn Sie sich sofort auch mit den komplexeren Werkzeugen wohlfühlen – umso besser!

13.2 Werkzeuge für Einsteiger

Die Werkzeuge für Einsteiger funktionieren so wie die Websites *HTML Color Codes* und *Can I use...*, die wir zur Erstellung unseres Beispielprojekts *Dr. Bloemkamp* benutzt haben. Es sind also einfach Websites, auf denen Sie komfortabel Informationen oder CSS-Schnipsel bekommen, die Sie dann für Ihre eigene Website einsetzen können. Weil Sie weder Ihre Seitenstruktur verändern noch irgendetwas herunterladen müssen, sind die Werkzeuge schon für die allererste Website sinnvoll, die Sie nach den Beispielprojekten dieses Buchs beginnen. Damit Sie alle Werkzeuge übersichtlich an einem Platz finden, führen wir hier auch die beiden bekannten Sites noch einmal mit auf.

13.2.1 HTML Color Codes

- Website (*bnfr.de/ql1301*)
- Hexcodes für Farbtöne

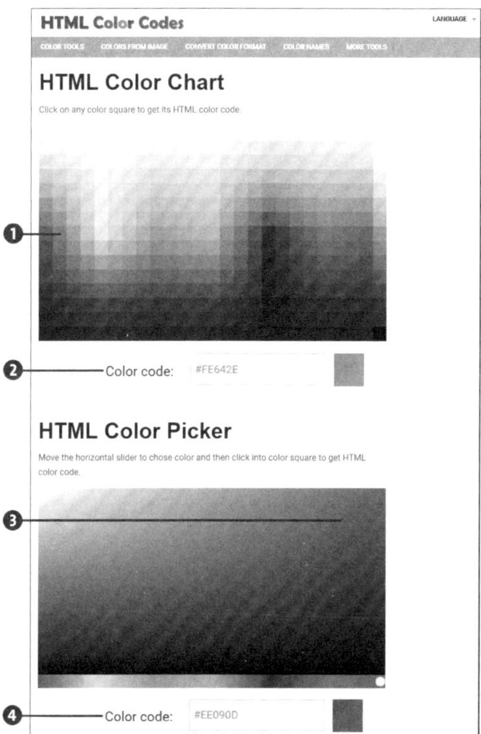

Abbildung 13.1 Wählen Sie in einem groben ❶ oder einem feinen ❸ Farbspektrum den gewünschten Farbton, dessen Hexcode dann angezeigt wird – ❷ oder ❹. Oder geben Sie einen Hexcode ein ❹. Im feinen Farbspektrum wird dann der zugehörige Farbton angezeigt.

Nehmen wir an, Sie haben sich entschieden, einen Elementhintergrund oder eine Schriftfarbe in dunklem Rot darzustellen. *HTML Color Codes* übernimmt die schnelle Übersetzung von Farbton zu Hexcode und umgekehrt. Den richtigen Farbton wählen Sie in einem komfortablen Farbspektrum mit der Maus aus, wie Sie es vielleicht auch von Bildbearbeitungsprogrammen kennen. Den Hexcode kopieren Sie dann einfach in Ihre CSS-Dateien.

13.2.2 ColorZilla-Farbpipette

- Add-on für Firefox und Chrome (*bnfr.de/ql1302*)
- Hexcodes der Farben, die Sie auf einer Webseite sehen

Um den exakten Hexcode einer Farbe auf einer Webseite zu erfahren, zum Beispiel die Hintergrundfarbe Ihrer Lieblingswebsite, installieren Sie das für die Browser Firefox und Chrome verfügbare Add-on *ColorZilla*. Klicken Sie nach der Installation einfach in der Browserleiste auf das Symbol des Add-ons, und bewegen Sie die Maus auf das Seitenelement, dessen Hexcode Sie sehen wollen – siehe Abbildung 13.2.

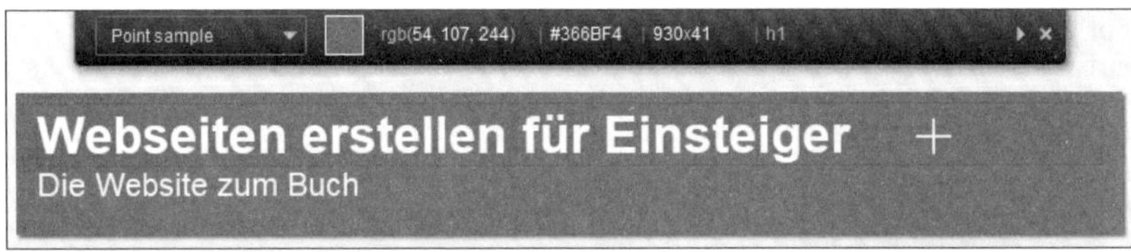

Abbildung 13.2 Mit ColorZilla finden Sie heraus, welche Farbcodes auf Webseiten verwendet werden.

Während Sie die Maus bewegen, zeigt das Add-on in der schwarzen Leiste am oberen Bildschirmrand die Farbe des aktuell im Fadenkreuz sichtbaren Pixels an. Nach einem Klick wird der Hexcode in die Zwischenablage kopiert, und Sie können ihn in Ihre CSS-Dateien einfügen.

13.2.3 Adobe Color

- Website (*color.adobe.com*)
- visuell harmonische Farbpaletten

Wenn man noch nicht so vieles gestaltet hat, ist man sich beim Design einer neuen Website häufig nicht sicher, welche Farben gut zueinander passen. Hier schafft *Adobe Color* Abhilfe: Entweder Sie wählen eine der vielen vordefinierten Farbpaletten (siehe Abbildung 13.3), oder Sie bestimmen selbst eine Hauptfarbe (siehe Abbildung 13.4).

Abbildung 13.3 Wählen Sie aus vordefinierten Farbpaletten aus ...

13

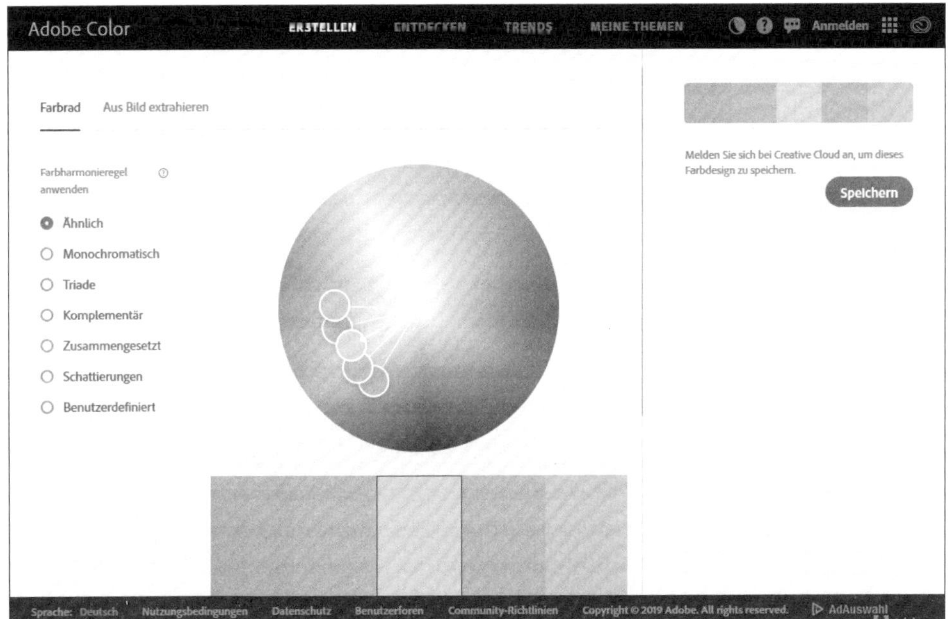

Abbildung 13.4 ... oder stellen Sie eine eigene Palette zusammen.

Adobe Color wählt dann vier dazu passende Farben aus. Sie bestimmen, ob die Seite z. B. Tonabstufungen derselben Farbe oder Komplementärfarben zusammenstellen soll. Mit so einer Palette haben Sie genug Farben, um Hintergründe, Rahmen, hervorgehobene Texte usw. zu gestalten. Mithilfe des Inspektors Ihres Browsers finden Sie die Hexcodes oder RGB-Werte der ausgewählten Farben heraus, die Sie dann einfach in Ihre CSS-Datei kopieren.

13.2.4 Ultimate CSS Gradient Generator

- Website (*bnfr.de/ql1303*)
- CSS für Farbverläufe

CSS3 hat mit `background: gradient();` eine nützliche Funktion eingeführt, die als grafischen Effekt einen Farbverlauf zeichnet. Ohne Hilfe ist es aber mühsam, den richtigen Farbverlauf zu erreichen – Sie ändern ständig einen der Eigenschaftswerte in der CSS-Datei und müssen jedes Mal speichern und im Browser neu laden, um zu sehen, was genau sich geändert hat.

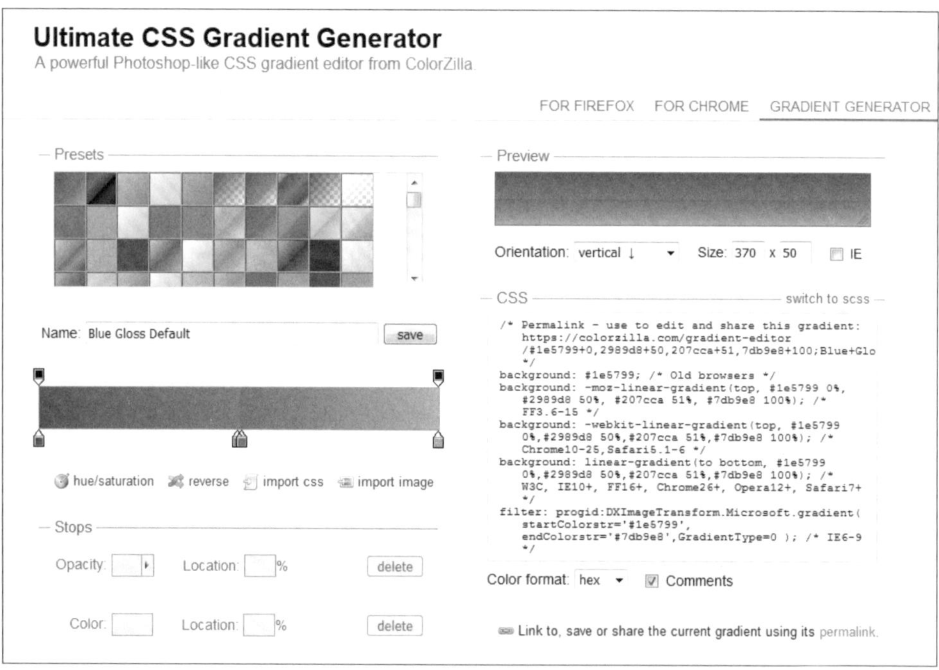

Abbildung 13.5 Der »Ultimate CSS Gradient Generator«

Mit dem *Ultimate CSS Gradient Generator* können Sie einfach mit der Maus einen Farbverlauf zusammenstellen, den Sie direkt im Browser sehen. Sie verschieben so lange die Regler, bis Sie mit dem Aussehen zufrieden sind, und erst dann kopieren Sie das fertige CSS in Ihr Stylesheet.

Wählen Sie eine der Vorlagen (*Presets*) aus, um zu sehen, welche Arten von Verläufen möglich sind. Wenn Sie einen Verlauf anpassen möchten, klicken Sie auf einen der Regler unter- bzw. oberhalb des Verlaufs. Im Bereich STOPS darunter sehen Sie dann im Feld COLOR die entsprechende Farbe. Ein Klick auf das Feld öffnet den Farbraum zur Auswahl einer anderen Farbe. Das CSS für den aktuell zusammengestellten Verlauf kopieren Sie aus dem entsprechenden Feld heraus.

Die Seite ist besonders nützlich, weil damit nicht nur einfache, lineare Verläufe möglich sind, sondern auch Verläufe mit Transparenz oder Glaseffekten. Schauen Sie sich die unterschiedlichen Vorlagen an, und spielen Sie mit den Einstellungen, dann sehen Sie schnell, was alles möglich ist.

13.2.5 CSSmatic

- Website (*www.cssmatic.com*)
- CSS für grafische Effekte und simple Texturen

Auch *CSSmatic* kann CSS für Farbverläufe generieren, die Sie direkt auf der Site erstellen und verändern. Darüber hinaus erstellen Sie auf der Site noch mehr grafische Effekte: etwa Elemente mit durch `border-radius` abgerundeten Ecken oder einen Schlagschatten mit `box-shadow`. Das ist beides praktisch, obwohl Sie die CSS-Eigenschaften schon kennen: Wie bei den Farbverläufen spart es einfach Zeit, wenn man zuerst die richtige Gestaltung mit der Maus zusammenstellen kann und erst dann das fertige CSS in das eigene Stylesheet kopiert.

Richtig interessant ist aber ein weiterer Effekt: Texturen mit unregelmäßigem Rauschen, also kleinen, zufällig verteilten Punkten. Spielen Sie ein wenig mit den Einstellungen, und wenn Sie fertig sind, können Sie die Textur als Bilddatei herunterladen. Einmal auf Ihren Webserver kopiert, verwenden Sie die Textur mithilfe von `background-image` und `background-repeat` als sich wiederholendes Hintergrundbild. Mehr zum Thema Texturen finden Sie auch in Abschnitt 6.2.2, »Die Unterschiede in der Darstellung ausgleichen«.

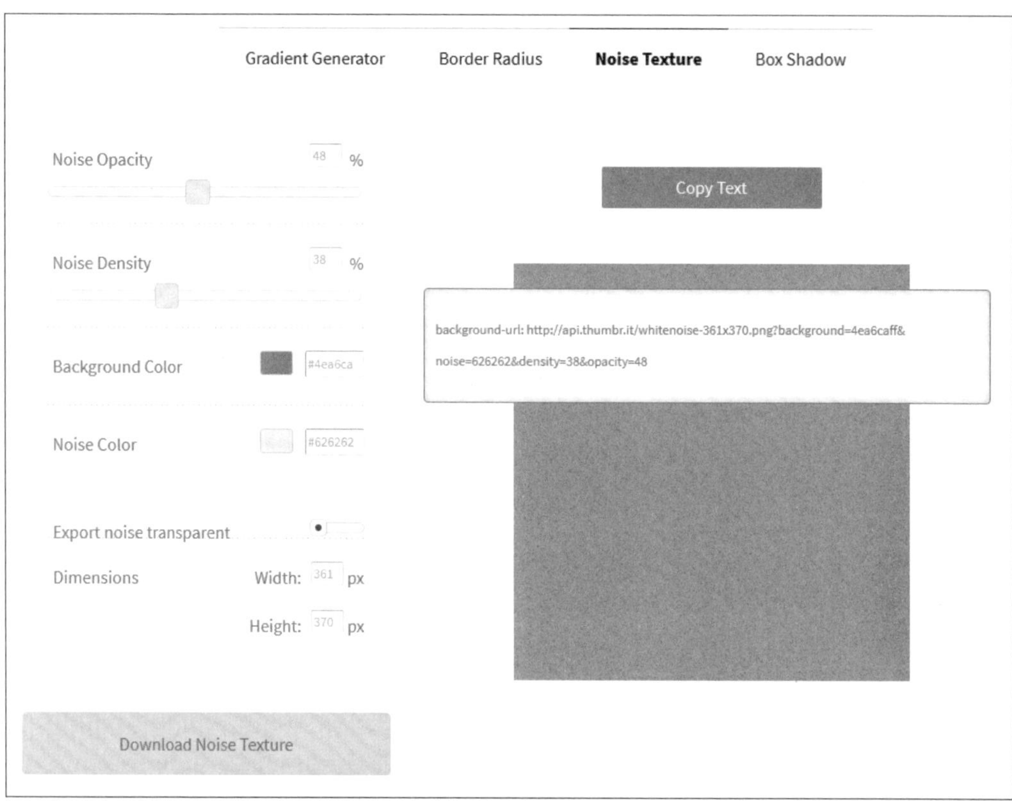

Abbildung 13.6 Wie in einem Bildbearbeitungsprogramm erstellen Sie mit einfachen Reglern sogenanntes Rauschen, also unregelmäßige Punkte. Das ergibt einfache Hintergrundtexturen für Ihre Website.

13.2.6 Can I use...

- Website (*www.caniuse.com*)
- Infos zu Browserunterschieden

Die Website *Can I use...* liefert Informationen darüber, welche Browserversionen einzelne HTML-Elemente und CSS-Eigenschaften unterstützen. Suchen Sie aus den Übersichtslisten ein Thema aus, oder geben Sie ein Element oder eine Eigenschaft in die Suche ein. *Can I use...* zeigt Ihnen dann in einer ausführlichen Tabelle, welche Browser in welcher Version die Funktion problemlos, mit Präfix oder anderen Tricks bzw. gar nicht unterstützen.

So können Sie besser abschätzen, ob ein bestimmtes Seitendesign bei allen Benutzern reibungslos funktionieren wird.

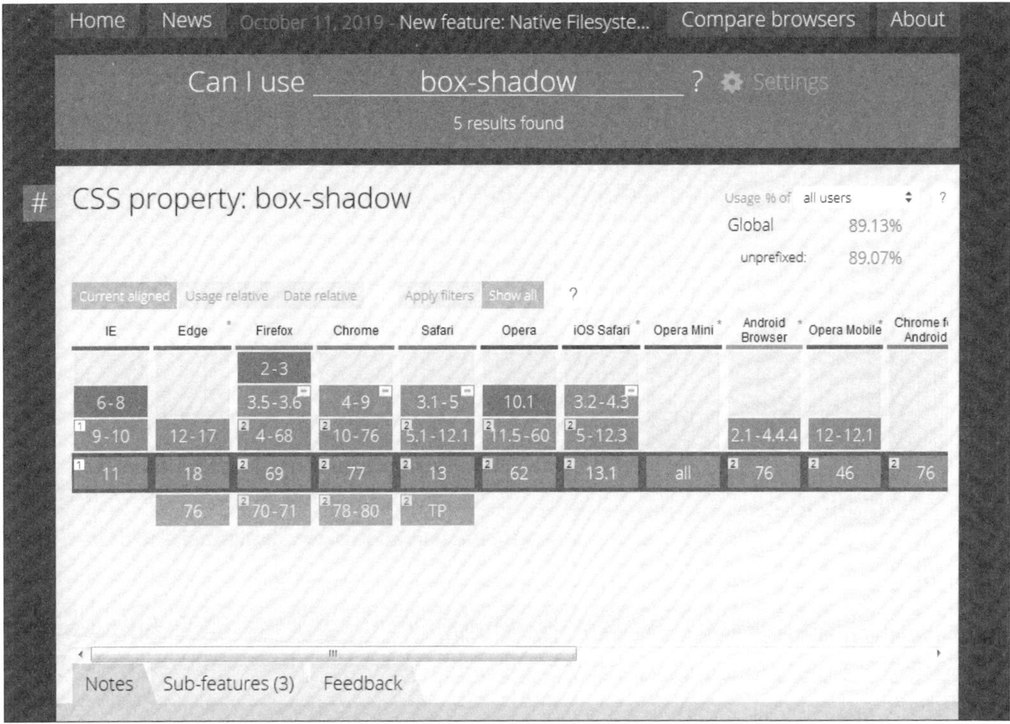

Abbildung 13.7 Für jedes Element und jede Eigenschaft können Sie herausfinden, welche Versionen der meistverwendeten Desktop- und Mobilbrowser damit umgehen können.

13.2.7 HTML5 Please

- Website (*https://html5please.com*)
- Infos zu Browserunterschieden, Lösungsmöglichkeiten

Die Site zeigt die Browserkompatibilität nicht so detailliert wie zum Beispiel *Can I use...*, nennt dafür aber häufiger Lösungsmöglichkeiten. Das weist Ihnen die Richtung, wenn Sie eine bestimmte Funktionalität oder Darstellung auch in inkompatiblen Browsern erreichen wollen. Geben Sie die angedeutete Lösung in eine Suchmaschine ein, um mehr zu erfahren. Die Umsetzung ist teilweise deutlich anspruchsvoller als das Benutzen von Browserpräfixen.

Abbildung 13.8 Die Seite zeigt wichtige HTML5- und CSS3-Funktionen und informiert darüber, wie gut die Browserabdeckung aktuell ist. Für die meisten Funktionen wird auf Lösungsmöglichkeiten hingewiesen.

13.3 Werkzeuge für Fortgeschrittene

Die Werkzeuge für Fortgeschrittene erfordern etwas mehr Vorwissen und Übung. Hier reicht es nicht mehr, nur eine einzelne CSS-Eigenschaft in sein Stylesheet zu kopieren. Stattdessen müssen Sie ganze Dateien in Ihr Webprojekt übernehmen und Ihr HTML und CSS ein wenig anpassen, damit die Werkzeuge funktionieren. Zum Beispiel geben Sie einem HTML-Element eine bestimmte Klasse, damit die Formate einer neuen CSS-Datei berücksichtigt werden.

Auf den Websites zu jedem Werkzeug gibt es Anleitungen und Beispiele, die zeigen, wie Sie die Funktionen nutzen.

13.3.1 Simple Grid

- Download (*https://simplegrid.io*)
- Stylesheet für Rasterlayout (englisch *Grid*)

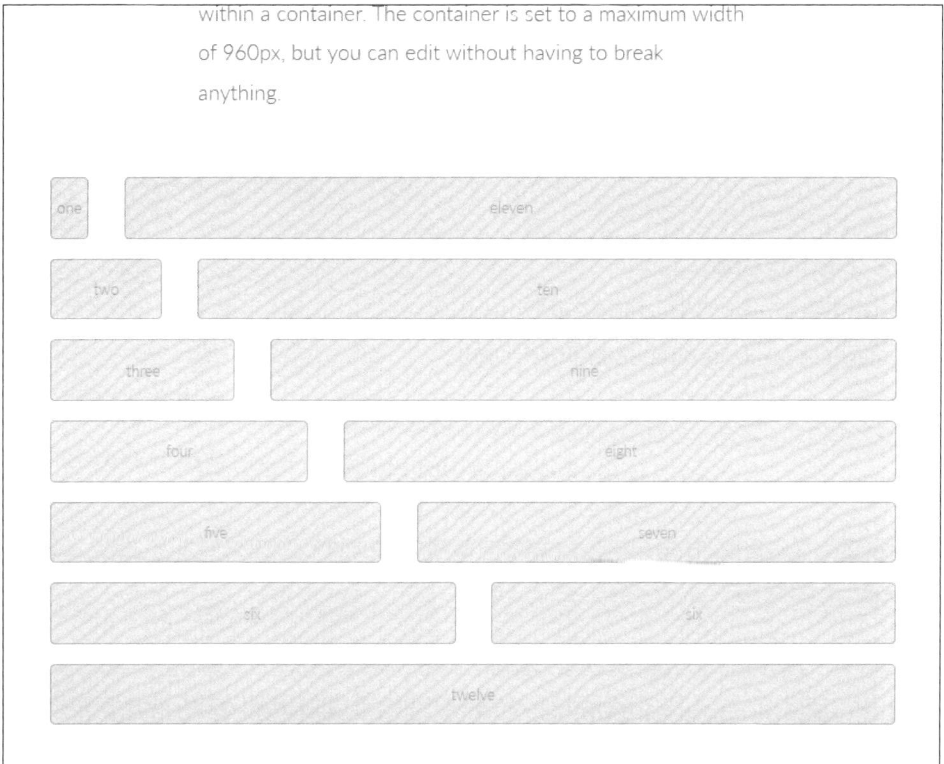

Abbildung 13.9 Mit Simple Grid richten Sie Ihre Seitenelemente ganz einfach an einem gleichmäßigen Raster (Grid) aus.

Praktisch jedes Website-Layout basiert auf einem Raster, an dem Seitenelemente ausgerichtet werden: Eine Seitenleiste nimmt zum Beispiel drei Zwölftel der Gesamtbreite ein, der Inhaltsbereich die restlichen neun Zwölftel. Das sorgt für klare visuelle Strukturierung. *Simple Grid* nimmt Ihnen hier das manuelle Definieren der entsprechenden CSS-Eigenschaften ab. Laden Sie das Stylesheet herunter, kopieren Sie es auf Ihren Webspace und binden Sie es in Ihre HTML-Dateien ein.

Für Ihre HTML-Elemente definieren Sie dann über simple Klassen, welche Breite sie im Raster einnehmen sollen:

```
<div class="container">
   <div class="row">
      <div id="seitenleiste" class="col-3">
         <!--Seitenleiste mit einer Breite von drei Zwölfteln-->
         </div>
         <div id="inhalt" class="col-9">
            <!--Inhaltsbereich mit einer Breite von neun Zwölfteln-->
         </div>
   </div>
</div>
```

13.3.2 Flexbox Grid

- Download (*http://flexboxgrid.com*)
- Stylesheet für Rasterlayout (englisch *Grid*)

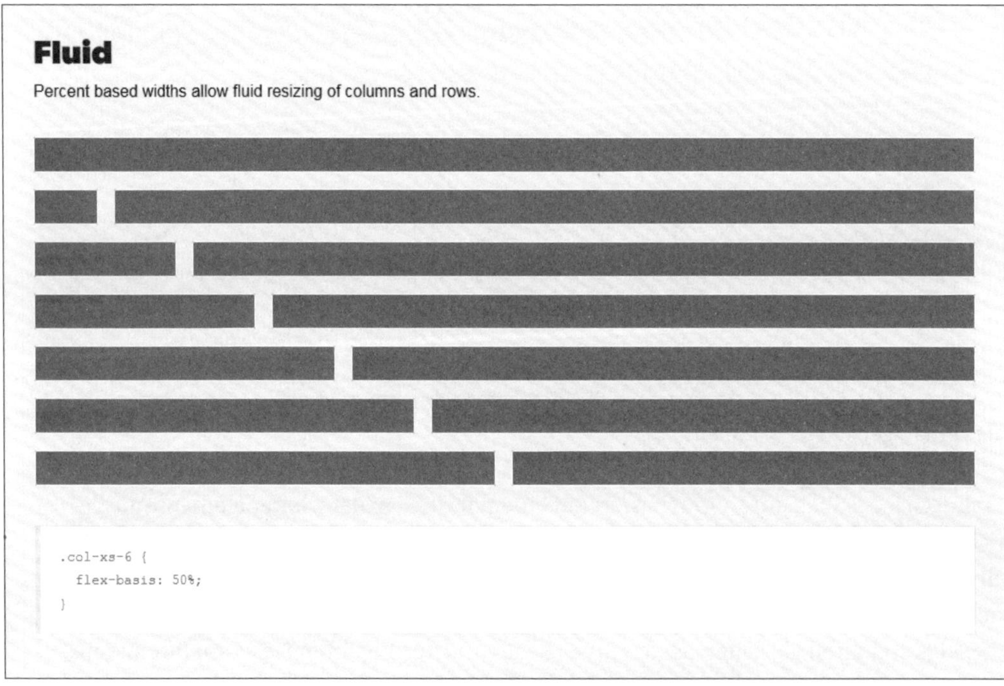

Abbildung 13.10 Auch Flexbox Grid hilft Ihnen bei der Positionierung von Seitenelementen in einem Raster, und bietet dank CSS-Flexbox noch mehr Möglichkeiten.

Flexbox Grid funktioniert im Prinzip genau so wie Simple Grid: Sie laden ein Zip-Archiv herunter, kopieren die darin enthaltene CSS-Datei auf Ihren Webspace und binden sie in Ihre HTML-Dateien ein. Über Klassen legen Sie dann fest, wie breit ein HTML-Element sein soll.

Da das Stylesheet aber auf die modernen Flexbox-CSS-Eigenschaften setzt, bringt es noch ein paar praktische Tricks mit. So verteilen Sie Ihre Elemente zum Beispiel mit einer zusätzlichen Klasse automatisch gleichmäßig über die verfügbare Breite, oder steuern die vertikale Ausrichtung.

13.3.3 Individuelle Schriftarten mit @font-face

Um Schriftarten auf Ihren Websites zu nutzen, die über die Standards wie Arial, Helvetica oder Times hinausgehen, brauchen Sie nur einen einzigen CSS-Befehl. Aber diese Schriftarten müssen Sie von einem Server laden, daher finden Sie die Technik hier bei den Werkzeugen.

Grundsätzlich legen Sie die Schriftart Ihrer Elemente mit der CSS-Eigenschaft `font-family` fest. Damit Browser die darin angegebenen Schriftarten darstellen können, müssen sie auf dem Gerät des Besuchers installiert sein. Das Problem ist, dass die installierten Schriftarten von Gerät zu Gerät stark variieren: *Windows* und *macOS* haben gerade mal ein Dutzend Schriftarten gemeinsam; manche werden von Programmen wie *Microsoft Office* installiert, andere haben die Benutzer vielleicht extra gekauft.

Solange Sie nur die Standardschriften benutzen, die auf 99 % der Geräte verfügbar sind, wird der Text auf Ihrer Website bei jedem Besucher gleich angezeigt. Aber weil eben auch Millionen andere Websites diese problemlos verwendbaren Schriften einsetzen, können Sie Ihrer Site damit keinen individuellen gestalterischen Charakter geben.

Um spezielle Schriftarten einsetzen zu können, die nicht auf dem Gerät des Besuchers installiert sind, muss die Schriftart als Font-Datei auf einem Webserver bereitstehen und in die CSS-Datei eingebunden werden.

Das Einbinden ist simpel und geschieht mit dem Befehl `@font-face`, den Sie ganz oben in Ihre CSS-Datei schreiben:

```
@font-face {
   font-family: "Meine Schrift";
   src: url(dateiname.endung);
}
```

Den Befehl verstehen fast alle Browser. Jetzt können Sie jedes Textelement mit der neuen Schriftart darstellen lassen, indem Sie den Namen als zusätzlichen Wert der Eigenschaft `font-family` benutzen:

```
font-family: "Meine Schrift", Helvetica, Arial, "sans serif";
```

Die wenigen Browser, die `@font-face` nicht verstehen, nehmen eine der anderen angegebenen Schriftarten.

Aufwendiger als die Einbindung in die CSS-Datei ist es, überhaupt an eine Schriftart zu kommen. Wie Bilder oder andere künstlerische Werke unterliegen Schriftarten grundsätzlich dem Urheberrecht. Sie dürfen also nicht einfach eine Schrift, die Ihnen gefällt, kopieren und selbst benutzen.

Sie haben zwei Möglichkeiten: Entweder Sie nutzen einen Dienst, der Font-Dateien für Ihre Sites auf seinem Server bereitstellt, oder Sie schauen sich auf Sites um, die Schriftarten zum Kauf anbieten. Meistens haben diese auch ein paar kostenlose Schriften im Programm, und die können Sie sich herunterladen und auf Ihren eigenen Server stellen.

Informieren Sie sich aber genau über die jeweilige Lizenz, bevor Sie eine Schriftart in Ihr Projekt einbinden. Nicht alle Schriften sind auch für kommerzielle Zwecke kostenlos, und manche kostenlosen Schriftarten erfordern eine Nennung des Urhebers auf Ihrer Website.

Die Schriften werden in unterschiedlichen Dateiformaten angeboten, zum Beispiel als *.ttf*, *.otf* oder *.eot*. Mit *.ttf* und *.otf* decken Sie moderne Browser ab, für Internet Explorer 9 und älter brauchen Sie aber *.eot*. Sie können mit mehreren `@font-face`-Befehlen dieselbe Schriftart in unterschiedlichen Formaten einbinden, die Browser nehmen dann das, was sie verstehen.

Wenn Sie eine passende Schriftart gefunden haben, geben Sie entweder den auf der Site angezeigten Link als Quelle (`src`) im `@font-face`-Befehl Ihrer CSS-Datei an, oder Sie laden die Font-Datei herunter. In diesem Fall kopieren Sie die Datei auf Ihren Webserver und geben den Speicherort als Quelle in `@font-face` ein – schon können Sie Ihre Website gestalterisch viel besser individualisieren.

Quellen für kostenlose Schriftarten

Auf der Website zum Buch finden Sie unter *bnfr.de/ql1305* einige Quellen für Schriftarten.

13.3.4 Font Awesome

- Download (*https://fontawesome.com*)
- Icons für Buttons, Menüs usw.

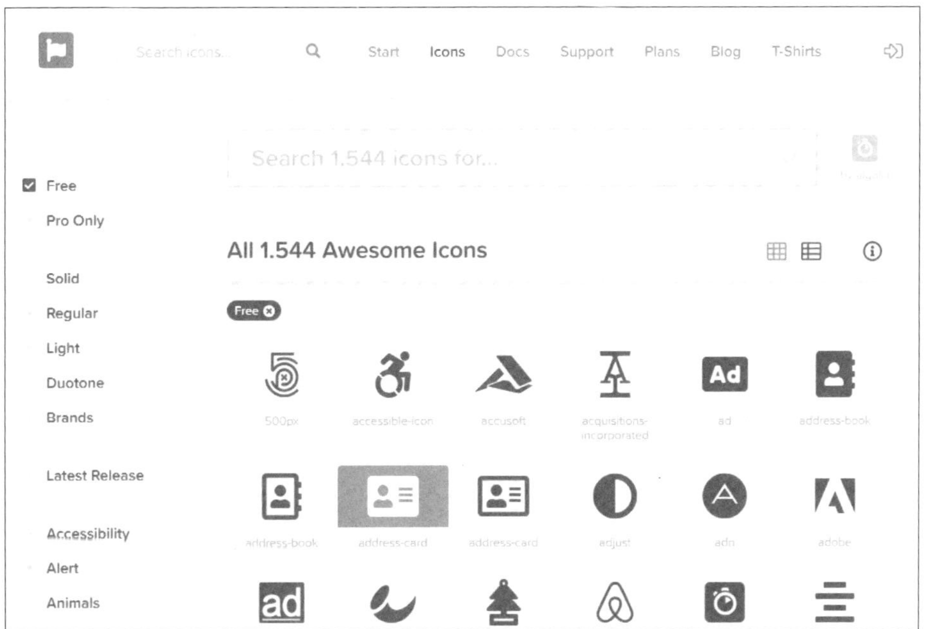

Abbildung 13.11 Die Icons bestehen aus skalierbaren Vektorgrafiken, die mit CSS gestaltbar sind.

Font Awesome bietet über 1.000 kostenlose Icons als Vektorgrafiken, die im Gegensatz zu normalen Bildern ohne Qualitätsverlust beliebig vergrößerbar sind. So sind die Symbole mit einer Breite von 100 Pixeln immer noch so scharf wie mit einer Breite von 10 Pixeln.

Noch besser ist, dass die Icons nicht nur ein Haufen Bilddateien sind, sondern dass jedes Symbol ein Zeichen der eigenen Schriftart von Font Awesome ist. Das bedeutet, Sie können die Icons genauso mit CSS gestalten wie Text: `color`, `font-size` oder `text-shadow` sind problemlos anwendbar.

Um die Icons einzubinden, verweisen Sie entweder in Ihren HTML-Dateien auf den Server des Anbieters, oder Sie laden die Icons auf Ihren Computer herunter und kopieren sie auf Ihren Webspace. Um schließlich ein Icon auf einer Seite einzubauen, schreiben Sie Folgendes in den Quelltext:

```
<i class="fas fa-camera"></i>
```

Das ist ein leeres `i`-Element, das zwei Klassen enthält. Die erste markiert das Element als ein Font-Awesome-Icon, die zweite besagt, welches der Icons gemeint ist.

13.3.5 Adobe Topcoat

- Download (*topcoat.io*)
- Stylesheet für interaktive Elemente, z. B. Buttons

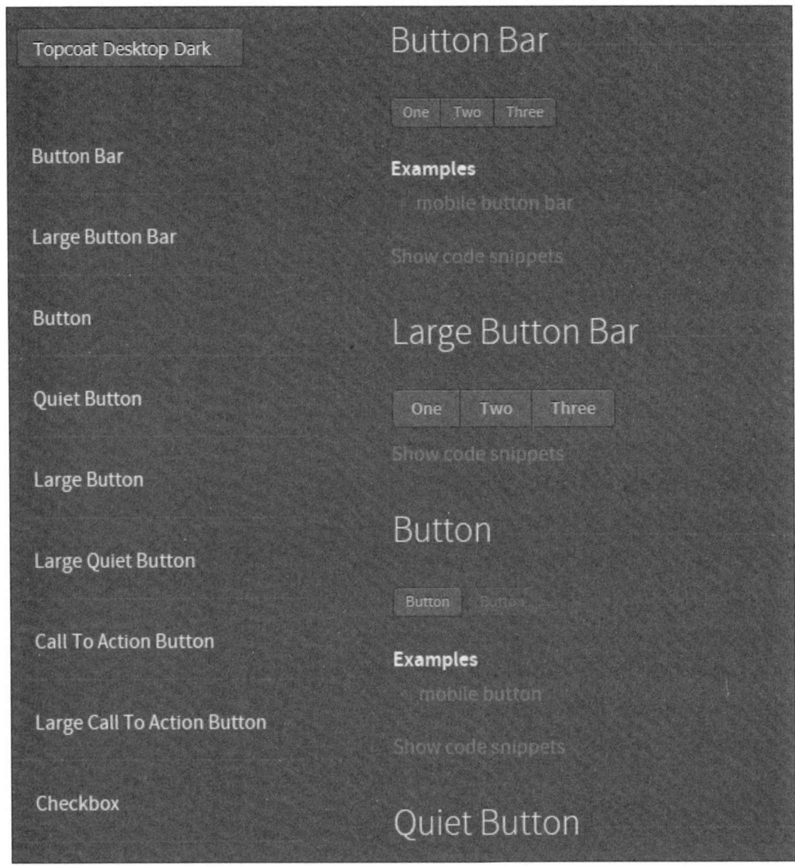

Abbildung 13.12 Auf der Website sehen Sie, wie Seitenelemente mit dem Topcoat-Stylesheet gestaltet werden.

Interaktive Elemente wie Tabs, Buttons, markierbare Kästchen oder Felder zur Texteingabe lassen sich mit *Topcoat* schlicht und sauber gestalten. Sie können aus mehreren Stylesheets wählen (z. B. für große und kleine Bildschirme, dunkleres oder helleres Design usw.). Fügen Sie die CSS-Dateien zu Ihren Website-Dateien hinzu, und verknüpfen

Sie die Stylesheets im HTML jeder Seite. Wenn Sie dann Ihren Elementen spezifische Klassen wie `topcoat-button` geben, werden sie mit den Formaten der neuen Stylesheets dargestellt.

Das ergibt aber nur Sinn, wenn die restliche Gestaltung Ihrer Seiten zum Topcoat-Stylesheet passt. Um nachzuhelfen, reicht es manchmal schon aus, im Topcoat-Stylesheet die Hauptfarben zu ändern.

13.3.6 JSLint

- Website (*www.jslint.com*)
- Validator für JavaScript

Source

```
var meinZeitobjekt = new Date();
var Tag = Zeitobjekt.getDate();
var Monat = meinZeitobjekt.getMonth() + 1; // Januar ist der Monat 0
var Jahr = meinZeitobjekt.getFullYear();
var Datum = Tag + "." + Monat + "." + Jahr;
var Stunde = meinZeitobjekt.getHours();
var Minute = meinZeitobjekt.getMinutes();
if (Minute < 10) {Minute = "0" + Minute;}
var Zeit = Stunde + ":" + Minute;
document.write("<p>Zeitpunkt Ihrer Anfrage: " + Datum + ", " + Zeit + " Uhr</p>");
```

JSLint clear

Warnings

Undeclared 'Zeitobjekt'. 1.13

```
var Tag = Zeitobjekt.getDate();
```

Abbildung 13.13 Wenn JSLint Fehler in Ihrem JavaScript-Code findet, zeigt es unter dem Codefenster an, an welcher Stelle der Fehler auftritt und was genau das Problem ist.

Was ein Validator für HTML ist, ist *JSLint* für JavaScript: Sie kopieren Ihren Code in das große Fenster auf der Website und klicken auf den Button JSLINT. Wenn in Ihrem Skript irgendwelche Fehler sind, zum Beispiel Syntaxfehler (wie ein vergessenes Semikolon oder eine Klammer zu wenig), sagt die Site Ihnen, an welcher Stelle im Code der Fehler auftritt. Aber auch komplexere Probleme (z. B. nicht definierte Variablen) werden gefunden – die Site sagt Ihnen jeweils, was genau falsch ist.

Manche Fehler in JavaScript können Sie erst finden, wenn Sie den Code direkt auf der Webseite ausführen, zu der er gehört. Aber um das Skript vorher schnell auf grobe Schnitzer abzuklopfen, ist dieses Werkzeug sehr praktisch.

13.3.7 normalize.css

- Download (*bnfr.de/ql1304*)
- Stylesheet für konsistente Browserdarstellung

```
normalize.css

/*! normalize.css v8.0.1 | MIT License | github.com/necolas/normalize.css */

/* Document
   ==========================================================================

/**
 * 1. Correct the line height in all browsers.
 * 2. Prevent adjustments of font size after orientation changes in iOS.
 */

html {
  line-height: 1.15; /* 1 */
  -webkit-text-size-adjust: 100%; /* 2 */
}

/* Sections
   ==========================================================================

/**
 * Remove the margin in all browsers.
 */

body {

normalize.css  15:1                                      CRLF  UTF-8  CSS
```

Abbildung 13.14 Die Formate gleichen Browserunterschiede aus und verbessern die HTML5-Unterstützung in einigen älteren Versionen. Dank der Kommentare wissen Sie, was jedes Format bewirkt.

Dieses praktische Stylesheet können Sie einfach zusätzlich zu Ihren anderen CSS-Dateien verwenden, oder Sie nehmen *normalize.css* als Ausgangsbasis und erweitern das Stylesheet um Ihre eigenen Formate.

Mit der CSS-Datei verschwinden sehr viele Unterschiede in der Darstellung zwischen den Browsern oder werden zumindest minimiert. Als Bonus sorgen Sie mit dem Stylesheet dafür, dass auch einige ältere Browser HTML5-Elemente mit den richtigen Abmessungen darstellen. Die Formate sind kommentiert, sodass Sie nachvollziehen können, was sie im Einzelnen bewirken.

13.3.8 HTML5 Shiv

- Download (*bnfr.de/ql1306*)
- JavaScript-Datei, mit der sich HTML5-Elemente auch in alten Browsern vernünftig einsetzen lassen

Wenn Sie auf Ihren Seiten HTML5-Layoutelemente wie `section` benutzen, kommen einige sehr alte Browser damit nicht zurecht: Diese sehen das Element zwar im Quelltext, können aber nichts damit anfangen und stellen es (sowie etwaige Kindelemente) auf der Seite nicht dar. Wenn sie es doch tun, greifen Ihre CSS-Formate für die Gestaltung nicht.

Das können Sie mit *HTML5 Shiv* beheben. Laden Sie einfach die JavaScript-Datei von der Website herunter, kopieren Sie sie in Ihr Webprojekt, und verknüpfen Sie die Datei in allen HTML-Dateien.

Damit erkennen auch einige der alten Browser HTML5-Elemente in Ihrem Quelltext, und die Elemente werden mit CSS gestaltbar. Das heißt natürlich nicht, dass die Browser plötzlich HTML5-exklusive Funktionen beherrschen, wie z. B. das Abspielen von Videos, die Sie mithilfe des `video`-Elements eingebunden haben. Aber neue Layoutelemente wie `section` werden eben korrekt angezeigt, sodass Sie mit einem entsprechenden Layout mehr Browser abdecken.

13.4 Werkzeuge für Profis

Die Werkzeuge für Profis bestehen meist aus mehreren Dateien. Für die Verwendung der Funktionen müssen Sie Ihr HTML, CSS und JavaScript teilweise ganz anders konzipieren. Die zusätzlichen Dateien sind relativ komplex, sodass Sie etwas Erfahrung brauchen, um ihren Aufbau zu verstehen. Das ist aber unerlässlich, wenn Sie die Funktionen und die Gestaltung der Werkzeuge an Ihre Bedürfnisse anpassen wollen, um die Ladezeiten zu senken und Ihre Seiten individuell zu gestalten.

Auch kann es im Einzelfall passieren, dass beim gleichzeitigen Einsatz mehrerer Werkzeuge auf einer Site Fehler auftreten. Die Entwickler sorgen zwar meistens für größtmögliche Kompatibilität, aber informieren Sie sich vor ihrem Einsatz am besten auf den Websites der Anbieter über den aktuellen Stand, und testen Sie Ihre Seiten ausführlich.

13.4.1 HTML5 Boilerplate

- Download (*https://html5boilerplate.com*)
- HTML-Grundgerüst, Stylesheet zum Ausgleich der Browserunterschiede und direkt eingebundene JavaScript-Werkzeuge

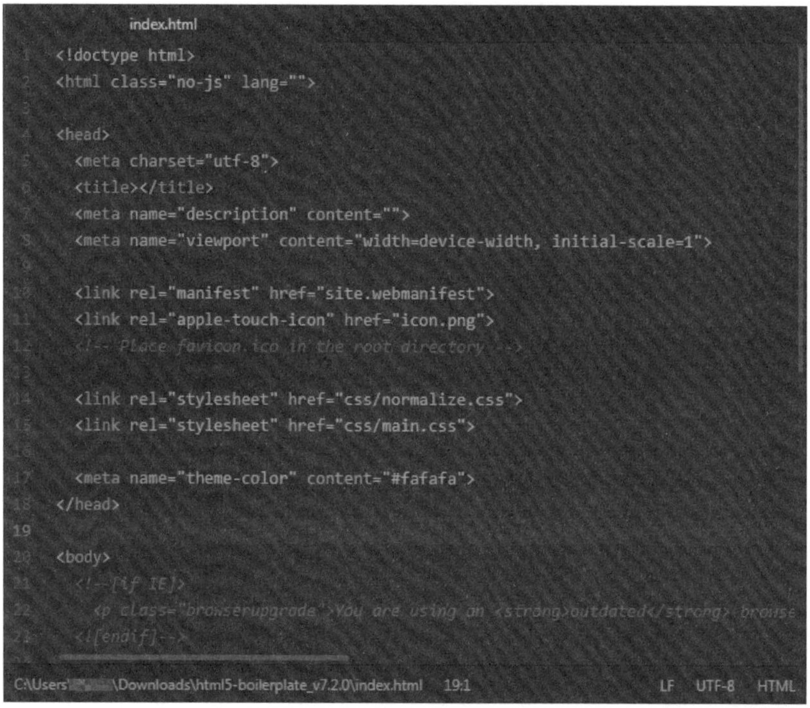

index.html

```
<!doctype html>
<html class="no-js" lang="">

<head>
  <meta charset="utf-8">
  <title></title>
  <meta name="description" content="">
  <meta name="viewport" content="width=device-width, initial-scale=1">

  <link rel="manifest" href="site.webmanifest">
  <link rel="apple-touch-icon" href="icon.png">
  <!-- Place favicon.ico in the root directory -->

  <link rel="stylesheet" href="css/normalize.css">
  <link rel="stylesheet" href="css/main.css">

  <meta name="theme-color" content="#fafafa">
</head>

<body>
  <!--[if IE]>
    <p class="browserupgrade">You are using an <strong>outdated</strong> browse
  <![endif]-->
```

C:\Users\\...\Downloads\html5-boilerplate_v7.2.0\index.html 19:1 LF UTF-8 HTML

Abbildung 13.15 Das HTML-Grundgerüst enthält »meta«- und »link«-Elemente, die Sie praktisch bei jedem Projekt brauchen.

Wir haben im Laufe des Buchs ein Grundgerüst mit allen Elementen erstellt, die für eine funktionierende HTML-Seite nötig sind. Sie können es unter *bnfr.de/ql610* herunterladen und für Ihre Webprojekte benutzen. Auch die Website *HTML5 Boilerplate* bietet ein solches Grundgerüst an, erweitert es aber um zusätzliche Elemente. Wir empfehlen auch deshalb einen Blick darauf, weil dieses Grundgerüst ständig aktualisiert und an neue Standards angepasst wird.

Im Download enthalten sind außerdem eine 404-Fehlerseite, Dateien für Suchmaschinen, das schon bekannte Stylesheet *normalize.css* (zum Ausgleich vieler Browserunterschiede), eine vorkonfigurierte *.htaccess*-Datei sowie häufig benutzte JavaScript-Werkzeuge.

Name	Änderungsdatum	Typ	Größe
css	27.10.2019 11:05	Dateiordner	
doc	27.10.2019 11:05	Dateiordner	
img	27.10.2019 11:05	Dateiordner	
js	27.10.2019 11:05	Dateiordner	
.editorconfig	15.03.2019 15:58	EDITORCONFIG-D...	1 KB
.gitattributes	15.03.2019 15:58	GITATTRIBUTES-D...	4 KB
.gitignore	15.03.2019 15:58	GITIGNORE-Datei	1 KB
.htaccess	04.06.2019 16:39	HTACCESS-Datei	49 KB
404.html	15.03.2019 15:58	Firefox HTML Doc...	2 KB
browserconfig.xml	15.03.2019 15:58	XML-Dokument	1 KB
favicon.ico	15.03.2019 15:58	Symbol	1 KB
humans.txt	15.03.2019 15:58	Textdokument	1 KB
icon.png	15.03.2019 15:58	PNG-Bild	4 KB
index.html	04.06.2019 16:39	Firefox HTML Doc...	2 KB
LICENSE.txt	15.03.2019 15:58	Textdokument	2 KB
robots.txt	15.03.2019 15:58	Textdokument	1 KB
site.webmanifest	15.03.2019 15:58	WEBMANIFEST-D...	1 KB
tile.png	15.03.2019 15:58	PNG-Bild	4 KB
tile-wide.png	15.03.2019 15:58	PNG-Bild	2 KB

Abbildung 13.16 Die Dateien (»404.html«, »favicon.ico«, »robots.txt« usw.) haben schon die standardmäßigen Namen, sodass sie vom Browser korrekt erkannt werden. Den Inhalt passen Sie Ihren Wünschen entsprechend an.

Wenn Sie eine neue Website beginnen, kopieren Sie die heruntergeladenen Dateien auf Ihren Webserver und erstellen für jede HTML-Datei eine Kopie des Grundgerüsts, das bereits mit allen Stylesheets und JavaScript-Dateien verknüpft ist. Sie brauchen dann nur noch den Inhalt der `title`- und `body`-Elemente anzulegen bzw. zu verändern und eigene Formate für die individuelle Gestaltung zu erstellen.

13.4.2 Emmet

- Download (*https://emmet.io*)
- Plug-in für HTML-Editoren

Mittlerweile haben Sie zwar schon Routine darin, im HTML-Editor neue Elemente zu einem Dokument hinzuzufügen. Mit *Emmet* geht das aber noch mal schneller. Laden Sie das passende Plug-in für Ihren Editor herunter und legen Sie los. Wenn Sie zum Beispiel in Ihrem Dokument zwei div-Elemente mit jeweils vier Textabsätzen hinzufügen wollen, tippen Sie dafür nur das hier an die passende Stelle im Dokument:

```
div*2>p*4
```

Dann drücken Sie das passende Tastenkürzel, beim Editor Atom etwa die [Tab]-Taste, und schon wird das Geschriebene durch die gewünschten Elemente ersetzt:

```
<div>
  <p></p>
  <p></p>
  <p></p>
  <p></p>
</div>
<div>
  <p></p>
  <p></p>
  <p></p>
  <p></p>
</div>
```

Mit weiteren Befehlen fügen Sie den zu erstellenden Elementen etwa eine id oder andere Attribute hinzu.

13.4.3 jQuery

- Download (*https://jquery.com*)
- JavaScript-Bibliothek für einfachere, schneller zu verstehende Befehle. Sehr wichtig, weil viele andere Werkzeuge darauf aufbauen!

Wer in seinen Webprojekten mehr als nur ein paar Zeilen JavaScript einsetzt, sollte sich *jQuery* unbedingt anschauen. Es besteht aus einer großen JavaScript-Datei, die Sie herunterladen, auf den Webserver kopieren und mit Ihren HTML-Dateien verknüpfen.

Mit jQuery werden JavaScript-Befehle für Ihre Websites viel einfacher zu schreiben, und Funktionen sind schneller umzusetzen. Als Bonus müssen Sie nicht mehr für manche Fälle unterschiedliche Befehle für unterschiedliche Browser benutzen, jQuery übersetzt Anweisungen automatisch in den richtigen Code für jeden Browser.

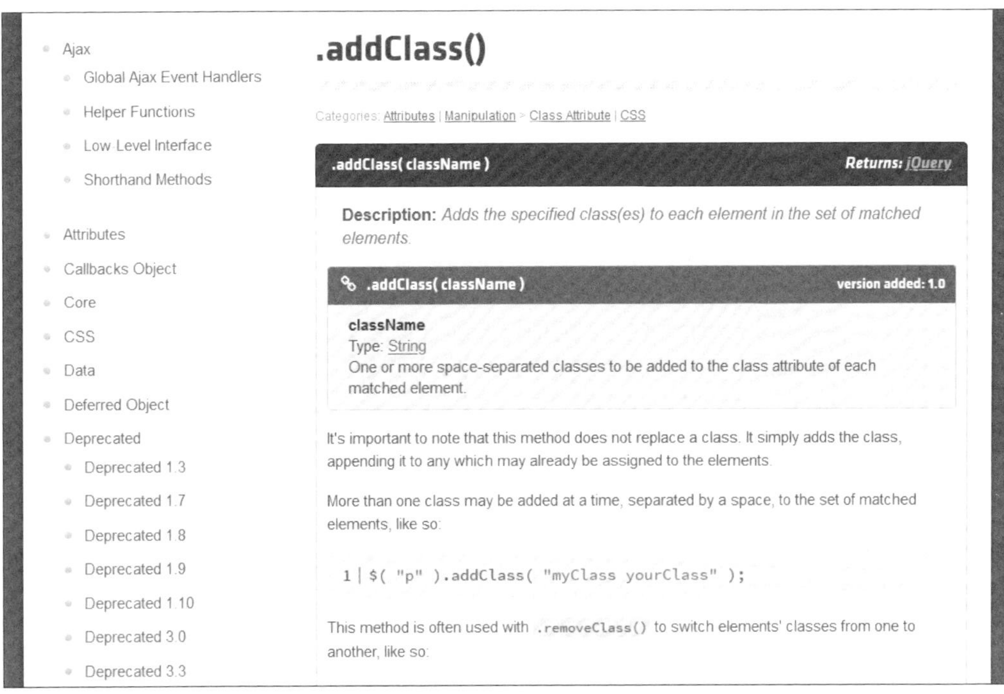

Abbildung 13.17 Auf der Website von jQuery wird die Funktionsweise jedes Befehls mit Beispielen beschrieben.

Ein sehr einfacher jQuery-Befehl geht zum Beispiel so:

```
$("#kopfleiste").addClass("neueklasse");
```

Damit geben Sie dem Element mit der `id` `kopfleiste` die Klasse `neueklasse`.

Um dasselbe ohne jQuery zu bewerkstelligen, müsste Ihr JavaScript deutlich länger sein:

```
var element = document.getElementById("kopfleiste");
element.className = element.className + " neueklasse";
```

Je komplexer das JavaScript einer Website ist, umso mehr lohnt sich die Verwendung von jQuery. Wenn Sie andererseits nur ein oder zwei simple Funktionen auf der gesamten Site einsetzen, ergibt die Einbindung wenig Sinn, weil die Bibliothek viel mehr Speicherplatz und Bandbreite verbraucht als Ihr eigenes JavaScript.

Aber jQuery macht nicht nur Ihre Arbeit mit JavaScript einfacher. Weil das Werkzeug für komplexe Aufgaben so hilfreich ist, bauen Hunderte anderer Hilfsmittel darauf auf. Es gibt unzählige Plug-ins, also Erweiterungen für jQuery, und viele andere große Werkzeuge nutzen wiederum selbst jQuery, um ihre eigenen JavaScript-Befehle auszuführen. Deshalb lohnt es sich auf jeden Fall, sich mit dieser Bibliothek vertraut zu machen.

13.4.4 FitText

- Download (*fittextjs.com*)
- jQuery-Plug-in, das Überschriften an die Bildschirmgröße anpasst

Mit *FitText* sehen Sie gleich ein Beispiel für eines der unzähligen Plug-ins für jQuery. Es umfasst gerade einmal rund 40 Zeilen JavaScript und hat nur einen einzigen Zweck: Erinnern Sie sich an das separate Stylesheet für schmale Bildschirme aus Kapitel 6, »Die eigene Website im Internet«? Dort ändern wir Schriftgröße und Zeilenhöhe der Überschrift in der Kopfleiste und verbessern so die Darstellung auf kleineren Bildschirmen.

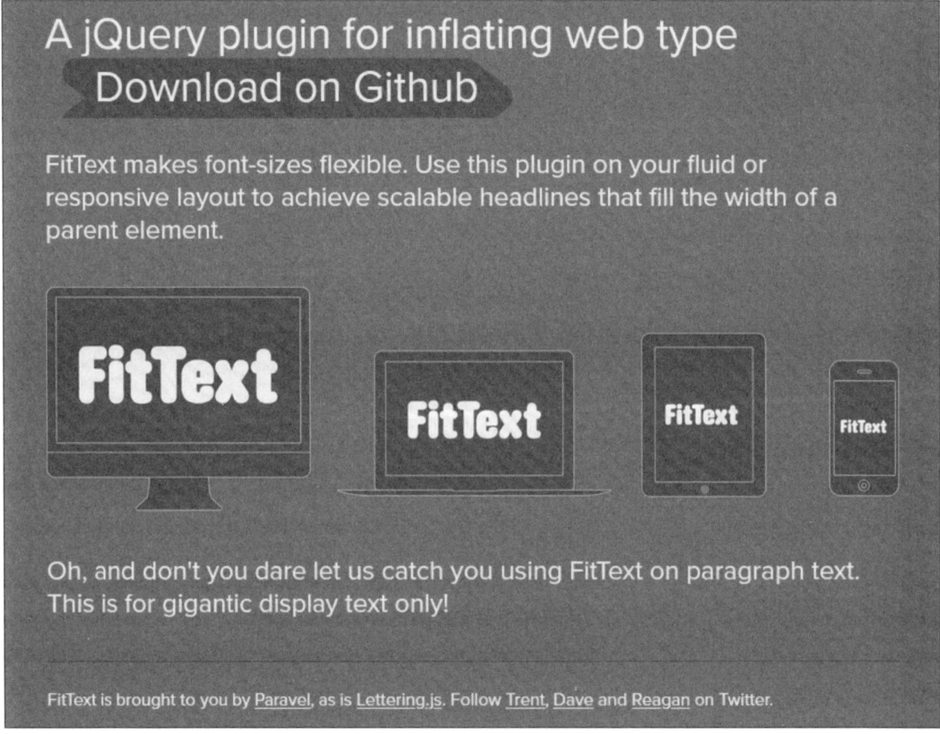

Abbildung 13.18 Die Website zeigt sofort, was das Plug-in macht: große Überschriftentexte an die Bildschirmgröße anpassen.

Arbeiten wir aber mit JavaScript, geht mehr. Laden Sie jQuery und das Plug-in *FitText* herunter, kopieren Sie beide JavaScript-Dateien auf Ihren Webspace, und binden Sie die Dateien in Ihre HTML-Dokumente ein. Dank des Plug-ins funktioniert dann zum Beispiel Folgendes:

```
jQuery("#kopfleiste").fitText(1.2, { minFontSize: '20px', maxFontSize: '40px' })
```

Wenn Sie diesen Befehl in einer Funktion ausführen, die beim Laden der Seite gestartet wird, wird die Schriftgröße des Elements mit der `id kopfleiste` an die aktuelle Bildschirmgröße angepasst (beim Ändern der Fenstergröße verändert sie sich also nicht mehr, erst beim Neuladen der Seite). Die zusätzlichen Parameter geben an, wie stark angepasst werden soll und ob es eine Mindest- bzw. Maximalgröße gibt, die nicht unter- bzw. überschritten werden darf.

Sie müssen nur beachten, dass das Elternelement der Überschrift mit `display: block` oder `display:inline-block` formatiert sein und eine `width` haben muss. Diese darf aber auch relativ sein (z. B. `100 %`). Laut den Autoren des Plug-ins soll *FitText* nicht für Fließtext benutzt werden, sondern nur für Überschriften.

13

13.4.5 Nivo Slider

- Download (*bnfr.de/ql1307*)
- jQuery-Plug-in für Bildergalerien (Karussell)

Auf vielen Websites finden sich Bildergalerien, bei denen Sie mit einem Klick auf die Pfeile nach links oder nach rechts das vorige oder das nächste Bild anzeigen lassen – so wie in Abbildung 13.19.

Genau das bauen Sie schnell und einfach auf Ihrer Site ein, wenn Sie den *Nivo Slider* benutzen – ebenfalls ein jQuery-Plug-in. Sie laden es also gemeinsam mit der neuesten Version von jQuery herunter, kopieren alle Dateien in Ihr Webprojekt und binden sie in das HTML ein.

Dann reicht schon ein simpler Befehl, den Sie in eine Funktion packen, die beim Laden der Seite ausgeführt wird:

```
$('#element').nivoSlider();
```

Verhalten und Aussehen der Bildergalerie können Sie mit zusätzlichen Parametern leicht konfigurieren. Sie wählen zum Beispiel die Animation aus, mit der von einem Bild zum nächsten gewechselt wird, oder eine Zeitspanne, nach der automatisch das nächste Bild erscheint.

Abbildung 13.19 Eine Beispiel für eine mit dem Nivo Slider erstellte Bildergalerie im sogenannten Karussell-Stil: Mit den Pfeilen rechts und links wechseln Sie zum nächsten oder zum vorherigen Bild.

13.4.6 jQuery UI

- Download (*https://jqueryui.com*)
- JavaScript- und CSS-Dateien für gut benutzbare und hübsche interaktive Seitenelemente

Nachdem Sie die im Download enthaltenen Dateien (inklusive jQuery) auf Ihren Webserver kopiert und in alle HTML-Dokumente eingebunden haben, können Sie Dutzende sogenannter Widgets auf Ihren Seiten nutzen. Die Auswahl reicht von Buttons, Menüs und Tabs über Dialoge und Tooltipps bis hin zu Slidern, Kalendern und Autocomplete-Listen. Abgedeckt werden also vor allem interaktive Seitenelemente.

So leicht machen Sie zum Beispiel aus einem leeren `div` mit der `id element` einen Slider, also einen Regler, den der Nutzer mit der Maus anfassen und verschieben kann:

```
$( "#element" ).slider();
```

Diese Funktion rufen Sie einfach beim Laden der Seite auf.

Das ist natürlich nur eine ganz simple Anwendung. Alle Widgets von *jQuery UI* können Sie über zusätzliche Parameter detailliert konfigurieren und gestalten, sodass der Slider zum Beispiel so aussieht wie in Abbildung 13.20.

Hier unterstützt die leichte Hervorhebung des linken Sliderbereichs das Verständnis für die Funktion des Elements.

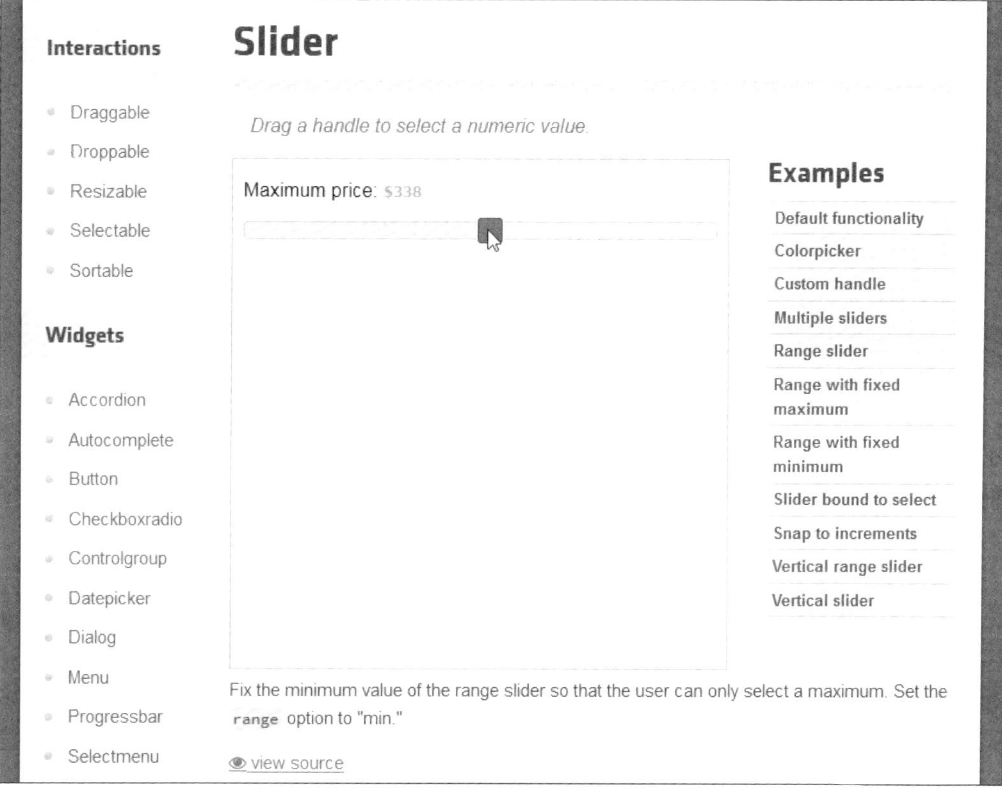

Abbildung 13.20 Mit einigen Parametern passen Sie jedes Widget für die unterschiedlichen Einsatzzwecke an. Hier kann der Nutzer dank des Slider-Widgets mit der Maus einen Wert auswählen.

Neben den interaktiven Elementen bietet jQuery UI auch Animationen. Zum Beispiel kann ein Element seitlich ins Bild fahren – nur mit ein paar Zeichen JavaScript:

```
$( "#element" ).effect("slide");
```

Das sieht dann so aus wie in Abbildung 13.21.

Auf der Website von jQuery UI können Sie den Download so anpassen, dass er nur die Funktionen enthält, die Sie für ein Projekt brauchen.

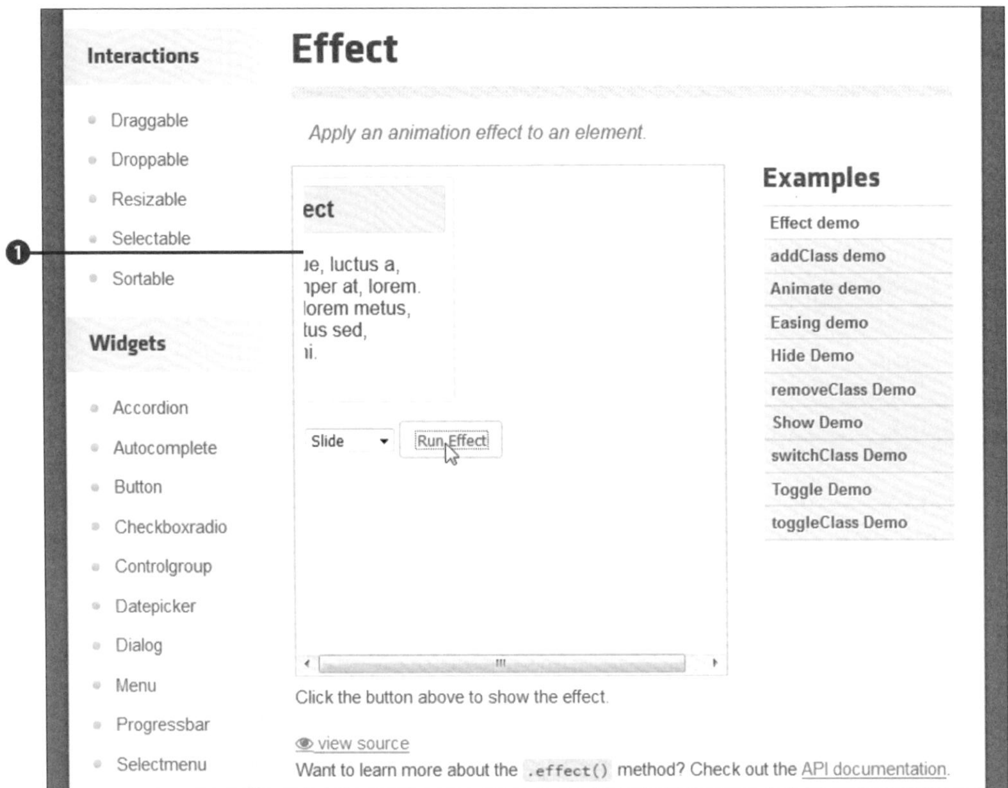

Abbildung 13.21 Das Element schiebt sich dank einer Animation von links ins Bild ❶.

13.4.7 jQuery Mobile

- Download (*https://jquerymobile.com*)
- JavaScript- und CSS-Bibliothek, mit der Sie Seiten für Mobilgeräte erstellen

Auf den ersten Blick bekommen Sie mit *jQuery Mobile* ein Stylesheet, mit dem Seiten auf schmalen Bildschirmen übersichtlich und ansehnlich dargestellt werden: Die Elemente sind nie zu breit; Buttons und Listen zum Beispiel erinnern an die Benutzeroberfläche von iPhone, Android & Co.

Hinter den Kulissen arbeitet bei jQuery Mobile aber zusätzlich etwas, das sehr schwierig selbst zu erstellen ist. Die bei Touchbedienung entstehenden Ereignisse (Berühren, Wischen usw.) werden für den Browser übersetzt und für Sie nutzbar gemacht: Ihre Besucher können zum Beispiel per Wisch durch Bildergalerien scrollen – ohne jQuery Mobile oder ein ähnliches Werkzeug wäre das sehr mühsam umzusetzen.

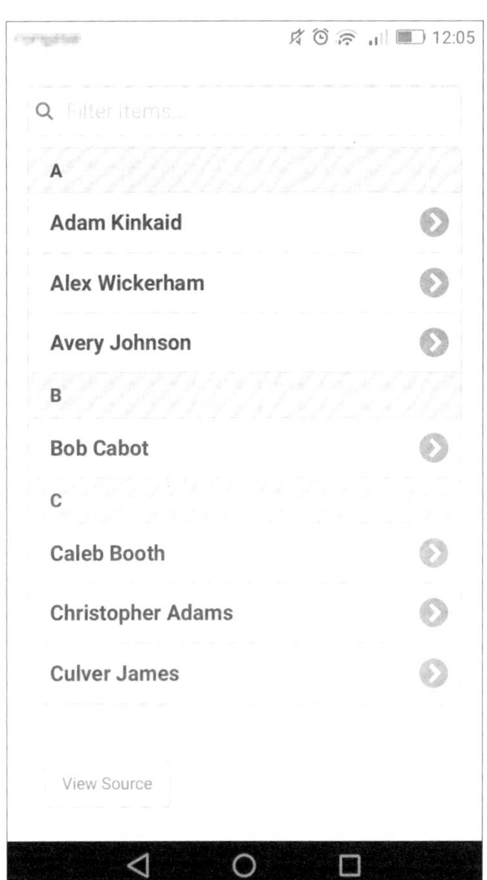

Abbildung 13.22 Das Stylesheet gestaltet die Elemente so, dass die Benutzung mit Mobilgeräten sehr einfach ist – hier eine Liste.

Sites, die für kleine Bildschirme von Mobilgeräten ausgelegt sind, verteilen den Inhalt meist auf viele einzelne Seiten, zwischen denen die Besucher hin und her navigieren. jQuery Mobile animiert die dadurch häufigeren Seitenwechsel ähnlich wie bei Smartphone-Apps: Die neue Seite rutscht oder dreht beispielsweise ins Bild, während die alte weggeschoben wird.

Das Werkzeug ist also für Seiten gedacht, die für Besucher entworfen werden, die ein Smartphone oder Tablet nutzen. Wenn Sie mal mit Ihrem eigenen Mobilgerät die Beispiele auf der Website von jQuery Mobile anschauen, werden Sie schnell merken, dass sich die Seiten beim Benutzen ein bisschen wie eine »echte« Smartphone-App anfühlen. Für Sie komfortabel: Bei jedem Beispiel können Sie sich den für die Funktion nötigen Quelltext anzeigen lassen und sich davon überzeugen, dass die Verwendung von jQuery Mobile nicht kompliziert ist (siehe Abbildung 13.23).

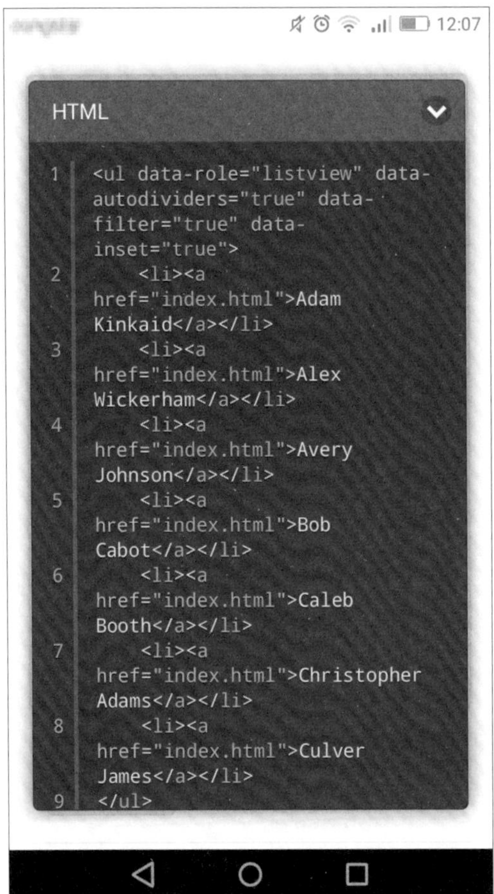

Abbildung 13.23 Das HTML für die Liste ist nicht sehr kompliziert. Schon mit wenigen zusätzlichen Klassen greift das neue Stylesheet.

Damit das alles funktioniert, müssen Sie nach dem Kopieren der Dateien auf Ihren Webserver und dem Einbinden in Ihre HTML-Dokumente den Inhalt des body-Elements so strukturieren:

```
<div data-role="page">
   <div data-role="header">...</div>
   <div role="main" class="ui-content">...</div>
   <div data-role="footer">...</div>
</div>
```

Der eigentliche Seiteninhalt kommt dann in das `div` mit der Klasse `ui-content`. Das `div` darüber ist eine Kopfleiste, wie sie praktisch jede Smartphone-App hat, und das letzte `div` ist eine Fußleiste.

Dank des mitgelieferten Stylesheets sehen Buttons, Listen, Tabs usw. bereits standardmäßig richtig gut aus, und durch Änderung der Formate können Sie Ihre eigenen Farbwünsche usw. schnell umsetzen.

Die kompletten JavaScript- und CSS-Bibliotheken (inklusive des benötigten jQuery) sind relativ groß. Bis der Browser auf Mobilgeräten mit schwächerem Prozessor sie alle geladen und durchsucht hat, vergehen schon mal ein oder zwei Sekunden. Nutzen Sie also nach den ersten Tests unbedingt die Funktion auf der Website (CUSTOM DOWNLOAD o. Ä.), mit der Sie nur die Funktionen zusammenstellen, die Sie für ein Projekt brauchen.

13.4.8 Bootstrap

- Download (*https://getbootstrap.com*)
- Komplettpaket: vordefinierte HTML-Elemente, JavaScript-Funktionen für Interaktivität, hübsche Stylesheets mit Responsive Design

Mit *Bootstrap* erstellen Sie sehr schnell eine extrem professionell gestaltete und toll funktionierende Website. Es gibt vordefinierte Elemente für jeden Zweck, von Navigationsmenüs über Kopf- und Fußleisten bis hin zu Icons und kleinen Pop-up-Fenstern über der eigentlichen Seite. Der Text sieht gut aus und ist je nach typografischer Aufgabe passend gestaltet.

Auch Bootstrap hat ein Grid-System, mit dem Sie einfach pro Spalte ein `div`-Element mit vordefinierten Klassen erstellen, und schon steht das Rasterlayout. Auch das Responsive Design nimmt Bootstrap Ihnen ab; je nach Bildschirmgröße verwendet es ein passendes Layout. Komplexere Designs – zum Beispiel mit einem seitlichen Menü, das, je nachdem, an welcher Stelle des Inhalts der Nutzer gerade ist, mitscrollt oder fest im Browserfenster fixiert ist – sind mit nur etwas mehr Aufwand ebenso möglich. Und dank der jQuery-Basis sind alle dynamischen Elemente sehr einfach zu steuern.

Eben weil das Werkzeug so gut ist, benutzen es mittlerweile Tausende Websites. Und nicht alle passen das Standarddesign individuell an – wenn Sie das also ebenfalls nicht tun, sieht Ihre Site aus wie viele andere. Nehmen Sie sich also am besten genügend Zeit, um einen eigenen Stil zu definieren und die Gestaltung zu individualisieren.

Auch Bootstrap bietet die Möglichkeit, den Download anzupassen und nur die Funktionen einzubinden, die Sie für ein Projekt brauchen.

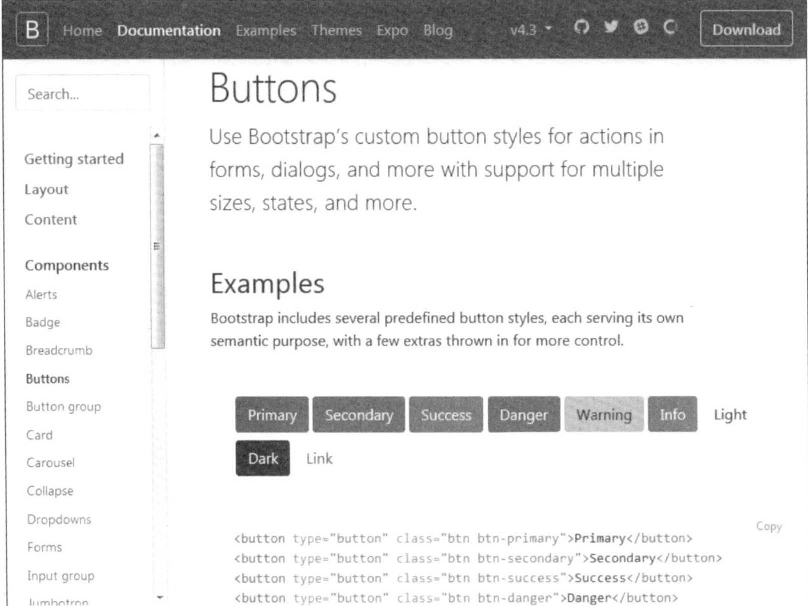

Abbildung 13.24 Die populäre Bootstrap-Gestaltung: hübsch, modern, aber auch auf vielen anderen Websites im Einsatz.

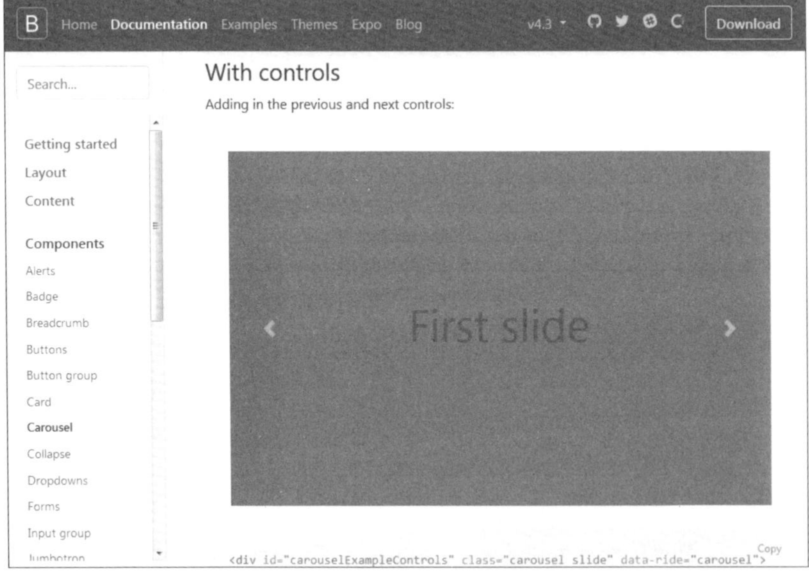

Abbildung 13.25 Auch Bootstrap ermöglicht Ihnen, aus wenigen Zeilen HTML und JavaScript eine Bildergalerie im Karussell-Stil zu erstellen.

13.4.9 Modernizr

- Download (*https://modernizr.com*)
- JavaScript-Datei, die überprüft, welche HTML5- und CSS3-Komponenten der Browser eines Besuchers beherrscht

Modernizr ist eine JavaScript-Datei, die Sie in Ihre Webseiten einbinden. Wenn ein Benutzer die Seite lädt, prüft das Skript, welche HTML5-Elemente und CSS3-Eigenschaften der Browser des Benutzers beherrscht. Je nach Ergebnis fügt es Ihrem HTML dann automatisch bestimmte Klassen hinzu und erstellt einige JavaScript-Objekte. Indem Sie Formate mit CSS-Selektoren schreiben, die sich nach diesen Klassen richten, und JavaScript-Funktionen, die diese Objekte abfragen, können Sie Ihre Gestaltung und JavaScript-Funktionen besser an unterschiedliche Browser anpassen.

Zuerst geben Sie auf der Download-Seite an, welche Funktionen Sie verwenden möchten. Die dann generierte Datei müssen Sie herunterladen, auf Ihren Webserver kopieren und in Ihren HTML-Dokumenten einbinden.

Die Klassen, die das Prüfungsergebnis festhalten, fügt Modernizr dem `html`-Element der Seite hinzu – zum Beispiel die Klasse `cssgradients`, wenn der Browser Farbverläufe unterstützt, und `no-cssgradients`, wenn er das nicht tut. Jetzt können Sie etwa für `div`-Elemente zwei unterschiedliche Formate bestimmen, eines mit Hintergrundbildern und eines mit CSS-Farbverläufen:

```
.no-cssgradients div {
   background: url("images/glossybutton.png");
}
.cssgradients div {
   background-image: linear-gradient(top, #555, #333);
}
```

Bedenken Sie aber, dass es für viele CSS-Eigenschaften auch ausreicht, einfach zwei Eigenschaften in dasselbe Format zu schreiben, und zwar die modernere unter die weniger moderne Eigenschaft. Der Browser schaut sich beide Eigenschaften an, und wenn er die moderne nicht versteht, nimmt er einfach die weniger moderne.

Für JavaScript-Aufgaben ist Modernizr noch wichtiger: Nach der Prüfung beim Laden der Seite erstellt das Tool für jede positiv getestete Komponente ein JavaScript-Objekt, auf das Sie zugreifen können, zum Beispiel das Objekt `Modernizr.localstorage`, wenn der Browser die Lokalspeicherfunktion von HTML5 beherrscht. Mit einer `if`-Abfrage können Sie prüfen, ob das Objekt vorhanden ist:

```
if (Modernizr.localstorage) {
   // Skript, das ausgeführt werden soll, wenn der Browser localStorage
   // beherrscht;
} else {
   // Skript, das ausgeführt werden soll, wenn der Browser localStorage NICHT
   // beherrscht;
}
```

Je nach Browserunterstützung wird dann anderes JavaScript ausgeführt.

13.4.10 CSS3 PIE

- Download (*css3pie.com*)
- Skript für die Darstellung von CSS3-Effekten in Internet Explorer 9 und älteren Versionen

Ältere Versionen des Internet Explorers können einige CSS3-Effekte wie `text-shadow` oder `background: gradient();` nicht darstellen. *CSS3 PIE* schafft da Abhilfe. Sie laden die Dateien herunter und kopieren sie auf Ihren Webserver. Jetzt müssen Sie nur in Formaten mit CSS3-Effekten ein bis zwei zusätzliche Eigenschaften einfügen, damit Internet Explorer der Versionen 6 bis 9 die Effekte ebenfalls anzeigen – zum Beispiel so:

```
background: linear-gradient(#EEFF99, #66EE33);
-pie-background: linear-gradient(#EEFF99, #66EE33);
behavior: url(/pie/PIE.htc);
```

Die erste Eigenschaft ist normales CSS, die beiden anderen Eigenschaften sind speziell für CSS3 PIE. Die URL im Wert der letzten Eigenschaft zeigt auf eine der im Download enthaltenen Dateien und versteht sich im Gegensatz zu anderen URLs in Stylesheets nicht relativ zur CSS-Datei, sondern relativ zum HTML-Dokument, in dem das Element steht, das hier formatiert wird.

Die so generierten Effekte kosten aber mehr Leistung als in Browsern mit CSS3-Unterstützung. Testen Sie also, ob es spürbar länger dauert, bis die Seiten im Browser vollständig aufgebaut sind. Wenn Sie oder ein Auftraggeber unbedingt einen bestimmten Effekt auch in den betroffenen IE-Versionen umsetzen will, ist das Werkzeug jedenfalls sehr nützlich.

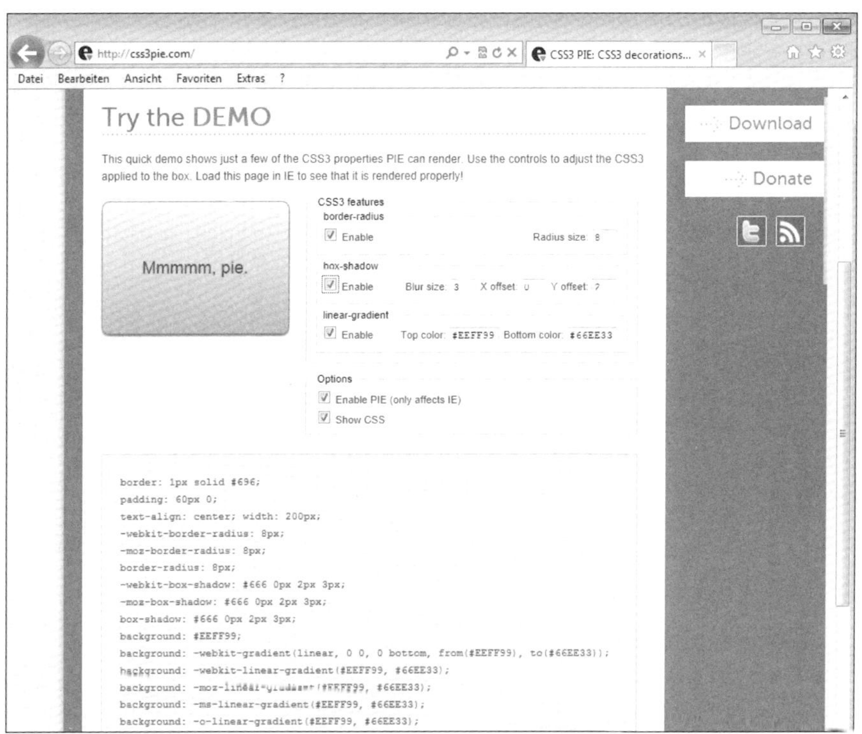

Abbildung 13.26 Wenn Sie die Website im Internet Explorer 9 oder älter öffnen, sehen Sie direkt, zu welchen Effekten der Browser dank des Werkzeugs fähig ist.

13.5 Fazit

Probieren Sie jetzt doch einfach ein paar Werkzeuge aus, wenn Sie das nicht sowieso schon getan haben: Dann sehen Sie selbst, wie viel Sie mit ein paar zusätzlichen CSS-Formaten und eingebundenen JavaScript-Dateien aus Ihrer Site herausholen können. Die Nützlichkeit Ihrer Grundkenntnisse in HTML, CSS und JavaScript hat sich dadurch, dass Sie jetzt diese Werkzeuge kennen, in kurzer Zeit noch einmal vervielfacht.

Und wie gesagt: Das, was wir vorgestellt haben, war nur eine Auswahl. Es gibt noch Hunderte weitere Werkzeuge im Internet, die für Ihre Projekte vielleicht genau das Richtige sind. Bleiben Sie neugierig!

Noch mehr Werkzeuge

Wenn wir im Internet auf neue wertvolle Werkzeuge stoßen, stellen wir Ihnen diese auf der Website zum Buch unter *bnfr.de/ql1308* kurz vor.

Anhang A
Übersicht der wichtigsten HTML5-Elemente, CSS3-Eigenschaften und -Selektoren

A.1 HTML5-Elemente

Im Folgenden finden Sie die wichtigsten Elemente von HTML5.

Ein * hinter dem Elementnamen bedeutet, dass das Element in HTML5 neu hinzugekommen ist und von älteren Browsern eventuell falsch oder gar nicht angezeigt wird. Wie Sie das beheben, lesen Sie in Abschnitt 13.3.8, »HTML5 Shiv«. Sites mit allen Elementen haben wir für Sie unter *bnfr.de/ql001* zusammengetragen.

A.1.1 Hauptelement und Metadaten

Elementname	Funktion
`<html>`	Das Hauptelement. Jedes Dokument braucht es.
`<head>`	Enthält Anweisungen für den Browser, z. B. Metadaten und Verknüpfungen mit Stylesheets oder Skriptdateien.
`<title>`	Enthält den Titel der Seite.
`<link>`	Verknüpft Stylesheets und Skriptdateien mit dem Dokument.
`<meta>`	Enthält Metadaten des Dokuments.
`<style>`	Enthält CSS-Formate.

A.1.2 JavaScript

Elementname	Funktion
`<script>`	Enthält JavaScript-Funktionen.
`<noscript>`	Der Inhalt wird nur angezeigt, wenn JavaScript im Browser deaktiviert ist.

A.1.3 Seitenabschnitte und Layoutstrukturierung

Elementname	Funktion
<body>	Jedes Dokument braucht ein <body>-Element. Es enthält den Inhalt der Seite.
<address>	Enthält Kontaktinformationen des Autors des Dokuments.
<header>*	die Kopfleiste, z. B. mit Logo und Navigation
<footer>*	die Fußzeile, z. B. mit Copyright- und Kontaktinformationen
<nav>*	ein Navigationsbereich mit Links zu anderen Unterseiten oder zu Bereichen auf derselben Seite
<main>*	Definiert den Hauptinhalt eines Dokuments; ist nur einmal pro Dokument erlaubt.
<section>*	Definiert einen Abschnitt im Dokument.
<article>*	ein eigenständiger Inhaltsblock des Dokuments
<aside>*	Zusatzinformationen, ohne die das Dokument genauso funktionieren würde
<hr>	Trenner zwischen zwei (Text-)Abschnitten, meist durch einen horizontalen Strich umgesetzt
<div>	Definiert einen Seitenbereich, keine inhaltliche Aussage.
<menu>*	Gruppe von interaktiven Elementen (z. B. Buttons)

A.1.4 Textelemente

Elementname	Funktion
<h1>,<h2>,<h3>, <h4>,<h5>,<h6>	Überschriften mit abnehmender Gliederungsebene
<p>	Textabsatz
<a>	Hyperlink
<blockquote>	Zitat (erzeugt standardmäßig einen eigenen Absatz)
<q>	Zitat (standardmäßig kein eigener Absatz)
<em>	»Betonter« Text, oft kursiv dargestellt

Elementname	Funktion
`<strong>`	»wichtiger« Text, oft fett dargestellt
`<small>`	weniger wichtiger Text, für das Verständnis des Dokuments nachrangig
`<i>`	Text in abweichendem Kontext oder mit besonderer »Stimme«, meistens kursiv dargestellt
`<b>`	»auffallend« gestalteter Text, meistens fett dargestellt
`<time>`*	Zeitangabe (Uhrzeit, Datum und/oder Zeitzone)
`<code>`	Computercode, zum Beispiel JavaScript-Schnipsel, die dem Leser gezeigt werden sollen
`<math>`*	mathematische Formel
` `	Zeilenumbruch
`<wbr>`*	bedingter Zeilenumbruch (ein Umbruch entsteht hier nur, wenn der Platz in der Zeile nicht ausreicht)
`<pre>`	Der Inhalt ist vorformatiert und soll nicht anders formatiert werden (z. B. hinsichtlich Umbrüchen).
`<span>`	Umfasst beliebige Teile des Dokuments (ohne inhaltliche Bedeutung). Die so markierten Elemente lassen sich per CSS oder JavaScript ansprechen.

A.1.5 Listen

Elementname	Funktion
`<ul>`	eine Liste ohne bestimmte Reihenfolge
`<ol>`	eine Liste mit bestimmter Reihenfolge
`<li>`	ein Listeneintrag
`<dl>`	eine Liste von Definitionen (z. B. Wörterbuch)
`<dt>`	ein Ausdruck in einer `dl`-Liste (z. B. Schlagwort)
`<dd>`	eine Definition in einer `dl`-Liste (z. B. mögliche Erklärungen des Schlagworts)

A.1.6 Tabellen

Elementname	Funktion
`<table>`	eine Tabelle
`<caption>`	Beschreibung der Tabelle außerhalb der Zellen
`<thead>`	Enthält die Kopfzeilen.
`<tbody>`	Enthält die Zeilen mit den eigentlichen Daten.
`<tfoot>`	Enthält Ergebnis- oder zusammenfassende Zeilen.
`<colgroup>`	Gruppiert inhaltlich zusammengehörende Spalten.
`<col>`	eine Spalte
`<tr>`	eine Zeile
`<th>`	eine Zelle der Kopfzeile
`<td>`	eine normale Zelle

A.1.7 Eingebettete Medien

Elementname	Funktion
`<img>`	ein Bild
`<svg>`*	eine Vektorgrafik
`<audio>`*	ein Audioelement
`<video>`*	ein Videoelement
`<source>`*	die Quelle für ein `audio`- oder `video`-Element
`<canvas>`*	Bereich, in dem per Skript dynamisch Grafiken erstellt werden können (wie bei einem Malprogramm)
`<embed>`*	Enthält eingebettete, interaktive Elemente.
`<iframe>`	Enthält Ausschnitte einer anderen Seite.
`<object>`	Enthält eingebettete Medien wie Videos, die von einem Plug-in verarbeitet werden.
`<param>`	Enthält Parameter für die Verarbeitung eines `object`-Elements.

A.1.8 Formulare

Elementname	Funktion
`<form>`	ein Formular
`<fieldset>`	Gruppiert Eingabeelemente wie Buttons.
`<legend>`	die Beschriftung für ein `fieldset`
`<label>`	die Beschriftung für ein einzelnes Eingabeelement wie `input`
`<input>`	Feld zur Texteingabe
`<textarea>`	mehrzeiliges Feld zur Texteingabe
`<button>`	ein Button
`<datalist>`*	Gruppiert vordefinierte Auswahlmöglichkeiten für andere Elemente. (Diese erscheinen bei einem Texteingabefeld als Liste mit Vorschlägen.)
`<optgroup>`	Gruppiert Elemente, mit denen man aus Optionen wählen kann.
`<select>`	ein Listenelement, mit dem der Nutzer aus verschiedenen Optionen wählen kann (Drop-down-Liste)
`<option>`	eine der mit `select` oder `datalist` gruppierten Optionen
`<progress>`*	Zeigt den Fortschritt beim Erledigen einer Aufgabe.

A.2 CSS3-Eigenschaften

Im Folgenden finden Sie die wichtigsten Eigenschaften von CSS3.

Ein * hinter dem Namen bedeutet, dass die Eigenschaft in CSS3 neu hinzugekommen ist und von älteren Browsern eventuell falsch oder gar nicht angezeigt wird. Sites mit allen Eigenschaften haben wir auf der Website zum Buch unter *bnfr.de/ql002* zusammengetragen.

A.2.1 Position und Sichtbarkeit

Eigenschaft	Funktion
display	Positionierung im Dokumentfluss als inline, inline-block oder block-Element. Im Fluss nicht berücksichtigt und nicht angezeigt mit none. Flexible Positionierung mit flex (siehe Abschnitt A.2.3, »Flexbox«).
visibility	Element bleibt im Fluss, andere Elemente halten Abstand. Wird mit hidden nicht angezeigt.
opacity*	Mit dem Wert 0.5 ist ein Element z. B. halb durchsichtig.
position	Position am Standardplatz im Dokumentfluss (static), Verschiebung in Bezug zum Platz im Fluss (relative), in Bezug zur Seite (absolute) oder zum Browserfenster (fixed)
top	Abstand vom oberen Rand (in Bezug zu dem, was die Angabe der position ergibt)
right	Abstand vom rechten Rand
bottom	Abstand vom unteren Rand
left	Abstand vom linken Rand
z-index	Das Element mit dem höchsten Wert wird auf der z-Achse über anderen Elementen angezeigt – es verdeckt diese also.
float	Positionierung außerhalb des Dokumentflusses am rechten (right) oder linken (left) Rand des Elternelements. Der Inhalt der Geschwisterelemente umfließt das Element aber.
clear	Aufhebung des float-Verhaltens

A.2.2 Abmessungen und Rand

Eigenschaft	Funktion
width	Breite des Elements
min-width	Mindestbreite des Elements
max-width	Höchstbreite des Elements
height	Höhe des Elements

Eigenschaft	Funktion
min-height	Mindesthöhe des Elements
max-height	maximale Höhe des Elements
margin	Abstand vom Rand zu anderen Elementen (vier Richtungen)
padding	Abstand vom Rand zum Inhalt (vier Richtungen)
overflow	visible zeigt übergroßen Elementinhalt, hidden versteckt ihn, scroll erzeugt Scrollbalken.
border	ein Rahmen in Kurzform (z. B. 1px solid #000000;) für alle vier Seiten
border-width	die Dicke des Rahmens (vier Seiten)
border-style	die Art des Rahmens (vier Seiten)
border-color	die Farbe des Rahmens (vier Seiten)
border-radius*	abgerundete Kanten (vier Ecken)
box-shadow	Schlagschatten um den Elementrand

A.2.3 Flexbox

Flexbox ist ein spezielles Layoutkonzept, das etwas Einarbeitung erfordert. Mehr dazu erfahren Sie unter *bnfr.de/ql004*.

Eigenschaft	Funktion
flex-direction	Gibt an, ob Elemente vertikal (column) oder horizontal (row) angeordnet werden sollen.
flex-basis	die Breite oder Höhe eines Elements (auto, inherit, %, px, ...)
flex-grow	eine Zahl, die angibt, wie sehr das Element relativ zu anderen flexiblen Elementen wachsen soll, wenn mehr Platz verfügbar wird
flex-shrink	eine Zahl, die angibt, wie sehr das Element relativ zu anderen flexiblen Elementen schrumpfen soll, wenn weniger Platz verfügbar wird

Eigenschaft	Funktion
`align-content`	Verteilung der Kindelemente am Anfang (`start`), in der Mitte (`center`) oder am Ende (`end`) des Elternelements (entlang seiner Hauptachse); weitere Werte mit komplexerem Verhalten sind `space-around` und `space-between`.
`justify-content`	Verteilung der Kindelemente am Anfang (`start`), in der Mitte (`center`) oder am Ende (`end`) des Elternelements (entlang der Gegenachse); weitere Werte mit komplexerem Verhalten sind `space-around` und `space-between`.
`flex-wrap`	Regelt, ob Kindelemente in einer (`nowrap`) oder mehreren Zeilen/Spalten (`wrap`) angezeigt werden.
`align-items`	Positionierung aller Kindelemente am Anfang (`flex-start`), in der Mitte (`center`) oder am Ende (`flex-end`) des Elternelements
`align-self`	Positionierung eines einzelnen Kindelements am Anfang (`flex-start`), in der Mitte (`center`) oder am Ende (`flex-end`) des Elternelements

A.2.4 Hintergrund

Eigenschaft	Funktion
`background`	Hintergrund in Kurzform (z. B. `red url(bilder/datei.png) no-repeat top left;`).
`background`	für Verlauf z. B. als Wert: `linear-gradient(red, blue);`
`background-color`	Hintergrundfarbe
`background-image`	Hintergrundbild
`background-position`	Startposition eines Hintergrundbilds
`background-repeat`	Definiert, ob und wie ein Hintergrundbild wiederholt wird.

A.2.5 Animation und Veränderung

Eigenschaft	Funktion
`transition*`	Kurzform für eine Veränderung des Elements, z. B. `transition: width 0.5s linear 1s;`, wenn der Browser animieren soll, dass die Breite des Elements sich verändert. Nach 0,5 Sekunden soll die Veränderung abgeschlossen sein, sie soll zeitlich linear erfolgen und nach einer Sekunde Verzögerung beginnen. Die Animation wird gestartet, sobald sich die Eigenschaft `width` des Elements ändert, zum Beispiel weil mit JavaScript eine neue Klasse angefügt wird.
`transform*`	Kurzform für eine Veränderung des Elements, z. B. `transform: rotate(50deg);` für eine Drehung um 50 Grad
`animation*`	Kurzform für eine Animation, z. B. `slidein 3s 1;`. Per CSS-Befehl müssen Keyframes definiert werden; die Animation kann mit JavaScript pausiert und gestartet werden.

A.2.6 Text

Eigenschaft	Funktion
`font`	Kurzform (z. B. `bold 1.5em/2 Arial, Helvetica, sans-serif;`)
`font-family`	Mehrere Schriftarten. Der Browser nimmt die erste, die installiert ist.
`font-size`	Schriftgröße (z. B. in `12px`, `1.0em`, `80%`, `medium`)
`font-weight`	Dicke (z. B. `normal`, `bold`, `400`, `800`)
`font-style`	Stil (`normal`, `italic` oder `oblique`)
`font-variant`	`small-caps` für Kapitälchen
`line-height`	Zeilenabstand
`letter-spacing`	horizontaler Abstand zwischen Buchstaben
`word-spacing`	horizontaler Abstand zwischen Wörtern
`text-align`	horizontale Ausrichtung
`text-decoration`	`underline`, `line-through` und `overline`

Eigenschaft	Funktion
text-indent	Einrückung
text-transform	capitalize schreibt den ersten Buchstaben jedes Worts groß; uppercase schreibt alles groß, lowercase alles klein.
vertical-align	vertikale Ausrichtung an anderen inline-Elementen
white-space	Umbruchverhalten
column-count*	In wie viele Spalten soll Text unterteilt werden?
column-width*	Wie breit soll eine Spalte sein?
column-gap*	Wie viel horizontaler Abstand soll zwischen Spalten sein?

A.2.7 Listen

Eigenschaft	Funktion
list-style	Kurzform (z. B. square inside;)
list-style-type	ohne (none) Aufzählungszeichen oder mit (square, circle, decimal, ...)
list-style-image	Definiert eine eigene Bilddatei für Aufzählungszeichen (z. B. url(icon.png);).
list-style-position	Mit inside beginnen Aufzählungszeichen dort, wo auch Text beginnen würde. Mit outside stehen sie weiter links, und die Listeneinträge beginnen dort, wo auch Text beginnen würde.

A.2.8 Tabellen

Eigenschaft	Funktion
table-layout	Mit auto ist die Tabelle so breit wie der Inhalt, mit fixed so breit wie der festgelegte Wert.
border-collapse	Mit separate hat jede Zelle ihren eigenen Rahmen, mit collapse teilen sich benachbarte Zellen den Rahmen.
border-spacing	Definiert den Abstand zwischen den Zellen, wenn border-collapse mit separate angegeben ist.

Eigenschaft	Funktion
`empty-cells`	Mit `hide` oder `show` werden leere Zellen verborgen oder dargestellt.
`caption-side`	Mit `top`, `right`, `bottom` und `left` wird die `caption` positioniert.

A.3 CSS3-Selektoren

Im Folgenden finden Sie die wichtigsten Selektoren in CSS3.

Ein * hinter dem Namen bedeutet, dass der Selektor in CSS3 neu hinzugekommen ist und von älteren Browsern eventuell falsch oder gar nicht berücksichtigt wird. Sites mit allen Selektoren haben wir auf der Website zum Buch unter *bnfr.de/ql003* zusammengetragen.

Selektor	Gilt in allen verknüpften Dokumenten für diese Elemente:
`*`	alle Elemente
`p`	alle `p`-Elemente
`.neu`	alle Elemente mit der Klasse `neu`
`p.neu`	alle `p`-Elemente mit der Klasse `neu`
`#individuell`	aAlle Elemente mit der `id individuell`
`p#individuell`	alle `p`-Elemente mit der `id individuell`
`p[attribut]`	alle `p`-Elemente, die dieses Attribut haben
`p[attribut="wert"]`	alle `p`-Elemente, die dieses Attribut mit genau diesem Wert haben
(Selektor)`:first-child`	das erste Kindelement eines Elements, auf das der Selektor zutrifft
(Selektor)`:last-child`*	das letzte Kindelement eines Elements, auf das der Selektor zutrifft
(Selektor)`:nth-child(x)`*	das x-te Kindelement eines Elements, auf das der Selektor zutrifft
(Selektor)`:link`, `:visited`, `:active`, `:hover`, `:focus`, `:checked`*, `:enabled`*, `:disabled`*	alle Elemente, auf die der Selektor zutrifft und die einen bestimmten Status haben

Selektor	Gilt in allen verknüpften Dokumenten für diese Elemente:
(Selektor1) (Selektor2)	alle Elemente, auf die Selektor 2 zutrifft und die sich innerhalb eines Elements befinden, auf das Selektor 1 zutrifft
(Selektor1) > (Selektor2)	alle Elemente, auf die Selektor 2 zutrifft und die direkte Kinder eines Elements sind, auf das Selektor 1 zutrifft

Anhang B
Glossar

Ajax (Asynchronous JavaScript and XML) Eine Technik für Websites, die → *HTML*, → *XML* und → *JavaScript* nutzt. Mit ihr erreichen Sie, dass nicht jedes Mal eine ganze HTML-Seite neu geladen wird, um neue Inhalte anzuzeigen. So lassen sich dynamische Seiten realisieren, die wie Desktopprogramme wirken.

Anbieterkennzeichnung → *Webimpressum*

Barrierefreiheit, Accessibility Die uneingeschränkte Zugangsmöglichkeit zu Anwendungen für alle Menschen, vor allem für solche mit Behinderungen.

Benutzerfreundlichkeit → *Usability*

Blog, Weblog Website, auf der die Inhaltsbeiträge einfach nacheinander so angezeigt werden, dass die neuesten zuoberst stehen. Ursprünglich war ein Blog ein Webtagebuch, in dem eine Person subjektive Beobachtungen, Kommentare und Informationshappen bereitstellte. Mittlerweile haben z. B. auch viele Firmensites ein Blog.

Bookmark → *Lesezeichen*

Button, Schaltfläche Wörtlich übersetzt »Knopf«. Ein Element auf dem Bildschirm, das angeklickt bzw. bei einem Touchscreen angetippt werden kann und eine Aktion auslöst. → *Mouseover*

Cache Pufferspeicher. Zum Beispiel kann Ihr Browser die zuletzt besuchten Seiten zusammen mit den darauf eingebundenen Medien kurzzeitig auf Ihrer Festplatte speichern, damit sie bei erneutem Zugriff nicht nochmals vom Server geladen werden müssen.

CGI (Common Gateway Interface) Standard für die Ausführung von Programmen und Skripten auf einem Webserver. Diese ermöglichen es zum Beispiel, Daten von Benutzern entgegenzunehmen und per Mail weiterzuverschicken. Heute kommt statt CGI meist → *PHP* zum Einsatz.

CMS → *Content-Management-System*

Content Inhalt – also Texte, Fotos, Videos, Grafiken usw.

Content-Management-System (CMS) Programm, mit dem die Inhalte einer Website verwaltet werden. Es kann automatisch Webseiten aktualisieren und auf den Server stellen. Zusatzfunktionen wie Suche, Freigabe durch Redakteure usw. machen solche Systeme flexibel, aber komplex.

Cookie Kleine Textdatei, in der Browser Informationen speichern können. Cookies werden meist verwendet, um Benutzerdaten wie Voreinstellungen lokal abzulegen und damit dem Benutzer erneutes Eingeben zu ersparen. Cookies werden von einigen Benutzern abgelehnt, da sich bei jedem Besuch der Site, die das Cookie abgelegt hat, feststellen lässt, wie oft die Benutzer schon dort waren und was sie auf dieser Site angesehen haben. Das Speichern von Cookies lässt sich in jedem Browser deaktivieren.

Crawler, Robot, Spider »Krabbler« – Programm, das den Index einer Suchmaschine erstellt. Es durchsucht regelmäßig meist das gesamte Web und indiziert die gefundenen Seiten. Dieser Index wird dann bei Suchanfragen durchsucht.

CSS (Cascading Style Sheets) System zur Formatierung von HTML-Seiten. Damit lassen sich Inhalt und Gestaltung gut trennen.

Datenschutz-Grundverordnung, DSGVO Neben dem Impressum ist der Datenschutzhinweis nach der DSGVO für praktisch jede Site Pflicht. Diesen können Sie bei einem der kostenlosen Datenschutzhinweis-Generatoren erzeugen lassen. Wenn Sie sichergehen wollen, konsultieren Sie einen Anwalt.

Deep Link Link auf Seiten unterhalb der Startseite einer fremden Site, etwa *www.beispiel.de/unterseite*. Solche Links sind urheber- und wettbewerbsrechtlich zulässig. Voraussetzung: Es wird nur auf allgemein zugängliche Bereiche verlinkt.

Domain Korrekter eigentlich »Domain Name«, auf Deutsch »Domänenname«. So nennt man die Teile des DNS, des »Domain Name Systems«. Vereinfacht gesagt, dienen Domains dazu, Webserver mit Namen statt mit nur in Zahlen codierten IP-Adressen auffindbar zu machen. *.de*, *.com*, *.info* sind sogenannte Top-Level-Domains.

Spricht man von der Domain einer Website, ist für gewöhnlich eine Second-Level-Domain wie *ihresite.de* gemeint.

DSGVO → *Datenschutz-Grundverordnung*

Font Schriftart, Zeichensatz.

Frame HTML-Seiten lassen sich aus sogenannten Frames aufbauen. Sie bestehen dann aus mehreren Seiten, die in einem gemeinsamen Browserfenster angezeigt werden. Diese Technik ist veraltet und sollte nicht mehr benutzt werden. Eine Ausnahme bilden iFrames, die kleine Elemente in eine Seite einbinden, meist von einem anderen Server.

FTP (File Transfer Protocol) Das Protokoll, mit dem größere Datenmengen im Internet am einfachsten übertragen werden. Es wird üblicherweise genutzt, um HTML-Seiten und andere Dateien auf den Internetserver zu stellen. Mit zusätzlichen Sicherheitsfunktionen heißt das Protokoll sFTP.

Homepage → *Startseite*

Host Hat eine Vielzahl von Bedeutungen. Ein Host ist der Computer, auf dem der → *Server* läuft. Auf einem Host liegen auch die Daten zum Zugriff auf das Internet bereit – Anbieter von Webspace sind demnach Hoster. Ebenso ist ein Host ein zentraler Computer, an dem Arbeitsstationen (Clients) angeschlossen sind.

HTML (HyperText Markup Language) Sprache für die Seiten, die im Web dargestellt werden. Diese bestehen aus reinem Text, den der Browser so interpretiert, dass die gewünschte Darstellung erreicht wird.

HTML-Seite → *Seite*

HTTP (HyperText Transfer Protocol) Datenformat zum Transport von Dokumenten im Web.

HTTPS (HyperText Transfer Protocol Secure) Verschlüsseltes → *HTTP*-Format für die sichere Kommunikation über das Internet.

iframe, Inline-Frame → *Frame*

Impressum → *Webimpressum*

Informationsarchitektur Die Struktur der Inhalte einer Website, also die Aufteilung der Informationen auf die einzelnen HTML-Seiten.

Internetauftritt → *Site*

IP-Adresse (Internet Protocol Address) Jeder Computer, der im Internet als Server angesprochen werden kann, hat eine eigene, einmalige IP-Adresse. Auch im lokalen Netzwerk wird dieses System oft verwendet, sodass dort jeder Computer eine IP-Adresse hat, über die er aber normalerweise nicht via Internet erreichbar ist. Die Adresse wird übrigens automatisch aufgerufen, wenn Sie eine URL eingeben. Die Übersetzung von URLs in IP-Adressen erledigen sogenannte Nameserver.

Java Programmiersprache, mit der sich plattformübergreifende Anwendungen erstellen lassen. Die meisten Browser können kleine Java-Programme, sogenannte Java-Applets, direkt anzeigen.

JavaScript Skriptsprache, mit der beispielsweise → *Mouseover*-Effekte bei den Menüs auf Webseiten realisiert werden. Mit → *Java* hat diese Skriptsprache nur einen Namensteil gemeinsam, ansonsten sind sie vollkommen unterschiedlich in Struktur und Anwendungsmöglichkeiten.

Keywords, Schlagwörter, Suchwörter → *Metadaten*, die den Inhalt einer HTML-Seite beschreiben. Die meisten Suchmaschinen werten die Keywords nicht mehr aus. Der Grund ist, dass viele Sitebetreiber versucht haben, möglichst weit oben auf den Trefferlisten zu erscheinen, indem sie die Suchwörter an die Auswertungsschemata der Suchmaschinen angepasst haben. Die Suchmaschinen erstellen daher aus dem Inhalt der Seiten ihre eigenen Schlagwörter.

Launch Der Moment, in dem die Site online geht und für die Nutzer erreichbar wird.

Lesezeichen, Favorit Adresse einer Website, die der Benutzer in seinem Browser abgespeichert hat, um später wieder leicht darauf zugreifen zu können, ohne sich die URL merken zu müssen.

Logfile Protokolldatei, die z. B. aufzeichnet, wann welche Benutzer auf welche Seiten einer Website zugegriffen haben.

Metadaten Informationen über eine HTML-Seite. Der Seitentitel gehört beispielsweise zu den Metadaten, ebenso eine Zusammenfassung, die den Inhalt beschreibt. Sogar die Überschriften im Text kann man zu den Metadaten zählen.

Metaelement Element, mit dem → *Metadaten* in HTML-Dokumente eingebunden werden. Wichtigstes Attribut des Metaelements ist die Kurzbeschreibung. Auch Informationen (wie die Sprache der Seiteninhalte) werden mit dem Metaelement eingebunden.

Mouseover, Rollover Englisch für »Maus darüber« bzw. »Darüberrollen«. Wird der Cursor z. B. über einen Button bewegt, ist das ein Mouseover. Der Button sollte darauf reagieren, indem er etwa die Farbe wechselt und dadurch klarmacht, dass man ihn anklicken kann.

Navigation Bewegung des Benutzers durch eine Website. Geschieht normalerweise durch Mausklicks auf Links.

Navigationsarchitektur Die Grundlage für die Bewegung der Benutzer auf einer Website (Benutzerführung). Sie beschreibt, wie die Menüs funktionieren, wie dem Benutzer klargemacht wird, wo er sich gerade befindet, und welche Möglichkeiten er dort hat.

PDF (Portable Document Format) Dateiformat für Dokumente, das den Vorteil hat, dass man beim Erstellen exakt festlegen kann, wie Text und Grafik beim Anzeigen und Drucken aussehen werden.

Performance Darstellungs- oder Übertragungsgeschwindigkeit eines Programms oder einer Website.

PHP Skriptsprache, die speziell für Webseiten entwickelt wurde. Sie läuft im Gegensatz zu → *JavaScript* nur auf dem Server. Wird üblicherweise heute statt → *CGI* verwendet.

Plattform Damit ist meist das Betriebssystem oder der Browser gemeint, auf dem eine Anwendung laufen soll. Gelegentlich wird auch die Hardware damit bezeichnet (z. B. Desktopcomputer, Smartphone usw.).

Plug-in Erweiterung für Programme wie etwa Browser, die die Wiedergabe von Flash und anderen Sonderformaten erlaubt. Die Plug-ins heißen beim Microsoft Internet Explorer »Active-X-Steuerung«.

Podcast »Radio zum Mitnehmen«. Audiodateien, die via Internet vertrieben werden und über ein Programm wie iTunes abonniert werden können. Es gibt auch Video-Podcast, manchmal Vodcast genannt.

Pop-up-Fenster Browserfenster, in dem sich eine neue HTML-Seite öffnet. Wird oft für Werbung verwendet, daher haben einige Benutzer über eine Zusatzsoftware oder über ihren Browser das Öffnen von Pop-up-Fenstern blockiert.

Pop-up-Menü, Pull-down-Menü Auswahlmenü, das erst aufklappt, wenn der Benutzer den Mauszeiger darüberbewegt oder darauf klickt. So belegt das Menü nur Platz auf dem Bildschirm, wenn es tatsächlich gebraucht wird.

Provider, Internet (Service) Provider, ISP Dienstleister, der den Zugang zum Internet anbietet (z. B. T-Online, Vodafone, Kabel Deutschland usw.).

Pull-down-Menü → *Pop-up-Menü*

Relaunch, Redesign Überarbeitung einer Website.

Robot → *Crawler*

Rollover → *Mouseover*

Schaltfläche → *Button*

Screen, Bildschirmseite Alles, was von einer Anwendung oder Website in einem bestimmten Moment auf dem Bildschirm zu sehen ist, also alle Grafik-, Text-, Video- und anderen Medienelemente, die in dem Moment erscheinen.

Second-Level-Domain → *Domain*

Seite, HTML-Seite Einzelnes HTML-Dokument, das in einem Browser angezeigt bzw. das mit einem HTML-Editor bearbeitet wird.

Server Zentraler Computer in einem Netzwerk, der z. B. Daten bereithält, Druckdienste verwaltet oder E-Mails verschickt und empfängt. Als Server wird auch ein Programm bezeichnet, das eine dieser Funktionen erfüllt.

Site, Internetauftritt, Webpräsenz, Website Eine Sammlung von HTML-Seiten und anderen Dateien, die unter einer → *Domain* wie *www.ihre-site.de* erreichbar ist. »Homepage« dagegen bezeichnet nur die Einstiegsseite einer Site (normalerweise */index.html*).

Sitemap Grafische Darstellung aller Seiten einer Site. Die Sitemap wird gelegentlich auch als »Flussdiagramm« oder »Flowchart« bezeichnet.

Skript Datei oder Teile einer Datei, die Befehle in einer Skriptsprache enthalten. Diese können einfache Dinge bewirken (wie den Austausch eines angezeigten Bilds, die Überprüfung einer Benutzereingabe) oder auch komplexe Dateioperationen.

Soziale Netzwerke Sites, die den Schwerpunkt auf die Interaktion von Menschen miteinander legen. Das sind Dienste wie Studenten- oder Businessnetzwerke, in denen die Mitglieder miteinander diskutieren und Kontakte austauschen bzw. knüpfen. Auch Sites, die den Benutzern viele Mitgestaltungsmöglichkeiten geben, zählen zum sozialen Netz (Benutzerrezensionen, Vergeben von → *Tags* für Inhalte usw.).

Spider → *Crawler*

Startseite, Homepage Die erste HTML-Seite einer Site. Gerade der Begriff »Homepage« wird oft fälschlicherweise anstelle von »Site« verwendet. »Auf die Homepage stellen« heißt also eigentlich, etwas auf die erste Seite einer Site zu platzieren.

Tag Etikett oder Schlagwort, das einem Bild, einer Seite oder einem anderen Informationselement zugewiesen wird, um seinen Inhalt zu beschreiben.

Teaser Kurzer Text, der neugierig auf Inhalte von Unterseiten machen soll und diese mit wenigen Sätzen beschreibt.

Template Vorlage.

Top-Level-Domain → *Domain*

Touchscreen Berührungsempfindlicher Bildschirm.

Traffic Wörtlich »Verkehr« – Summe der durch Seitenaufrufe zustande gekommenen Datenübertragung einer Site.

URL (Unique Resource Locator) Die Adresse, unter der ein Dokument im Internet erreichbar ist, Beispiel: *http://webseiten.benutzerfreun.de/index.html*.

Usability, Benutzerfreundlichkeit Anwendungen müssen für die Bedürfnisse und Erwartungen der Benutzer gestaltet sein, damit sie richtig funktionieren und Erfolg haben. Ist das der Fall, sind sie benutzerfreundlich oder »usable«.

Usability-Test Test, bei dem Benutzer die Site so verwenden, wie sie es auch im echten Leben tun würden. Dabei werden sie beobachtet, und aus den Problemen, die dabei zutage treten, kann man Verbesserungsvorschläge ableiten.

User Experience (UX) Die »Nutzererfahrung« umfasst das Gesamterlebnis des Besuchers mit der Website. Dazu gehört neben der Usability z.B. auch der Weg, wie der Besucher über die Suche auf die Site kommt, und wie gut Versand, Bezahlung usw. funktionieren.

Video-Podcast, Vodcast → *Podcast*

Web, World Wide Web (WWW) Der Teil des Internets, in dem Inhalte als HTML-Seiten mit eingebetteten Bildern, Videos und anderen Medien ausgetauscht werden.

Web 2.0 2004 geprägtes Schlagwort, unter dem einige technische und konzeptionelle Ansätze zusammengefasst werden, u. a. → *Ajax*, → *Soziale Netzwerke*, → *Blogs* und → *Podcasts*.

Webimpressum Das Telemediengesetz (TMG) sieht vor, dass fast jede Website Angaben zu ihren Betreibern machen muss. Das Webimpressum wird auch »Anbieterkennzeichnung« genannt.

Weblog → *Blog*

Webpräsenz → *Site*

Website → *Site*

XHTML (eXtensible HyperText Markup Language) Erweiterung der Seitenbeschreibungssprache → *HTML*, sodass sie den → *XML*-Regeln entspricht. Damit wird die strikte Trennung von Inhalt und Layout bei gleichzeitig voller Kontrolle über die Gestaltung möglich. Für die Gestaltung wird meist → *CSS* verwendet.

XML (eXtensible Markup Language) Format zur Strukturierung von beliebigen Inhalten in Textform. Damit können diese Inhalte von unterschiedlichen Programmen (etwa Browsern) gelesen und weiterverarbeitet werden.

Index

O

P

Q

R

S

T

U

V

W

X

Y

Z